北京市第三中级人民法院
审判指引丛书

行政审判

实务精要与案例释解

主　　编　张朝霞
执行主编　辛尚民　饶亚东

XINGZHENG SHENPAN
SHIWU JINGYAO
YU
ANLI SHIJIE

法律出版社 LAW PRESS · CHINA | 北京

图书在版编目(CIP)数据

行政审判实务精要与案例释解 / 张朝霞主编. -- 北京 : 法律出版社, 2024
(北京市第三中级人民法院审判指引丛书)
ISBN 978 -7 -5197 -8558 -1

Ⅰ. ①行… Ⅱ. ①张… Ⅲ. ①行政诉讼—审判—法律解释—中国②行政诉讼—审判—法律适用—中国 Ⅳ. ①D925.318.5

中国国家版本馆 CIP 数据核字(2023)第 219684 号

行政审判实务精要与案例释解
XINGZHENG SHENPAN SHIWU JINGYAO YU ANLI SHIJIE

张朝霞 主编
辛尚民 饶亚东 执行主编

策划编辑 张 珺
责任编辑 张 珺
装帧设计 汪奇峰

出版发行 法律出版社
编辑统筹 法商出版分社
责任校对 晁明慧
责任印制 胡晓雅
经　　销 新华书店

开本 710 毫米 × 1000 毫米 1/16
印张 28.75 **字数** 446 千
版本 2024 年 5 月第 1 版
印次 2024 年 5 月第 1 次印刷
印刷 天津嘉恒印务有限公司

地址:北京市丰台区莲花池西里 7 号(100073)
网址:www.lawpress.com.cn
投稿邮箱:info@lawpress.com.cn
举报盗版邮箱:jbwq@lawpress.com.cn

销售电话:010 - 83938349
客服电话:010 - 83938350
咨询电话:010 - 63939796

书号:ISBN 978 -7 -5197 -8558 -1
定价:116.00 元
凡购买本社图书,如有印装错误,我社负责退换。电话:010 - 83938349

本书编写委员会

主　　编　张朝霞

执行主编　辛尚民　饶亚东

编 委 会　陈金涛　宋　凯　任丹阳　冯雅琼　孙畅阳

编写人员　（以姓氏拼音为序）

蔡英伟　陈金涛　董　巍　韩　勇　郝　丹
贾志刚　李露希　刘　毅　饶亚东　任丹阳
宋　凯　宋　垚　孙森森　王曼斐　王文涛
王小雪　杨　旸

序

行政审判是解决行政争议的重要途径，是党在司法领域联系人民群众、实现依法执政的重要方式，对推进法治国家、法治政府、法治社会建设具有重要意义。自二十世纪八十年代我国行政审判制度正式确立以来，行政审判在化解行政争议，保护公民、法人和其他组织的合法权益，推动行政机关依法行政，维护公平正义方面发挥着举足轻重的作用。随着行政审判的不断发展，我国在逐步建立起具有中国特色的行政审判制度体系的同时，在行政审判领域形成了富有时代特征、丰富多彩的司法实践。将既有的行政审判实践转化升级为具有理论性、系统性、可操作性的行政审判指引，既是行政审判的日常所需，也是行政法官的共同愿望，对于行政法学相关同仁来说，不仅具有重要的实践价值，而且具有重要的理论意义。

“操千曲而后晓声，观千剑而后识器。”自2013年成立以来，北京市第三中级人民法院（以下简称北京市三中院）立于首都审判一线，取得了丰硕的行政审判经验成果。得天独厚的区位优势和丰富的案件资源为北京市三中院提供了极具参考意义的研究素材，强烈的使命情怀和出类拔萃的研究能力奠定了北京市三中院梳理、总结和概括行政审判指引的坚实基础。

《行政审判实务精要与案例释解》一书正是凝结北京市三中院行政法官们的司法智慧，汇总与升华他们审理案件经验形成的中国式行政审判指引。本书反映了北京市三中院法官对于行政案件审理的思考，尤其是对近三年来在行政案件审理过程中发现的问题的分析，结合最高人民法院和其他法院的裁判经验,对行政审判经验予以系统总结归纳,对审理的典型案件及其判决进行深度加工,上升为规律性认识。纵观本书,呈现出三个鲜明特点:

一是体系逻辑清晰,问题导向形成规范模式。本书以行政审判领域争议较为集中的典型案件类别为纲,以每一类别案件涉及的司法审查事项为分析重点,构建全书的框架体系。对每一类别案件的审查事项设置异中有同,均以起诉条件、实体审查、裁判为中心,按照案件审理的司法逻辑展开。各司法审查事项分为审查事项、法律适用、常见问题解答三个部分,常见问题解答成为其中的着力点,着墨甚多,不仅内容丰富,而且条分缕析,努力形成司法审查的规范模式。

二是以审判实践为出发点,汇聚一线法官的智慧成果。本书以北京市三中院建院以来行政庭的审判实践为出发点,对不同案件类型进行体系化梳理,分门别类地明确了各类案件的审理方法和裁判标准。同时将实践中的典型案例附列于后,将相对抽象的理论观点予以具象化处理。全书十章,事实上是十个类别的行政案件,包括治安管理行政处罚类案件、行政复议类案件、政府信息公开类案件、涉违法建设类案件、履行法定职责类案件、举报答复类案件、行政许可类案件、工伤认定类案件、行政申诉类案件、行政赔偿类案件。对每一类别案件的讨论分析,准确聚焦于行政审判实践中的审查重点和裁判难点,涵盖了司法审查的大多数问题。

三是贴近行政审判现实,回应人民群众的司法需求。行政审判工作面临着队伍力量薄弱、当事人滥用诉权等问题。解决行政审判面临的问题,是推动行政审判高质量发展的关键之所在。显然,本书为解决上述问题及相关问题提供了新的思路。这一思路以把握行政审判内在规律为基,以提升法官的素质为本,通过对行政审判实践的总结,既为法官审理相关案件提供了思路参考,也为行政法学者提供了贴近审判实践的研究样本。同时,对于人民群众行政诉讼的司法需求,本书的类型化描述也提供了有益的诉讼指南。

"问渠那得清如许,为有源头活水来。"本书的出版既是北京市三中院对以往审判经验的总结,也是对今后审判质效的鞭策。我国行政法学蓬勃发展的现状，离不开包括学者、法官、律师以及公众在内的所有人的共同努力。本书是北京市三中院出版的系列丛书之一，展现了北京市三中院在审判一线卓越的工作成果，也为首都行政审判事业书写下靓丽的一笔。

作为行政法学研究者，本人有幸率先一览《行政审判实务精要与案例释解》，受益匪浅，感受颇深，乐之为序！

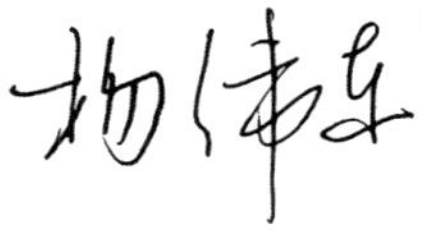*

2023年年末

* 中国政法大学法治政府研究院教授、博士生导师，法学博士。曾任国家行政学院法学部副主任、中央党校（国家行政学院）政治和法律教研部副主任。

前　言

行政诉讼作为司法监督体系的重要组成部分，对于促进依法行政、保障公民权益具有重要意义。北京市第三中级人民法院（以下简称本院）立足首善之区，具有得天独厚的地域管理优势，使本院在行政审判领域有着深厚的审判土壤和鲜明的审判特点。也正因如此，我们将行政审判实践中所形成的审判经验和思考进行整理，形成了《行政审判实务精要与案例释解》一书。

我们从审判实践出发，以具体行政诉讼领域为纲，对相关问题进行讨论。行政诉讼所涉及的行政治理领域千差万别，在行政诉讼中的审查事项、法律适用等问题也有各自的特点。本书中，我们选取了治安管理行政处罚类案件、行政复议类案件、政府信息公开类案件等十类争议较为集中和典型的案件类型，分章节进行编写。为了增强阅读的针对性和实用性，我们以实践中的常见问题为导向，对类案的审查事项和法律适用进行了归纳和提炼。为了使读者对这些问题有一个感性的认识，我们还将实践中的相关案例附在对应的问题解答之后，并在每章内容的最后，附上本院审理的典型案件的生效裁判，以供读者参考。

在本书的编写过程中，我们还邀请了一些有实践经验的专家学者针对相关问题进行研讨，以期获得帮助和指导，力求为读者提供准确、实用的解答与参考。希望本书的出版，能够为有关机关、相关公众和从业人员提供有益的帮助与启示，促进行政审判事业进一步发展。

本书由张朝霞任主编，辛尚民、饶亚东任执行主编。各章节主笔人如下：第一章郝丹，第二章陈金涛，第三章刘毅，第四章董巍，第五章孙森森，第六章王小雪，第七章蔡英伟、杨旸，第八章王曼斐，第九章饶亚东、宋垚，第十章李露希。总校对人员陈金涛，任丹阳、孙畅阳负责校对第三章、第七章、第八章、第九章、第十章，宋凯、冯雅琼负责校对第一章、第二章、第四章、第五章、第六章。

限于篇幅与时间，本书的内容难免有疏漏，我们仍愿以本书作一叶扁舟，助力各位读者徜徉于行政诉讼探索之海洋中，为行政审判实践和理论研究提供有益的参考。

2023 年 11 月

凡　例

凡属于国家法律的,如《中华人民共和国行政诉讼法》简称为《行政诉讼法》,《中华人民共和国行政复议法》简称为《行政复议法》。

凡属于法规及法规以下规范性文件的,如《中华人民共和国政府信息公开条例》简称为《政府信息公开条例》。

最高人民法院印发《〈关于贯彻执行《中华人民共和国行政诉讼法》若干问题的意见(试行)〉的通知》(法〔1991〕19号,已失效),简称为原《贯彻意见》。

最高人民法院《关于执行〈中华人民共和国行政诉讼法〉若干问题的解释》(法释〔2000〕8号,已失效),简称为原《若干解释》。

最高人民法院《关于适用〈中华人民共和国行政诉讼法〉若干问题的解释》(法释〔2015〕9号,已失效),简称为原《适用解释》。

最高人民法院《关于审理行政赔偿案件若干问题的规定》(法发〔1997〕10号,已失效),简称为原《行政赔偿解释》。

最高人民法院《关于适用〈中华人民共和国行政诉讼法〉的解释》(法释〔2018〕1号),简称为《行政诉讼法解释》。

最高人民法院《关于审理政府信息公开行政案件若干问题的规定》(法释〔2011〕17号),简称为《政府信息公开规定》。

最高人民法院《关于审理行政许可案件若干问题的规定》(法释〔2009〕20号),简称为《行政许可规定》。

最高人民法院《关于适用〈中华人民共和国民事诉讼法〉的解释》(法释

〔2022〕11 号），简称为《民诉法解释》。

最高人民法院《关于审理行政赔偿案件若干问题的规定》（法释〔2022〕10 号），简称为《行政赔偿解释》。

最高人民法院《关于行政诉讼证据若干问题的规定》（法释〔2002〕21 号），简称为《行政诉讼证据规定》。

法律法规、司法解释等文件中条款项数目，除特殊情况外，均以阿拉伯数字表示，如《治安管理处罚法》第 69 条第 1 款第 5 项。

简　　目

目 录 Contents

第一章 治安管理行政处罚类案审判指引

第一节 起诉条件的审查

第二节　职权依据的审查

第三节　事实是否清楚、处罚依据是否充分的审查

第四节 执法程序的审查

第四节 职权的审查

第五节 复议或者诉讼选择权的审查

第九节 举证质证的审查

第十节 程序的审查

第十一节　法律适用的审查及裁判方式

第三章　政府信息公开类案审判指引

第一节　起诉条件的审查

第四节　程序问题的审查

第五节 法律适用的审查

第四章 涉违法建设类案审判指引

第一节 一般规定及起诉条件的审查

第二节 限期拆除决定的审查

第四节 强制拆除行为的审查

第九节 非诉执行案件的审查

第五章 履行法定职责类案审判指引

第一节 受案范围的审查

第四节　第三人的审查

第五节　诉讼请求的审查

第六节　起诉期限的审查

第七章 行政许可类案审判指引

第一节 起诉条件的审查

第二节 职权依据的审查

第三节 事实认定的审查

第四节 程序问题的审查

第五节 法律适用的审查

第六节 行政许可补偿与赔偿的审查

第二节　职权依据的审查

第三节　事实认定的审查

第四节 程序问题的审查

第九章 行政申诉类案审判指引

第一节 申请再审条件的审查

第二节 申请再审具体材料

第三节 再审申请审查程序

第四节　实质审查要件

第五节　再审审查结果

第十章 行政赔偿类案审判指引

第一节 起诉条件的审查

第一章　治安管理行政处罚类案审判指引

第一节　起诉条件的审查

【审查事项】

是否为适格原告？是否需要追加第三人？是否超出起诉期限？是否属于治安管理行政处罚类型？是否属于行政诉讼受案范围？

【法律适用】

《治安管理处罚法》第2条、第10条、第96条第1款第5项,《公安机关办理行政案件程序规定》第51条,《行政诉讼法》第25条第1款、第46条、第49条,《行政诉讼法解释》第69条第1款。

【常见问题解答】

1. 治安管理行政处罚案件的适格原告如何确定？原告不适格的，法院应如何处理？

《行政诉讼法》第25条第1款规定:"行政行为的相对人以及其他与行政行为有利害关系的公民、法人或者其他组织,有权提起诉讼。"具体到治安管理行政处罚案件中,适格原告一般为行政处罚决定的被处罚人、被侵害人或与该行政处罚决定存在利害关系的公民、法人或者其他组织。一般认为,如果行政处罚决定直接影响其权利或为其设定义务，则可以作出存在利害关系的判断。

依据《行政诉讼法》第49条第1项、《行政诉讼法解释》第69条第1款第1项之规定，公民、法人或者其他组织提起行政诉讼，应当具备原告主体资格，符合法定起诉条件。不符合法定起诉条件的，已经立案的，应当裁定驳回起诉。若起诉人并非行政处罚决定的行政相对人，亦与行政处罚决定不存在利害关系，则不具有针对行政处罚决定提起诉讼的主体资格。依据上述规定，应当裁定驳回起诉。

2. 应当如何审查治安行政处罚案件中是否需要追加第三人？

依据《治安管理处罚法》第2条的规定，应予治安管理行政处罚的违法行为一般包括扰乱公共秩序，妨害公共安全，侵犯人身权利、财产权利，妨害社会管理，具有社会危害性但尚不构成刑事犯罪的行为。

在侵犯他人人身权利、财产权利的案件中，行政处罚决定对被处罚人产生效力的同时，也与被侵害人的利益息息相关，是否对行为人作出治安行政处罚决定及处罚的轻重都影响被侵害人权益的保护。因此，法院在审理治安行政处罚案件时，应审查治安行政处罚案件中是否存在第三人的情况。一般而言，在治安行政处罚案件中若同时存在加害人和被侵害人（如殴打他人类治安案件），法院审查发现只有加害人或被侵害人起诉的，则应追加另一方为第三人。另外，如加害人或被侵害人为多人，只有部分人起诉时，法院亦应追加其他加害人或被侵害人为第三人。若二审法院发现遗漏第三人，则应依据《行政诉讼法》第89条第1款第4项之规定，裁定撤销原判，发回重审。

3. 行政诉讼中，被处罚人起诉时已超过6个月的起诉期限，但其以拒收治安管理行政处罚决定书为由，主张其不知道该行政处罚行为的，法院是否应予采信？应当如何处理？

根据《治安管理处罚法》第96条第1款第5项的规定，公安机关作出治安管理处罚决定的，应当制作治安管理处罚决定书，决定书应当载明对处罚决定不服，申请行政复议、提起行政诉讼的途径和期限。第97条第1款规定："公安机关应当向被处罚人宣告治安管理处罚决定书，并当场交付被处罚人；无法当场向被处罚人宣告的，应当在二日内送达被处罚人。决定给予行政拘留处罚的，应当及时通知被处罚人的家属。"依据上述规定，公安机关如果能够在一审中向法院提交行政处罚决定书及其送达回执，并且该证据能够反映行政处罚决定书已载明申请行政复议、提起行政诉讼的途径和期限,送达的基本情况及被送达人的拒收原因,则一般认为能够证明被处罚人已经知道行政处罚决定作出的事实以及不服该行为的诉讼权利和期限。在上述送达条件下,即使被处罚人拒收治安管理行政处罚决定书,也不构成其不知道该行政处罚行为的正当事由。

根据《行政诉讼法》第 46 条及《行政诉讼法解释》第 69 条第 1 款第 2 项的规定,公民、法人或者其他组织直接向人民法院提起诉讼的,应当自知道或者应当知道作出行政行为之日起 6 个月内提出,超过法定起诉期限且无正当理由已经立案的,应当裁定驳回起诉。故法院应当依据上述规定,裁定驳回起诉。

4. 公安派出所对行政相对人作出的训诫书,是否属于治安管理行政处罚的类型?公民对训诫书不服提起行政诉讼的,法院应该如何处理?

《治安管理处罚法》第 10 条规定:"治安管理处罚的种类分为:(一)警告;(二)罚款;(三)行政拘留;(四)吊销公安机关发放的许可证。对违反治安管理的外国人,可以附加适用限期出境或者驱逐出境。"虽然训诫属于公安机关对扰乱公共秩序行为的常见处理类型,但不属于治安管理处罚的范畴。

实务中,存在不少因不服公安派出所作出的训诫书而提起行政诉讼的案例。一般认为,公民、法人或其他组织提起行政诉讼,其请求事项应当属于人民法院行政审判权限调整范围。若公民、法人或其他组织的诉讼请求为质疑训诫书的合法性,因训诫属于非强制性的教育措施,故针对训诫的起诉请求事项不属于人民法院行政审判权限调整范围、不属于行政诉讼受案范围。可依据《行政诉讼法》第 49 条第 4 项、《行政诉讼法解释》第 69 条第 1 款第 1 项之规定,裁定驳回起诉。

5. 公安机关按照治安行政案件立案,后又转为刑事案件,当事人不服提起行政诉讼,法院一律以刑事案件不属于行政诉讼受案范围为由裁驳处理吗?

《公安机关办理行政案件程序规定》第 65 条规定:"对发现或者受理的案件暂时无法确定为刑事案件或者行政案件的,可以按照行政案件的程序办理。在办理过程中,认为涉嫌构成犯罪的,应当按照《公安机关办理刑事案件程序规定》办理。"依据上述规定,公安机关在办案中,存在先按照治安行政案件立案,后又转为刑事程序办理的可能。我们认为，公安机关作为行政案件受案，直至转为刑事案件处理之前，系其履行治安管理行政职责的行为。当事人对上述时间范围内公安机关履行职责的行为不服，提起行政诉讼的，应属于人民法院行政诉讼的受案范围。

第二节 职权依据的审查

【审查事项】

治安管理行政处罚案件中公安机关的属地管辖、级别管辖是否正确？如果行政诉讼中原告错列被告，应如何处理？

【法律适用】

《治安管理处罚法》第 7 条、第 91 条，《公安机关办理行政案件程序规定》第 2 章，《行政诉讼法》第 26 条第 1 款，《行政诉讼法解释》第 69 条第 1 款第 3 项。

【常见问题解答】

1. 如何确定治安管理行政处罚案件中公安机关的属地管辖？

《治安管理处罚法》第 7 条规定："国务院公安部门负责全国的治安管理工作。县级以上地方各级人民政府公安机关负责本行政区域内的治安管理工作。治安案件的管辖由国务院公安部门规定。"

《公安机关办理行政案件程序规定》第 2 章规定了行政案件属地管辖的一般原则和特殊规定。其中，第 10 条第 1 款、第 2 款、第 3 款规定："行政案件由违法行为地的公安机关管辖。由违法行为人居住地公安机关管辖更为适宜的，可以由违法行为人居住地公安机关管辖，但是涉及卖淫、嫖娼、赌博、毒品的案件除外。违法行为地包括违法行为发生地和违法结果发生地。违法行为发生地，包括违法行为的实施地以及开始地、途经地、结束地等与违法行为有关的地点；违法行为有连续、持续或者继续状态的，违法行为连续、持续或者继续实施的地方都属于违法行为发生地。违法结果发生地，包括违法对象被侵害地、违法所得的实际取得地、藏匿地、转移地、使用地、销售地。居住地包括户籍所在地、经常居住地。经常居住地是指公民离开户籍所在地最后连续居住一年以上的地方,但在医院住院就医的除外。”

第11条规定:“针对或者利用网络实施的违法行为,用于实施违法行为的网站服务器所在地、网络接入地以及网站建立者或者管理者所在地,被侵害的网络及其运营者所在地,违法过程中违法行为人、被侵害人使用的网络及其运营者所在地,被侵害人被侵害时所在地,以及被侵害人财产遭受损失地公安机关可以管辖。”

第12条规定:“行驶中的客车上发生的行政案件,由案发后客车最初停靠地公安机关管辖;必要时,始发地、途经地、到达地公安机关也可以管辖。”

第13条规定:“行政案件由县级公安机关及其公安派出所、依法具有独立执法主体资格的公安机关业务部门以及出入境边防检查站按照法律、行政法规、规章授权和管辖分工办理,但法律、行政法规、规章规定由设区的市级以上公安机关办理的除外。”

第14条规定:“几个公安机关都有权管辖的行政案件,由最初受理的公安机关管辖。必要时,可以由主要违法行为地公安机关管辖。”

第15条规定:“对管辖权发生争议的,报请共同的上级公安机关指定管辖。对于重大、复杂的案件,上级公安机关可以直接办理或者指定管辖。上级公安机关直接办理或者指定管辖的,应当书面通知被指定管辖的公安机关和其他有关的公安机关。原受理案件的公安机关自收到上级公安机关书面通知之日起不再行使管辖权,并立即将案卷材料移送被指定管辖的公安机关或者办理的上级公安机关,及时书面通知当事人。”

第16条规定:“铁路公安机关管辖列车上,火车站工作区域内,铁路系统的机关、厂、段、所、队等单位内发生的行政案件,以及在铁路线上放置障碍物或者损毁、移动铁路设施等可能影响铁路运输安全、盗窃铁路设施的行政案件。对倒卖、伪造、变造火车票案件,由最初受理的铁路或者地方公安机关管辖。必要时,可以移送主要违法行为发生地的铁路或者地方公安机关管辖。交通公安机关管辖港航管理机构管理的轮船上、港口、码头工作区域内和港航系统的机关、厂、所、队等单位内发生的行政案件。民航公安机关管辖民航管理机构管理的机场工作区域以及民航系统的机关、厂、所、队等单位内和民航飞机上发生的行政案件。国有林区的森林公安机关管辖林区内发生的行政案件。海关缉私机构管辖阻碍海关缉私警察依法执行职务的治安案件。”

2. 如何确定治安管理行政处罚决定、不予处罚决定案件的级别管辖？ 如果诉讼中原告错列被告，法院应如何处理？

根据《行政诉讼法》第 26 条第 1 款的规定，一般而言，公民、法人或者其他组织直接向人民法院提起诉讼的，作出行政行为的行政机关是被告。两个以上行政机关作出同一行政行为的，共同作出行政行为的行政机关是共同被告。行政机关被撤销或者职权变更的，继续行使其职权的行政机关是被告。《治安管理处罚法》第 91 条规定："治安管理处罚由县级以上人民政府公安机关决定；其中警告、五百元以下的罚款可以由公安派出所决定。"

因此，公安派出所有权作出处以警告、500 元以下的罚款的治安管理处罚决定，亦有权在其职责范围内作出是否给予行政相对人行政处罚的决定。其他行政处罚或不予处罚决定则由县级以上人民政府公安机关作出。治安管理行政处罚案件的被告也根据上述职权相应地予以确定。若原告提起行政诉讼错列被告，则应由一审法院就治安管理行政处罚适格被告的规定进行释明并引导变更。若经释明，原告仍拒绝变更，则依据《行政诉讼法解释》第 69 条第 1 款第 3 项之规定，裁定驳回起诉。

第三节　事实是否清楚、处罚依据是否充分的审查

【审查事项】

审查举证责任如何分配及承担？被处罚人在同一事件过程中实施不同的违法行为，如何判断是否应该分别予以治安行政处罚？公安机关对被处罚人性别记载错误是否属于事实不清？案件的具体事实是否满足某种具体的违反治安管理的违法行为之构成要件？

【法律适用】

《治安管理处罚法》第 2 条、第 5 条第 1 款、第 16 条、第 23 条第 1 款第 5 项、第 96 条第 1 款第 1 项，《刑法》第 293 条，最高人民法院、最高人民检察院《关于办理寻衅滋

事刑事案件适用法律若干问题的解释》第1条、第5条，最高人民法院、最高人民检察院《关于办理利用信息网络实施诽谤等刑事案件适用法律若干问题的解释》第5条，《110接处警工作规则》，《村民委员会组织法》，《村民委员会选举规程》。

【常见问题解答】

1.治安管理行政处罚的举证责任如何分配?

行政诉讼中，一般由被告公安机关对其作出的治安行政处罚行为承担举证责任，法院应当综合审查公安机关办案中形成和收集的证据是否能够还原案件事实，形成完整的证据链。

2.治安管理行政处罚的行政程序中，出现被处罚人性别记载错误的情况，是否属于事实不清?

《治安管理处罚法》第5条第1款规定："治安管理处罚必须以事实为依据，与违反治安管理行为的性质、情节以及社会危害程度相当。"第96条第1款第1项规定，公安机关作出治安管理处罚决定的，应当制作治安管理处罚决定书。决定书应当载明被处罚人的姓名、性别、年龄、身份证件的名称和号码、住址。事实清楚、证据充分是作出行政处罚决定的基础条件，被处罚人的性别也是治安管理行政处罚决定书的必要记载事项。如果结合其他在案信息，如身份证号等，能够确定唯一被处罚人的身份，则可以认为不因性别记载错误而导致事实不清。如果结合其他在案信息，仍无法明确被处罚人身份的，则应以事实不清论处。

3.在互联网上发布辱骂、恐吓他人的信息或编造虚假信息，是否可以构成治安管理处罚中扰乱公共秩序的寻衅滋事行为？发布信息者认为自己的合法权益被侵害，是否可以构成其寻衅滋事的正当理由，进而免除行政处罚?

《刑法》第293条规定了寻衅滋事罪属扰乱公共秩序罪的范围。最高人民法院、最高人民检察院《关于办理寻衅滋事刑事案件适用法律若干问题的解释》第1条第1款规定："行为人为寻求刺激、发泄情绪、逞强耍横等，无事生非，实施刑法第二百九十三条规定的行为的，应当认定为'寻衅滋事'。"依据最高人民法院、最高人民检察院《关于办理利用信息网络实施诽谤等刑事案件适用法律若干问题的解释》第5条规定，利用信息网络辱骂、恐吓他人，情节恶劣，破坏社会秩序的，编造虚假信息，或者明知是编造的虚假信息，在信息网络上散布，或者组织、指使人员在信息网络上散布，起哄闹事，造成公共秩序严重混乱的，以寻衅滋事罪定罪处罚。《治安管理处罚法》第2条后段规定："尚不够刑事处罚的，由公安机关依照本法给予治安管理处罚。"互联网作为虚拟的公共场所，具有传播快、传播范围广的特征，行为人使用指向明确具体的词语，在互联网上发布辱骂、恐吓他人的信息，若行为符合《关于办理寻衅滋事刑事案件适用法律若干问题的解释》第5条的规定，但未达到情节恶劣的程度，不以寻衅滋事罪定罪处罚，则需依照《治安管理处罚法》给予治安管理处罚并无不当。

司法实践中，曾出现被处罚人由于其房屋被征收、强制执行等情况在互联网上发布辱骂工作人员信息的情况，被处罚人因此主张其行为不构成寻衅滋事。然而，如其对房屋征收补偿决定等行为不服，应通过正当途径予以解决，不应通过互联网发布不实信息辱骂他人，这对解决问题无益。故发布信息者认为自己的合法权益被侵害，不构成其寻衅滋事的正当理由，不能免除相应的治安管理行政处罚。

4. 实践中，经常发现被处罚人在同一事件中实施不同的违法行为的情形，司法审查中如何区分违法行为是一个还是多个？是否应该分别予以治安行政处罚？

《治安管理处罚法》第16条规定："有两种以上违反治安管理行为的，分别决定，合并执行。行政拘留处罚合并执行的，最长不超过二十日。"该条对有两种以上违法行为的处罚和执行进行了规定，对不同的违法行为，应当分别决定。而分别决定的前提是违反治安管理的行为人实施了不同的违法行为。对不同违法行为的判断，需要结合事发原因、经过、结果和案件情节进行综合考量。例如，被处罚人先进入他人宅院，后强制拉走他人，然后对他人实施殴打，上述是连续行为，且均是以殴打他人为目的，则公安机关以目的、行为为依据认定被处罚人实施殴打他人违法行为，作出治安处罚决定的，认定事实并无不当。

5. 治安管理行政处罚决定被复议撤销，原处罚决定书所依据的证据是否可以作为新处罚决定的事实依据？

行政处罚决定书经复议机关撤销，若其执法过程中的证据并未被撤销，则公安机关有权在原有证据的基础上补充调查并作出新的处理决定。

6. 在 110 报警平台通过打电话方式扬言要进行杀人放火、烧车或开车堵政府大门等行为，是否属于扰乱公共秩序的行为?

根据《110 接处警工作规则》的规定,110 报警服务台负责全天 24 小时受理公众紧急电话报警、求助和对公安机关及其人民警察现时发生的违法违纪或失职行为的投诉。其作为受理公众报警、求助、投诉的服务平台具有公共属性。该平台的良好运作是公安机关依法打击违法犯罪活动,维护社会治安,提供安全服务的有效保障。行为人拨打 110 报警电话,在电话中扬言杀人放火、烧车或开车堵政府大门,蓄意以此种方式引起公安机关关注的行为,主观上具有利用报警引发事端、扩大事态的故意,客观上亦达到了扰乱 110 报警平台正常工作秩序的程度,可以认为属于扰乱公共秩序的行为。

7. 破坏依法进行的选举秩序的行为是否需限定在选举现场? 在选举的前期准备阶段是否亦可构成上述违反治安管理的行为?

根据《村民委员会组织法》《村民委员会选举规程》的相关规定,村民委员会选举包含村民选举委员会的产生、选举宣传、登记参加选举的村民、提名确定候选人、选举竞争、选举投票、选举后续工作等程序,选举秩序则必然指上述程序中的秩序,不单单指选举投票现场的秩序,破坏任一环节中的秩序都属于《治安管理处罚法》第 23 条第 1 款第 5 项规定的“破坏依法进行的选举秩序的”违法行为,应当受到相应的治安管理,构成犯罪的,甚至要追究刑事责任。是否造成选举现场秩序混乱、影响选举结果不是认定是否构成违法行为的必要条件。

第四节　执法程序的审查

【审查事项】

公安机关未将受案回执向报案人送达,在法定期限内无法作出行政处理决定时亦未向报案人说明相关情况,是否属于程序违法?对行政相对人未使用传唤证进行传唤、未采用直接联系家属方式通知传唤情况,一定存在程序违法吗?公安机关在价格鉴定机构作出估价结论之前对故意损毁公私财物的违法行为人作出治安管理处罚决定的,是否存在程序违法?同一案件中涉及行政案件程序和刑事案件程序的转换,是否属于程序违法?被处罚人提出对其进行询问的民警不是笔录中记载的民警,法院应该如何审查认定询问程序是否违法?办理涉及女性嫌疑人的治安案件时,是否应当由一名男民警和一名女民警出警?若无女民警出警是否属于程序违法?治安管理处罚告知和治安管理处罚决定书同日向被处罚人送达,是否侵害了被处罚人的陈述和申辩权利?行政处罚告知笔录记载时间先于询问笔录记载时间,公安机关主张行政处罚告知笔录记载时间系由被告知人自行填写的,是否可以免除公安机关程序违法的责任?公安机关采用手写形式修正治安管理行政处罚文书,如何认定是否存在违法情形?被处罚人被询问的时间是否属于被限制人身自由的时间,可否依法折抵行政拘留时间?

【法律适用】

《治安管理处罚法》第 2 条、第 49 条、第 78 条、第 82 条第 1 款、第 83 条、第 84 条、第 87 条第 2 款及第 94 条;《公安机关办理刑事案件程序规定》第 174 条;《公安机关办理行政案件程序规定》第 47 条第 2 款,第 51 条,第 53 条第 1 款、第 4 款,第 77 条,第 141 条第 3 款,第 163 条。

【常见问题解答】

1. 法院对公安机关的治安管理处罚行为进行程序审查时，主要涉及哪些方面？审查原则有哪些？

治安管理行政处罚的程序一般适用《治安管理处罚法》《公安机关办理行政案件程序规定》。法院应审查公安机关办案时是否违反法定程序、是否遗漏重要环节。

一般而言,法院对治安处罚案件程序的审查主要包括:办案期限(鉴定、调解的期限问题),受案经过(是否制作受案登记表等),调查过程(询问、辨认、勘验、检查、鉴定等程序问题),处罚作出前是否提前告知、是否保证其陈述申辩权,行政处罚文书是否依法送达等。

2. 公安机关未将受案回执向报案人送达，在法定期限内无法作出行政处理决定时亦未向报案人说明相关情况的，是否属于程序违法？

根据《公安机关办理行政案件程序规定》第 61 条第 1 款第 1 项的规定，对报案、控告、举报、群众扭送或者违法嫌疑人投案作出处理，并将处理情况在接报案登记中注明，对属于本单位管辖范围内的案件，应当立即调查处理，制作受案登记表和受案回执，并将受案回执交报案人、控告人、举报人、扭送人。故公安机关未将受案回执向报案人送达，属于程序违法。同时，根据《公安机关办理行政案件程序规定》第 165 条第 3 款的规定："对因违反治安管理行为人不明或者逃跑等客观原因造成案件在法定期限内无法作出行政处理决定的，公安机关应当继续进行调查取证，并向被侵害人说明情况，及时依法作出处理决定。"故公安机关在法定期限内无法作出行政处理决定时未向报案人说明相关情况的，亦属于程序违法。

3. 对行政相对人未使用传唤证进行传唤、未采用直接联系家属方式通知传唤情况，是否一定存在程序违法？

《治安管理处罚法》第 82 条第 1 款规定："需要传唤违反治安管理行为人接受调查的，经公安机关办案部门负责人批准，使用传唤证传唤。对现场发现的违反治安管理行为人，人民警察经出示工作证件，可以口头传唤，但应当在询问笔录中注明。"第 83 条规定："对违反治安管理行为人，公安机关传唤后应当及时询问查证，询问查证的时间不得超过八小时；情况复杂，依照本法规定可能适用行政拘留处罚的，询问查证的时间不得超过二十四小时。公安机关应当及时将传唤的原因和处所通知被传唤人家属。"根据《公安机关办理行政案件程序规定》第 67 条第 1 款、第 4 款的规定，对现场发现的违法嫌疑人，人民警察经出示工作证件，可以口头传唤，并在询问笔录中注明违法嫌疑人到案经过、到案时间和离开时间。公安机关应当将传唤的原因和依据告知被传唤人，并通知其家属。公安机关通知被传唤人家属适用本规定第 55 条第 1 款第 5 项的规定。第 55 条第 1 款第 5 项规定："实施限制公民人身自由的行政强制措施的，应当当场告知当事人家属实施强制措施的公安机关、理由、地点和期限；无法当场告知的，应当在实施强制措施后立即通过电话、短信、传真等方式通知；身份不明、拒不提供家属联系方式或者因自然灾害等不可抗力导致无法通知的，可以不予通知。告知、通知家属情况或者无法通知家属的原因应当在询问笔录中注明。”

上述规定赋予了人民警察对现场发现的违法嫌疑人进行口头传唤并及时询问查证的职权，且对传唤时间、通知家属以及根据不同情况分别作出相应处理等作了明确规定。根据上述规定，人民警察经出示工作证件，可以口头传唤，但需要在询问笔录中注明违法嫌疑人到案经过、到案时间和离开时间。若无法直接联系违法嫌疑人家属，也可以在符合规定的条件下采取其他通知方式。

4. 公安机关在价格鉴定机构作出估价结论之前对故意损毁公私财物的违法行为人作出治安管理处罚决定的，是否存在程序违法?

《治安管理处罚法》第 2 条规定：“扰乱公共秩序，妨害公共安全，侵犯人身权利、财产权利，妨害社会管理，具有社会危害性，依照《中华人民共和国刑法》的规定构成犯罪的，依法追究刑事责任；尚不够刑事处罚的，由公安机关依照本法给予治安管理处罚。”《公安机关办理行政案件程序规定》第 65 条规定：“对发现或者受理的案件暂时无法确定为刑事案件或者行政案件的，可以按照行政案件的程序办理。在办理过程中，认为涉嫌构成犯罪的，应当按照《公安机关办理刑事案件程序规定》办理。”《治安管理处罚法》第 49 条规定：“盗窃、诈骗、哄抢、抢夺、敲诈勒索或者故意损毁公私财物的，处五日以上十日以下拘留，可以并处五百元以下罚款；情节较重的，处十日以上十五日以下拘留，可以并处一千元以下罚款。”《公安机关办理行政案件程序规定》第 93 条规定：“涉案物品价值不明或者难以确定的，公安机关应当委托价格鉴证机构估价。根据当事人提供的购买发票等票据能够认定价值的涉案物品，或者价值明显不够刑事立案标准的涉案物品，公安机关可以不进行价格鉴证。”根据上述规定，确定故意损毁公私财物违法行为并不以财物的价值大小作为构成标准，价值明显不够刑事立案标准的涉案物品，公安机关可以不进行价格鉴证。因此，若根据当事人提供的购买发票等票据能够认定价值的涉案物品，或者价值明显不够刑事立案标准的涉案物品，公安机关可以不进行价格鉴证。涉案物品价值不明或者难以确定的，公安机关应当委托价格鉴证机构估价。因此，公安机关在价格鉴定机构作出估价结论之前，对故意损毁公私财物的违法行为人作出治安管理处罚决定的执法程序是否违反法律规定要以“涉案物品是否存在价值不明或者价值难以确定”为判断标准。

5. 公安机关受理案件后先按照行政案件的程序办理，后认为涉嫌构成犯罪，转为刑事案件办理。办理过程中，依据现有证据材料认为行为人的行为不构成刑事犯罪，最后作出治安行政处罚的，上述程序是否违法？

《公安机关办理行政案件程序规定》第65条规定："对发现或者受理的案件暂时无法确定为刑事案件或者行政案件的，可以按照行政案件的程序办理。在办理过程中，认为涉嫌构成犯罪的，应当按照《公安机关办理刑事案件程序规定》办理。"第172条第1款第5项规定，公安机关根据行政案件的不同情况分别作出处理决定，违法行为涉嫌构成犯罪的，转为刑事案件办理或者移送有权处理的主管机关、部门办理，无需撤销行政案件。公安机关已经作出行政处理决定的，应当附卷。第177条规定："公安机关办理的刑事案件，尚不够刑事处罚，依法应当给予公安行政处理的，经县级以上公安机关负责人批准，依照本章规定作出处理决定。"《治安管理处罚法》第2条规定："扰乱公共秩序，妨害公共安全，侵犯人身权利、财产权利，妨害社会管理，具有社会危害性，依照《中华人民共和国刑法》的规定构成犯罪的，依法追究刑事责任；尚不够刑事处罚的，由公安机关依照本法给予治安管理处罚。"依据上述规定，公安机关受理案件后，先作为治安案件办理，后发现嫌疑人的行为涉嫌刑事犯罪，转为刑事立案侦查，最后依据现有证据材料认为嫌疑人的行为不构成刑事犯罪而作出行政处罚的，程序上是在法律允许的范围内的。

6. 诉讼中被处罚人提出，对其进行询问的民警不是笔录中记载的民警，法院应该如何审查认定询问程序是否违法？

《治安管理处罚法》第84条第1款规定："询问笔录应当交被询问人核对；对没有阅读能力的，应当向其宣读。记载有遗漏或者差错的，被询问人可以提出补充或者更正。被询问人确认笔录无误后，应当签名或者盖章，询问的人民警察也应当在笔录上签名。"根据上述规定，如果被询问人对负责询问的民警身份或对笔录记载内容有质疑，应在询问或核对笔录时立即提出。如果笔录显示，询问前民警向被询问人出示了人民警察证，明确告知了询问人的身份，且询问笔录中对询问人和记录人的姓名及工作单位亦有详细记载，被询问人在笔录中没有提出异议，每页笔录上均有被询问人的签名和捺手印确认笔录无误，询问人和记录人亦在笔录末尾签字确认。那么，法院司法审查应以询问笔录中经被询问人、询问人和记录人共同签字确认的内容为依据。此外，若公安机关提交了询问时的录音、录像光盘等证据，可以审查询问笔录内容与上述证据内容是否一致，是否能够相互印证。若被询问人不能提出合法有效的相反证据，在诉讼阶段对经其签字确认的询问笔录内容提出的质疑不能成立。

7. 办理涉及女性嫌疑人的治安案件时，是否至少由一名女民警出警？若无女民警出警是否属于程序违法？

《治安管理处罚法》第 87 条第 2 款规定："检查妇女的身体，应当由女性工作人员进行。"因此，办理涉及女性嫌疑人的治安案件时，是否应当有女民警出警取决于是否有检查妇女身体的程序需要。如无检查妇女身体的必要，则无须女民警出警，亦不构成程序违法。

8. 治安管理处罚告知和行政处罚决定书同日向被处罚人送达，是否侵害了其陈述和申辩权利？

《治安管理处罚法》第 94 条第 1 款、第 2 款规定："公安机关作出治安管理处罚决定前，应当告知违反治安管理行为人作出治安管理处罚的事实、理由及依据，并告知违反治安管理行为人依法享有的权利。违反治安管理行为人有权陈述和申辩。公安机关必须充分听取违反治安管理行为人的意见，对违反治安管理行为人提出的事实、理由和证据，应当进行复核；违反治安管理行为人提出的事实、理由或者证据成立的，公安机关应当采纳。"实务中经常出现治安管理处罚告知和行政处罚决定书同日向被处罚人送达的情况。我们认为，如果从治安管理处罚告知笔录内容来看，被处罚人已就该拟处罚决定提出陈述和申辩，公安机关亦在充分考虑其陈述和申辩理由的前提下作出治安管理处罚决定书，则治安管理处罚告知和行政处罚决定书同日向被处罚人送达并无不可。

9. 行政处罚告知笔录记载时间先于询问笔录记载时间，公安机关主张行政处罚告知笔录记载时间系由被告知人自行填写，是否可以免除公安机关程序违法的责任？

依据《治安管理处罚法》第 78 条、第 83 条、第 84 条及第 94 条之规定，公安机关受理报案、控告、举报、投案后，认为属于违反治安管理行为的，应当立即进行调查。对违反治安管理的行为人，公安机关传唤后应当及时询问查证，并应当及时将传唤的原因和处所通知被传唤人家属。询问笔录应当交被询问人核对；对没有阅读能力的，应当向其宣读。记载有遗漏或者差错的，被询问人可以提出补充或者更正。被询问人确认笔录无误后，应当签名或者盖章，询问的人民警察也应当在笔录上签名。调查结束后、公安机关作出治安管理处罚决定前，应当告知违反治安管理行为人作出治安管理处罚的事实、理由及依据，并告知违反治安管理行为人依法享有的权利。

因此，行政处罚告知笔录记载的时间应晚于询问笔录的记载时间，这也是行政处罚正当程序的应有之义，公安机关主张行政处罚告知笔录记载时间系被告知人自行填写，但其在执法程序中未能现场对被告知人自行填写的时间予以纠正核实，工作不够严谨细致，应认定上述情节构成程序轻微违法。

10. 公安机关在修正治安管理行政处罚文书时，有时候会采用手写形式。诉讼中，被处罚人提出公安机关提交的治安管理行政处罚决定书存在手写部分属伪造文书的诉讼主张的，如何认定是否存在违法情形？

首先应对比公安机关向被处罚人送达的行政处罚决定书与公安机关向法院提交的行政处罚决定书中记载的被处罚人基本情况、查明事实、行政处罚期限、当事人救济途径告知等主要内容是否一致，确定该修正内容是否在送达之前即存在。若公安机关向被处罚人送达的行政处罚决定书已存在手写修正内容，公安机关亦将上述情况对被处罚人进行了告知并将文书合法送达，则一般不认为手写修正存在违法之处。

若公安机关向被处罚人送达行政处罚决定书后，又对行政处罚决定书进行了手写修正，则还需审查被处罚人基本情况、查明事实、行政处罚期限、当事人救济途径告知、处罚执行方式和期限等主要内容是否发生修正，以及上述修正事项对被处罚人的实体权益是否产生实质影响。公安机关应加强行政处罚文书制作和修正的规范性和严谨性，以合法、规范的形式尽可能减少纠纷的发生。一般认为，行政处罚决定书送达后不能再对查明事实、行政处罚期限、处罚执行方式和期限等主要内容进行修正，即使存在纠正笔误或其他对被处罚人的实体权益不产生实质影响的事项，也应当及时向被处罚人送达修正后的行政处罚决定书。否则，则应认为存在程序违法的情形。

11. 行政处罚决定对行为人实施行政拘留，被处罚人主张其被询问期间属于被限制人身自由的时间，应依法折抵，是否有法律依据？

《公安机关办理行政案件程序规定》第163条第1款规定："对决定给予行政拘留处罚的人，在处罚前因同一行为已经被采取强制措施限制人身自由的时间应当折抵。限制人身自由一日，折抵执行行政拘留一日。询问查证、继续盘问和采取约束措施的时间不予折抵。"公安机关对被传唤人所采取的传唤措施属于询问查证，并非法律规定的可以折抵限制人身自由的强制措施，依法不予折抵。

第五节　处罚幅度的审查

【审查事项】

治安管理处罚是否与违反治安管理行为的性质、情节以及社会危害程度相当？

【法律适用】

《治安管理处罚法》第5条、第43条第1款。

【常见问题解答】

1. 法院对治安行政处罚幅度裁量的一般审查原则是什么？

治安行政处罚结果应当与违反治安管理行为的性质、情节以及社会危害程度相当，确保法律效果和社会效果的统一。在处罚幅度的审查问题上，应坚持教育与处罚相结合原则，既应维护公安机关作为行政机关的执法权威，又应尊重和保护当事人合法权益。

处罚类别和幅度的审查可以参考公安机关日常办案的做法及裁量标准。治安行政处罚决定应综合考量违反治安管理行为的对象、后果、数量、次数、行为人主观恶意程度及从重、从轻、减轻等法定裁量情形，判断公安机关的具体处罚幅度是否适当。

2. 殴打他人的治安管理行政处罚案件中，可能存在双方互殴的情形，公安机关在实践中经常对互殴双方作出结果相同的治安管理行政处罚，对此，在何种情形下可以认定为行政处罚明显不当而作出变更判决？

《治安管理处罚法》第 5 条第 1 款规定："治安管理处罚必须以事实为依据，与违反治安管理行为的性质、情节以及社会危害程度相当。"第 43 条第 1 款规定："殴打他人的，或者故意伤害他人身体的，处五日以上十日以下拘留，并处二百元以上五百元以下罚款；情节较轻的，处五日以下拘留或者五百元以下罚款。"

因此，即使在双方互殴的情形下，公安机关也应当对行为人在互殴中的过错大小、情节轻重等因素进行综合考量，结合双方的行为性质、情节，双方在事件起因中所起的作用等因素对双方施以处罚，并根据不同情形在处罚结果上作出区分处理。若未予以区分即予以相同的处罚，则可能存在处罚结果不当的情形，法院应根据案件实际情况依法予以变更。

附：

本院典型案例

杨某诉北京市公安局通州分局再审案

【裁判要旨】拒绝接受检查，以危险方式强行驾车闯卡，撕扯、滋事造成民警受伤的，属于阻碍人民警察依法执行职务的行为，应当从重处罚。行政机关作出处罚决定后，以文书内容表述不明为由自行撤销并重新作出处罚决定的，如果仅增加新的法律适用，没有增加新的违法事实和新的证据，亦没有改变处罚的依据、种类和处罚幅度，未加重处罚的，基于提高行政效率、方便相对人的考虑，未重新听取被处罚人陈述和申辩不构成程序违法。

【裁判文书】

北京市第三中级人民法院

行政判决书

(2018)京03行再4号

再审申请人(一审原告、二审上诉人):杨某,男,现住北京市朝阳区。

被申请人(一审被告、二审被上诉人):北京市公安局通州分局,住所地北京市通州区新华北路163号。

再审申请人杨某因与被申请人北京市公安局通州分局(以下简称通州公安分局)不服治安管理行政处罚决定一案,不服本院(2017)京03行终375号行政判决(以下简称375号判决),向北京市高级人民法院申请再审。北京市高级人民法院于2018年3月22日作出(2017)京行申1286号行政裁定,指令本院再审本案。本院受理后,依法另行组成合议庭,于2018年6月7日公开开庭进行了审理,再审申请人杨某,被申请人通州公安分局之诉讼代理人到庭参加诉讼。本案现已审理终结。

本院作出的375号判决认定,根据现有证据可以认定杨某在北京市通州区京哈高速西集检查站(以下简称西集检查站)确有不配合民警检查,并企图驾车闯卡,在与民警的冲突中致西集检查站站长高某某左小指受伤等阻碍人民警察执行公务的行为,通州公安分局根据其违法事实并结合违法行为的性质、情节、结果等因素对杨某处以行政拘留10日的处罚适用法律正确,处罚幅度适当。关于诉权告知及刑事拘留时间折抵行政拘留时间的问题,同意原审法院的认定。通州公安分局在处罚前履行了受理、传唤、调查、告知等程序,作出处罚决定后履行了送达等程序。通州公安分局的处罚程序并无不当。综上,原审法院判决驳回杨某的诉讼请求正确,予以维持。杨某的上诉请求及理由缺乏事实根据和法律依据,不予支持。依照《中华人民共和国行政诉讼法》第八十九条第一款第(一)项的规定,判决驳回杨某的上诉,维持原审判决。

再审申请人杨某申请再审称:第一,通州公安分局于2016年7月13日对其作出的京公通行罚决字[2016]012626号行政处罚决定(以下简称被诉处罚决定)及原审判决认定事实错误。通州公安分局提交的视频资料没有显示申请人的闯卡影像,申请人也没有实施闯卡行为,法医出具的伤情鉴定也证实高某某未构成轻微伤,无法证明申请人与辅警、民警发生撕扯。第二,被诉处罚决定违反法定程序。通州公安分局无论在作出京公通行罚决字[2016]000066号行政处罚决定(以下简称66号处罚决定),还是作出被诉处罚决定前,均没有听取申请人的陈述、申辩,且隐瞒了原告诉权,诉权告知内容不全面,被诉处罚决定应依法认定无效。第三,如果66号处罚决定属于笔误,通州公安分局应该作出补正而非撤销决定。通州公安分局既然已经撤销了66号处罚决定,就不应该在没有新的事实和证据的情形下违法作出被诉处罚决定。故请求法院撤销二审判决及被诉处罚决定,判令民警高某某退还勒索的1万元及利息,并赔偿申诉人的误工费、律师咨询费、交通费等共计5万元。

被申请人北京市公安局通州分局辩称:根据现场监控录像及民警、辅警的笔录可以证明,事发之时杨某存在不配合检查、闯卡及与民警发生撕扯的事实,故被诉处罚决定认定杨某存在妨碍公务的行为事实清楚。因66号处罚决定存在文书内容表述不明确等问题,故本局撤销了66号处罚决定,重新作出了被诉处罚决定。虽然66号处罚决定被撤销,但杨某妨碍公务的行为依旧存在,故本局基于相同的事实和证据作出了被诉处罚决定,未再行履行告知及意见听取程序。故,请求法院驳回杨某的再审申请,维持原审判决。

经再审查明:2015年12月27日2时许,杨某驾驶机动车(冀××××××)行驶至位于本市通州区京哈高速西集检查站时,不配合执法检查,在执法民警示意其停车接受检查时,其不配合,企图驾车冲卡,并强行驾驶车辆开往旁边车道,辅警进行阻拦,杨某才停车。之后,杨某在执法民警和辅警的要求下,下车接受检车时情绪激动,拒绝配合检查,并与执法民警、辅警撕扯,造成执法民警高某某左手小指受伤。通州公安分局以杨某涉嫌妨碍公务为由,分别于2015年12月27日3时、27日13时对杨某进行讯问,杨某承认自己的上述行为涉嫌妨害公务。同日,通州公安分局分别对西集检查站执勤民警和辅警进行询问,均证实杨某有妨害公务的行为。同日,通州公安分局作出京公通拘字[2015]001944号拘留证,对杨某进行刑事拘留。后经鉴定,执勤民警高某某未构成轻微伤,后通州公安分局于2016年1月14日撤销刑事案件,以杨某阻碍执行职务为由,作出66号处罚决定,给予杨某行政拘留10日处罚。刑事拘留一日折抵行政拘留一日。杨某不服,诉至原审法院请求撤销该决定。在诉讼过程中,通州公安分局以文书内容表述不明为由,于2016年6月29日撤销了66号处罚决定,并于2016年7月13日作出被诉处罚决定。原审法院经过审理,认定杨某确有阻碍人民警察依法执行职务的行为,通州公安分局根据杨某的行为性质、情节及后果对杨某处以10日拘留的行政处罚合法且幅度适当。通州公安分局存在未准确告知杨某诉权的情况,但该瑕疵未实际影响杨某诉权。通州公安分局的处罚程序并无不当,判决驳回杨某的诉讼请求。杨某不服原审判决,上诉至本院,本院经过审理,对原审判决认定的证据和查明的事实予以确认。

杨某在法定期限内向原审法院提供了一张光盘,用以证明执勤民警高某某行为不当以及高某某在其被关押时收其家属1万元人民币的事实。

上述事实有通州公安分局在法定期限内向原审法院提交的以下证据予以佐证:1.拘留证;2.对杨某的讯问笔录3份;3.对执勤民警和辅警三人的询问笔录;4.诊断证明和鉴定结论;5.西集检查站的现场录像;6.2016年1月14日通州公安分局行政处罚告知笔录;7.66号处罚决定。

本院再审认为,根据北京市高级人民法院的指令再审裁定,本院按照《最高人民法院关于适用〈中华人民共和国行政诉讼法〉的解释》第一百一十九条的规定,适用审判监督程序对本院依据第二审程序作出的生效判决进行再审,因此,本案适用第二审程序,对再审申请人的请求以及被诉处罚决定的合法性进行审理。综合各方的诉辩意见,本案争议焦点如下:

一、关于被诉处罚决定认定杨某存在妨碍人民警察执行公务的证据是否充分的问题。首先,根据《中华人民共和国治安管理处罚法》(以下简称《治安管理处罚法》)第七条的规定,通州公安分局依法负责本行政区域内的治安管理工作,其在西集检查站对过往的车辆和驾驶人进行检查,系依法履行治安管理行为。杨某于2015年12月27日2时许驾驶机动车行驶至西集检查站时,执法人员对其进行检查,属于履行法定职责的执法行为。

其次,公安机关履行治安管理行为是为了维护社会治安秩序,目的是保障公共安全以及保护公民、法人和其他组织的合法权益。在人民警察履行治安管理职责时,被检查的人员应当配合并服从执法人员的检查。本案中,杨某开车行驶到西集检查站后,未按照检查站执法人员的要求接受检查,其在被执法民警阻拦后,反而以危险方式强行驾车闯卡。在执法民警和辅警的要求下,杨某下车后情绪激动,拒绝配合检查,并与执法民警撕扯,造成执法民警高某某左手小指受伤。该行为构成阻碍执法人员依法执行职务,且情节严重,依法应当受到处罚。通州公安分局对杨某作出行政拘留10日的处罚符合《治安管理处罚法》第五十条第一款第(二)项、第二款的规定。

二、关于被诉处罚决定是否违反法定程序的问题。根据《治安管理处罚法》第九十四条的规定,公安机关作出治安管理处罚决定前,应当告知违反治安管理行为人作出治安管理处罚的事实、理由及依据,并告知违反治安管理行为人依法享有的权利。违反治安管理行为人有权陈述和申辩。公安机关必须充分听取违反治安管理行为人的意见，对违反治安管理行为人提出的事实、理由和证据，应当进行复核；违反治安管理行为人提出的事实、理由或者证据成立的，公安机关应当采纳。公安机关不得因违反治安管理行为人的陈述、申辩而加重处罚。

就本案而言，杨某的行为不是一般的违反治安管理行为，而是阻碍人民警察依法执行职务的行为，应当属于《治安管理处罚法》第五十条第二款所界定的范畴。虽然，在本案之前，通州公安分局对杨某的违法行为曾经作出过66号处罚决定，通州公安分局在诉讼中撤销了该决定，但66号处罚决定中记载的内容可以说明该局对杨某的上述行为作出处罚所依据的事实理由、法律依据和处罚结果。故，将66号处罚决定与本案进行对比，66号处罚决定中认定杨某的违法行为与本案被诉处罚决定认定的事实一致、决定拘留的内容一致，有所不同的是66号处罚决定适用的法律是《治安管理处罚法》第五十条第二款、第九十二条的规定，而本案增加了《治安管理处罚法》第五十条第一款第（二）项的内容。第五十条第一款第（二）项所界定的行为人阻碍的是国家机关工作人员依法执行职务，这里的国家机关工作人员既包括人民警察也包括其他行政管理领域的行政执法人员，两者不同的是，对于阻碍人民警察依法执行职务的，要从重处罚。由于杨某的违法行为属于阻碍人民警察依法执行职务，本应予以从重处罚。但是，通州公安分局在撤销66号处罚决定后，作出的本案被诉处罚决定既没有增加新的违法事实，也没有增加新的证据，更没有加重对杨某的处罚，其增加适用《治安管理处罚法》第五十条第一款第（二）项与66号处罚决定的“行政拘留十日”处罚幅度没有差别，并不需要进行听证。杨某主张通州公安分局撤销66号处罚决定后“就不应该在没有新的事实和证据的情形下违法作出被诉处罚决定”的主张缺乏法律依据，本院不予支持。

因此，根据通州公安分局提交的案卷证据，能够认定其在对杨某作出被诉处罚决定前履行了受理、传唤、调查、告知及送达等程序，未违反法定程序。

三、关于杨某提出的通州公安分局的诉权告知内容不全面，未告知其可以向原告所在地人民法院起诉的问题。根据《中华人民共和国行政诉讼法》第十九条的规定，对限制人身自由的行政强制措施不服提起诉讼，由被告所在地或者原告所在地人民法院管辖。这是出于对原告诉权的保护，便于原告进行诉讼的原则，对法院受理此类案件的管辖进行的规定。被限制人身自由的行政相对人不服的，有权选择被告所在地或者原告所在地人民法院管辖。本案中，杨某不服被诉处罚决定，选择向原审法院起诉，其诉权得到了保障。对于杨某提出的通州公安分局的诉权告知违法的问题，根据《中华人民共和国行政处罚法》第三十九条第一款第（五）项的规定，行政机关作出的行政处罚决定书中应当载明不服行政处罚决定，申请行政复议或者提起行政诉讼的途径和期限。通州公安分局在被诉处罚决定书中告知其“如不服本决定，可以在收到本决定书之日起六十日内向通州区人民政府或北京市公安局申请行政复议或者在六个月内依法向通州区人民法院提起行政诉讼”，上述内容符合《中华人民共和国行政处罚法》的规定以及《治安管理处罚法》第一百零二条关于“被处罚人对治安管理处罚决定不服的，可以依法申请行政复议或者提起行政诉讼”的规定。因此，杨某以通州公安分局未告知其可以向原告所在地人民法院起诉为由，请求法院认定行政程序违法的诉讼主张缺乏法律依据，本院不予支持。

四、关于杨某请求法院判令民警高某某退还1万元及赔偿其损失的诉求，因其一并提起了行政赔偿诉讼，故该项请求不属于本案审理范围。

五、关于刑事拘留行为以及刑事拘留时间折抵行政拘留时间的问题，不属于本案再审审理的范围。

综上，原审法院判决驳回杨某的诉讼请求证据充分，适用法律正确，本院二审判决驳回上诉、维持原判的结果正确，本院再审应予维持。杨某的再审请求及理由缺乏事实根据和法律依据，本院不予支持。依照《中华人民共和国行政诉讼法》第八十九条第一款第（一）项的规定，判决如下：

维持本院（2017）京03行终375号行政判决。

一、二审案件受理费各五十元，均由杨某负担（已交纳）。

本判决为终审判决。

审 判 长　饶亚东
审 判 员　张　明
审 判 员　赵　晖
二〇一八年七月三十一日
书 记 员　宋　垚

（主审法官：饶亚东；撰写人：饶亚东、宋垚）

附：

本院典型案例

胡某1诉北京市公安局通州分局张家湾派出所案

【裁判要旨】胡某1在与王某2等人的纠纷中身体受损伤，属轻微伤，派出所在接到报案后进行了调查，但是在被诉行政行为中没有明确胡某1所受伤害的原因，即适用《治安管理处罚法》第95条第(2)项的规定对相关人作出不予处罚的决定，属于基本事实不清。

【裁判文书】

北京市第三中级人民法院

行政裁定书

(2017)京03行再1号

抗诉机关：北京市人民检察院。

申诉人(一审原告、二审上诉人)：胡某1，男。

法定代理人：胡某2(胡某1之兄)，住北京市通州区。

被申诉人(一审被告、二审被上诉人)：北京市公安局通州分局张家湾派出所，住所地北京市通州区张家湾镇广源西街2号。

负责人：任立新，所长。

二审被上诉人(一审第三人)：张某1，男。

二审被上诉人(一审第三人)：王某1，女。

上述二审被上诉人之共同委托诉讼代理人：张某2(张某1、王某1之子)。

二审被上诉人(一审第三人)：李某，男。

二审被上诉人(一审第三人)：张某2。

二审被上诉人(一审第三人)兼李某、张某2之共同委托诉讼代理人：王某2(李某之妻弟、张某2之子),回族。

申诉人胡某1因与被申诉人北京市公安局通州分局张家湾派出所(以下简称张家湾派出所)治安管理不予行政处罚一案,不服本院(2014)三中行终字第1491号行政判决(以下简称1491号判决),向检察机关申诉。北京市人民检察院作出京检行监[2015]11000000147号行政抗诉书,向北京市高级人民法院提出抗诉。北京市高级人民法院作出(2016)京行抗5号行政裁定,指令本院再审本案。本院依法另行组成合议庭,于2017年3月10日公开开庭对本案进行再审。北京市人民检察院指派北京市人民检察院第三分院检察员杨秋梅、助理检察员何赞国出庭。申诉人胡某1之法定代理人胡某2及其诉讼代理人赵则启、韩建昌,被申诉人张家湾派出所之诉讼代理人苏玥、王学强,二审被上诉人张某1、王某1之共同委托诉讼代理人张某2,二审被上诉人兼张某2、李某之共同委托诉讼代理人王某2到庭参加诉讼。

北京市人民检察院抗诉认为:本案中现有证据已经能够证明胡某1在与王某2、李某、张某1、王某1、张某2的纠纷中受到伤害的事实。张家湾派出所认为违法事实不能成立作出不予处罚的决定,属于认定事实不清,适用法律错误。法院二审判决认为张家湾派出所的决定并无不当,驳回胡某1诉讼请求属于认定事实的主要证据不足,适用法律错误。一、本案中现有证据已经能够证明胡某1在与王某2、李某、张某1、王某1、张某2的纠纷中被对方行为致伤,且经鉴定为轻微伤的事实;二、张家湾派出所认为违法事实不能成立作出不予处罚的决定,属于认定事实不清,适用法律错误;三、二审法院判决认为一审法院驳回胡某1的诉讼请求并无不当,属于认定事实的主要证据不足,适用法律确有错误。综上所述,1491号判决认定事实的主要证据不足,适用法律确有错误,根据《中华人民共和国行政诉讼法》第九十一条第(三)(四)项、第九十三条第一款的规定,特提出抗诉,请依法再审。

申诉人胡某1称:认可检察机关的抗诉意见,请求撤销(2014)通行初字第115号和(2014)三中行终字第1491号行政判决,依法再审,重新审理本案。理由:第一,一、二审法院对事实认定有误。根据李某的询问笔录、胡某1的陈述、张某2的证言、胡某1的诊断证明、照片以及人体损伤程度鉴定意见等均证实本案违法事实的存在,胡某1在与王某2、李某、王某1、张某1、张某2发生冲突时受到伤害,因果关系成立,损害客观,依据充分。第二,一、二审法院违反法律规定的诉讼程序,证人杨某春、王某俊与王某2、李某、王某1、张某1、张某2存在亲属关系,我方曾申请法院调取近亲属档案,王某1也曾在一审庭审中承认与证人存在亲属关系。因此,一审法院认为我方没有在法定期间提交有效证据缺乏依据。第三,一、二审法院适用法律明显不当,《中华人民共和国行政诉讼法》第三十三条和《最高人民法院关于行政诉讼证据若干问题的规定》第三条对行政机关在行政诉讼中自行向证人取证进行了限制，张家湾派出所在行政诉讼中自行向证人取证，对证人林某华询问，违反上述规定。并且，张家湾派出所组织证人进行辨认的程序违反了《公安机关办理行政案件程序规定》第86条、第90条和《公安机关执法细则》第二编第一章和第三十八章的规定，属于重大的程序违法而非简单的程序瑕疵。第四，张家湾派出所作出不予行政处罚决定书不是依据法律与事实作出的正当职权行为，而是滥用职权行为。

被申诉人张家湾派出所辩称：不认可检察机关的抗诉意见，请求法院驳回申诉人的再审请求，维持原一、二审判决。理由：第一，根据现场证人和双方人员陈述，因供证双方对案件事实陈述存在差异，无法认定李某、王某2、王某1、张某1、张某2对胡某1存在故意殴打伤害的事实，但可以认定胡某1受伤是在这过程中造成，有口供笔录可以证实。第二，关于证人证言的亲属关系，因系在场证人，我们必须询问审核，我们认为证人陈述与当事人陈述基本一致，故予以采信。第三，关于辨认程序，(1)我方在组织辨认前向林某华详细询问了体貌特征，再进行辨认，在制作辨认笔录过程中，林某华未辨认出当时双方人员；(2)关于签名和捺印，辨认笔录中民警和当事人、见证人都有签字，对辨认笔录予以认可，而在“本页无正文”签名和捺印，是因法律文书均需由网上执法办案平台制作，对于证人林某华的辨认过程是在林某华家中所做，其家中不具备网上开具文书的条件，故民警在向林某华讲清辨认过程及经过后，让其予以签字确认，后民警回派出所将整个过程，以辨认笔录的形式予以记录；(3)关于辨认照片与本人存在较大差别，辨认是对面部进行辨认，因面部没有太大差别，故选取该辨认照片。第四，关于适用法律问题，我方未认定李某、王某2、王某1、张某1、张某2有殴打胡某1的主观故意，故不适用《中华人民共和国治安管理处罚法》第四十三条的规定。

二审被上诉人张某2、王某2、李某、张某1、王某1称，对抗诉书内容不发表意见，请法院处理，希望尽快结束本案。

经审查，2012年8月5日14时许，胡某1与王某2、李某、王某1、张某1、张某2在北京市通州区张家湾镇张湾镇村发生纠纷，经报案后张家湾派出所受理此案。张家湾派出所受案后，分别对上述人员及在场证人进行了询问，并依照法定程序进行了伤情鉴定及精神病鉴定。经鉴定，胡某1、王某1两人身体所受损伤均属轻微伤，且胡某1被评定为限制刑事责任能力。其中，胡某1的伤情包括“头、颈、腹部、双下肢外伤：头外伤后神经反应，颈部、腹部、双下肢多处软组织损伤，右侧第8肋骨占位”。

本院再审认为：由于本案属于检察机关提出抗诉进行再审的案件，根据北京市高级人民法院的裁定以及最高人民法院《关于执行〈中华人民共和国行政诉讼法〉若干问题的解释》第七十六条的规定，本院适用第二审程序，对本案进行审理。同时，本院将围绕检察机关抗诉书指出的原判认定事实和适用法律的问题进行审理。

根据《中华人民共和国治安管理处罚法》的相关规定，侵犯人身权利，尚不够刑事处罚的，由公安机关依法给予治安管理处罚。该法第九十五条第(二)项规定，治安案件调查结束后，公安机关应当根据不同情况，对于“依法不予处罚的，或者违法事实不能成立的，作出不予处罚决定”的处理。

根据张家湾派出所提供的证据能够确认，胡某1身体和精神均有残疾的事实，在当地村民中是公知。2012年8月5日14时许，胡某1与王某2、李某、王某1、张某1、张某2在张家湾镇张湾镇村发生纠纷，造成胡某1、张某2受伤。经鉴定，胡某1身体所受损伤属轻微伤。张家湾派出所在接到报案后，进行了调查，但是在被诉行政行为中并没有明确胡某1所受伤害的原因，属于基本事实不清。上述事实的认定将直接影响到能否适用《中华人民共和国治安管理处罚法》第九十五条第(二)项的规定对相关人作出不予处罚的决定。

综上，原审判决认定基本事实不清、证据不足，依法应当重新审理。依照《中华人民共和国行政诉讼法》第八十九条第一款第(三)项的规定，裁定如下：

一、撤销本院(2014)三中行终字第1491号行政判决及北京市通州区人民法院(2014)通行初字第115号行政判决；

二、本案发回北京市通州区人民法院重审。

审 判 长　饶亚东
审 判 员　张　明
代理审判员　孙　栋
二〇一七年七月三十一日
书 记 员　宋　垚

(主审法官：饶亚东；撰写人：饶亚东、宋垚)

第二章　行政复议类案审判指引

第一节　受案范围的审查

【审查事项】

是否属于行政复议范围？是否属于行政诉讼受案范围？

【法律适用】

《行政诉讼法》第2章、第44条、第49条，《行政复议法》①第2条，《行政复议法实施条例》第28条。

【常见问题解答】

1. 明显由信访事项引发的复议申请，行政机关作出不予受理决定等处理的，是否属于行政诉讼受案范围？

《行政复议法》第2条规定，行政复议范围仅限于能够对公民、法人或者其他组织产生实际影响的行政行为，公民、法人或其他组织对行政机关属于依据《信访工作条

---

① 《行政复议法》已由中华人民共和国第十四届全国人民代表大会常务委员会第五次会议于2023年9月1日修正通过，自2024年1月1日起施行。本书阐述内容以修正后的条文为准，裁判文书中所引条文为当时适用条款。

例》作出的处理行为不服提出行政复议申请的，该处理行为对其权利义务不产生实际影响，不属于行政复议受案范围。对明显由信访引发的明确不属于行政复议受案范围的事项，即使行政机关最终胜诉，仍承担了额外的诉讼成本，浪费了全体纳税人的财富，亦无益于原告的权利保护，为避免诉累，对当事人据此提起行政诉讼的，人民法院应当以不属于法院的受案范围为由，裁定不予立案，如已立案的，裁定驳回起诉。

2. 行政机关的转通知行为（如上级机关向下级机关批转部委文件），是否属于行政复议的受案范围?

申请人的复议事项属于行政复议范围是提出行政复议申请的前提条件。行政机关的内部批转文件行为，通常不直接设定行政法上的权利义务关系，未对当事人合法权益产生实际影响，不属于行政复议的受案范围，亦不属于行政诉讼的受案范围。

3. 基于内部层级监督关系，要求上级机关履行对下级机关的监督检查、督促执行等监督职责的，是否属于行政复议以及行政诉讼的受案范围?

《行政诉讼法》第 12 条第 1 款第 6 项规定，“申请行政机关履行保护人身权、财产权等合法权益的法定职责，行政机关拒绝履行或者不予答复的”，属于行政诉讼受案范围。根据上述规定，请求行政机关履行的，必须是法律、法规、规章等明确赋予行政机关对外行使的行政管理职责。上级行政机关对下级行政机关监督、协调职责的履行与否，属于行政机关的内部监督管理范畴，不具有对外性，一般并不直接设定当事人新的权利义务，不属于行政复议的受案范围。从审判权与行政权的关系出发，人民法院不宜过多介入行政机关的内部关系；从诉的利益考虑，当事人如果认为下级行政机关的行政行为侵犯其合法权益，可以通过直接针对下级行政机关提起行政诉讼的方式寻求救济，且该种救济方式更为便捷。

4. 行政复议决定告知诉权的，能否约束法院对行政行为可诉性的审查判断?

人民法院审查公民、法人或其他组织的起诉是否符合受理条件的依据应当是《行政诉讼法》及相关司法解释的规定。复议机关作出的复议决定中对当事人诉权的交代，与《行政诉讼法》及相关司法解释不一致的，法院要依据《行政诉讼法》及相关司法解释审查。法院经审查认为不属于行政诉讼受案范围的，可以依法裁定不予立案或驳回起诉,不受行政复议决定效力的约束。

5. 法院在审理过程中依职权调取的行政机关的陈述类证明，相对人能否对此申请行政复议？

依据《行政复议法》第 2 条之规定,行政行为对行政相对人的权利义务产生实际影响的,可以申请行政复议,即行政行为的实施有没有对行政相对人的权利义务产生增加、减少、消灭等后果。作为一种准行政行为,若此类证明未直接对复议申请人的权利义务产生实际影响的,则不符合《行政复议法》第 2 条的规定,不属于行政复议的范围。

6. 向明显无职权的复议机关提起履行法定职责之诉，司法审查判断标准如何把握？

履行法定职责之诉成立的前提条件之一,在于被申请履职的行政机关具有相应的职责,即被申请履职的行政机关对履职申请具有相应的事务、地域和层级管辖职权。如果行政机关明显不具有相应的事务、地域或者层级管辖职权,则行政相对人的履职申请明显不成立,相应履行法定职责之诉亦不能成立,也更谈不上是否应当履职、是否已经依法履职等实体法问题。此情况下,无论行政机关对申请人履职申请不予答复或者答复不予处理或者答复无法让申请人满意,依法均不属于行政复议受理和行政诉讼受案范围。不能因为原告曾经提出过申请并且行政机关拒绝履行或者不予答复而就此拥有了诉权。针对一个明显没有管辖权的行政机关提起履行职责之诉,属于不符合法定起诉条件的,人民法院应当不予立案或者裁定驳回起诉。

7. 行政复议机关受理行政复议申请后，发现复议申请不属于行政复议法规定的复议范围，复议机关作出终止行政复议决定的，人民法院如何处理？

根据最高人民法院《关于行政复议机关受理行政复议申请后,发现复议申请不属于行政复议法规定的复议范围,复议机关作出终止行政复议决定的,人民法院如何处理的答复》(〔2005〕行他字第 11 号)的规定,此种情况下,人民法院经审查认为该复议申请不属于行政复议范围的,可以依法驳回其诉讼请求。

8. 原行政机关不履行复议决定内容的，能否再行提起行政诉讼？

依据《行政复议法》第77条、第83条和《行政复议法实施条例》第62条的规定，被申请人应当履行行政复议决定，被申请人不履行或无正当理由拖延履行行政复议决定书、调解书、意见书的，行政复议机关或有关上级行政机关应当责令其限期履行，并可以约谈被申请人的有关负责人或者予以通报批评；对负有责任的领导人员和直接责任人员依法给予警告、记过、记大过的行政处分，经责令履行仍不履行的，依法给予降级、撤职、开除的行政处分。行政相对人应当按法律规定向复议机关或有关上级机关反映，要求原行政机关履行，而非再向人民法院提起诉讼，该项诉求不属于人民法院行政诉讼的受案范围。

9. 确有错误的行政行为，但又不符合行政复议法定受理条件的，应当通过何种程序纠正？

依法履行行政复议职责是行政复议机关的法定义务，通过行政复议途径监督下级行政机关依法行政，保护公民、法人和其他组织的合法权益，解决行政争议，就必须符合行政复议法关于受理条件的规定，不符合法定的受理条件，违法受理复议申请，是对其他当事人合法权益的损害，也不符合依法行政的基本原则。上级行政机关在受理行政复议申请中，发现申请人的复议申请存在不属于行政复议范围，或者超过申请行政复议期限等不符合法定受理条件的情形，但是又认为被申请复议的行政行为确有错误的，可以通过层级监督职权依法予以纠正，而不是通过行政复议程序予以纠正。①

第二节　起诉期限的审查

【审查事项】

复议维持原行政行为的，起诉期限应当如何认定？复议决定没有告知诉权和起

① 参见最高人民法院行政裁定书，(2019)最高法行申10323号。

诉期限，起诉期限应当如何认定？复议机关裁决不予受理或不作为的，当事人针对原行政行为提起诉讼的，起诉期限如何计算？提起复议期间能否从起诉期限中扣除？申请人撤回复议申请后，起诉原行政行为的，起诉期限如何认定？复议机关逾期作出复议决定的，起诉期限如何认定？《行政诉讼法》第48条规定的"其他不属于其自身的原因"的正当理由、《行政复议法》第20条第2款规定的"其他正当理由"应当如何理解判断？行政机关受理了逾期复议申请并作出了复议决定，对法院审查起诉有无影响？

【法律适用】

《行政诉讼法》第45条、第46条、第48条，《行政复议法》第1条、第20条第2款、第30条、第62条。

【常见问题解答】

1. 复议决定维持原行政行为，当事人提起行政诉讼的，在起诉期限的认定中，应当适用《行政诉讼法》第45条关于15日的规定，还是适用该法第46条关于6个月的规定？

从行政诉讼立法与修订情况看，已经对经过复议的行政行为的起诉期限作了特别规定，排除了一般起诉期限规定的适用。

《行政诉讼法》第45条前段规定："公民、法人或者其他组织不服复议决定的，可以在收到复议决定书之日起十五日内向人民法院提起诉讼。"作出维持决定的复议机关做共同被告，此处的提起诉讼可分为两类：一类是复议机关决定维持原行政行为的，作出原行政行为的行政机关和复议机关是共同被告，另一类是复议机关改变原行政行为的，复议机关是单独被告。在15日的起诉期限适用范围上，仍然是以15日的特殊规定取代了关于起诉期限的一般规定，亦即经过复议的案件，在起诉期限问题上并无适用《行政诉讼法》所规定的6个月一般期限的情形。①

① 参见最高人民法院裁判文书(2017)最高法行申2620号。

2. 复议决定维持原行政行为的，但复议决定没有告知诉权和起诉期限，如何适用起诉期限？

共同被告情形下，都是以复议决定作为计算起诉期限的标准。复议决定告知15日起诉期限的，无论原行政行为是否告知诉权和起诉期限，都适用15日的起诉期限；复议决定未告知诉权和起诉期限的，无论原行政行为是否告知，都适用从知道或应当知道复议决定之日起1年的起诉期限。

3. 当事人申请复议，复议机关裁决不予受理或不作为的，当事人针对原行政行为提起诉讼，起诉期限如何计算？

原行政行为作出后，当事人有提起复议或诉讼的双重选择权。复议机关对当事人的申请不予受理或不作为的，当事人仍可选择直接起诉原行政行为，此时可视为所诉之行政争议未经过复议，不能用视为经过复议的起诉期限为15日的特殊规定取代关于起诉期限的一般规定。因此，在计算起诉期限时，起算点应当为当事人知道或应当知道原行政行为具体内容之日起，起诉期限应当按照律法规规定的对原行政行为不服的起诉期限计算，而不是自行政相对人知道复议机关不予受理之日起计算。

4. 当事人申请复议，复议机关裁决不予受理或不作为，当事人针对原行政行为提起诉讼的，提起复议期间能否从起诉期限中扣除？

不应予以扣除。当事人具有双重选择权，复议机关不作为的，行政相对人并非不能提起诉讼，而是自行选择了行政复议的救济路径，不属于《行政诉讼法》第48条规定的因不可抗力或者其他不属于其自身的原因耽误法定期限的情况，申请行政复议的期间，不符合延长或扣除的条件。此外，如在行政相对人知悉复议机关不予受理之时，已超过了针对原行政行为提起诉讼的期限，其可以通过针对复议机关不予受理或不作为提起诉讼，其合法权益救济之路仍是畅通的。

5. 申请人撤回复议申请后，起诉原行政行为的，起诉期限如何认定？

此种情况与复议机关裁决不予受理或不作为的类似，只不过此时是申请人在审查过程中主动放弃了复议救济途径转寻求诉讼救济，这是其行使权利的方式。虽然行政相对人撤回复议申请也经过行政复议机关的批准，复议机关在批准时亦经过了一定的审查，但该审查并不同于对原行政行为合法性的全面审查，不能当然视之为复议维持了原行政行为，从某种程度上讲，此时仍类似于所诉之行政争议未经过复议。这类案件的起诉期限不应当从复议机关批准撤回复议申请之日起算，期限也不应当按不服行政复议决定的15日计算。其起诉期限仍应当按照法律、法规对原行政行为的起诉期限规定计算。

6. 复议机关逾期作出复议决定的，应当如何审查，起诉期限如何认定？

复议机关超过法定期限作出复议决定的，并不必然被视为无效，在复议决定被依法撤销前，仍应被视为有效的行政行为。《行政诉讼法》第45条规定："公民、法人或者其他组织不服复议决定的，可以在收到复议决定书之日起十五日内向人民法院提起诉讼。复议机关逾期不作决定的，申请人可以在复议期满之日起十五日内向人民法院提起诉讼。法律另有规定的除外。"基于任何人不能从其错误中受益的基本法理，根据该条第一句的规定，无论复议决定是逾期作出还是在期限内作出，起诉期限均从申请人收到复议决定之日起算。同时，该条第二句又进一步补充，申请人可以自复议期限届满之日起15日内向人民法院起诉，以防止复议机关拖延复议，保障申请人的合法权益。

7.《行政诉讼法》第48条规定"其他不属于其自身的原因"的正当理由应当如何理解判断？

无救济则无权利。法律不但赋予公民、法人或者其他组织诸项权利，同时也赋予公民、法人或者其他组织在此类法定权利受到侵害或发生争议时拥有平等而充分地获得公力救济的权利。其中一项重要公力救济权利即诉权，也即请求司法机关进行裁判，解决争议并保护法律赋予的权利。"法律不保护躺在权利上睡觉的人。"公民、法人或者其他组织行使诉权，必须在法定期限内进行，尤其是为了及时解决纠纷，避免行政管理秩序长期处于不稳定状态，各国行政诉讼制度都引导并鼓励公民、法人或者其他组织尽快提起行政诉讼，并设立了较短的起诉期限制度。司法实践中，对确有正当理由超过法定期限提起的诉讼，又作了特殊规定，并在是否因正当理由超过起诉期限的判断方面，作有利于公民、法人或者其他组织的解释，以切实保障诉权。因此，判断行政相对人的起诉是否超过起诉期限以及超过起诉期限是否具备正当理由，应当充分考虑行政相对人是否已经积极行使诉权，是否存在行政相对人因正当理由而耽误起诉期限的情形。在现行法律规范未对正当理由作进一步规定的情况下，人民法院对超过起诉期限但有正当理由的判断，应当按照有利于起诉人的原则进行。①

8.《行政复议法》第30条规定复议机关经审查后，5日内决定是否受理，该5日是否计算在60日的复议期限内？

依据《行政复议法》第62条之规定："适用普通程序审理的行政复议案件行政复议机关应当自受理申请之日起六十日内作出复议决定"。因此，60日的复议期限起算点是"受理申请之日"。依据《行政复议法》第30条第3款之规定，除行政复议机关作出不予受理决定，以及向申请人告知其申请不属于本机关受理外，行政复议申请的审查期限届满，行政复议机关未作出不予受理决定的，审查期限届满之日起视为受理。

结合上述规定，应当以审查期限届满之日起视为受理，复议机关收到材料之后的审查时间未计入复议期限，也就是说"5日"是不计算在60日的复议期限内的。

9. 因申诉信访等耽误的时间，在计算行政复议时能否扣除？

《行政复议法》第20条第2款规定："因不可抗力或者其他正当理由耽误法定申请期限的，申请期限自障碍消除之日起继续计算。""其他正当理由耽误法定申请期限"，一般理解为除不可抗力外，不能归责于当事人的其他特殊情况，如当事人人身受到限制或受到意外伤害、行政机关错误告知复议权，或基于对相关国家机关的依赖等待其就相关争议事项进行处理等。当事人单方向有关部门申诉信访，因申诉信访耽误的时间，没有可保护的信赖利益，属于当事人自己放弃通过法定复议途径解决争议耽误复议期限的情形，在计算复议期限时不应予以扣除或延长。

10. 因行政机关过错导致申请人超期申请复议的，是否属于《行政复议法》第20条第2款规定的"其他正当理由"？

在司法解释未进一步明确的情况下，要从《行政复议法》第1条关于"防止和纠正

① 参见最高人民法院裁判文书(2016)最高法行申4521号。

违法的或者不当的行政行为，保护公民、法人和其他组织的合法权益，监督和保障行政机关依法行使职权，发挥行政复议化解行政争议的主渠道作用，推进法治政府建设”的首要立法目的出发，对“其他正当理由”予以解读。凡事若有责，有责则必有救济。由于行政机关过错造成申请复议申请期限超期的责任不应当由行政相对人承担，应当理解为该款规定的“其他正当理由”。

11. 行政复议机关因正当理由对复议申请暂不受理的，申请期限是否应当中止?

因行政机关机构改革、职责调整等原因暂缓受理行政复议的，属于《行政复议法》第20条第2款之规定，申请期限应当自障碍消除之日起继续计算。

12. 不同诉讼类型对经复议案件的起诉期限的审查认定是否有影响?

撤销之诉的性质在于通过撤销为原告设定负担的行政行为的方式来形成权利。在履行法定职责之诉中，通常都会包括撤销拒绝性决定和可能存在的复议决定的请求，但这个请求并不是必要的，也不能因为包括撤销拒绝性决定或者复议决定的请求，就认定这个起诉在类型上属于撤销之诉。因为撤销之诉的性质在于通过撤销为原告设定负担的行政行为的方式来形成权利。不同的诉讼类型决定了起诉期限会有所不同，也决定了起诉期限的起算点会有所不同。

根据《行政复议法》第11条规定，公民、法人或者其他组织申请行政复议，不仅可以申请撤销行政行为，也可以申请行政机关履行法定职责。申请撤销行政行为，申请期限应当依照《行政复议法》第20条的规定，自知道或者应当知道该具体行政行为之日起60日内提出行政复议申请；要求行政机关履行法定职责的申请期限，通常应以行政机关拒绝履行的决定的作出时间起算，行政机关不予答复的，则应当以行政机关“未履行”法定职责的具体情况，如行政复议申请人知道要求行政机关履行法定职责的请求权基础的时间确定。①

需要注意的，2023年9月1日全国人大常委会通过的第三次修改的《行政复议法》第20条对原《行政复议法》第9条予以完善。参照《行政诉讼法》的规定，新增了原行政机关未告知复议权利救济时提起行政复议的申请期限，第20条第3款规定“行政机

① 参见最高人民法院裁判文书(2017)最高法行申2998号。

关作出行政行为时,未告知公民、法人或者其他组织申请行政复议的权利、行政复议机关和申请期限的,申请期限自公民、法人或者其他组织知道或者应当知道申请行政复议权利、行政复议机关和申请期限之日起计算,但是自知道或者应当知道行政行为内容之日起最长不得超过一年”。

13. 行政机关受理了逾期复议申请并作出了复议决定，对法院审查起诉有何影响?

行政机关的复议行为,其受理行政相对人的复议申请不依据意思自治原则,而是受法律规定的期限约束。复议机关虽受理了逾期的复议申请并作出了复议决定,但不能拘束人民法院对行政案件起诉期限的认定。

附:

中国行政审判案例

俞某华诉福建省莆田市荔城区建设局不履行职责案(第51号案例)①

【裁判要旨】复议机关未依行政复议法规定的申请复议期限受理案件并作出复议决定,不拘束人民法院对行政案件起诉期限的认定。利害关系人即使是在收到复议决定后15日内起诉,经审查确属于逾期起诉且无法定的正当理由的,法院应当不予受理或驳回起诉。

【案例简介】福建省高级人民法院认为,俞某华于1995年年底即应知道莆田县建设不予办理企业资质年检。根据1991年1月1日实施的《行政复议条例》第29条的规定,当事人应在知道被诉具体行政行为之日起15日内申请行政复议,但俞某华却于2004年才申请行政复议。根据1991年7月11日实施的原《贯彻意见》第35条的规定,当事人应在知道被诉具体行政行为之日起1年零3个月内起诉,但俞某华至2005年才提起行政诉讼,其申请复议和提起行政诉讼均已远远超过法律规定的行政复议申请期限和行政诉讼起诉期限。行政机关的复议行为是具体行政行为,其受理当事人的

① 江必新主编、最高人民法院行政审判庭编:《中国行政审判案例》(第2卷),中国法制出版社2011年版,第62～70页。

复议申请不能采取意思自治原则，应受到法律规定的期限约束，其效力也应接受司法审查。虽然复议机关受理了俞某华的复议申请并作出复议决定，但该复议决定不符合《行政复议条例》的规定，存在明显错误。同时，俞某华的起诉也明显超过当时司法解释规定的起诉期限。因此，应当认定原审上诉人俞某华的起诉已超过法定起诉期限。莆田市中级人民法院作出(2005)莆行终字第102号行政裁定确认俞某华的起诉未超过法定起诉期限，于法不符。此外，本案被诉具体行政行为是莆田县建设局不予办理企业资质年检的行为，该行政管理行为指向的是企业的权利义务，企业若不服该具体行政行为，应由企业提起行政诉讼。而原审上诉人俞某华虽是企业的承包人，但其起诉的是不予办理企业资质年检的行为，该行为并非针对俞某华个人的权利义务，其不能以个人名义代替企业直接提起行政诉讼。因此，原审上诉人俞某华个人不具有原告主体资格。莆田市中级人民法院作出的(2005)莆行终字第102号行政裁定确认俞某华个人具有原告主体资格不当。由于原审上诉人俞某华不具有原告主体资格，起诉超过法定期限且无正当理由，依法应当裁定驳回其起诉。

第三节　复议申请资格与原告资格的审查

【审查事项】

行政复议申请资格的审查认定标准是什么？经复议维持的案件，经审查发现原告与原行政行为没有利害关系，该如何处理其对复议决定的起诉资格问题？

【法律适用】

《行政诉讼法》第25条第1款、第49条，《行政诉讼法解释》第69条第1款第1项，《行政复议实施条例》第28条。

【常见问题解答】

1. 行政复议申请资格的审查认定标准是什么?

最高人民法院在判断行政诉讼原告资格标准之“利害关系”时考虑了三个要素:是否存在一种权利?该权利是否属于原告的主观权利?该权利是否受到或可能受到被诉行政行为的侵害?

公民、法人或者其他组织只有在与行政行为具有利害关系时,才能申请行政复议。认定是否具备行政复议申请资格可以参照以上要素,判断申请人与行政行为是否具备利害关系,主要坚持三个标准:一是存在合法权益。该合法权益是否为特定行政领域的法律规则所明确保护。没有合法权益,必然不存在侵权的可能性。二是存在行政行为,只有被申请复议的行政行为实际存在的,才可能发生行政侵权行为。三是申请人所主张的合法权益是否受到或可能受到行政行为的不利影响。只要存在侵权可能性即可构成“利害关系”。

未来定位复议申请人资格的标准时,应当考虑行政复议与行政诉讼目的不同差异,宜采用比诉讼原告资格更宽泛的标准,从而让更多人有权对行政行为提请复议监督,发挥行政复议主渠道作用。

2. 合同的一方当事人基于民事侵权行为,对合同相对方的工商登记行为能否提起行政复议?

判断《行政复议实施条例》第28条规定是否构成“与行政行为有利害关系”,主要考量两个方面:一是申请人的权益有无因行政行为受到损害或有受到损害的现实可能性;二是该权益损害与该行政行为是否有明确的因果联系。行政机关没有对民事侵权行为进行审查的义务,法律法规亦没有要求行政机关在作出登记行为时要考虑合同相对方的利益,撤销工商登记行为不能当然恢复与救济合同相对方的权益,其应当通过民事诉讼救济权利。因此,合同相对方不具有复议申请人的资格。

附：

中国行政审判案例

黄某军等人诉金华市工商行政管理局工商登记行政复议案（第143号案例）[1]

【裁判要旨】与企业存在民事合同关系的当事人，以企业违约或侵权为由，对行政机关许可设立企业的行为申请复议的，一般不具有复议申请人的资格。

【案例简介】本案争议集点是上诉人与被上诉人市工商行政管理局对开发公司的设立登记、内衣城公司的设立登记及登记、商管公司的设立登记行政行为是否具有行政法律利害关系。本案所涉的公司经工商行政管理部门登记，作为市场主体与上诉人因购买或租赁发生了民事合同法律关系，双方享有合同权利并承担合同义务。双方因合同权益产生民事纠纷，应受合同法及相关民事法律调整。上诉人作为民事法律关系的一方当事人，与工商行政管理部门的核准登记行为没有行政法律利害关系，不具有对合同相对方即涉案公司的工商核准登记行为提起行政复议的主体资格。

3. 经复议维持的案件，经审查发现原告与原行政行为没有利害关系，应如何处理其对复议决定的起诉资格问题？

遵照法律设置复议维持双被告制度的立法原意，原告对复议决定的诉权依附于对原行政行为具有法律上的利害关系，如果与原行政行为无法律上的利害关系，则法院对原告主体资格的审查不受复议决定的拘束，应当一并驳回起诉。这个认定不仅适用于没有利害关系的情况，如果原行政行为不属于受案范围，即使经复议维持，也不能认定就属于受案范围。[2]

---

① 江必新主编：《中国行政审判案例》（第2卷），中国法制出版社2011年版，第119~124页。

② 2015年10月，北京市高级人民法院行政庭《新行政诉讼法实施有关法律问题的意见》。

4. 行政复议资格和权利承继，应当如何审查认定?

行政复议的核心理念在于有权利必有救济,而行政复议与行政诉讼是两大权利救济路径。法谚云:后手的权利不得优于前手。这深刻地体现了权利继受的规则。公民、法人或其他组织只有符合《行政复议法》与《行政诉讼法》关于“利害关系”的要求时,才得以对既存法律关系以行政复议或行政诉讼方式提出挑战。若在先的权利人本身不满足与行政行为具有“利害关系”的要求时,其不具备行政复议的资格,在后的权利承继人亦不能基于该权利承继关系取得行政复议资格。[①]

第四节 职权的审查

【审查事项】

如何理解一级复议制度?公民对复议决定不服又申请复议的,如何处理?对补正材料存在争议时,应当如何处理,能否认定为放弃复议申请?

【法律适用】

《行政复议法》第 10 条,《行政诉讼法》第 45 条,《行政复议法实施条例》第 29 条。

【常见问题解答】

1. 如何理解一级复议制度? 公民对复议决定不服又申请复议的，如何处理?

《行政复议法》第 3 条第 2 款规定:“行政复议机关履行行政复议职责,应当遵循合法、公正、公开、高效、便民、为民的原则,坚持有错必纠,保障法律、法规的正确实施。”为实现高效、便民、为民的立法目的,我国《行政复议法》第 10 条与《行政诉讼法》第 45

---

① 人民法院出版社编:《最高人民法院发布的典型案例汇编(2009—2021)》(行政 · 国家赔偿 · 司法救助卷),人民法院出版社 2021 年版,第 162 ~ 164 页。

条确立了“一级复议制度”，防止多级多次复议影响效率损害公正。对复议不服的只能进行诉讼，而非向其上一级行政机关再次申请行政复议。对于明显违反、甚至是一再违反一级复议制度的申请，不属于《行政复议法》第11条的行政复议范围，行政复议机关可以在口头释明之后不作出书面驳回决定，只保存登记相关申请材料即可。为节约行政成本，防止滥用复议申请权，对于此类明显违背行政复议制度、明显具有任性恣意色彩的反复申请，即使行政复议机关予以拒绝，也不应因形式上的“不作为”而将其拖进一个没有意义的诉讼“游戏”中，人民法院可以径行裁定不予立案。

附：

最高人民法院典型案例

杨吉全诉山东省人民政府行政复议案
[《最高人民法院发布行政审判十大典型案例(第一批)》第1号][①]

【裁判要旨】公民、法人或者其他组织申请行政复议应当具有利用复议制度解决行政争议的正当性和必要性。公民、法人或者其他组织认为其合法权益受到行政行为侵害的，应当依据法律规定的范围、条件、程序、方式等寻求法律救济。反复违反一级复议制度的行政复议申请不符合法律对于行政复议和行政诉讼衔接的制度安排。法院应当识别、判断当事人的权利救济请求的正当性和必要性，避免因缺乏诉的利益而不当行使行政诉权的情形发生，防范滥用诉权的行为。

【案例简介】杨吉全不服山东省青岛市市南区法律援助中心作出的不予法律援助决定，向青岛市市南区司法局提出异议。该局作出答复意见，认为该不予法律援助决定内容适当。杨吉全对该答复意见不服，向青岛市司法局申请行政复议。该局于2013年10月23日告知其所提复议申请已超过法定申请期限。杨吉全不服，向青岛市人民政府申请行政复议。该府于2013年10月30日告知其所提行政复议申请不符合行政复议受案条件。杨吉全不服，向山东省人民政府申请行政复议。山东省人民政府于2013年11月18日对其作出不予受理行政复议申请决定。杨吉全不服，提起行政诉

① 人民法院出版社编：《最高人民法院发布的典型案例汇编(2009—2021)》(行政·国家赔偿·司法救助卷)，人民法院出版社2021年版，第164~165页。

讼,请求撤销该不予受理决定,判令山东省人民政府赔偿损失。

2. 复议机关与申请人就如何补正材料存在争议时，应当如何处理?

最高人民法院办公厅《关于印发〈行政审判办案指南(一)〉的通知》规定,行政机关要求申请人补正相关材料,申请人认为无须补正,并以此为由请求复议机关继续处理的,行政机关应当依据现有申请材料进行审查并作出相应处理;简单地视为放弃申请的,构成不履行法定职责。

附:

中国行政审判案例

潘某明等 360 人诉浙江省人民政府履行行政复议法定职责案(第 53 号案例)[①]

【裁判要旨】行政复议机关要求申请人提供与被申请具体行政行为有利害关系的证明材料,属于《行政复议法实施条例》第 29 条所规定的“申请材料不齐全或者表述不清楚”的补正范围,可以通知申请人予以补正。在申请人书面回复认为无须提供时,即申请人与复议机关对此存在争议时,行政复议机关不能再作视为放弃行政复议申请处理。

【案例简介】本案中,被告收到原告的行政复议申请后,认为其没有提交能够证明申请人与被申请复议具体行政行为有利害关系的证明材料,遂于 5 日内发出补正通知书,要求申请人补正申请人系涉案土地承包人的证明。当原告书面回复称,承包证明与本案不具有关联性且无须提供时,被告认为原告“无正当理由逾期不补正,视为申请人放弃行政复议申请”,不需要再作出不予受理的复议决定。该观点及理由违反了《行政复议法》第 17 条第 1 款和《行政复议法实施条例》第 28 条的规定,实质上回避了对

① 江必新主编、最高人民法院行政审判庭编:《中国行政审判案例》(第 2 卷),中国法制出版社 2011 年版,第 78 ~ 84 页。

申请人是否具有利害关系作出判断。如不具有利害关系，则应当依法决定不予受理，而不能以无正当理由逾期不补正为由，简单地视为放弃行政复议申请，此种做法构成了不履行行政复议法定职责。若被告理由成立，在申请人与被申请复议的具体行政行为之间不存在利害关系的情形下，行政复议机关在受理审查阶段只需发出补正通知，然后一律按申请人放弃行政复议申请处理即可。在此种情形下，法定的行政复议不予受理决定将不复存在。综上，原告的起诉理由成立，其诉讼请求应予支持。依照《行政诉讼法》第54条[①]第3项之规定，判决责令被告浙江省人民政府在判决生效之日起60日内履行行政复议的法定职责。宣判后，浙江省人民政府没有提起上诉，一审判决生效。

3. 申请人补正后复议机关仍认为不符合要求的，应当如何处理？

对此存在两种意见。第一种意见认为，《行政复议法实施条例》第29条规定："行政复议申请材料不齐全或者表述不清楚的，行政复议机构可以自收到该行政复议申请之日起5日内书面通知申请人补正。补正通知应当载明需要补正的事项和合理的补正期限。无正当理由逾期不补正的，视为申请人放弃行政复议申请。补正申请材料所用时间不计入行政复议审理期限。"复议机关告知申请补正材料，在指定期间内经补正的材料仍不符合要求的，应当视为申请人无正当理由逾期不补正，进而视为其放弃行政复议申请。

第二种意见认为，从文义上讲，只有申请人无正当理由逾期不补正的才能视为申请放弃，申请人积极进行了补正只是仍不符合复议机关要求的，不能当然认定为无正当理由不补正。2023年9月1日，全国人大常委会通过的第三次修改的《行政复议法》第31条第2款亦继续坚持"无正当理由逾期不补正"的表述。

我们同意第二种意见。申请人收到补正通知后进行补正后，若复议机关认为提供材料不符合要求，应当按条例要求，依据现有材料，结合案件事实作出相应的复议决定。径行认定为申请放弃行政复议申请不符合正当程序原则，也不利于行政纠纷的实质化解。若复议机关收到补正材料后，未作出任何决定，应当确认其在法定期限内未履行法定职责违法。

---

① 该条已修改为现行《行政诉讼法》第72条。

第五节 复议或者诉讼选择权的审查

【审查事项】

复议期间又提起行政诉讼的,应当如何处理?诉讼期间或诉讼后又提起行政复议的,如何处理?针对同一行政行为的不同当事人分别选择复议与诉讼的,如何处理?人民法院裁定不予受理或裁定驳回起诉后,当事人能否选择行政复议救济?经过行政复议的案件,公民、法人或其他组织对行政复议决定不服,是否都可以提起行政诉讼?复议机关不作为的,当事人可否提起诉讼?行政复议机关作出不予受理决定时的起诉,应当如何处理?复议改变原行政行为的,法院在审理过程中的审查范围是否仅限于复议决定?

【法律适用】

《行政诉讼法》第44条、第45条,《行政复议法》第10条、第11条、第14条、第29条、第34条。

【常见问题解答】

1. 复议期间又提起行政诉讼的,应当如何处理?

行政复议和行政诉讼并称行政争讼制度,其不仅共享重要的适法条件和法律标准,而且也服务于共同的目标:对行政行为的合法性进行审查,并且解决行政争议。申请行政复议和提起行政诉讼是法律赋予公民、法人或者其他组织的权利,他们既可以选择行政复议,也可以选择行政诉讼,还可以在选择行政复议之后再行提起行政诉讼,除非法律规定行政复议决定为最终裁决。《行政诉讼法》第45条规定:"公民、法人或者其他组织不服复议决定的,可以在收到复议决定书之日起十五日内向人民法院提起诉讼。复议机关逾期不作决定的,申请人可以在复议期满之日起十五日内向人民法院提起诉讼。法律另有规定的除外。"但需要注意的是,复议与诉讼只能二选一,不能同时进行,除终局复议的,诉讼裁判具有最终性。对于争讼事项处于行政复议处理期间的，原告于复议期间又提起诉讼的，人民法院可以依法裁定驳回起诉。

2. 诉讼期间或诉讼后又提起行政复议的，如何处理？

依据《行政诉讼法》第44条之规定，在法律、法规并没有规定复议前置的情况下，对于行政复议和行政诉讼实行自由选择原则。所谓自由选择，是指公民、法人或者其他组织可以先向行政机关申请复议，对复议决定不服的，再向人民法院提起诉讼，也可以不经复议直接向人民法院提起诉讼。但是，自由选择并不意味着可以同时选择复议和诉讼，因为复议和诉讼这两种救济机制不能同时进行。自由选择也不能违背司法最终处理原则，在已经选择直接向人民法院提起诉讼的情况下，不能转而申请行政复议。所谓已经选择直接向人民法院提起诉讼，包括提起诉讼之后的任何阶段，既包括人民法院已经作出裁判的，也包括人民法院已经立案尚未作出裁判的。只要案件已经系属于人民法院，就不允许再就同一争议申请行政复议。

3. 针对同一行政行为的不同当事人分别选择复议与诉讼的，如何处理？

首先要确认是否属于复议前置案件。如果属于《行政复议法》第23条规定的情形，则在法定行政复议期限内不得向人民法院提起行政诉讼。

如果不是复议前置情形的，依据《行政复议法》第29条的规定，总的原则是“谁先受理谁管辖”。但若发现复议机关与法院已分别受理的，应当尊重当事人意愿，通过协调促使当事人选择同一个救济路径，如协调未果，为防止冲突处理结果，基于司法最终的原则，人民法院宜先中止诉讼，等待复议结果。

复议结果可能有以下两种：第一种情形，复议机关维持原行政行为，申请复议人不服向法院提起诉讼的，因审查对象均为原行政行为，法院可将两个诉合并审理。若复议后申请人未在法定起诉期限内起诉，原告又未撤诉的，法院应当及时恢复审理，同时依法通知复议申请人作为第三人参加诉讼。第二种情形，若复议机关改变原行政行为的，法院应当询问原告是否变更诉讼请求，将原诉对象由原行政行为变更为复议决定，如不变更，裁定驳回起诉；若变更，法院应当对复议决定的合法性进行审理。

4. 人民法院裁定不予受理或裁定驳回起诉后，当事人能否选择行政复议救济？

对此不应当一概认定复议不应当受理。行政诉讼与行政复议是行政相对人的两种不同路径，而从行政复议的性质看，主要是自我纠错，内部监督，以保护公民权益，行政复议的范围较之诉讼更为宽广。因此，要根据人民法院不予受理或裁定驳回起诉的具体理由而定。如行政相对人要被驳回起诉的原因是起诉内部行为，复议机关对此亦无法受理；如行政相对人被驳回起诉的原因是要求审查行政行为的合理性，复议机关可以受理。

5. 经过行政复议的案件，公民、法人或其他组织对行政复议决定不服，是否都可以提起行政诉讼？

答案是否定的。首先，《行政复议法》第 26 条规定，国务院依照本法的规定作出最终裁决；2023 年《行政复议法》将原《行政复议法》第 30 条第 2 款规定的最终裁决予以删除。2023 年《行政复议法》施行后，对此要加以注意。其次，《行政复议法》第 10 条规定，“公民、法人或者其他组织对行政复议决定不服的，可以依照《中华人民共和国行政诉讼法》的规定向人民法院提起行政诉讼”，对于条文中的“依照《中华人民共和国行政诉讼法》的规定”不应予以忽视。《行政诉讼法》对诉讼的受案范围和受理条件有明确规定，在案件审理中仍要对照《行政诉讼法》的规定予以审理。

6. 复议机关不作为的，当事人可否提起诉讼？

复议机关不受理复议申请或在法定期限内不作出复议决定，相对人对此不服的，无论是否属于法律法规明确规定的选择复议、复议前置或复议终局裁决的情况，均是可以提起行政诉讼的。因为，对于复议前置案件而言，利害关系人只要在程序上提起了复议申请，就满足了前置性的要求，就获得了诉权，复议机关不予受理实质上是不履行法定职责，属于行政诉讼的救济范围；对于法律法规规定为复议终局的裁决，主要是基于行政权与司法权的划分，排除了法院对复议机关就某类行政行为实体上的司法审查权，并不当然排除法院对复议机关的复议程序的司法审查。否则，当事人将救济无门。① 应当注意的是，行政复议为必经程序或终局裁决的，行政相对人不能就原行政行为提起诉讼，只能就复议机关不作为提起行政诉讼。最高人民法院行政审判庭《关于不予受理决定是否属于行政诉讼受案范围问题的答复》（〔2010〕行他字第 15 号）中亦

① 刘德权主编：《最高人民法院司法观点集成》（第 2 版）（行政及国家赔偿卷），人民法院出版社 2014 年版，第 1140 页。

明确:“根据行政复议法和行政诉讼法的有关规定,公民、法人或者其他组织不服行政复议机关作出的不予受理决定,依法提起行政诉讼的,人民法院应当受理。”

7. 行政复议机关作出不予受理决定时的起诉，应当如何处理?

最高人民法院办公厅 2014 年发布的《关于印发〈行政审判办案指南(一)〉的通知》规定:“行政复议机关作出不予受理决定,并不表明原行政行为经过复议。在复议前置的情况下,当事人起诉不予受理决定的,应当依法受理;起诉原具体行政行为的,应当裁定不予受理。在法律没有规定复议前置的情况下,当事人在不予受理和原行政行为之间择一起诉的,应当依法受理。”

8. 复议改变原行政行为的，法院在审理过程中的审查范围是否仅限于复议决定?

人民法院审理复议机关改变原行政行为的案件,应当就复议决定是否合法进行审查,法院判决的结果只是维持或撤销复议决定,不能对原行政行为作出维持或撤销的决定,因此,《行政诉讼法解释》第 89 条规定,复议决定改变原行政行为错误,人民法院判决撤销复议决定时,可以一并责令复议机关重新作出复议决定或者判决恢复原行政行为的法律效力。但这并不排除法院在审查复议决定时对原行政行为认定事实和适用法律的审查,因为原行政机关的行为是复议决定的前提,只有查明原行为的全部情况,才能查证审查复议决定合法与否。

9. 因认为行政机关不作为而申请行政复议，复议机关经审查后责令行政机关履行职责，后行政机关履行了部分职责，原告认为行政机关未完全履行职责诉至法院的，行政机关之后的履责行为是否应认定为属于履行复议决定的执行行为而裁定驳回原告的起诉?

一般情况下,复议机关责令原行政机关履行法定职责,并没有明确的执行内容,行政机关作出的新的行政行为实际上是原行政机关对申请事项的首次判断,应视为新的行政行为,不应作为复议决定的执行行为裁定驳回起诉,而应进行实体审理。

第六节　复议前置与复议终局的审查

【审查事项】

单行法律法规规定发生争议时，可以依法申请复议，对复议仍不服的，可以依法向人民法院提起诉讼，是否应当理解为复议前置？在复议前置的情形下，如因行政机关原因致使当事人无从判断行政行为性质的，行政诉讼是否可以受理？如何理解《行政复议法》第30条的规定？复议前置案件，复议机关不受理或逾期未作出复议决定，当事人直接起诉原行政行为的，人民法院如何处理？

【法律适用】

《行政复议法》第23条，《行政诉讼法》第12条，《行政诉讼法解释》第2条第4款。

【常见问题解答】

1. 单行法律法规中未明文规定应当申请行政复议，但表述为发生争议时，可以依法申请复议，对复议仍不服的，可以依法向人民法院提起诉讼。此种情况是否应当理解为复议前置？

此种情况应当认定为复议前置。一是单行法律法规此处规定的“可以”仍然是从申请人权利保护角度出发的，是赋予其选择，可以选择申请复议也可以不选择，不能当然推论出可以直接起诉。二是实践中普遍将此种“先后式”立法表述理解为复议前置，法条本身的重点也在于强调申请复议的必要性，将之理解为诉前必经程序是不违背立法原意的。三是复议前置的优势还是很明显的，行政机关对下级机关的行政行为先行处理，不仅可以及时了解本系统或本地区的工作情况，还可以及时发现和纠正错误，强化内部监督机制，统一执法标准。与司法权相比，行政权的专业性、技术性更强，因此，对于一些专业技术类案件，复议前置的设置可以充分利用行政机关的专业性优势分流化解此类纠纷。大量行政案件解决于复议程序中，可以减轻法院行政审判的压力，也便于快速解决纠纷,节约救济成本。

2. 在复议前置的情形下,如因行政机关原因致使当事人无从判断行政行为性质的,行政诉讼是否可以被受理?

一般而言,依据《行政复议法》和《行政诉讼法》的规定,对于法律、法规要求复议前置的案件,未经复议的,人民法院不能受理。《最高人民法院公报》在2006年第4期刊登的上海金港经贸总公司诉新疆维吾尔自治区工商行政管理局行政处罚案中确立了一个例外规则:行政机关仅向当事人出具罚款证明,未向当事人告知必要内容,致使当事人无从判断行政行为性质的,由此导致未经行政复议而直接向人民法院提起诉讼的,法院应当受理。

3. 如何理解现行《行政复议法》第30条的规定?

司法最终原则是法治原则的根本体现,也是法治精神最重要的支柱,行政行为的司法救济越来越广泛,有利于更好地维护公民、法人或者其他组织的合法权益。但是,司法最终原则也与法律制度中的其他原则一样,都有例外作为其必要的组成部分。行政终局裁决权就是其中一种例外。

最高人民法院《关于适用〈行政复议法〉第三十条第一款有关问题的批复》(法释〔2003〕5号)规定,公民、法人或其他组织认为行政机关确认土地、矿藏、水流、森林、山岭、草原、荒地、滩涂、海域等自然资源的所有权或者使用权的具体行政行为,侵犯其已依法取得的自然资源所有权或使用权的,经行政复议后,才可以向人民法院提起行政诉讼,但法律另有规定的除外;对涉及自然资源所有权或使用权的行政处罚、行政强制措施等其他具体行政行为提起行政诉讼的,不适用该款规定。

最高人民法院《关于适用〈中华人民共和国行政复议法〉第三十条第二款有关问题的答复》(〔2005〕行他字第23号)明确规定:"《中华人民共和国行政复议法》第三十条第二款规定的最终裁决应当包括两种情况:一是国务院或者省级人民政府对行政区划的勘定、调整或者征用土地的决定;二是省级人民政府据此确认自然资源的所有权或者使用权的行政复议决定。"

另外,2023年《行政复议法》已将原《行政复议法》第30条第2款的最终裁决规定予以删除,新法正式实施后对此要予以注意。

4. 复议前置案件，复议机关不受理或逾期未作出复议决定，当事人直接起诉原行政行为的，人民法院如何处理？

复议前置案件中，复议机关不予受理或者逾期不作出复议决定的，当事人只能对复议机关的不受理行为或不履行行政复议法定职责行为提起行政诉讼，直接起诉原行政行为的，不符合法定起诉条件，人民法院应当裁定不予立案。

法律、法规规定的复议前置案件，经过行政复议是当事人起诉的前提条件。所谓"经过行政复议"，是指原行政行为的合法性经过复议程序的实体审查。复议机关决定不予受理或逾期不作复议决定，原行政行为没有经过复议程序的实体审查，当事人在此情形下对原行政行为直接提起诉讼，当然不符合复议前置的法定条件。①

第七节　复议双被告的审查

【审查事项】

如何认定识别复议双被告案件？"但以复议申请不符合受理条件为由驳回的除外"如何理解适用？如何确认经过复议的案件是否属于复议维持案件？确认程序违法的复议，是否属于对原行政行为的维持？复议机关不答复或程序性驳回复议申请的，是否属于复议双被告案件？不属于复议机关维持原行政行为的，当事人可否同时起诉原行政行为与复议行为？行政复议维持双被告的管辖法院，如何认定？复议双被告案件的审查重心如何把握？在复议双被告的情况下，复议机关自行撤销复议决定后，法院如何处理？复议决定维持原行政行为，当事人提起行政诉讼，只起诉原行政行为的，法院能否排除对复议决定的审查？行政复议决定部分维持部分改变或者部分维持部分以申请不符合复议范围为由驳回申请人复议请求的案件，如何确定管辖法院？

---

① 最高人民法院第一巡回法庭《关于行政审判法律适用若干问题的会议纪要》第11条。

【法律适用】

《行政诉讼法》第21条、第24条、第26条第3款、第45条、第79条,《行政诉讼法解释》第7条、第8条、第9条、第10条、第57条、第133条。

【常见问题解答】

1. 如何审查理解适用《行政诉讼法解释》第133条中规定的“但以复议申请不符合受理条件为由驳回的除外”?

区分复议机关的驳回复议申请究竟属于因理由不成立而驳回,还是因不符合受理条件而驳回,应当适用实质性标准。名为驳回复议申请,甚至名为不予受理决定,但事实上对复议请求作出了实体审查的,也应当定性为驳回复议请求,进而构成对原行政行为的维持。

2. 如何确认经过复议的案件是否属于复议维持案件?

“复议机关决定维持原行政行为”既包括明确表示的“维持”,也包括“复议机关驳回复议申请或者复议请求”,但实质效果是对原行政行为予以“维持”的情形。分辨驳回复议申请或者复议请求是否属于对原行政行为“维持”,关键是要看复议决定是否对原行政行为的合法性进行了实质审查判断。如果复议机关仅仅是以“复议申请不符合受理条件”为由驳回,则无论是驳回复议申请,还是驳回复议请求,均因没有对原行政行为的合法性进行实质审查判断,而不能定性为“维持”,进而也就不符合共同被告的条件。

3. 确认程序违法的复议,是否属于对原行政行为的维持?

复议机关以违反法定程序为由确认原行政行为违法并不属于改变原行政行为,原行政行为虽被确认程序违法但其法律效力仍得到保留,应当属于法律和司法解释规定的共同被告的情形。

4. 对无法证实存在的原行政行为申请复议后诉讼的，如何认定是否属于复议双被告？

行政行为存在，不仅是受理行政诉讼，同样也是受理行政复议申请的首要条件。如果复议机关以被申请的行政行为不存在为由驳回复议申请或者驳回复议请求，就不属于对于原行政行为的"维持"，因为一个并不存在的行政行为无从维持。不属于对原行政行为的实质意义上的"维持"，不适用共同被告的规定。

5. 复议机关不答复或程序性驳回复议申请的，是否属于《行政诉讼法》第 26 条第 2 款规定的情形，按照共同被告审理？

《行政诉讼法解释》第 133 条规定，《行政诉讼法》第 26 条第 2 款规定的"复议机关决定维持原行政行为"，包括复议机关驳回复议申请或者复议请求的情形，但以复议申请不符合受理条件为由驳回的除外。复议机关作出的驳回行政复议申请决定从性质上讲属于对行政复议申请的程序性驳回，没有对被申请原行政行为的合法性作出实体性评价与处理，不同于"复议机关决定维持原行政行为"之情形，当事人同时起诉原行政机关和复议机关的，不符合法律规定的复议双被告情形。当事人不能同时起诉原行政行为和不予受理决定。实践中，法院一般会引导当事人起诉原行政行为，因为对当事人合法权益造成损害的，实质上应该是原行政行为，这样也有利于行政争议的实质化解。①

6. 不属于复议机关维持原行政行为的，当事人可否同时起诉原行政行为与复议行为？

《行政诉讼法》第 45 条前段规定："公民、法人或者其他组织不服复议决定的，可以在收到复议决定书之日起十五日内向人民法院提起诉讼。"即当事人起诉时，可以在原行政行为与复议机关驳回行政复议申请决定的二者中择一。但当事人不可以同时起诉两项行为，因为后者审查的结果可能是撤销驳回行政复议申请的决定，重启行政复

① 参见最高人民法院裁判文书(2019)最高法行申 13691 号，北京市高级人民法院裁判文书(2020)京行终 4102 号。

议程序，由此造成人民法院和行政复议机关在并行的两个法定程序中对同一行为即原行政行为合法性进行审查，两个程序重复且结果可能矛盾，违反一事不再理原则，造成法院和复议机关重复劳动，也违背司法最终原则。

7. 行政复议维持双被告的管辖法院，如何认定？

法律和司法解释的规定是清楚的，在操作上有的法院还有模糊认识。对于此类案件的级别管辖，按照就低原则，即按照原行政行为机关确定级别管辖。对于此类案件的地域管辖，是原行政机关和复议机关所在地法院都有管辖权。即使在原告起诉时只列原机关或复议机关一个被告，或者原告只坚持起诉其中一个被告的情况下，因还涉及要追加另一被告的问题，两个法院也都有管辖权。此种情况下，根据《行政诉讼法》第 21 条的规定，原告可以选择其中一个人民法院提起诉讼。如原告向两个以上有管辖权的人民法院提起诉讼的，由最先立案的人民法院审理，并不存在管辖权移送的情况。

8. 复议双被告案件的审查重心如何把握？

“一行为一诉”是行政诉讼立案受理原则之一。《行政诉讼法》第 26 条第 2 款关于复议机关维持原行政行为的，原行政行为机关和复议机关为共同被告的规定是一种例外的行政诉讼制度设置。即便如此，依照《行政诉讼法解释》第 135 条第 1 款的规定，复议维持双被告案件审查的适用原则，是遵循原处分主义思路，原行政行为的合法性仍是审查的重心，复议决定的合法性只是一并予以审查。审理的焦点通常仍会指向原行政机关的行政行为或者不作为。这是因为维持原行政行为的复议决定并没有施与当事人新的权利义务，可能对当事人合法权益造成侵害的，实质上仍是原行政机关的行政行为或者不作为。人民法院对于复议决定的审查也侧重于复议程序是否合法，这是由复议决定和原行政行为的统一性所决定的。

9. 复议维持双被告案件中，对复议决定的审查强度如何把握？

《行政诉讼法》规定，在审查原行政行为合法性的同时对复议决定的合法性一并作出裁判。《行政诉讼法解释》规定重点对原行政行为的合法性进行审查，只对复议程序的合法性进行审查，同时在裁判方式中又明确了裁判结论附随原则，即原行政行为不合法，无论复议决定程序合法与否，都不合法，应当受到否定性评价；如果原行政行为合法，复议决定不一定合法，还要对其程序进行独立审查和判断。这就确立了一个审查范围：原行政行为合法，单审复议程序合法性；原行政行为不合法，复议决定不仅要对自身程序合法性负责，也要对原行政行为合法性审查结果负责。因此，对此类案件中复议决定的审查范围为：复议维持决定，对原行为审查结论和自身程序合法性负责。

10. 复议双被告案件，原告起诉要求撤销原行政行为与复议决定，同时要求责令复议机关重新作出复议决定的，应当如何处理？

《行政诉讼法》第 79 条规定："复议机关与作出原行政行为的行政机关为共同被告的案件，人民法院应当对复议决定和原行政行为一并作出裁判。"《行政诉讼法解释》第 136 条又针对一并作出相应判决的处理方式作出了细致规定。该条第 3 款规定："人民法院判决撤销原行政行为和复议决定的，可以判决作出原行政行为的行政机关重新作出行政行为。"即基于复议双被告案件中对原行政行为与复议行为一致审查的规律以及司法最终的原则，并不会再次责令复议机关重新作出新的复议决定。"责令复议机关重新作出行政复议决定"的诉讼请求不符合上述规定，法院应当向当事人释明，引导其进行变更。

11. 复议双被告的情况下，复议机关自行撤销复议决定后，法院如何处理？

根据依法行政原则，行政机关在发现自己作出的行政行为存在错误时，可以依法自行撤销或改变行政行为。允许行政机关自行纠错，有利于保障行政相对人合法权益、减少行政成本、重塑行政公信力。复议行为是复议机关依法履行复议权的行政行为，相对于与原行政行为具有独立性，复议机关确有正当理由撤销复议决定的，应当予以支持。《行政诉讼法》关于复议机关作为共同被告的规定，是针对复议机关维持原行政行为的情形所做的制度设计，复议机关已经自行撤销复议决定的，不属于维持原行政行为的情形。若行政相对人已经对原行政行为提起诉讼且未要求复议机关重新作出复议决定的，应当以原行政行为为被告，不再将复议机关列为被告。

12. 复议决定维持原行政行为的，当事人提起行政诉讼，只起诉原行政行为的，法院能否排除对复议决定的审查？

《行政诉讼法》第26条第2款规定："经复议的案件，复议机关决定维持原行政行为的，作出原行政行为的行政机关和复议机关是共同被告。"《行政诉讼法解释》第134条第1款规定："原告只起诉作出原行政行为的行政机关或者复议机关的，人民法院应当告知原告追加被告。原告不同意追加的，人民法院应当将另一机关列为共同被告。"该司法解释第135条和第136条则进一步明确规定，复议机关决定维持原行政行为的，人民法院应当在审查原行政行为合法性的同时，一并审查复议程序的合法性；人民法院对原行政行为作出判决的同时，应当对复议决定一并作出相应判决。因此，根据上述相关条文的规定，现行行政诉讼制度对经过复议维持的案件，人民法院司法审查的对象既包括原行政行为，也包括复议决定，人民法院必须对原行政行为和复议决定的合法性均进行评价，而不能仅审查原行政行为或者复议决定。且原告在提起诉讼后，人民法院对诉讼标的的审查，并不完全受原告起诉状的限制，原告也无权仅针对原行政行为或者复议决定提起诉讼；原告漏列原行政机关或者复议机关的，经释明拒绝变更的，人民法院可以依职权追加漏列的机关为被告。易言之，无论原告起诉状中如何列举被告和表述诉讼请求，作出原行政行为的行政机关和复议机关是法定的共同被告，原行政行为和复议决定均属于行政案件的审查对象。原告不能通过仅起诉原行政行为，而排除人民法院对复议决定一并审查。

13. 原告在复议期间针对原行政行为又提起诉讼，在行政诉讼案件尚未审结之时，复议机关作出了维持的复议决定，为了诉讼经济，是否可以追加复议机关为被告，要求原告变更诉讼请求，进行实体审理？

《行政诉讼法解释》第57条规定："法律、法规未规定行政复议为提起行政诉讼必经程序，公民、法人或者其他组织既提起诉讼又申请行政复议的，由先立案的机关管辖；同时立案的，由公民、法人或者其他组织选择。公民、法人或者其他组织已经申请行政复议，在法定复议期间内又向人民法院提起诉讼的，人民法院不予立案。"据此，上述情形可以裁定驳回起诉。

但同时我们也认为，本着诉讼经济、保护当事人诉讼权益的原则，该类案件进入实体审理也是可以的。但在审理过程中要注意引导原告变更诉讼请求、增加诉讼当事人、给予被告答辩期限等问题，如果当事人执意不配合，可以裁定驳回起诉。

14. 关于行政复议决定部分维持部分改变或者部分维持部分以申请不符合复议范围为由驳回申请人复议请求的案件，如何确定管辖法院？

根据《行政诉讼法》第26条和《行政诉讼法解释》第134条的规定，对于一份复议决定中部分维持原行政行为、部分改变原行政行为或者部分维持原行政行为部分以申请不符合复议范围为由驳回申请人复议请求，申请人起诉复议机关和原行政行为作出机关，请求撤销复议决定和原行政行为的案件，应根据《行政诉讼法解释》第134条第4款的规定，以作出原行政行为的行政机关确定案件的级别管辖。

第八节　经复议的行政赔偿的审查

【审查事项】

经复议维持的案件，当事人单独以复议机关为被告提出赔偿请求的，赔偿义务机关如何确定？行政复议不予受理决定是否属于国家赔偿的范围？

【法律适用】

《国家赔偿法》第4条、第8条，《行政诉讼法解释》第136条第6款。

【常见问题解答】

1. 经复议维持的案件，当事人单独以复议机关为被告提出赔偿请求的，赔偿义务机关如何确定？

《国家赔偿法》第8条规定："经复议机关复议的，最初造成侵权行为的行政机关为赔偿义务机关，但复议机关的复议决定加重损害的，复议机关对加重的部分履行赔偿义务。"即在复议维持原行政行为的，复议决定仅仅是肯定了原行政机关的意志与决定,并未给当事人增加新的负担,也没有给当事人带来新的损害。因此,《行政诉讼法解释》第136条第6款规定:“原行政行为被撤销、确认违法或者无效,给原告造成损失的,应当由作出原行政行为的行政机关承担赔偿责任;因复议决定加重损害的,由复议机关对加重部分承担赔偿责任。”即在《行政诉讼法》确立了复议双被告的情况下,赔偿义务机关的确立仍应当按上述规定执行。经复议维持的案件,复议机关没有加重损害的,当事人单独以复议机关为被告提出赔偿请求没有法律依据,经法院告知仍不变更的,法院可以裁定驳回起诉。

2. 行政复议不予受理决定是否属于国家赔偿的范围?

对此存在两种意见。第一种意见认为,属于被法院撤销的行政复议不予受理决定属于《国家赔偿法》第4条规定的行政机关“行使行政职权”中的“其他违法行为”,因而属于应予行政赔偿的范围。当事人对此寻求法律救济的必要支出属于《国家赔偿法》第4条第4项所称的“财产损害”,因而属于行政赔偿的对象。

第二种意见为倾向性意见,其认为,行政复议不予受理决定不属于国家赔偿范围。不予受理决定仅影响了申请人的程序性权利,该程序性权利不属于《国家赔偿法》所称的人身权、财产权的范畴,申请人在程序性权利受影响后产生的间接损失也不属于国家赔偿的范围。

我们同意第二种意见。在我国行政法中,行政复议行为被认为是行政行为的一种,但行政复议行为与一般行政行为具有本质的区别,行政复议行为属于国家行政救济机制的重要环节,是一种争议裁决行为,所直接处分的对象是行政行为而非相对人权利义务。《国家赔偿法》所规定的行政机关的侵权行为是行政机关直接处分相对人权利义务的行为,国家机关对相对人提供权利救济的行为是不属于应予国家赔偿的行为之列的,行政复议不予受理决定不应属于《国家赔偿法》所规定的行政侵权行为。

3. 同一行政复议决定中,关于原行政行为与行政赔偿的处理可以区分的,应当如何理解不告不理原则与全面审查原则?

若行政复议机关对被申请复议的行政行为的处理,和对一并提出的行政赔偿请求的处理,载于同一行政复议决定中,彼此可分,公民、法人或其他组织仅就行政复议决定中有关行政赔偿请求的处理提出起诉,人民法院应遵循不告不理原则,不就行政复议决定中有关行政行为的处理进行审理和裁判。[①]

第九节　举证质证的审查

【审查事项】

审查举证责任如何分配及承担？复议双被告案件中，若其中有被告未提交证据的，如何处理？被申请人于行政复议中收集的证据，应当如何认定？被申请人提交了在行政复议中未提交的证据，行政诉讼中如何认定？

【法律适用】

《行政复议法》第 48 条，《行政复议法实施条例》第 29 条，《行政诉讼法解释》第 135 条，《行政诉讼证据规定》第 61 条。

【常见问题解答】

1. 复议双被告案件中，其中一被告（如原行政机关）未举证的，如何处理？

《行政诉讼法解释》第 135 条第 2 款规定："作出原行政行为的行政机关和复议机关对原行政行为合法性共同承担举证责任，可以由其中一个机关实施举证行为。复议机关对复议决定的合法性承担举证责任。"亦即复议双被告案件中，适用特殊的证据规则，因复议程序中原行政机关可能已提交过证据，为避免诉讼中重复提交，诉讼中两被告只要其中一个提交了证据证明原行政行为合法性即可，另一被告（包括原行政机关）即使未举证，亦不必然因未举证而承担举证不能的不利后果。如果复议机关在诉讼中提交了相应的证据，包括原行政机关作出原行政行为的证据，法院可以对原行政行为与复议决定一并予以肯定。对于原行政机关诉讼中不提交证据等情形，可通过向其及其主管机关发送司法建议的方式予以纠正。

---

① 参见夏秀英诉山东省威海市人民政府行政复议再审案，载《最高人民法院公报》2020 年第 12 期。

2. 被申请人于行政复议中收集的证据，应当如何认定？

受“先取证，后裁决”规则的约束，被告提供的旨在证明行政行为合法性的证据只能限于其在作出行政行为时已经收集的证据。被告在复议中经复议机关同意补充的证据虽可以作为复议机关进行复议裁决时的依据，但从性质上讲仍属于原行政行为作出之后收集的，行政主体不能以事后收集的证据来证明已经作出的具体行政行为是合法的。被告（被申请人）在行政复议过程中所收集的证据，仅可以间接作为证明被诉行政行为合法的证据使用，即只能作为申请人（或者第三人）提出的反驳意见或者新提出证据不成立的证明，不能对具体行政行为合法与否进行直接证明，其只具有间接证据的使用效力。法院仍应当以被诉行政行为之前收集的证据作为定案证据。

需要注意是，2023 年《行政复议法》参照《行政诉讼法》的规定，在第46 条第2 款中规定：“行政复议期间，申请人或者第三人提出被申请行政复议的行政行为作出时没有提出的理由或者证据的，经行政复议机构同意，被申请人可以补充证据。”

3. 被申请人提交了在行政复议中未提交的证据，行政诉讼中如何认定？

《行政复议法》第 48 条规定：“被申请人应当自收到行政复议申请书副本或者行政复议申请笔录复印件之日起十日内，提出书面答复，并提交当初作出具体行政行为的证据、依据和其他有关材料。”向复议机关提交所有收集到的相关证据，既是被申请人的责任也是被申请人必须要履行的义务；如果在行政复议中有确实存在、但没有提交的证据，则违背了法律的严肃性，被申请人未提交的证据不能在行政复议中使用，不能作为判定被申请人行政行为的依据。根据《行政诉讼证据规定》第 61 条关于“作出原具体行政行为的行政机关在复议程序中未向复议机关提交的证据，不能作为人民法院认定原具体行政行为合法的依据”的规定，未提交的证据也无法作为行政诉讼中人民法院判断行政主体行政行为合法的依据。

第十节 程序的审查

【审查事项】

行政复议申请人错列被申请人的，如何处理？复议机关未通知有利害关系的行政复议第三人参加诉讼是否构成程序违法？复议阶段未追加第三人，法院审理阶段认为应当追加为原告或第三人的，如何处理？听证是否是行政复议的必经程序？未经听证的复议是否构成程序违法？

【法律适用】

《行政复议法》第16条、第30条，《民事诉讼法》第85条，《行政复议法实施条例》第22条、第29条、第33条，《行政诉讼法解释》第89条。

【常见问题解答】

1. 行政复议申请人错列被申请人的，复议机关应当如何处理？

《行政复议法实施条例》第22条、第29条规定，申请人提出行政复议申请时错列被申请人的，行政复议机构应当告知申请人变更被申请人。行政复议申请材料不齐全或者表述不清楚的，行政复议机构可以自收到该行政复议申请之日起5日内书面通知申请人补正。补正通知应当载明需要补正的事项和合理的补正期限。无正当理由逾期不补正的，视为申请人放弃行政复议申请。补正申请材料所用时间不计入行政复议审理期限。申请人错列被申请人，经复议机关释明并补正材料后，仍不能明确被申请人的，复议机关可以作出不予受理决定。①

① 参见最高人民法院裁判文书(2017)最高法行申141号。

2. 复议机关未通知有利害关系的行政复议第三人参加诉讼是否构成程序违法？

目前对此有两种观点。第一种观点认为不构成。《行政复议法》第 16 条第 1 款规定的是“可以”而非“应当”，对行政复议机关来说，既可以准许也可以不准许利害关系人作为第三人参加复议，并不能由此得出行政复议机关负有通知利害关系人参加行政复议的强制性的法定义务。复议机关未通知利害关系人作为第三人参加行政复议并不必然构成程序违法。

第二种观点认为构成。复议机关未通知利害关系人作为第三人参加行政复议，侵犯了第三人的权利，从保护公民、法人或者其他组织权利这一立法目的上讲，复议机关构成程序违法。

我们倾向于第二种观点。设立行政复议第三人是维护利害关系人合法权益，监督行政机关依法行政，保证正确、及时地化解行政争议的需要。从字面上讲，《行政复议法》之所以规定为“可以”，是从对复议结果有利害关系的第三人角度出发，赋予其作为第三人参加行政复议的选择权，而不是给予复议机关选择权。因此，从正当程序原则和结果考量，凡复议决定审查的事实涉及其他利害关系人的，都必须通知其作为第三人参加复议，不管复议决定最终有无侵犯利害关系人利益。因为复议结果是否影响其他利害关系人的实体权益，要经过实体审查才能决定，仅将利害关系人的一部分列为审查对象，必然只能听取一方的意见，可能会对另一利害关系人的意见与理由造成忽视，从而不利于作出正确的事实认定和复议决定，行政复议机关仍将面临败诉的可能性。①

3. 复议阶段未追加第三人，法院审理阶段认为应当追加为原告或第三人，并且进行了追加的，对于复议决定如何处理？

虽然《行政复议法》《行政复议法实施条例》中针对第三人参加行政复议都是使用的“可以”一词。但是依据正当程序原则，复议机关应当听取利害关系人意见，未将利害关系人列为行政复议第三人听取其意见的，违反正当程序原则，属于违反法定程序

---

① 2023 年《行政复议法》第 16 条第 1 款新增，“或者由行政复议机构通知其作为第三人参加行政复议”，第 2 款新增规定，“第三人不参加行政复议，不影响行政复议案件的审理”。从字面理解，应当是指复议机关通知第三人后，第三人不参加行政复议的情形。

的情形。需要注意的是，判断是否应当追加的标准不宜以行政诉讼过程中是否应当追加第三人进行判断，而是要按照复议程序是否影响其权利义务进行判断。在案件处理上要根据具体情况进行处理。可能是判决撤销重新作出复议决定，①或者对于行政行为合法性直接进行全面审查，同时判决确认复议程序违法。②

4. 行政复议机关改变原行政行为单独作被告的案件中，作出原行政行为的机关是否应列为第三人？

复议机关改变原行政行为单独作被告的案件，作出原行政行为的机关与被诉复议决定有利害关系，人民法院可以通知其作为第三人参加诉讼。但是，作出原行政行为的机关是代表国家行使职权，没有自己的利益，一审未通知其参加诉讼，不属于遗漏必须参加诉讼的当事人应当发回重审的情形。

《行政诉讼法解释》第 89 条规定，复议决定改变原行政行为错误，人民法院判决撤销复议决定时，可以判决恢复原行政行为的法律效力。作出原行政行为的机关作为第三人参加诉讼，更有利于查明事实，分清是非。因此，人民法院应当鼓励作出原行政行为的机关作为第三人参加诉讼。但是，作出原行政行为的机关不是独立的利益主体，在作出原行政行为的过程中也并不是为了自身利益，作出原行政行为的机关与复议机关的利益是一致的，作为上级机关，复议机关完全可以代替原行政行为机关。所以，即便作出原行政行为的机关未参加诉讼，也不能认定为遗漏必须参加诉讼的第三人，判决撤销一审判决，发回重审。③

5. 人民法院在审理中发现利害关系人申请复议时已经超过了申请行政复议的期限，是否应当受理当事人的起诉？

法院仍然应当受理起诉。因为设定行政复议期间旨在限制行政相对人的申请，防止其过分怠于行使权利，而非对复议机关的限制。若复议机关已对此类申请作出了复议决定，只要不存在不符合起诉条件的情形，法院仍应受理，以救济权利监督行政权力。只是此时的行政复议决定即使认定事实清楚、主要证据充分，但因对超过行政复

---

① 参见最高人民法院裁判文书(2017)最高法行申 24 号。

② 参见上海市松江区人民法院裁判文书(2016)沪 0117 行初 302 号。

③ 参见最高人民法院第一巡回法庭《关于行政审判法律适用若干问题的会议纪要》。

议申请期限的案件受理并依据行政复议程序进行了审查，就属于程序违法，法院应当视案件具体情况予以撤销或确认违法。

6. 听证是否是行政复议的必经程序？ 未经听证是否构成程序违法？

《行政复议法》第四章第三节与第四节将行政复议程序区分为普通程序和简易程序。其中，第54条第2款规定："适用简易程序审理的行政复议案件，可以书面审理。"第49条规定："适用普通程序审理的行政复议案件，行政复议机构应当当面或者通过互联网、电话等方式听取当事人的意见，并将听取的意见记录在案。因当事人原因不能听取意见的，可以书面审理。"第50条第1款、第2款规定："审理重大、疑难、复杂的行政复议案件，行政复议机构应当组织听证。行政复议机构认为有必要听证，或者申请人请求听证的，行政复议机构可以组织听证。"

根据上述规定，行政复议的审查方式不再完全延用书面审查为主的方式，而是分成三种方式：第一，适用简易程序以及因当事人原因不能听取意见的普通程序案件，适用《行政复议法》第22条规定，原则上采取书面审查的办法。第二，适用普通程序的一般案件，采取以适当方式听取当事人的意见的方法。第三，对于重大、疑难、复杂的行政复议案件，应当采取听证方法；认为有必要听证，或者申请人请求听证的，可以采取听证方法。

上述法律规定，进一步肯定了言词审理的地位，同时也规定了听证的适用条件，即案件为重大、疑难、复杂案件的，应当组织听证。行政复议机构不宜再按《行政复议法实施条例》第33条的规定进行"必要与否"的判断。

只有对于不具有此三种特征的案件以及申请人请求听证的案件，行政复议机构才有判断"必要与否"的空间，即认为必要时，才可以采取听证的方式审理。第50条第2款规定的是"可以"采取听证，而非"应当"，可见，最终是否采取听证的裁量权仍在于行政机关，由其根据案件具体情况综合衡量后决定。一般而言，行政机关在作出对当事人权益有重大不利影响的拒绝性处理时，应当以适当方式听取当事人的陈述、申辩。被告综合案情后未进行听证，其行为并不违反上述法律的规定。此外，若与作出对当事人权益有重大不利影响的拒绝性处理相反，复议机关作出的恰恰是对原告极为有利的处理决定，"并无必要"采取听证的方式审理。

7. 当事人针对复议程序中未履行听证程序，单独提起诉讼的，如何处理？

依据《行政复议法》第50条以及《行政复议法实施条例》第33条之规定，在复议案件审理程序中是否采取听证的方式，以及对申请人、第三人提出的复议申请如何处理，系行政复议程序整体框架下的不具有独立性的程序环节，属于对公民、法人或者其他组织权利义务不产生实际影响的行为。针对该程序环节的法律救济，可以在针对行政复议机关作出的具体行政行为的法律救济同时采取。而单独针对该程序环节行为提起救济并不被允许，以防止因程序环节行为的争议拖延甚至阻碍行政复议实体决定的作出，影响行政效能。

8. 行政复议机关作出不予受理决定的期间应当如何计算？

《行政复议法》第30条第1款规定："行政复议机关收到行政复议申请后，应当在五日内进行审查。"第2款规定，"对不符合前款规定的行政复议申请，行政复议机关应当在审查期间决定不予受理并说明理由"。第88条第1款规定："行政复议期间的计算和行政复议文书的送达，本法没有规定的，依照《中华人民共和国民事诉讼法》关于期间、送达的规定执行。"《民事诉讼法》第85条规定，期间包括法定期间和人民法院指定的期间，期间以时、日、月、年计算，期间开始的时和日，不计算在期间内，期间届满的最后一日是节假日的，以节假日后的第一日为期间届满的日期，期间不包括在途时间，诉讼文书在期满前交邮的，不算过期。依据上述规定，行政复议机关作出不予受理决定的期间应当自行政复议机关收到行政复议申请的时间计算5个工作日。

第十一节　法律适用的审查及裁判方式

【审查事项】

如何理解适用行政复议禁止不利变更原则？适用行政复议禁止不利变更原则的审理要点有哪些？关于复议决定的说明理由义务，法院应当如何审查？经复议的案件,裁判方式有哪些？复议双被告案件中诉讼费用如何承担？

【法律适用】

《行政复议法实施条例》第51条,《行政诉讼法》第1条、第77条、第103条,《行政诉讼法解释》第68条,《诉讼费用交纳办法》第29条。

【常见问题解答】

1. 如何理解《行政复议法实施条例》第51条规定的行政复议禁止不利变更原则?

该原则来源于刑事诉讼中的"上诉不加刑"原则,与《行政处罚法》规定的"不得因当事人申辩而加重处罚"相一致,《行政复议法实施条例》的规定将该原则的适用范围不仅限于行政处罚领域。

《行政复议法实施条例》第51条采纳了该裁判精神,明确了行政复议机关在审查合法性与合理性时,禁止自己作出或要求其他机关作出对申请人较之原行政行为更加不利的决定,即不能加重处罚、不能减损既得利益或权利、不能课以更多义务。

附:

《最高人民法院公报》案例

焦某刚诉天津市和平区公安分局治安处罚决定案[①]

【裁判要旨】在行政处罚程序中始终贯彻允许当事人陈述和申辩的原则,只能有利于事实的查明和法律的正确适用,不会混淆是非,更不会因此而使违法行为人逃脱应有的惩罚。法律规定不得因当事人进行申辩而加重对其处罚,是对当事人申辩进行鼓励的手段。无论行政处罚程序还是行政复议程序都不得因当事人申辩而加重对其处罚。

---

① 详见《最高人民法院公报》2006年第10期。

【案例简介】《行政复议法》确实没有“行政处罚决定被复议机关撤销后，行政机关重新作出的裁决不得加重处罚”的规定，之所以不作这样的规定，是因为实践中存在着因原裁决处罚过轻被复议机关撤销的实际情况，重新作出的裁决当然有必要加重处罚。《行政处罚法》第32条①第1款规定：“当事人有权进行陈述和申辩。本机关必须充分听取当事人的意见，对当事人提出的事实、理由和证据，应当进行复核；当事人提出的事实、理由或者证据成立的，行政机关应当采纳。”第2款规定：“行政机关不得因当事人申辩而加重处罚。”行政处罚决定权掌握在行政机关手中。在行政处罚程序中始终贯彻允许当事人陈述和申辩的原则，有利于事实的查明和法律的正确适用，不会混淆是非，更不会因此而使违法行为人逃脱应有的惩罚。法律规定不得因当事人申辩而加重处罚，就是对当事人进行申辩的鼓励。无论是行政处罚程序还是行政复议程序，都不得因当事人进行申辩而加重对其处罚。认为“不得因当事人申辩而加重处罚”不适用于行政复议程序，是对法律的误解。上诉人和平公安分局作出给予被上诉人焦某刚拘留10日的047号处罚决定书后，焦某刚以处罚明显过重为由申请复议，这是一种申辩行为。复议机关以事实不清为由撤销了047号处罚决定书，和平公安分局在没有调查取得任何新证据的情况下，在870号处罚决定书中决定给予焦某刚治安拘留15日的处罚。这个加重了的行政处罚明显违反了《行政处罚法》第32条第2款规定，也背离了行政复议法的立法本意。

2. 诉讼案件审理中适用行政复议禁止不利变更原则的审理要点有哪些？

一是该原则的适用仅限定于本案。即该原则禁止的是行政复议争议的主要标的，即原行政行为的主文，至于理由的变更则不在其列。二是该原则适用的范围仅限为行政复议申请人，不包括因为行政复议决定而受到不利的其他人。三是必须在行政复议申请人表示不服的范围之内。如果在行政复议申请范围之外，则不受该原则的限制。

---

① 2021年修订的《行政处罚法》已将该条修改为：“当事人有权进行陈述和申辩。行政机关必须充分听取当事人的意见，对当事人提出的事实、理由和证据，应当进行复核；当事人提出的事实、理由或者证据成立的，行政机关应当采纳。行政机关不得因当事人陈述、申辩而给予更重的处罚。”

3. 针对结果于其有利的复议决定，当事人起诉要求维持结果但要求变更撤销原行政行为的复议决定之理由，法院如何处理为宜？

第一种意见认为，基于行政诉讼全面审查的原则，为保护当事人的合法权益，对于这种诉讼，法院仍然应当进行实体审查，并根据案件情况作出相应判决。

第二种意见认为，这样一个诉讼请求，与《行政诉讼法》“保护公民、法人和其他组织的合法权益”的立法目的并不相符。请求维持一个对原告有利的复议决定既无必要，《行政诉讼法解释》第 68 条对于各种具体诉讼请求的列举以及《行政诉讼法》规定的各种判决方式中亦无规定。判决“变更”行政行为，按照《行政诉讼法》第 77 条的规定，仅限于“行政处罚明显不当，或者其他行政行为涉及对款额的确定、认定确有错误的”这样一些特定情形，并不包括在被诉行政行为结果正确且对其有利的情况下，仅仅要求变更行政决定中的个别文字表述。

我们同意第二种意见，有限的司法资源应当真正用于解决那些确有实质争议、确实有权利保护之必要的争议请求。对于此类明显缺乏权利保护需要的起诉，人民法院不能仅仅因为其是行政程序或者复议程序的相对人，就当然地认可其诉权。

4. 对于复议决定的说明理由义务，法院应当如何审查？

国务院《关于印发〈全面推进依法行政实施纲要〉的通知》规定，行政机关行使自由裁量权的，应当在行政决定中说明理由。行政复议决定是复议机关居中行使准司法权进行的裁决，且行使着上级行政机关的专业判断权，人民法院对行政复议决定判断与裁量及理由说明，应当给予充分尊重。与此相对应，行政复议决定和复议卷宗也应当依法说明理由，以此表明复议机关已经全面客观地查清了事实，综合衡量了与案情相关的全部因素，而非轻率或者武断地作出决定。因为只有借助书面决定和卷宗记载的理由说明，人民法院才能知晓决定考虑了哪些相关因素以及是否考虑了不相关因素，才能有效地审查和评价决定的合法性。不说明裁量过程和没有充分说明理由的决定，既不能说服行政相对人，也难以有效控制行政裁量权，还会给嗣后司法审查带来障碍。从证据中无法体现相应的衡量因素，也未进行充分说理，在存在多种处理可能时径行选择对相对人权利义务影响最大的，如予以撤销的复议决定，一般难以得到人民法院支持。人民法院认为复议机关所提供的证据材料不能满足司法审查需要，复议机关未完全履行说明理由义务的，可以要求复议机关重新调查处理，并提供可以进行审查的证据、依据以及相应的理由说明。

5. 复议决定引用法律时未确认具体款、项的，是否构成适用法律不当？

行政机关作出行政行为有对应法律条文可以援引的，应当写明法律依据及具体条款。若法律条文有多个项或目的，不能明确具体适用其中哪一个进而无从判定案件具体类型，且未阐明具体理由，给当事人依法维权和人民法院合法性审查造成障碍，构成适用法律不当。

6. 经复议的案件，裁判方式有哪些？

对于复议维持的案件，总的原则按照《行政诉讼法解释》第 136 条第 1 款、第 2 款的规定进行一并裁判："人民法院对原行政行为作出判决的同时，应当对复议决定一并作出相应判决。人民法院依职权追加作出原行政行为的行政机关或者复议机关为共同被告的，对原行政行为或者复议决定可以作出相应判决。"具体的裁判方式有：

（1）人民法院判决撤销原行政行为和复议决定的，可以判决作出原行政行为的行政机关重新作出行政行为。

（2）人民法院判决作出原行政行为的行政机关履行法定职责或者给付义务的，应当同时判决撤销复议决定。

（3）原行政行为合法、复议决定违法的，人民法院可以判决撤销复议决定或者确认复议决定违法，同时判决驳回原告针对原行政行为的诉讼请求。

（4）原行政行为被撤销、确认违法或者无效，给原告造成损失的，应当由作出原行政行为的行政机关承担赔偿责任；因复议决定加重损害的，由复议机关对加重部分承担赔偿责任。

（5）原行政行为不符合复议或者诉讼受案范围等受理条件，复议机关作出维持决定的，人民法院应当裁定一并驳回对原行政行为和复议决定的起诉。

对于复议改变原行政行为的案件，若人民法院经审理后，认为复议决定改变原行政行为错误的，按照《行政诉讼法解释》第 89 条的规定，在判决撤销复议决定时，可以一并判决恢复原行政行为的法律效力。①

7. 原行政行为被复议机关以程序违法为由确认违法，后原告起诉原行政行为和复议行为，法院经审查认为原行政行为程序违法，复议行为合法，如何裁判？

对此存在两种观点。第一种观点认为，复议行为已对原行为程序进行过评价，复议行为合法的，为避免对原行政行为违法具体时点的争议，应当判决驳回原告诉讼请求。第二种观点认为，虽然复议机关已对原行政行为做出了确认违法的认定，但不能当然替代人民法院的司法认定，法院仍然按照共同被告的审查思路来处理，即判决确认原行政行为违法，同时驳回原告对复议决定的诉讼请求。我们认为，此种情况下，复议机关已发现并对原行政行为的程序违法情形予以了认定并纠正，从诉讼经济原则、权利实质救济与发挥行政复议主渠道功能考虑，司法可不再重复作出确认违法判决。

8. 复议双被告案件中诉讼费用如何承担？

《行政诉讼法》第 102 条规定："人民法院审理行政案件，应当收取诉讼费用。诉讼费用由败诉方承担，双方都有责任的由双方分担。"《诉讼费用交纳办法》第 29 条规定："诉讼费用由败诉方负担，胜诉方自愿承担的除外。部分胜诉、部分败诉的，人民法院根据案件的具体情况决定当事人各自负担的诉讼费用数额。共同诉讼当事人败诉的，人民法院根据其对诉讼标的的利害关系，决定当事人各自负担的诉讼费用数额。"

依据上述法律规定，谁败诉，谁承担。但是如果由于原行政行为违法，故一并判决撤销复议决定的情况下，是由原行政机关承担还是复议机关承担，存有些许争议。实践中的通行做法是复议机关与原行政机关共同等额分担。

① 参见项红敏诉六盘水市人民政府改变原行政行为行政复议决定案，载《最高人民法院公报》2022 年第 11 期。

附：

本院典型案例

王某1诉中华人民共和国司法部案

【裁判要旨】行政复议，是指与行政行为具有法律上利害关系的公民、法人或者其他组织认为行政机关所作行政行为侵犯其合法权益，依法向具有法定权限的行政机关申请复议，由复议机关依法对被申请行政行为的合法性进行审查并作出决定的活动和制度。责令履行法定职责，本身就包含了对于行政机关不作为违法性的评价。一般而言，行政机关在作出对当事人权益有重大不利影响的拒绝性处理时，应当以适当方式听取当事人的陈述、申辩。最终是否采取听证的裁量权仍在于行政机关，由其根据案件具体情况综合衡量后决定。

【裁判文书】

北京市第三中级人民法院

行政判决书

(2019)京03行初184号

原告：王某1。

被告：中华人民共和国司法部。

第三人：安徽省司法厅。

原告王某1诉被告中华人民共和国司法部（以下简称司法部）不服行政复议决定一案，向本院提起行政诉讼。本院受理后，依法组成合议庭，于2019年8月9日公开开庭审理了本案。原告王某1，被告司法部的委托代理人王永，第三人安徽省司法厅的委托的代理人袁航、陈雨华到庭参加诉讼。本案现已审理终结。

2019年4月12日，被告司法部向原告作出(2019)司复决20号《行政复议决定书》（以下简称被诉决定书），司法部认为：《中华人民共和国律师法》第六条规定，申请律师执业,应当向设区的市级或者直辖市的区人民政府司法行政部门提出申请。受理申请的部门应当自受理之日起二十日内予以审查,并将审查意见和全部申请材料报送省、自治区、直辖市人民政府司法行政部门。省、自治区、直辖市人民政府司法行政部门应当自收到报送材料之日起十日内予以审核,作出是否准予执业的决定。准予执业的,向申请人颁发律师执业证书;不准予执业的,向申请人书面说明理由。安徽省司法厅作为省级司法行政机关,具有对申请人的律师执业申请作出是否准予执业决定的法定职责。本案中,安徽省司法厅于2018年10月份收到阜阳市司法局报送的关于王某1律师执业的申请材料,但未按照上述规定对王某1作出是否准予其执业的决定,属于未依法履行法定职责。根据《中华人民共和国行政复议法》第二十八条第一款第(二)项规定,司法部决定:责令安徽省司法厅自收到复议决定之日起,依法对王某1的律师执业申请作出处理。原告关于听证的请求,不符合《中华人民共和国行政复议法实施条例》第三十三条规定,被告不予支持。

原告王某1不服被诉决定书,向本院提起行政诉讼。

原告王某1诉称,2018年8月,原告向安徽省司法厅申请律师执业许可,安徽省司法厅受理后在法定的时间未予答复许可与否及其理由。2019年1月,原告向被告提出复议申请。2019年4月11日,原告收到被告作出的被诉复议决定,被告要求第三人对原告律师申请执业作出处理。原告认为,被告在第三人明确表示原告不符合执业条件的情况下,应当对原告是否合法取得执业许可进行实质性审查,被诉复议决定为第三人拖延履行法定职责创造条件,违反了行政行为高效便民的法治原则,对原告造成不利影响,现起诉要求撤销被告作出的被诉复议决定;判决被告作出责令第三人许可原告律师执业的行政许可决定;本案诉讼费用由被告承担。

原告王某1在指定举证期限内向本院提交了以下证据材料,并经庭审质证:1. 原告身份证一份,证明原告的诉讼主体资格;2. 被告2019年4月8日邮寄的复议案件阅卷材料邮寄单一份和原告2019年4月12日邮寄给被告的答复书质证意见邮寄单据一份,证明被告2019年4月8日将第三人的答复书及证据邮寄给原告,原告在4月11日收到该资料,原告4月12日寄出质证意见书的事实,进而证明被告在没有收到原告质证意见的情况下,作出被诉复议决定,其行为剥夺了原告的质证辩论权利,具有程序违法性,应予撤销;3. 颍州区人民法院案件受理通知书、开庭传票、阜阳市律师协会举证证据目录及材料目录各一份,证明阜阳市司法局律师工作转办函是第三人滥用职权、违法调查取证的证据,是律师协会违法行政的前提条件;4. 阜阳市司法局律师工作转办函。证明:(1)被告复议期间,第三人电话要求阜阳市司法局撤销原告的实习登记的事实;(2)第三人的行为违反了《中华人民共和国行政复议法》和《中华人民共和国行政诉讼法》,在案件审理期间禁止行政机关为证明行政行为合法调查取证的规定;(3)阜阳市律师协会在第三人和阜阳市司法局的要求下,作出撤销原告实习登记的决定程序违法;(4)该决定应当是无效的,不能作为第三人不予行政许可的依据;(5)阜阳市律师协会《关于撤销王某1实习登记决定书》证明该决定是在司法部复议案件审理期间作出的,由于该决定程序违法,应当无效,不能作为第三人不予行政许可决定的依据,被告不正确履行职责,导致第三人有机会滥用职权,违法行政。

被告司法部辩称,一、被诉复议决定程序合法;二、被诉复议决定认定事实清楚,适用依据正确,内容适当。根据《中华人民共和国律师法》第六条的规定,安徽省司法厅作为省级司法行政机关,具有对原告的律师执业申请作出是否准予执业的决定的法定职责。原告在复议申请中称,"至今日为止,安徽省司法厅既没有作出不予许可决定书及书面说明理由的通知,也没有向王某1作出给予许可的决定或通知""安徽省司法厅违反了《中华人民共和国行政许可法》第四十二条关于行政许可期限的规定,没有在法定时间内作出决定,侵犯了王某1的合法权利,现王某1根据《中华人民共和国行政复议法》第六条、《中华人民共和国行政许可法》第四十二条的规定,依法提出行政复议"。据此,被告认为,原告是基于安徽省司法厅未履行律师执业许可法定职责向我部提出的复议申请。我部经复议查明,2018年8月28日,原告填写《中华人民共和国律师执业登记表》,9月25日,阜阳市司法局审核同意后上报至安徽省司法厅,安徽省司法厅于10月份收到上报材料,但未按照上述规定对原告作出是否准予其执业的决定,属于未履行法定职责。我部据此责令安徽省司法厅依法对原告的律师执业申请作出处理的复议决定,认定事实清楚,适用依据正确,内容并无不当。原告关于被诉复议决定为第三人拖延履行法定职责创造依据,违反了高效便民的法院原则,并要求撤销被诉复议决定的诉讼请求,缺乏事实和法律依据。另,鉴于安徽省司法厅2019年4月26日已向原告作出皖司许决字[2019]第223号《安徽省司法厅不予行政许可决定书》(以下简称223号决定书)的客观事实,并结合上述答辩意见,请求法院驳回原告诉讼请求。

被告司法部在法定举证期限内向本院提交了以下证据材料,并经庭审质证:1.行政复议申请书、听证申请书及收件凭证;2.行政复议答复通知书及邮寄送达凭证;3.行政复议答复书;4.律师执业登记表;5.行政复议延期通知书及邮寄送达凭证;6.阅卷材料、行政复议决定书邮寄凭证;7.223号决定书及邮寄凭证。

被告提交上述证据用以证明,被告依法履行了复议职责,其程序合法,被诉复议决定合法。

被告司法部在法定举证期限内向本院提交了《中华人民共和国律师法》《中华人民

共和国行政复议法》作为法律依据。

第三人安徽省司法厅述称,一、王某1不符合申请专职律师执业的条件。二、被诉复议决定认定事实清楚,适用依据正确。王某1向司法部申请行政复议,其行政复议申请是基于第三人未履行律师执业许可法定职责提出,司法部经行政复议申请,作出被诉复议决定,责令第三人在一定期限内履职,被诉复议决定认定事实清楚,适用依据正确。此外,第三人为了履行被诉复议决定,已对王某1律师执业申请依法进行了审核,认为其申请不符合《中华人民共和国律师法》和《律师执业管理办法》的有关规定,于2019年4月26日作出223号决定书,决定不予行政许可。王某1针对223号决定书已向司法部另案申请行政复议。司法部将对第三人223号决定书的合法性和适当性进行全面审查。现请求法院依法驳回其诉讼请求。

第三人安徽省司法厅向本院提交如下证据:

第一组证据:1.阜阳卷烟厂《关于王某1同志离岗休养的通知》(阜烟[2016]15号);2.阜阳卷烟厂证明。第三人提交第一组证据用以证明:(1)王某1办理离岗休养不符合《国有企业富余职工安置规定》,应认定其仍为阜阳卷烟厂在职员工;(2)王某1与阜阳卷烟厂存在劳动关系,其不符合专职律师执业的资质条件。

第二组证据:阜阳市律师协会《关于撤销王某1实习登记的决定》(阜律协[2019]10号)及送达回证。第三人提交第二组证据用以证明:(1)阜阳市律师协会于2019年4月3日撤销王某1的实习登记,并于2019年4月25日送达王某1(由其子王某2代收);(2)王某1不符合专职律师的资质条件。

上述证据经庭审质证,各方当事人对证据发表了充分的质证意见,本院对上述证据认证如下:王某1提交的证据1、2,本院对证据真实性予以认可,但对于其证明目的不予认可;王某1提交的证据3~5,与本案被诉行政行为无直接关联,本院对此不予认可。被告提交的证据,本院对其真实性、合法性、关联性均予以认可。对于第三人提交的证据,因王某1是否符合申请专职律师的执业条件并非本案审理范畴,因此,对于其证明目的本院不予采纳。

经审理查明,2018年8月28日,原告填写《中华人民共和国律师执业登记表》,申请律师执业。2018年9月25日,阜阳市司法局审核同意原告的执业申请,后上报至安徽省司法厅。因安徽省司法厅并未针对报送材料作出书面决定,原告于2019年1月9日向被告申请行政复议,其复议请求事项为:请求依法责令安徽省司法厅给予原告律师执业许可。被告于2019年1月15日收到该复议申请,予以立案。2019年1月16日,被告向安徽省司法厅发出行政复议答复通知,安徽省司法厅于1月21日收到通知,并于1月28日向被告提交答复意见。在该答复意见中,安徽省司法厅认为原告不符合申请专职律师执业的条件，同时其已向原告做了解释和引导工作，原告当面表示理解和认同，并表态回去重新考虑，基于此情况，安徽省司法厅未作出不予许可决定。被告在复议期间，鉴于案情复杂，于3月14日向原告发出延期通知，并于4月12日向原告及安徽省司法厅作出被诉复议决定。原告不服，向本院提起行政诉讼。

另查，在被告作出被诉复议决定后，安徽省司法厅于2019年4月26日作出223号决定书，对原告的申请不予行政许可，原告不服，已向被告申请行政复议，目前正在复议过程中。

本院认为，《中华人民共和国行政复议法》第十二条第一款规定，对县级以上地方各级人民政府工作部门的具体行政行为不服的，由申请人选择，可以向该部门的本级人民政府申请行政复议，也可以向上一级主管部门申请行政复议。依照上述法律规定，司法部具有负责相应行政复议工作的法定职责。

结合各方的主张，本案争议焦点主要有二：一是复议机关作出责令履行法定职责的决定是否适当；二是被诉复议程序中未进行听证是否适当。

关于焦点一，国家设立行政复议制度，是为了防止和纠正违法的或者不当的具体行政行为，保护公民、法人或者其他组织的合法权益，保障和监督行政机关依法行使职权。行政复议机关审理行政复议案件，不仅要审查行政行为的合法性，监督行政机关依法行政，促进法治政府建设，同时还要解决行政争议。复议机关经审理发现行政行为违法，依法可以决定撤销或变更行政行为，也可以确认行政行为违法，还可以在决定撤销或确认违法的同时，责令行政机关重新作出行政行为。

起诉行政机关不履行法定职责类案件可以分为消极不作为类的履责之诉和积极作为类的履责之诉。消极不作为类的履责之诉，是指行政机关对是否履行法定职责未作出任何意思表示，即处于纯粹消极不作为状态。积极作为类的履责之诉，是指行政机关以书面或者口头等方式积极作出答复，明确表明其拒绝履行原告请求的职责。本案即是一个消极不作为类履责诉讼。

因履责申请引发的复议案件，复议结果一般分为两种：一种是复议机关认为被申请人不履行法定职责的或者拒绝性答复错误的，决定其在一定期限内履行或者撤销拒绝性答复并责令其在一定期限内履行；另一种是复议机关在受理后发现被申请人没有相应法定职责或者在受理前已经履行法定职责的，决定驳回行政复议申请或者认为拒绝性答复正确并予以维持。

《中华人民共和国行政复议法》第二十八条第一款第（二）项规定，被申请人不履行法定职责的，行政复议机关应当决定其在一定期限内履行法定职责。该款规定隐含的适用前提是复议机关作出责令履行法定职责的决定仍然有实践意义。行政相对人采取法律救济措施是为了依法保护其自身合法权益。当行政机关不依法履行或拖延履行法定职责时，行政复议机关应优先做出责令其履行法定职责的行政复议决定，如果被申请人再履行职责已经无意义，依照行政复议申请人的请求，应确认被申请人不履行或者拖延履行法定职责行为违法。其实，责令履行法定职责，本身就包含了对于行政机关不作为违法性的评价。

具体到本案，《中华人民共和国律师法》第六条规定，申请律师执业，应当向设区的市级或者直辖市的区人民政府司法行政部门提出申请，并提交相关材料。受理申请的部门应当自受理之日起二十日内予以审查，并将审查意见和全部申请材料报送省、自治区、直辖市人民政府司法行政部门。省、自治区、直辖市人民政府司法行政部门应当自收到报送材料之日起十日内予以审核，作出是否准予执业的决定。准予执业的，向申请人颁发律师执业证书；不准予执业的，向申请人书面说明理由。第三人安徽省司法厅作为省级司法行政机关，具有对原告的律师执业申请作出是否准予执业的决定的法定职责。本案中，安徽省司法厅于2018年10月收到阜阳市司法局向其报送的原告律师执业申请材料后，未能按照上述法律规定作出是否准予其执业的书面决定，应当属于未能履行法定职责。被告依据《中华人民共和国行政复议法》第二十八条第一款第(二)项规定，责令安徽省司法厅依照《中华人民共和国律师法》第六条的规定，对原告的律师执业申请作出处理，其复议决定正确。

对于原告要求被告责令安徽省司法厅给予其律师执业许可的复议请求，因安徽省司法厅在原告提起复议前并未对原告的执业许可申请进行实质性处理，原告是否具备执业许可的条件，仍然需要安徽省司法厅进一步调查、裁量，根据事实、法律及政策予以初次判断，并按法定程序予以相应的处理，本院对此不予支持。

关于焦点二，所谓听证，是行政机关在作出影响行政相对人权益的行政决定时，应当听取当事人的陈述、申辩和质证，并根据经双方质证、核实的材料作出行政决定的一种制度。《中华人民共和国行政复议法》第二十二条规定，行政复议原则上采取书面审查的办法，但是申请人提出要求或者行政复议机关负责法制工作的机构认为有必要时，可以向有关组织和人员调查情况，听取申请人、被申请人和第三人的意见。《中华人民共和国行政复议法实施条例》第三十三条规定，行政复议机构认为必要时，可以实地调查核实证据；对重大、复杂的案件，申请人提出要求或者行政复议机构认为必要时，可以采取听证的方式审理。上述法律及行政法规的规定，在确立行政复议书面审理主导地位的同时，也肯定了言词审理的地位，同时也规定了听证的适用条件，即案件重大、复杂，申请人提出要求或者行政复议机构认为必要时，才可以采取听证的方式审理。此外,本条规定的是“可以”采取听证,而非“应当”,可见最终是否采取听证的裁量权仍在于行政机关,由其根据案件具体情况综合衡量后决定。一般而言,行政机关在作出对当事人权益有重大不利影响的拒绝性处理时,应当以适当方式听取当事人的陈述、申辩。具体到本案,虽然因案情复杂被告进行了延期且原告向被告提出了听证申请,但是,被告综合衡量案情后认为仅凭书面审理即可以作出决定,故并未进行听证,其行为并不违反上述法律及行政法规的规定,本院对此予以尊重。且与作出对当事人权益有重大不利影响的拒绝性处理相反,本案被告作为复议机关作出的恰恰是对原告极为有利的处理决定,认为“并无必要”采取听证的方式审理,并无不妥。

关于被诉复议决定的程序问题,被告收到原告的复议申请后,按照《中华人民共和国行政复议法》第二十三条的规定,履行了立案受理、向被申请人发出答复通知等程序性职责。在认为案情复杂的情况下,按照《中华人民共和国行政复议法》第三十一条第一款的规定进行了延期,并告知了原告,其复议程序并无不当。因此,被告作出的被诉复议决定证据确凿,适用法律、法规正确,符合法定程序,原告的诉讼请求缺乏事实及法律依据,本院不予支持。综上所述,本院根据《中华人民共和国行政诉讼法》第六十九条之规定,判决如下:

驳回原告王某1的诉讼请求。

案件受理费50元,由原告王某1负担(已交纳)。

如不服本判决,可在判决书送达之日起十五日内,向本院递交上诉状,并按对方当事人的人数提出副本,上诉于北京市高级人民法院。

审 判 长　韩 勇
审 判 员　胡兰芳
审 判 员　王 伟
二〇一九年九月十二日
法官助理　陈金涛
法官助理　李露希
书 记 员　赵俊飞
书 记 员　吴 倩

(主审法官:韩勇;撰写人:韩勇、陈金涛)

附：

本院典型案例

牛某诉中华人民共和国司法部案

【裁判要旨】本案被诉的行政行为即为司法部作出的该行政复议决定，涉及司法鉴定领域，专业性较强。本案从委托进行精神状态鉴定行为的合法性、鉴定人员外调行为的合法性、是否存在将涉案鉴定意见书出示给他人的问题、司法行政部门是否有权撤销司法鉴定意见书等四个方面对被诉复议决定进行了全面审查，对当事人的诉求进行了全面、完整的回应。

【裁判文书】

北京市第三中级人民法院

行政判决书

(2016)京03行初153号

原告：牛某。

被告：中华人民共和国司法部。

原告牛某不服被告中华人民共和国司法部(以下简称司法部)作出的行政复议决定，向本院提起行政诉讼。本院受理后，依法组成合议庭，在法定期限内向被告送达了起诉状副本及应诉通知书，并于2016年12月22日依法公开开庭审理了本案。原告牛某，被告司法部的委托代理人到庭参加了诉讼。本案现已审理终结。

2016年9月26日，被告作出(2016)司复决68号《行政复议决定书》(以下简称被诉复议决定)，认为，根据(2016)司复决3号《行政复议决定书》(以下简称3号复议决定)的要求，新疆维吾尔自治区司法厅(以下简称新疆司法厅)经调查后对牛某的投诉作出答复，答复时间虽超过《司法鉴定执业活动投诉处理办法》第二十二条规定的法定期限，但《关于牛某投诉新疆安宁法医精神病司法鉴定所的答复函》(以下简称《答复函》)认定事实清楚,适用依据正确,内容并无不当。据此,根据《中华人民共和国行政复议法》第二十八条第一款第(三)项的规定,决定如下:确认《答复函》程序违法;对牛某关于撤销《答复函》、对其投诉重新处理的复议请求不予支持。

原告诉称:2011年9月19日18时许,原告在正常上班时被无故闯入的罪犯(已判故意伤害罪)黄某用木棍击打头部致伤,经鉴定为十级伤残,用胳膊护头部时胳膊被打断,造成右尺骨鹰嘴骨折。此案庭审中,罪犯黄某提出对原告脑外伤复核鉴定的要求,法院遂委托新疆光正司法鉴定所(以下简称光正鉴定所)对原告脑外伤进行复核鉴定,光正鉴定所又转委托给新疆安宁法医精神病司法鉴定所(以下简称安宁鉴定所)。光正鉴定所在收到新安司鉴字[2012]第54号鉴定意见书(以下简称54号鉴定意见书)后多次与安宁鉴定所沟通要求其撤销此鉴定意见书,安宁鉴定所以已经鉴定完无法撤销为由予以拒绝。光正鉴定所无奈自己又重新组织鉴定人员进行脑外伤的复核鉴定并出具了脑外伤的鉴定报告。2012年12月14日,安宁鉴定所又将自己存档的54号鉴定意见书出示给罪犯黄某及其亲友周某、郭某等人,造成此鉴定意见书内容在社会上广泛流传。安宁鉴定所不遵守职业道德,作为其上级管理监督机关的新疆司法厅严重不作为。原告从2012年年底,开始向新疆司法厅投诉,新疆司法厅内部各个部门推来推去,最后在自治区领导亲自督促下推给信访室,三年后作出了信访回复。新疆司法厅在接到3号复议决定后仍互相扯皮,态度蛮横,最后在多机关领导的催促下,依照施害方安宁鉴定所单方面的答复敷衍了事地给了原告回复。新疆司法厅的所谓调查是片面的,缺少调查了解。鉴定协议书代签人李某并没有光正鉴定所的委托书,没有代签的权利。委托的鉴定与诉讼案件没有必然关系,原告涉诉是因为受到故意伤害,应作伤情鉴定及伤残等级鉴定,是否有精神障碍与案件根本无任何关系。依据《司法鉴定程序通则》第二十二条,司法鉴定使用顺序为国家标准、行业标准、认可规范,54号鉴定意见书中直接使用第三顺位,而不使用第一顺位的国家标准CCMD-3,是为违法。况且此鉴定意见书中使用的ICD-10是业内多数专家认可的临床诊断标准,而非鉴定标准。司法鉴定书中的委托事项与记载和庭审笔录中罪犯黄某申请事项不同。精神病鉴定不同于其他鉴定,其鉴定结果直接影响被鉴定人的工作生活、婚姻家庭等。安宁鉴定所随意变更委托事项侵害被鉴定人权益,根据《精神疾病司法鉴定暂行规定》,刑事案件中精神鉴定只能由公、检、法、司、卫等部门组成的鉴定委员会委托进行鉴定,个人包括本人无权申请。综上,错误的违法鉴定不通过司法途径是无法推翻的,只有推翻了与事实相悖的鉴定,才能还原告全家清白,使原告回归正常生活,故请求法院撤销被诉复议决定,案件诉讼费用由被告承担。

原告在法定举证期限内向本院提交了如下证据材料：

1. 关于牛某投诉安宁鉴定所的调查笔录，证明新疆司法厅只是以询问调查方式调查了本案部分司法鉴定人，并没有依据及证据证明被调查的司法鉴定人回答的都与事实相符，且没有别的证据。

2. 司法部法制司送达回证，证明司法部以邮寄的方式送达被诉复议决定。

3. 答复函，证明新疆司法厅于2016年6月12日出具此函。

4. 新疆维吾尔自治区博乐市人民法院（以下简称博乐市法院）（2012）博刑初字第108号刑事判决书，证明被害人牛某系刑事案件受脑外伤。

5. 54号鉴定意见书，证明该意见书是由安宁鉴定所作出的。

6. 司法鉴定协议书，证明安宁鉴定所委托鉴定事项与54号鉴定意见书列明的委托不符。

7. 证明，证明牛某的脑外伤是受到了外力的暴力伤害。

8. 血衣照片，证明牛某确实在工作中受到暴力伤害。

9. （博）公（物）鉴（法）字［2012］72号法医学人体损伤程度鉴定书。

10. （博州）公（物）鉴（法损）［2012］014号法医学人体损伤程度鉴定书。

证据9、10证明牛某头部确实遭到暴力打击。

11. 精卫司鉴字［2012］第312号精神疾病司法鉴定意见书，证明牛某的精神状态及病因直接来源于黄某故意伤害案。

12. 新卓法临鉴字（2012）第078号鉴定意见书，证明牛某脑外伤被评定为十级伤残。

13. 新光正临法鉴字（2012）第270号司法鉴定意见书（以下简称270号鉴定意见书），证明黄某申请的复核鉴定结果为头部外伤致脑外伤后综合征，伤残等级为十级。

14. 新疆维吾尔自治区人民政府法制办公室复函，证明新疆司法厅百般抵赖，拒不履行司法部行政复议决定书。

15. 保证书，证明黄某无故滋扰被害人，寻衅滋事，并非确实与被害人牛某有房屋纠纷。

16. 博尔塔拉蒙古自治州人民医院住院病案首页，证明案发当日牛某脑部受到暴力袭击。

17. 证明，证明牛某及其全家并非像54号鉴定意见书及其外调人员所说的那样，其描述与事实不符。

18. 锦绣一区电力用户户表工程明细表。

19. 锦绣一区某号楼钥匙发放表。

证据18、19证明黄某在锦绣一区某号楼无房，不存在与牛某的房屋纠纷。

20～21. 律师函，证明博乐市锦绣一区某室为牛某所有，而同层101室为何某平所有，与黄某无关，不存在发错钥匙的房屋纠纷。

22. 照片，证明牛某是有爱心的人，并非鉴定所及外调人员所述的自私的人，也与罗某疆（被外调人）所说的穿着花哨，嘻嘻哈哈不符。

23～35. 诊断证明书及医学证明，证明牛某从未在受伤后进行过精神类治疗，没有临床的说法，因此用临床诊断标准ICD－10为牛某做鉴定与事实不符。

36. 黄某故意伤害案现场照片，证明牛某的脑外伤是客观事实。

37. 谅解书，证明博乐市法院并未采信54号鉴定意见书，与新疆司法厅给司法部的回复不符。

38. 乌鲁木齐市第四人民医院90项症状清单，证明牛某并没有在乌鲁木齐市第四人民医院查出精神病，更不会去治疗精神疾病，与新疆司法厅所说相悖。

39. 乌鲁木齐市第四人民医院焦虑自评量表，证明牛某无焦虑症状，新疆司法厅所说牛某焦虑与事实不符。

40. 乌鲁木齐市第四人民医院抑郁自评量表，证明牛某无抑郁症状，与安宁鉴定所及新疆司法厅所述相悖。

41. 目录，证明CCMD－3中有分裂型症状及障碍的诊断依据。

42. 阿拉山口公安分局破案告知书，证明牛某是被罪犯袭击导致脑外伤。

43. 博乐市人民检察院委托诉讼代理人告知书，证明黄某故意伤害案为刑事案件、公诉案件，根据《精神疾病司法鉴定暂行规定》第二章的相关条款，安宁鉴定所无权受理并鉴定。

44. 博州统建领办发[2011]9号文件，证明单位交给博州机关事务管理局的钥匙领取表无误，不存在错发现象。

45. 送检物品登记单，证明博乐市锦绣一区某室确为何某的房屋。

46. 现金交款单，证明博乐市锦绣一区某室确为牛某分的，否则单位不会通知牛某交装修保证金，允许牛某对该房屋进行装修。

47～54. 民事起诉状及民事裁定书，证明不存在新疆司法厅所说的发错钥匙的房屋纠纷。

55. 关于牛某信访问题的答复，证明牛某应新疆司法厅的要求提出诉讼并起诉均被法院驳回，说明此案不属于涉法涉诉类案件，法院驳回很正常。

56. 扣押物品清单，证明牛某头部外伤为木棍所伤。

57. CT检查报告单，证明牛某脑部生理正常，不存在发生精神病的潜质。

58～77. 谈话记录，证明安宁鉴定所滥用职业鉴定人权利，违反司法鉴定协议及司法鉴定程序通则及告知书规定，擅自"定人外调"，给牛某全家造成巨大的压力和痛苦，深深影响了牛某全家的生活。

被告辩称：一、被诉复议决定程序合法。二、被诉复议决定认定事实清楚，内容适当。（一）答复函认定事实清楚，适用依据正确，内容适当。1. 关于光正鉴定所对安宁鉴定所的委托问题。经查，光正鉴定所于2012年10月16日、10月28日先后出具司法鉴定委托书，确认鉴定委托事项为：对牛某精神状态及因果关系进行鉴定。因此，答复函认定安宁鉴定所在鉴定时并未超出委托方委托的鉴定事项并无不当。2. 关于安宁鉴定所的外调行为问题。根据《司法鉴定人登记管理办法》第二十一条规定，司法鉴定人享有以下权利：（1）了解、查阅与鉴定事项有关的情况和资料，询问与鉴定事项有关的当事人、证人等……安宁鉴定所鉴定人员经博乐市法院同意开展的外调行为，符合上述规定。答复函认定安宁鉴定所司法鉴定人的外调行为属于司法鉴定人应有权利并无不当。3. 关于涉案鉴定未使用CCMD－3标准而使用ICD－10标准的问题。经查，安宁鉴定所是根据《国际疾病和相关健康问题分类第十版（ICD－10）》出具的54号鉴定意见书。根据《司法鉴定程序通则》第二十二条关于"司法鉴定人进行鉴定，应当依下列顺序遵守和采用该专业领域的技术标准和技术规范：（一）国家标准和技术规范；（二）司法鉴定主管部门、司法鉴定行业组织或者相关行业主管部门制定的行业标准和技术规范；（三）该专业领域多数专家认可的技术标准和技术规范"的规定，涉案中ICD－10属于"该专业领域多数专家认可的技术标准"。答复函对安宁鉴定所适用的鉴定标准作出的认定并无不当。4. 关于涉案鉴定意见书的送达问题。经查，54号鉴定意见书由安宁鉴定所工作人员直接送达委托方光正鉴定所。原告称鉴定意见书"给了黄某以及黄某的两个朋友郭某与周某"的情形并不存在。答复函对此认定事实清楚。5. 关于原告在《行政审查申请书》中提到的诉求。关于原告要求安宁鉴定所撤销54号鉴定意见书的问题，答复函指出，根据相关法律规定，司法行政部门无权撤销司法鉴定意见书。答复函此项内容，符合《全国人民代表大会常务委员会关于司法鉴定管理问题的决定》第十条、第十一条的规定。关于原告要求支付其因此案产生的合理支出费用的问题，答复函指出，原告的赔偿问题可以通过法院诉讼程序解决。答复函此内容符合《司法鉴定机构登记管理办法》第四十一条的规定。（二）答复函程序违法。新疆司法厅至迟应于2016年3月11日收到3号复议决定，但其于2016年6月12日作出答复函，违反了《司法鉴定执业活动投诉处理办法》第二十二条关于答复时限的规定，新疆司法厅行政行为程序违法。综上，被诉复议决定认定事实清楚、内容适当、程序合法，请求法院判决驳回原告诉讼请求。

在法定举证期限内，被告向本院提供了以下证据材料：

1. 3号复议决定，证明被告撤销新疆司法厅作出的《关于牛某信访问题的答复》，责令新疆司法厅自收到本决定书之日起依据《司法鉴定执业活动投诉处理办法》受理牛某投诉并依法作出投诉处理答复。

2. 新疆司法厅答复函，证明2016年6月12日新疆司法厅作出答复函。

3. 原告行政复议申请，证明被告2016年7月21日收到原告因不服答复函提出的行政复议申请。

4. 被告《行政复议答复通知书》，证明2016年7月25日，被告向新疆司法厅发出《行政复议答复通知书》，要求该厅提交书面答复意见。

5. 被告行政复议答复通知书送达回证，证明2016年8月5日，新疆司法厅收到该行政复议答复通知书。

6. 新疆司法厅《行政复议答复书》及证据材料，证明：(1)2016年8月15日新疆司法厅向被告提交《行政复议答复书》([2016]新司复字1号)；(2)安宁鉴定所根据委托人委托事项出具鉴定意见书；(3)安宁鉴定所司法鉴定人根据鉴定案件需要进行外调；(4)安定鉴定所根据《国际疾病和相关健康问题分类第十版(ICD－10)》出具54号鉴定意见书；(5)54号鉴定意见书由安宁鉴定所工作人员李某惠直接送达转委托方光正鉴定所。

7. 被告《行政复议延期通知书》，证明2016年9月18日，被告向原告发出《行政复议延期通知书》，告知决定延长行政复议期限30日。

8. 被诉复议决定送达证据，证明被告在法定期限内作出复议决定并送达。

被告同时提交《全国人民代表大会常务委员会关于司法鉴定管理问题的决定》《司法鉴定机构登记管理办法》《司法鉴定人登记管理办法》《司法鉴定执业活动投诉处理办法》《精神疾病司法鉴定暂行规定》《中华人民共和国行政复议法》作为被诉行政行为的法律依据。

经庭审质证，本院认为，被告提交的证据及原告提交的证据1、2、3、5、6、13与本案具有关联性，且合法、真实，能够作为认定本案事实的依据，本院予以确认。原告提交的其他证据与被诉复议决定合法性审查无关联，本院不予采纳。

根据上述有效证据及当事人在庭审中无争议的陈述，本院认定事实如下：

2011年9月19日，牛某在阿拉山口出入境检验检疫局羊毛实验室内被黄某殴打致伤。在对黄某故意伤害刑事案件审理过程中，博乐市法院委托光正鉴定所对牛某进行鉴定。2012年10月16日，光正鉴定所委托安定鉴定所进行鉴定，委托鉴定事项为“鉴定被鉴定人精神损伤程度”。2012年10月28日，光正鉴定所向安宁鉴定所出具书面材料，内容为：今有牛某因被他人打击头部，请对其精神状态及因果关系进行鉴定。2012年11月20日，安宁鉴定所出具54号鉴定意见书，鉴定意见为：“一、分裂型障碍；二、本病与2011年9月19日事件无因果关系。”2014年9月19日，牛某向新疆司法厅提交《行政审查申请书》，反映安宁鉴定所违反《司法鉴定程序规则》作鉴定的问题。其主要理由为：“一、精神状态和因果关系及精神损害程度鉴定，是安宁鉴定所自己写进委托协议书中的，博乐市法院与光正鉴定所都没有委托这两项。二、安宁鉴定所私自进行外调，使用自己外调得来的材料进行鉴定，程序违法。安宁鉴定所使用ICD－10国际标准错误。三、安宁鉴定所未将54号鉴定意见书直接交给委托人，而是给了黄某和黄某的两个朋友郭某和周某，违背了职业道德及《司法鉴定程序通则》第五条保护被鉴定人隐私及权益的立法初衷。四、要求安宁鉴定所撤销54号鉴定意见书。五、支付牛某因此案产生的合理支出费用。”2014年12月30日，新疆司法厅作出《关于牛某信访问题的答复》，按照信访程序处理，认为牛某的投诉申请不符合司法行政机关受理范围，对牛某的投诉申请不予受理。牛某不服上述答复，向被告司法部提出行政复议申请，被告于2016年1月8日作出3号复议决定，撤销了该答复，并责令新疆司法厅自收到决定书之日起依据《司法鉴定执业活动投诉处理办法》受理牛某投诉并依法作出投诉处理答复。2016年6月12日，新疆司法厅作出答复函，针对牛某的投诉事项进行了回复，认为安宁鉴定所在受理牛某有关法医精神病鉴定案件中，从司法鉴定委托、司法鉴定活动的进行以及司法鉴定文书的出具并未存在违规行为，且牛某所反映的有关赔偿问题同样不属于司法行政部门的管理范围。如果安宁鉴定所在此案中给牛某造成损失，赔偿问题可以通过法院诉讼程序予以解决。牛某不服答复函，于2016年7月18日向被告申请行政复议。2016年9月26日，被告作出被诉复议决定，牛某不服，诉至我院。

本院认为：关于被告作出被诉复议决定的职权和程序及被诉复议决定确认答复函程序违法的认定，原告无异议。经审查，对其合法性本院予以确认。

关于光正鉴定所委托安宁鉴定所对牛某进行鉴定是否合法的问题，《新疆维吾尔自治区道路交通事故司法鉴定活动中涉及精神状态鉴定有关问题的规定》第四条规定，法医临床鉴定机构在开展道路交通事故受伤人员伤情和伤残程度评定中，对可能涉及的当事人精神状态的鉴定,应当由原委托方或法医临床司法鉴定机构委托法医精神病司法鉴定机构和司法鉴定人进行,并结合法医精神病司法鉴定机构出具的《司法鉴定书》进行综合鉴定,出具法医临床《司法鉴定书》。法医临床鉴定机构不得受理和进行精神状态的鉴定,也不得在进行交通事故伤情或者伤残等级鉴定中涉及精神状态的鉴定时回避精神状态鉴定而直接出具伤情或者伤残等级鉴定的《司法鉴定书》。该文件第七条规定,其他人身损害涉及精神损伤程度的司法鉴定事项,参照本规定执行。本案中,光正鉴定所接受博乐市法院的委托,对牛某所受伤害进行鉴定,因牛某被殴打伤及头部,可能涉及其精神状态的鉴定,故光正鉴定所于2012年10月16日和2012年10月28日分别出具书面委托材料,委托安宁鉴定所对牛某精神状态及因果关系进行鉴定,故安定鉴定所对牛某的鉴定并未超出光正鉴定所的委托事项。且光正鉴定所就博乐市法院的委托,出具了270号鉴定意见书,鉴定牛某伤残等级为十级。综上,光正鉴定所委托安宁鉴定所对牛某进行精神状态鉴定,符合上述文件规定,程序亦无不当。

关于安宁鉴定所鉴定人员外调行为是否合法问题,《司法鉴定人登记管理办法》第二十一条规定:"司法鉴定人享有以下权利:(一)了解、查阅与鉴定事项有关的情况和资料,询问与鉴定事项有关的当事人、证人等……"根据上述规定,规章已赋予司法鉴定人调查的权利,故安宁鉴定所在对牛某鉴定过程中进行的外调行为符合法律规定。

关于安宁鉴定所是否将54号鉴定意见书出示给其他人的问题。本案中,54号鉴定意见书由安宁鉴定所工作人员送达给光正鉴定所,现有证据不足以证明安宁鉴定所将54号鉴定意见书给了黄某以及黄某的两个朋友郭某和周某,故安宁鉴定所不存在侵犯牛某隐私和权益的违法行为。

因司法行政部门无权撤销司法鉴定意见书,故牛某要求撤销54号鉴定书的请求缺乏依据。牛某要求支付其因此案产生的合理支出的请求,可通过诉讼等其他程序予以解决,故答复函对上述问题的认定亦无不当。此外,关于54号鉴定意见书适用标准是否正确的问题,因涉及鉴定意见书的专业性问题,本院同意鉴定机构及司法行政机关的认定。

综上,被告作出被诉复议决定,确认新疆司法厅作出的答复函程序违法,对牛某的复议请求不予支持符合《中华人民共和国行政复议法》的规定,原告的诉讼请求缺乏事实根据和法律依据,本院不予支持。依照最高人民法院《关于执行〈中华人民共和国行政诉讼法〉若干问题的解释》第五十六条第(四)项之规定,判决如下:

驳回原告牛某的诉讼请求。

案件受理费50元,由原告牛某负担(已交纳)。

如不服本判决，可以在判决书送达之日起十五日内向本院递交上诉状，并按对方当事人的人数提出副本，上诉于北京市高级人民法院。

审 判 长　贾志刚
审 判 员　董 巍
代理审判员　冯秋丽
二〇一六年十二月二十九日
书 记 员　张 怡
书 记 员　刘 毅

（主审法官：贾志刚；撰写人：贾志刚、郝丹）

第三章　政府信息公开类案审判指引

第一节　起诉条件的审查

【审查事项】

当事人是否具有原告主体资格？提起的涉政府信息公开诉讼是否属于人民法院行政诉讼受案范围？

【法律适用】

《行政诉讼法》第2条、第12条、第13条，《政府信息公开条例》第2条、第38条、第39条、第51条，《行政诉讼法解释》第1条、第12条、第69条，最高人民法院《政府信息公开规定》第1条、第2条、第3条、第7条。

【常见问题解答】

1. 如何理解“政府信息公开工作中的具体行政行为”的含义？

准确理解“政府信息公开工作中的具体行政行为”的含义关系到对政府信息公开行政诉讼受案范围的把握。政府信息公开工作包括内部行为和外部行为，法律行为和事实行为，但是只有“政府信息公开工作中的具体行政行为”才具有可诉性。这一标准包括了如下行为：行政机关对外作出的具有法律效果的行政行为；行政机关针对特定对象作出的行政行为；行政机关针对特定事项作出的行政行为。但是，制定法对此有排除规定的,依照制定法的规定。① 此外,按照最高人民法院的观点,政府信息公开属于服务行政或者给付行政的一种,是服务行政语境下事实行为的一种,与狭义的“具体行政行为”不是同一概念。在政府信息公开行政诉讼中,对“具体行政行为”的理解必须采取一种开放和发展的态度,不能将受案范围局限于“与行政机关作出的具体行政行为相关的政府信息公开问题”。②

2. 申请人对行政机关一次性告知其对政府信息公开申请作出补正的行为不服提起行政诉讼的,是否属于人民法院行政诉讼的受案范围?

申请人提出的政府信息公开申请内容不明确,行政机关告知其进行补正的,该告知行为一般对申请人的权利义务不产生实际影响。申请人对该告知行为提起行政诉讼的,依据《行政诉讼法解释》第1条第2款第10项、《政府信息公开规定》第2条第1项的规定,不属于人民法院行政诉讼的受案范围的,人民法院不予受理。

附:

《最高人民法院公报》案例

中华环保联合会诉贵州省贵阳市修文县环境保护局环境信息公开案③

【裁判要旨】依法获取环境信息,是公民、法人和其他组织的一项重要权利,是公众参与环境保护、监督环保法律实施的一项重要手段。具有维护公众环境权益和社会监督职责的公益组织,根据其他诉讼案件的特殊需要,可以依法向环保机关申请获取环保信息。在申请内容明确具体且申请公开的信息属于公开范围的情况下,人民法院应当支持。

【案例简介】2011年10月,原告中华环保联合会向贵州省清镇市人民法院环保法

① 江必新主编:《〈最高人民法院关于审理政府信息公开行政案件若干问题的规定〉理解与适用》,中国法制出版社2011年版,第31~32页。

② 刘德权主编:《最高人民法院司法观点集成》(第2版)(行政及国家赔偿卷),人民法院出版社2014年版,第1067页。

③ 《最高人民法院公报》2013年第1期。

庭提起环境公益诉讼，起诉贵州好一多乳业有限公司超标排放工业污水。因案件需要好一多公司的相关环保资料，原告便向被告贵州省贵阳市修文县环境保护局提出申请，要求被告向其公开好一多公司的排污许可证、排污口数量和位置、排放污染物种类和数量情况、经环保部门确定的排污费标准、经环保部门监测所反映的情况及处罚情况、环境影响评价文件及批复文件、“三同时”验收文件等有关环境信息，并于2011年10月28日将信息公开申请表以公证邮寄的方式提交给被告。被告收到该信息公开申请表后，认为原告所申请公开的信息内容不明确，信息形式要求不具体、不清楚，获取信息的方式不明确，故一直未答复原告的政府信息公开申请，也未向原告公开其所申请的信息。

本案一审争议的焦点是原告中华环保联合会向被告贵州省贵阳市修文县环境保护局提交的信息公开申请是否明确具体。

一审法院认为，依法获取环境信息，是公民、法人和其他组织的一项重要权利，是公众参与环境保护、监督环保法律实施的一项重要手段。为了保障公民、法人和其他组织的这一权利，相关法律法规对环境信息公开的范围、信息公开的程序和方式、监督和保障都作了详细规定。环境信息应以公开为原则，不公开为例外。原告中华环保联合会所申请的好一多公司的环境信息资料并非相关法律法规所禁止公开的内容，被告贵州省贵阳市修文县环境保护局未向原告公开其所需信息的行为违反法律法规的规定。

关于被告贵州省贵阳市修文县环境保护局认为好一多公司在修文县有三个基地，原告中华环保联合会未明确申请公开哪一个基地的环境信息，原告所申请的内容不明确的意见，根据《政府信息公开条例》第21条的规定，对于申请内容不明确的，行政机关应当告知申请人作出更改、补充。在本案中，原告在申请表中已经明确提出需要好一多公司的排污许可证、排污口数量和位置、排放污染物种类和数量情况、经环保部门确定的排污费标准、经环保部门监测所反映的情况及处罚情况、环境影响评价文件及批复文件，其申请内容的表述是明确具体的，至于好一多公司在修文县有几个基地，并不妨碍被告公开信息，被告应就其手中掌握的所有涉及好一多公司的相关环境信息向原告公开。另外，《贵州省政府信息公开暂行规定》第24条规定，“行政机关对申请公开的政府信息，根据下列情况分别作出答复：……（六）申请内容不明确或申请书形式要件不齐备的，行政机关应当出具《补正申请告知书》，一次性告知申请人作出更正、补充”，即便被告认为原告申请内容不明确，也应当按该规定向原告发出《补正申请告知书》，一次性告知申请人作出更正、补充，而被告显然没有按规定办理。故被告以申请内容不明确不公开信息，不符合规定。同时，按照《政府信息公开条例》第 24 条第 2 款、《环境信息公开办法(试行)》第 18 条的规定，被告显然在法定期限内没有履行其答复的义务，故被告不予答复申请的行为违反法律法规的规定。判决被告贵州省贵阳市修文县环境保护局于判决生效之日起 10 日内对原告中华环保联合会的政府信息公开申请进行答复，并按原告的要求向其公开好一多公司的相关环境信息。

贵州省贵阳市修文县环境保护局不服一审判决提起上诉，在二审法院审理过程中，贵州省贵阳市修文县环境保护局申请撤回上诉，二审法院经审查裁定准许撤回上诉。

3. 申请人对行政机关拒绝提供政府公报等公开出版物不服提起行政诉讼的，人民法院是否应予受理？

政府公报、报纸、杂志、书籍等公开出版物具备“大量可见”的特性，其本身已是公开的和可获取的，不具有再次“公开”和由行政机关提供的必要性。再者，如果将提供公开出版物作为行政机关的义务，将会影响行政机关履行政府信息公开职责的能力和效率，并增加不必要的公共支出。故对行政机关拒绝提供政府公报、报纸、杂志、书籍等公开出版物不服提起行政诉讼的，依据最高人民法院《政府信息公开规定》第 2 条第 2 项的规定，人民法院不予受理。

4. 申请人对行政机关拒绝提供需要其创制的信息不服提起行政诉讼的，人民法院是否应予受理？

根据《政府信息公开条例》对政府信息的定义，可以公开的政府信息一般是行政机关记录和保存的、能够直接对应申请人描述的现有信息，不包括需要行政机关制作或通过汇总、加工和分析现有信息而生成的信息。行政机关仅有提供其已经制作或者保存的可以公开的政府信息的义务，并不具有另行制作政府信息再予以公开的义务。国务院办公厅《关于做好政府信息依申请公开工作的意见》第 2 条亦规定：“行政机关向申请人提供的政府信息，应当是现有的，一般不需要行政机关汇总、加工或重新制作(作区分处理的除外)。”故对要求行政机关提供创制信息的申请，行政机关可以拒绝。当事人起诉行政机关拒绝提供创制信息的，依据最高人民法院《政府信息公开规定》第

2 条第 3 项的规定，人民法院不予受理。

当然，亦不能将行政机关在履行政府信息公开职责过程中一些必要的、简单的操作视为“信息创制”，行政机关根据申请人的描述在其档案、数据库中进行必要的检索、提取是其法定义务。

5. 行政程序中的当事人、利害关系人对行政机关告知其应当按照相关法律、法规的规定查阅案卷材料不服提起行政诉讼的，人民法院是否应予受理？

行政程序中的当事人、利害关系人查阅案卷材料系基于相关法律、法规的规定阅览案卷的行为，不同于政府信息公开，两者在权利目的、权利性质、权利主体、权利存续期间、权利救济方法等方面均存在不同之处，故案卷阅览不适用《政府信息公开条例》的规定，行政机关告知申请人按照相关法律、法规的规定办理，申请人不服提起行政诉讼的，依据最高人民法院《政府信息公开规定》第 2 条第 4 项的规定，人民法院不予受理。但参照北京市高级人民法院《关于审理政府信息公开行政案件若干问题的解答》，有下列情形之一的除外：(1)除行政程序中的当事人、利害关系人以外的其他申请人以政府信息公开名义申请查阅案卷材料的；(2)行政程序中的当事人、利害关系人在行政程序终结后以政府信息公开名义申请查阅案卷材料的。

6. 申请人因申请公开信访等救济程序中的信息提起行政诉讼的，人民法院是否应予受理？

信访程序属于行政救济制度，相对人可通过查阅卷宗等其他途径获取上述程序中的信息，此类信息不属于《政府信息公开条例》规定的政府信息，申请人通过信息公开方式申请获取相关信息的，法院可考虑裁定不予受理或驳回起诉。

7. 申请人对行政机关告知其申请系以政府信息公开申请的形式进行信访、投诉、举报等活动，行政机关不作为政府信息公开申请处理不服提起行政诉讼的，人民法院是否应予受理？

信访、投诉、举报有专门的规定予以规范，当事人应当依照相关规定办理。申请人借由政府信息公开的方式进行信访、投诉、举报的，违背了《政府信息公开条例》的立法本意，影响了行政机关政府信息公开工作的正常秩序和其他申请人获取政府信息的权利，也无助于解决申请人的实际诉求，因此应当予以杜绝。《政府信息公开条例》第39条第1款规定："申请人以政府信息公开申请的形式进行信访、投诉、举报等活动，行政机关应当告知申请人不作为政府信息公开申请处理并可以告知通过相应渠道提出。"故申请人以政府信息公开申请的形式进行信访、投诉、举报等不属于《政府信息公开条例》调整范围，申请人因不服行政机关答复而提起行政诉讼的，不属于行政诉讼受案范围，人民法院不予受理。

8. 行政机关对涉及国防、外交等相关信息不予公开或者不予答复，申请人不服提起行政诉讼的，人民法院是否应予受理？

涉及国防、外交等国家行为的事项不属于行政诉讼受案范围，公民、法人或其他组织提起诉讼的，人民法院不予受理。申请人申请公开的信息涉及国防、外交等国家行为事项，行政机关不予公开或者答复，申请人提起诉讼的，人民法院不予受理；已经受理的，可径行裁定驳回起诉。①

9. 申请人申请公开其已知悉的信息，行政机关拒绝公开，申请人提起行政诉讼的，人民法院是否应予受理？

根据《政府信息公开条例》第1条的规定，政府信息公开制度目的是"保障公民、法人和其他组织依法获取政府信息"，保护公民、法人和其他组织的知情权。如果申请人在申请前已经知悉相关信息内容，则其知情权已经实现，无须通过信息公开制度加以保护。在此情况下提出的公开申请明显不属于《政府信息公开条例》的调整范围，行政机关也明显没有提供相应信息的法定职责。当事人要求行政机关履行其明显不具备的法定职责时，并无值得救济的利益。因此，针对申请人的起诉，人民法院可以根据《行政诉讼法解释》第93条第2款"人民法院经审理认为原告所请求履行的法定职责或者给付义务明显不属于行政机关权限范围的，可以裁定驳回起诉"之规定，裁定驳回起诉。②

---

① 参见北京市高级人民法院《关于审理政府信息公开行政案件若干问题的解答》。

② 参见(2018)最高法行申10121号裁判文书。

10. 申请人申请公开的信息明显属于非政府信息并因此提起行政诉讼的，人民法院是否应予受理？

一般情形下，相对人申请公开的信息属于公安刑事侦查信息等情形的，如申请公开“本人被刑事拘留的卷宗信息”“拘留证”等刑事侦查信息，可认定为非政府信息。在此情况下，人民法院可以认定申请人的起诉不具备事实根据，依据《行政诉讼法》第49条第3项、《行政诉讼法解释》第69条第1款第1项的规定，裁定驳回申请人的起诉。但对是否属于政府信息争议较大的，人民法院应考虑案件进入实体审理。①

11. 申请人因申请公开党组织制作的党务信息以及党组织制发的党政联合文件提起行政诉讼的，是否属于人民法院行政诉讼受案范围？

《政府信息公开条例》第2条规定，政府信息是指行政机关在履行行政管理职能过程中制作或者获取的，以一定形式记录、保存的信息。《政府信息公开条例》第54条规定：“法律、法规授权的具有管理公共事务职能的组织公开政府信息的活动，适用本条例。”而党组织并非行政机关，其一般也不属于经法律法规授权管理公共事务的组织，故其制作的党务信息以及党组织制发的党政联合文件一般不适用《政府信息公开条例》的规定。

在甄别这类信息时应当从发文主体、文号、所涉事项、内容等方面进行判断。对于没有文号的其他信息，制定主体是党委部门的，可认定为党务信息。行政机关以其属于党务信息不予公开，但未能提供证据证明的，人民法院不予支持。②

12. 申请人因申请公开罪犯调监审批手续提起政府信息公开行政诉讼的，人民法院是否应予受理？

根据《监狱法》第2条及第6条的规定，监狱是国家的刑罚执行机关，依照《刑法》和《刑事诉讼法》的规定，被判处死刑缓期2年执行、无期徒刑、有期徒刑的罪犯，在监狱内执行刑罚；人民检察院对监狱执行刑罚的活动是否合法，依法实行监督。罪犯调

---

① 参见北京市高级人民法院《关于政府信息公开裁驳类案件研讨会会议纪要》。
② 参见北京市高级人民法院《关于审理政府信息公开行政案件若干问题的解答》。

监审批手续信息形成于刑罚执行阶段，并非司法行政机关履行行政职责过程中形成的政府信息。申请人由此提起行政诉讼不具备事实根据，人民法院应当裁定不予受理，已经受理的，裁定驳回起诉。

13. 如何判断申请人的政府信息公开申请是否构成咨询？

一般情形下，针对相对人的申请，行政机关无法直接以既有的信息回应，而是需要进行一定的主观判断后方可回应的，可认定该申请构成咨询事项。如相对人的申请中包括了要求行政机关回答“是什么”“为什么”“进展程度”“是否包括”“是否合法”“事实根据”“合法性依据”等内容，或者借信息公开形式要求行政机关作出并提供行政处理决定的，一般可认定相对人的申请构成咨询事项。[①]

14. 申请人以信息公开名义进行政策咨询、提出合法性质疑或法律状态确认等要求，行政机关答复不属于《政府信息公开条例》调整范围或者不予答复，申请人提起行政诉讼的，人民法院是否应予受理？

申请人向行政机关提出法律、政策或业务等事项咨询的，不属于《政府信息公开条例》第 2 条的调整范围，人民法院可以依据《行政诉讼法解释》第 1 条第 2 款第 10 项的规定，裁定不予受理或驳回起诉。

15. 申请人申请公开政府信息的数量、频次明显超过合理范围，并基于此大量提起政府信息公开行政诉讼的，人民法院应当如何处理？

《政府信息公开条例》在提起政府信息公开申请方面设置的门槛较低，以保障公民、法人和其他组织依法获取政府信息的权利。实践中存在偏离政府信息公开制度的目的、脱离获取政府信息的实际需求，大量、频繁提出政府信息公开申请，进而提起行政复议和行政诉讼，以此向行政机关施压以满足其他方面的诉求的情况。对此，一方面，人民法院要充分保障当事人正当诉权的行使；另一方面，人民法院也有义务识别、判断当事人的请求是否具有足以利用国家审判制度加以解决的实际价值或必要性，从

① 参见北京市高级人民法院《关于政府信息公开裁驳类案件研讨会会议纪要》。

而避免因缺乏诉的利益而不当行使诉权的情形发生。[①] 最高人民法院《关于进一步保护和规范当事人依法行使行政诉权的若干意见》第 15 条亦规定,要依法制止滥用诉权、恶意诉讼等行为。滥用诉权、恶意诉讼消耗行政资源,挤占司法资源,影响公民、法人和其他组织诉权的正常行使,损害司法权威,阻碍法治进步。对于极个别当事人不以保护合法权益为目的,长期、反复提起大量诉讼,滋扰行政机关,扰乱诉讼秩序的,人民法院依法不予立案。因此,对于大量提出政府信息公开申请进而提起大量行政诉讼,诉讼目的不当,已不具有值得保护的与其自身合法权益相关的实际利益的,人民法院可以依法不予立案,已经立案的裁定驳回起诉。

16. 如何审查政府信息公开申请人的原告主体资格?

对此存在两种意见。第一种观点认为,政府信息公开行政诉讼的原告资格与政府信息公开的请求权主体密切相关。公开请求权主体具有无限性,任何公民无论基于何种原因,更不论与有关的政府信息是否有利害关系,均可以请求政府机关向其提供有关的政府信息。进而,任何人请求行政机关提供文件遭到拒绝,都可作为原告,没有诉讼资格限制。[②] 在政府信息公开案件中,申请获取政府信息是《政府信息公开条例》赋予公民、法人或者其他组织的权利。行政机关针对申请作出不予公开决定、部分公开决定或者逾期未作出任何决定,均影响了申请人信息获取权的行使或实现。而针对利害关系的审查系针对政府信息公开行为,并非政府信息公开行为的标的(政府信息的内容)。[③]

第二种观点认为,《行政诉讼法》第 25 条第 1 款规定:“行政行为的相对人以及其他与行政行为有利害关系的公民、法人或者其他组织,有权提起诉讼。”所谓“有利害关系”是指被诉行政行为有可能对原告的合法权益造成区别于其他人的、特别的不利影响或者侵害。如果被诉行政行为根本不可能对起诉人的合法权益造成区别于其他人的特别损害或不利影响,起诉人不具有原告资格。政府信息公开案件中,起诉人如果不能初步证明与申请的政府信息有利害关系,行政机关无论是否公开相关政府信息或者以何种方式公开,均不会对其权利义务产生实际影响;且作为普通公民申请政府信息公开,其知情权与其他公民并无实质区别,被诉政府信息公开行为对其知情权并不

---

① 参见最高人民法院裁判文书(2019)最高法行申 5008 号。
② 李广宇:《政府信息公开司法解释读本》,法律出版社 2015 年版,第 81 页。
③ 参见最高人民法院裁判文书(2019)最高法行申 1701 号。

会造成区别于其他人的特别损害或不利影响。同时，根据《行政诉讼证据规定》第4条第1款之规定，“公民、法人或者其他组织向人民法院起诉时，应当提供其符合起诉条件的相应的证据材料”，政府信息公开案件中，起诉人应当举证初步证明其与申请的政府信息有利害关系，其与被申请的政府信息没有利害关系的，不具有原告资格。①

《政府信息公开条例》第27条规定：“除行政机关主动公开的政府信息外，公民、法人或者其他组织可以向地方各级人民政府、对外以自己名义履行行政管理职能的县级以上人民政府部门（含本条例第十条第二款规定的派出机构、内设机构）申请获取相关政府信息。”根据该规定，只要具备“公民、法人或者其他组织”的法律主体身份，即具备申请人主体资格，没有其他附带条件。

17. 行政机关以申请人重复申请公开相同政府信息，告知申请人不予重复处理的，人民法院如何审查？

《政府信息公开条例》第36条第6项规定，行政机关已就申请人提出的政府信息公开申请作出答复、申请人重复申请公开相同政府信息的，告知申请人不予重复处理。行政机关适用该项规定的前提是其对申请人前次政府信息公开申请已经给予相应答复——对属于公开范围的信息，申请人通过该答复行为已经获取了所申请公开的信息或者获得了有效的信息获取途径；对不属于公开范围的信息，行政机关已经明确告知申请人并说明理由。如申请人在前次申请中未获答复，其再次就相同信息提出申请的，行政机关应予答复，否则属于未依法履行政府信息公开职责。②

如果行政机关确已就申请人提出的政府信息公开申请作出答复、申请人重复申请公开相同政府信息，申请人就行政机关不予重复处理提起行政诉讼的，一般认为不属于行政诉讼受案范围。其原因在于行政机关不予重复处理没有重新作出实质性审查，对申请没有作出新的实质决定，对相对人的权利义务没有产生新的影响。行政机关不重复答复实质上就是一种肯定在先答复的重复处理，申请人因此提起行政诉讼的，人民法院可以依据《行政诉讼法解释》第1条第2款第4项的规定，裁定驳回起诉。③

---

① 参见最高人民法院裁判文书（2020）最高法行申2686号。

② 参见最高人民法院裁判文书（2017）最高法行申2168号。

③ 江必新主编：《〈最高人民法院关于审理政府信息公开行政案件若干问题的规定〉理解与适用》，中国法制出版社2011年版，第47～48页。

附：

《最高人民法院公报》案例

陆红霞诉南通市发展和改革委员会政府信息公开答复案①

【裁判要旨】知情权是公民的一项法定权利。公民必须在现行法律框架内申请获取政府信息，并符合法律规定的条件、程序和方式，符合立法宗旨，能够实现立法目的。如果公民提起政府信息公开申请违背了《政府信息公开条例》的立法本意且不具有善意，就会构成知情权的滥用。当事人反复多次提起琐碎的、轻率的、相同的或者类似的诉讼请求，或者明知无正当理由而反复提起诉讼的，人民法院应对其起诉严格依法审查。对于缺乏诉的利益、目的不当、有悖诚信的起诉行为，因违背了诉权行使的必要性，丧失了权利行使的正当性，应认定构成滥用诉权行为。

【案例简介】2013年11月26日，原告陆红霞向被告南通市发改委申请公开"长平路西延绿化工程的立项批文"。同年11月28日，被告作出通发改信复〔2013〕14号《政府信息公开申请答复书》并提供了通发改投资〔2010〕67号《市发改委关于长平路西延工程的批复》。

一审法院经审理认为，本案原告陆红霞所提出的众多政府信息公开申请具有以下几个明显特征：一是申请次数众多。仅据不完全统计，自2013年开始原告及其家人向南通市人民政府及其相关部门至少提出过94次政府信息公开申请，2014年1月2日当天就向南通市人民政府提出了10件申请。二是家庭成员分别提出过相同或类似申请，内容多有重复。三是申请公开的内容包罗万象。四是部分申请目的明显不符合《政府信息公开条例》的规定。原告申请政府信息和提起诉讼的目的是向政府及其相关部门施加压力，以引起对自身拆迁补偿安置问题的重视和解决。

上述特征表明，原告陆红霞不间断地向政府及其相关部门申请获取所谓政府信息，真实目的并非获取和了解所申请的信息，而是借此表达不满情绪，并向政府及其相关部门施加答复、行政复议和诉讼的压力，以实现拆迁补偿安置利益的最大化。原告

① 《最高人民法院公报》2015年第11期。

这种背离《政府信息公开条例》立法目的,任凭个人主观意愿执意不断提出申请的做法,显然已经构成了获取政府信息权利的滥用。

保障当事人的诉权与制约恶意诉讼、无理缠诉均是审判权的题中应有之义。对于个别当事人反复多次提起轻率的、相同的或者类似的诉讼请求,或者明知无正当理由而反复提起的诉讼,人民法院对其起诉应严格依法审查。本案原告陆红霞所提起的相关诉讼因明显缺乏诉的利益、目的不当、有悖诚信,违背了诉权行使的必要性,因而也就失去了权利行使的正当性,属于典型的滥用诉权行为,其起诉明显缺乏诉的利益,不具有正当性,违背诚实信用原则。

在现行法律规范尚未对滥用获取政府信息权、滥用诉权行为进行明确规制的情形下,一审法院根据审判权的题中应有之义,结合立法精神,决定对原告陆红霞的起诉不作实体审理。故一审法院根据修改前的《行政诉讼法》第 2 条,原《若干解释》第 32 条第 2 款、第 44 条第 1 款第 11 项、第 97 条,参照《民事诉讼法》①第 13 条之规定,裁定驳回原告陆红霞的起诉。陆红霞不服一审裁定,提起上诉,二审法院经审理裁定驳回上诉,维持一审裁定。

18. 行政机关不依法履行主动公开政府信息义务的,是否具有可诉性?

《政府信息公开规定》第 3 条规定:“公民、法人或者其他组织认为行政机关不依法履行主动公开政府信息义务,直接向人民法院提起诉讼的,应当告知其先向行政机关申请获取相关政府信息。对行政机关的答复或者逾期不予答复不服的,可以向人民法院提起诉讼。”故只有申请人针对应当主动公开的政府信息提出政府信息公开申请后行政机关未能在法定期限内答复,申请人提起行政诉讼的,人民法院才受理。

19. 申请人不服复议机关不予受理其涉及政府信息公开的行政复议申请提起行政诉讼,但涉案信息本质上属于应裁定驳回起诉情形的,人民法院是否应予受理?

申请人申请公开的信息本质属于应裁定驳回起诉情形的,说明其不具有需要通过

① 此处援引 2012 年《民事诉讼法》。——编者注

行政复议程序救济的权利，可以认定起诉行政机关作出的涉及信息公开的复议不予受理决定不具备事实根据，人民法院可以依据《行政诉讼法》第 49 条第 3 项、《行政诉讼法解释》第 69 条第 1 款第 1 项的规定，直接裁定驳回申请人针对该复议不予受理决定的起诉。①

第二节 职权依据的审查

【审查事项】

被告是否为负有公开原告要求公开政府信息法定职责的行政机关？

【法律适用】

《政府信息公开条例》第 3 条、第 4 条、第 10 条，《政府信息公开规定》第 4 条。

【常见问题解答】

1. 如何审查行政机关是否负责公开申请人所申请公开的政府信息？

认定行政机关是否负责公开涉案政府信息时应当遵循“谁制作、谁公开，谁保存、谁公开”的一般原则。根据《政府信息公开条例》第 10 条第 1 款的规定，行政机关制作的政府信息，由制作该政府信息的行政机关负责公开。行政机关从公民、法人和其他组织获取的政府信息，由保存该政府信息的行政机关负责公开。此外，在该一般原则之外，法律、法规对政府信息公开的权限另有规定的，从其规定。

2. 不同行政机关均掌握同一项政府信息的，由哪一行政机关负责公开？

应当遵循“谁制作、谁公开，谁保存、谁公开”的一般原则确定政府信息公开的主体。《政府信息公开条例》第 10 条第 1 款规定，行政机关获取的其他行政机关的政府

① 参见北京市高级人民法院《关于政府信息公开裁驳类案件研讨会会议纪要》。

信息,由制作或者最初获取该政府信息的行政机关负责公开。在政府信息公开工作中,由于不同行政机关可能同时掌握了同一项政府信息,为防止行政机关互相推诿,同时避免出现行政机关重复公开政府信息、浪费行政资源的情况,一般情况下由最初掌握政府信息的行政机关负责公开。作为具体政府信息的原始制作者、采集者,该行政机关比其他行政机关更加了解政府信息的内容以及相关背景资料,能够更加全面准确地判断该政府信息是否应予公开。

3. 两个以上行政机关共同制作的政府信息，由哪个机关负责公开?

依据《政府信息公开条例》第 10 条第 3 款的规定,两个以上行政机关共同制作的政府信息,由牵头制作的行政机关负责公开。

4. 上级行政机关对其履行职责过程中制作、获取的政府信息，答复告知申请人向其下级行政机关申请公开的，人民法院应当如何审查?

上级行政机关与下级行政机关应当在各自职责范围内,履行信息公开义务。[①] 人民法院应当就涉案信息是否属于上级行政机关公开进行审查。经审查属于下级行政机关公开的,人民法院对该答复应予支持;经审查属于上级行政机关公开的,应认定上级行政机关未依法履行政府信息公开职责。

5. 县级以上人民政府是否可以委托其工作部门对申请人的政府信息公开申请作出答复?

根据国务院办公厅政府信息与政务公开办公室《关于政府信息公开申请答复主体有关问题的解释》(国办公开办函〔2014〕67 号)精神,县级以上人民政府可以在法定期限内告知申请人,由其工作部门在法定期限内对申请人予以答复,在法律上视为县级以上人民政府委托其工作部门在法定期限内作出答复并将这一委托行为告知申请人,该处理方式不违反《政府信息公开条例》的规定,法律后果由县级以上人民政府承担。

① 参见北京市高级人民法院《关于审理政府信息公开行政案件若干问题的解答》。

6. 行政机关职权发生变更的，如何确定依申请政府信息公开的主体？

可以参照国务院办公厅政府信息与政务公开办公室《关于机构改革后政府信息公开申请办理问题的解释》(国办公开办函〔2019〕14 号)的规定进行处理。该解释规定，按照有关法律规定，行政机关职权发生变更的，由负责行使有关职权的行政机关承担相应的责任。根据《政府信息公开条例》有关规定，政府信息公开申请应当按照“谁收到，谁处理”的原则办理。对于行政机关职权划转后的政府信息公开责任划分问题，提出如下处理意见：第一，行政机关涉及职权划转的，应当尽快将相关政府信息一并划转。第二，申请人向职权划出行政机关申请相关政府信息公开的，职权划出行政机关可在征求职权划入行政机关意见后作出相应处理，也可告知申请人向职权划入行政机关另行提出申请。第三，申请人向职权划入行政机关申请相关政府信息公开的，职权划入行政机关应当严格依法办理，与职权划出行政机关做好衔接，不得以相关政府信息尚未划转为由拒绝。第四，相关政府信息已经依法移交国家档案馆、成为国家档案的，按照《档案法》及相关规定管理。对于相关政府信息公开申请，行政机关可以告知申请人按照档案法的规定办理。第五，行政机关职权划入党的机关的，如果党的机关对外加挂行政机关牌子，相关信息公开事项以行政机关名义参照前述规定办理；如果党的机关没有对外加挂行政机关牌子，相关信息公开事项按照《中国共产党党务公开条例(试行)》办理。

第三节　事实认定的审查

【审查事项】

被诉答复告知书是否有相应的事实依据？应当说明理由的，是否准确充分说明理由？诉讼中原告和被告举证责任应如何分配？

【法律适用】

《行政诉讼法》第 34 条、第 37 条、第 38 条，《政府信息公开条例》第 13 条至第 17

条、第36条至第39条,《政府信息公开规定》第5条、第8条。

【常见问题解答】

1.《政府信息公开条例》规定的豁免公开的政府信息有哪些?

《政府信息公开条例》第13条第1款规定:"除本条例第十四条、第十五条、第十六条规定的政府信息外,政府信息应当公开。"根据该规定,以下政府信息豁免公开:(1)被依法确定为国家秘密的政府信息。(2)法律、行政法规禁止公开的政府信息。这类信息是2019年《政府信息公开条例》修订时新增的内容,同时对确定豁免公开政府信息的规范性文件位阶进行了限定,地方性法规、规章及以下位阶的规范性文件禁止公开的,不能构成政府信息公开豁免。(3)涉及"三安全、一稳定"的政府信息。(4)公开会对第三方合法权益造成损害的政府信息。这类信息主要是指涉及商业秘密、个人隐私的信息,同时这类信息不同于前三类信息,并非绝对豁免公开的信息,在第三方同意公开或者行政机关认为不公开会对公共利益造成重大影响的情况下,可以公开。(5)行政机关的内部事务信息,包括人事管理、后勤管理、内部工作流程等方面的信息。(6)行政机关在履行行政管理职能过程中形成的讨论记录、过程稿、磋商信函、请示报告等过程性信息。但法律、法规、规章规定应当公开的,从其规定。(7)行政执法案卷信息。但法律、法规、规章规定应当公开的,从其规定。

此外,《政府信息公开条例》第36条第7项规定:"所申请公开信息属于工商、不动产登记资料等信息,有关法律、行政法规对信息的获取有特别规定的,告知申请人依照有关法律、行政法规的规定办理。"根据该规定,工商、不动产登记资料等法律、行政法规对信息的获取有特别规定的信息在政府信息公开申请中也属于豁免公开的政府信息。

2.原告在政府信息公开行政诉讼中承担哪些举证责任?

在政府信息公开行政诉讼中,原告的举证责任主要体现在以下几个方面:(1)起诉被告对信息公开申请不予答复的,原告要证明其提出申请的事实。原告应当就其起诉符合起诉条件提供初步证据,其中包括证明其起诉具有事实根据,在起诉被告不予答复的案件中,原告应当就其提出过申请承担举证责任,以启动行政诉讼程序。(2)起诉被告拒绝更正政府信息记录的,原告应当按照《政府信息公开规定》第5条第7款规定,提供其向被告提出过更正申请以及政府信息与其自身相关且记录不准确的事实根据。在行政诉讼程序中,原告不仅要提出政府信息“不准确”的证据,还要证明这些证据其已经在行政程序中向行政机关提交。(3)在一并提起的行政赔偿诉讼中,证明其受被诉政府信息公开行政行为侵害而造成损失的事实。《行政赔偿解释》第11条规定,原告在行政赔偿诉讼中对自己的主张承担举证责任,故原告应当对其主张其合法权益受到侵害提供相关的证据。①

3. 行政机关以相关信息属于日常工作中制作或获取的内部管理信息及过程性信息为由,答复不属于《政府信息公开条例》调整范围的,人民法院应如何审查?

内部管理信息及过程性信息具有“内部性”和“非终局性”的特点,属于“意思形成的信息”,一旦过早公开,可能会引起误解和混乱,或者妨害率直的意见交换以及正常的意思形成。国务院办公厅《关于做好政府信息依申请公开工作的意见》规定,行政机关在日常工作中制作或者获取的内部管理信息以及处于讨论、研究或者审查中的过程性信息,一般不属于《政府信息公开条例》所指应公开的政府信息。申请人申请公开人事管理、后勤管理、内部工作流程等行政机关的内部事务信息或者行政机关在履行行政管理职能过程中形成的讨论记录、过程稿、磋商信函、请示报告等过程性信息,行政机关依据《政府信息公开条例》第16条的规定不予公开的,人民法院应当支持。

实践中,如行政机关内部管理信息对外部产生约束力,亦对相对人的权利义务产生实际影响,则属于《政府信息公开条例》的调整范围,行政机关以属于内部管理信息为由不予公开的,人民法院不予支持。

4. 如何判断申请人申请公开的信息是否属于内部信息?

内部信息的判断可以参考以下标准:(1)涉及人事管理、后勤、内部工作流程等方面;(2)由行政机关在日常工作中制作或者获取;(3)不对外直接发生法律效力。

5. 针对涉案信息是否属于“内部信息”“过程性信息”,是否需要当事人举证证明?

政府信息的性质及其是否属于公开例外的判定,是一个法律问题,而非事实问题,

① 李广宇:《政府信息公开诉讼:理念、方法与案例》,法律出版社2009年版,第59页。

人民法院能够依职权作出认定。[①] 故涉案信息是否属于“内部信息”“过程性信息”不是需要当事人进行举证、质证的事实,而是需要法院依法行使司法审查权进行审查的内容。[②]

6. 哪些政府信息属于涉及个人隐私的政府信息?

行政法律法规中对哪些信息属于涉及个人隐私的政府信息无明确规定,结合理论和实践,政府信息涉及以下方面的,可以认定为涉及个人隐私的政府信息:一是私人信息,如姓名、性别、年龄、职业、身体缺陷或者特点、社会关系、财产等私人状况信息。二是私人活动,尤其是那些不愿意为人所知的私人活动信息。三是私人空间,如住宅内部情况。个人犯罪的信息是否属于个人隐私是一个容易产生争议的问题,原则上可以纳入个人隐私的范畴。[③]

7. 对行政机关作出的政府信息不存在告知书,人民法院应如何审查?

行政机关主张政府信息不存在的,应当说明理由。行政机关答复“未制作”“未获取”“未保存”“未找到”相应的政府信息,均可视为属于“政府信息不存在”范畴,应当说明理由。理由的成立需要证据支持的,应提供进行合理搜索的证据。申请人对其申请的政府信息存在状态提供线索和初步证明的,不影响行政机关承担举证责任。[④]

同时应当注意的是,《政府信息公开条例》第 2 条规定的政府信息是“以一定形式记录、保存的信息”,是客观存在的,不能是推定存在的。“政府信息不存在”也是《政府信息公开条例》第 36 条第 4 项规定的一种答复方式。行政机关有公开涉案政府信息的职责并不意味着该行政机关确实拥有涉案政府信息。即使行政机关确实负有主动公开涉案政府信息的职责,但如果其确实尚未制作或者保存相关信息,人民法院也无法判决其履行公开相关政府信息的义务。[⑤] 如行政机关已尽到合理的查找和检索义务并将相应查找和检索情况告知申请人,并就应当制作、获取、保存但未制作、未获取、未

① 参见最高人民法院裁判文书(2016)最高法行申 2769 号。

② 参见最高人民法院裁判文书(2017)最高法行申 1340 号。

③ 江必新主编:《〈最高人民法院关于审理政府信息公开行政案件若干问题的规定〉理解与适用》,中国法制出版社 2011 年版,第 119 ~ 121 页。

④ 参见北京市高级人民法院《关于审理政府信息公开行政案件若干问题的解答》。

⑤ 参见最高人民法院裁判文书(2016)最高法行申 2305 号。

保存等情况作出合理说明的，即应视为履行了政府信息公开义务。至于行政机关未制作或者保存相关信息是否合法问题，不属于政府信息公开案件的审查范围。[①] 人民法院判断涉案政府信息是否存在，可以基于当事人提交的证据，从申请公开的信息是否属于行政机关职权范围、行政机关是否履行了相关职责及履行相关职责过程中是否制作或者获取了申请公开的信息、行政机关是否尽到了积极检索查找义务等方面判断政府信息是否“客观存在”。[②]

附：

最高人民法院指导性案例

罗元昌诉重庆市彭水苗族土家族自治县地方海事处政府信息公开案（指导案例101号）

【裁判要旨】在政府信息公开案件中，被告以政府信息不存在为由答复原告的，人民法院应审查被告是否已经尽到充分合理的查找、检索义务。原告提交了该政府信息系由被告制作或者保存的相关线索等初步证据后，若被告不能提供相反证据，并举证证明已尽到充分合理的查找、检索义务的，人民法院不予支持被告有关政府信息不存在的主张。

【案例简介】2014年11月17日，罗元昌因诉重庆大唐国际彭水水电开发有限公司财产损害赔偿纠纷案需要，通过邮政特快专递向被告重庆市彭水苗族土家族自治县地方海事处（以下简称彭水县地方海事处）邮寄书面政府信息公开申请书，具体申请的内容为：1.公开彭水苗族土家族自治县港航管理处（以下简称彭水县港航处）、彭水县地方海事处的设立、主要职责、内设机构和人员编制的文件。2.公开下列事故的海事调查报告等所有事故材料：兴运2号在2008年5月18日、2008年9月30日发生的2起安全事故及鑫源306号、鑫源308号、高谷6号、荣华号等船舶在2008年至2010年发生的安全事故。2015年1月23日，彭水县地方海事处作出（2015）彭海处告字第006

① 参见最高人民法院裁判文书（2017）最高法行申9253号。

② 刘德权主编：《最高人民法院司法观点集成》（第2版）（行政及国家赔偿卷），人民法院出版社2014年版，第1082～1083页。

号《政府信息告知书》,载明:一是对申请公开的彭水县港航处、彭水县地方海事处的内设机构名称等信息告知罗元昌获取的方式和途径;二是对申请公开的海事调查报告等所有事故材料经查该政府信息不存在。2015 年 4 月 22 日,罗元昌提起行政诉讼,请求撤销彭水县地方海事处作出的(2015)彭海处告字第 006 号《政府信息告知书》,并由彭水县地方海事处向罗元昌公开海事调查报告等涉及兴运 2 号的所有事故材料。

生效裁判认为,罗元昌申请公开涉及兴运 2 号等船舶发生事故的海事调查报告等所有事故材料的信息,根据《中华人民共和国内河交通事故调查处理规定》的相关规定,船舶在内河发生事故的调查处理属于海事管理机构的职责,其在事故调查处理过程中制作或者获取的,以一定形式记录、保存的信息属于政府信息。彭水县地方海事处作为彭水县的海事管理机构,负有对彭水县行政区域内发生的内河交通事故进行立案调查处理的职责,其在事故调查处理过程中制作或者获取的,以一定形式记录、保存的信息属于政府信息。罗元昌提交了兴运 2 号于 2008 年 5 月 18 日在彭水高谷长滩子发生整船搁浅事故以及于 2008 年 9 月 30 日在彭水高谷煤炭沟发生沉没事故的相关线索,而彭水县地方海事处作出的(2015)彭海处告字第 006 号《政府信息告知书》第二项告知罗元昌申请公开的该项政府信息不存在,仅有彭水县地方海事处的自述,没有提供印证证据证明其尽到了查询、翻阅和搜索的义务。故彭水县地方海事处作出的(2015)彭海处告字第 006 号《政府信息告知书》违法,应当予以撤销。在案件二审审理期间,彭水县地方海事处主动撤销了其作出的(2015)彭海处告字第 006 号《政府信息告知书》,罗元昌仍坚持诉讼。根据《行政诉讼法》第 74 条第 2 款第 2 项之规定,判决确认彭水县地方海事处作出的政府信息告知行为违法。

8. 行政机关以政府信息公开后可能危及国家安全、公共安全、经济安全、社会稳定,不予公开的,人民法院应如何审查?

根据《政府信息公开条例》第 14 条的规定,公开后可能危及国家安全、公共安全、经济安全、社会稳定的政府信息,不予公开。政府信息尚未被依法确定为国家秘密,但公开后危及国家安全、公共安全、经济安全和社会稳定的,可依该条规定不予公开。行政诉讼中,行政机关以申请人所申请的政府信息危及国家安全、公共安全、经济安全和社会稳定不予公开的,应当提供相关证据予以证明,防止行政裁量权的滥用。行政机关提供的相关证据应当能够证明公布相关政府信息已经或者将会危及国家安全、公共安全、经济安全和社会稳定,而不是可能危及的主观臆断或者仅仅是为了掩饰自身未能依法履行职责导致的问题。①

9. 行政机关以政府信息涉及第三方商业秘密或个人隐私为由不予公开的,人民法院应如何审查?

行政机关以政府信息涉及第三方商业秘密或个人隐私,且第三方不同意公开为由不予公开的,人民法院应从以下四个方面审查:(1)行政机关对政府信息是否涉及第三方商业秘密或个人隐私进行初步判断;(2)经初步判断认为政府信息涉及第三方商业秘密或个人隐私,且公开可能侵犯第三方权益,行政机关履行书面征询第三方意见的情况;(3)第三方不同意公开时,行政机关对于不予公开是否存在对公共利益造成重大影响进行审查的情况;(4)涉及第三方商业秘密或个人隐私的信息是否存在可以区分处理的情形,能够区分处理的,是否向申请人提供了可以公开的信息内容。②

此外,在是否构成第三方商业秘密或个人隐私的判断方面,人民法院可以充分审查,但是应当考虑行政机关的理由。③

10. 行政机关答复相关信息已主动公开,并告知查询方式,申请人不服提起诉讼的,人民法院应如何审查?

根据《政府信息公开条例》第36条第1项的规定,所申请公开信息已经主动公开的,告知申请人获取该政府信息的方式、途径。人民法院应当围绕相关信息主动公开是否属实、主动公开的信息与申请人申请的信息是否对应,告知的查询方式是否正确等方面进行审查。④

无论是属于主动公开范围且已经主动公开,还是属于依申请公开范围且尚未公开,行政机关的答复都应当以保证申请人能够获取其申请公开的政府信息为目的。有所不同的是,对于属于主动公开范围且已经主动公开的,行政机关没有向特定申请人提供该政府信息的义务,只需告知其获取信息的方式和途径。但是,不向特定申请人

---

① 江必新主编:《〈最高人民法院关于审理政府信息公开行政案件若干问题的规定〉理解与适用》,中国法制出版社2011年版,第119~121页。

② 参见北京市高级人民法院《关于审理政府信息公开行政案件若干问题的解答》。

③ 白雅丽:《政府信息公开案件隐私权问题的实证分析与完善思路》,载《法律适用》2020年第5期。

④ 参见北京市高级人民法院《关于审理政府信息公开行政案件若干问题的解答》。

提供已经主动公开的政府信息，应当以相关政府信息“确实可见”为前提。判断行政机关是否已经履行了法定职责，不应仅以是否告知为标准，还应当看申请人通过行政机关告知的方式和途径是否确实能够获取信息。通过信息公告栏、电子信息屏等方式已经公开的政府信息，因其具有“转瞬即逝”特征，简单告知申请人已经通过上述方式公开相关政府信息，未必能满足申请人实际获取其所需要的信息的需求。如果申请人对于这类已经主动公开但事后无法查阅的政府信息确有需要，行政机关可以在收取必要的成本费用之后再行提供。①

11. 如何审查行政机关在政府信息公开答复中的说明理由义务？

根据《政府信息公开条例》第36条、第37条的规定，行政机关作出以下答复应当说明理由：行政机关依据《政府信息公开条例》的规定决定不予公开的；所申请公开信息不属于本行政机关负责公开的；申请公开的信息中含有不应当公开或者不属于政府信息的内容，但是能够作区分处理的，行政机关应当向申请人提供可以公开的政府信息内容，并对不予公开的内容说明理由。

公开行政机关在信息公开案件中作出不予公开的判断过程，既能抑制行政机关的恣意，也有助于说服申请人，避免行政争议的产生。审理需要行政机关说明理由的政府信息公开案件时，人民法院应当着重对行政机关不予公开的理由进行审查，包括对是否说明了理由、说明理由方式是否恰当、说明理由是否充分合理、说明理由的追加和替换是否合理等作出审查。②

12. 行政机关说明理由存在瑕疵的，人民法院如何处理？

行政机关应当在其作出的答复中说明理由，但未说明理由或说明理由错误的，构成说明理由瑕疵。行政机关说明理由存在瑕疵的，人民法院可以根据瑕疵的不同情况作出裁判，以解决政府信息究竟能否公开这一实质问题。(1)行政机关在作出答复时没有同时说明理由，但是在申请人申请行政复议或者提起行政诉讼前进行补救的，可视为程序上和方法上的错误更正，予以认可。(2)在行政诉讼程序中，行政机关在保持与基本事实同一性的范围之内追加和变更理由可以被允许，这有利于纠纷的实质性解

① 参见最高人民法院裁判文书(2017)最高法行再93号。
② 王贵松：《论行政裁量理由的说明》，载《现代法学》2016年第5期。

决。否则,即使要求行政机关重新答复,其也会以在行政诉讼程序中欲追加或者变更的理由作出新的不予公开政府信息的答复,故判决撤销重做以及重做之后新的诉讼,都是不经济和没有意义的。(3)程序滥用。行政机关在作出不予公开政府信息的答复时不说明理由,或者说明理由不充分,在申请人提起行政诉讼之前未进行补救,人民法院在审理中认为涉案实体处理上又难以得到支持时,应当认定为违反法定程序。如果法院经审查认为政府信息并不具备不能公开的法定事由,应当在撤销答复的同时直接判决行政机关公开该政府信息。如果认为政府信息并不适于公开,但行政机关违反说明理由义务的程度比较严重,可以适用确认违法的判决方式,而不再要求行政机关重新答复。①

第四节 程序问题的审查

【审查事项】

被告履行政府信息公开法定职责的程序是否合法?

【法律适用】

《政府信息公开条例》第 29 条至第 35 条、第 42 条。

【常见问题解答】

1. 行政机关以申请人未提交身份证明为由拒绝处理政府信息公开申请,申请人不服提起行政诉讼的,人民法院应当如何审查?②

《政府信息公开条例》第 29 条第 2 款第 1 项规定,政府信息公开申请应当包括申

① 李广宇:《政府信息公开司法解释读本》,法律出版社 2015 年版,第 380 ~ 382 页。

② 参见北京市高级人民法院《关于审理政府信息公开行政案件若干问题的解答》第 12 条规定,申请人依据《政府信息公开条例》第 25 条申请提供与其自身相关的税费缴纳、社会保障、医疗卫生等政府信息,但未提交身份证明的,行政机关以未提交身份证明为由拒绝处理的,人民法院应予支持。

请人的姓名或者名称、身份证明、联系方式。根据该规定,提交身份证明是政府信息公开申请的法定条件之一,已不再局限于条例修订前的申请提供与申请人自身相关的税费缴纳、社会保障、医疗卫生等政府信息。故申请人未提交身份证明,行政机关以此为由拒绝处理的,人民法院应予支持。

2. 向行政机关法定代表人邮寄信件能否视为政府信息公开申请?

行政机关依据《政府信息公开条例》第 4 条、第 12 条的规定指定政府信息公开工作机构并编制政府信息公开指南的,申请人向行政机关提出政府信息公开申请时应依信息公开指南的要求和指引,按照统一的样式向行政机关政府信息公开工作机构提出。对不符合法定申请形式、未依法通过政府信息公开工作机构提出的信息公开申请,行政机关未将其视为政府信息公开申请,并不违反法律法规的规定。但是,对符合形式要件,且属于该行政机关公开范围的政府信息公开申请,即使申请人是向法定代表人、其他内设机构提出,行政机关仍应以及时保障知情权和减轻申请人负担为原则,转由本机关政府信息公开工作机构处理,政府信息公开工作机构可以按照国务院办公厅政府信息与政务公开办公室《关于政府信息公开期限有关问题的解释》(国办公开办函〔2015〕207 号)规定精神,与申请人联系确认申请事宜。①

3. 如何审查行政机关收到政府信息公开申请的时间?

根据《政府信息公开条例》第 31 条的规定,行政机关收到政府信息公开申请的时间,按照申请人提交政府信息公开申请的方式分别确定:申请人当面提交政府信息公开申请的,以提交之日为收到申请之日;申请人以邮寄方式提交政府信息公开申请的,以行政机关签收之日为收到申请之日;以平常信函等无需签收的邮寄方式提交政府信息公开申请的,政府信息公开工作机构应当于收到申请的当日与申请人确认,确认之日为收到申请之日;申请人通过互联网渠道或者政府信息公开工作机构的传真提交政府信息公开申请的,以双方确认之日为收到申请之日。

---

① 参见最高人民法院裁判文书(2017)最高法行申 17 号。

4. 行政机关延长答复期限的，人民法院如何审查？

根据《政府信息公开条例》第33条第2款的规定，行政机关自收到申请之日起20个工作日内不能予以答复，需要延长答复期限的，应当经政府信息公开工作机构负责人同意并告知申请人，延长的期限最长不得超过20个工作日。行政机关应当提交其延长答复期经政府信息公开工作机构负责人同意的证据以及告知申请人的证据。行政机关未能提供证据的或者行政机关在未经政府信息公开工作机构负责人同意前即告知申请人延期答复的，应当确认为违法。

5. 申请人申请公开的政府信息涉及商业秘密、个人隐私，行政机关在作出决定前是否必须征求第三方意见？

《政府信息公开条例》第32条前段规定："依申请公开的政府信息公开会损害第三方合法权益的，行政机关应当书面征求第三方的意见。"根据该规定，行政机关启动征求第三方意见程序的条件是其"认为"公开相关信息会损害第三方的"合法权益"，故行政机关对是否启动征求第三方意见程序有判断权和决定权，同时也仅限于第三方的合法权益。①

6. 在涉及第三方人数众多的情况下，行政机关以在特定场所、设施张贴公告的方式征求第三方意见，并明示在限期内未作答复的视为不同意公开，该征求第三方意见方式是否符合《政府信息公开条例》的规定？

在涉及第三方人数众多的情况下，行政机关以在特定场所、设施（如村务公开栏等）张贴公告的方式征求第三方意见，这种做法在基层具有一定的普遍性，考虑到政府信息公开工作的实际情况，上述征求意见的方式虽没有明确的法律依据，但因其并不违背正当法律程序的原则，且无其他可替代的操作模式，从而获得实践论层面的合法性与正当性。此种"拟制"的征求第三方意见程序应更加注重对于细节的要求，如场所、设施的选择，公告期间，辅助性工作，等等，形式上力求辐射更为广泛之群体，从而

① 后向东：《中华人民共和国政府信息公开条例（2019）理解与适用》，中国法制出版社2019年版，第69页。

提升程序之正当性，减小由此带来的争议。

7. 行政机关以第三方在征求意见的公示期内未就是否同意公开相关政府信息作出答复，视为其不同意公开，故答复申请人不予公开相关信息，人民法院是否应予支持？

实践中，部分行政机关在征求第三方意见的公告中明示在限期内未作答复的视为不同意公开，此种做法有将征求第三方意见程序作为不予公开相关信息"挡箭牌"、规避自身责任之嫌。由于 2019 年修订的《政府信息公开条例》第 32 条明确规定，第三方逾期未提出意见的，由行政机关依照本条例的规定决定是否公开，故行政机关仅以第三方在限期内未作答复视为其不同意公开为由不予公开相关信息，其自身并未对相关信息是否应当公开进行判断的，应属未完全履行法定职责，认定事实不清。

8. 行政机关启动征求第三方意见程序后，第三方不同意公开相关信息的意见是否对行政机关有强制约束力？

2019 年修订的《政府信息公开条例》将 2007 年条例中规定的"第三方不同意公开的，不得公开"修订为"第三方不同意公开且有合理理由的，行政机关不予公开"；将"行政机关认为不公开可能对公共利益造成重大影响的，应当予以公开，并将决定公开的政府信息内容和理由书面通知第三方"修订为"行政机关认为不公开可能对公共利益造成重大影响的，可以决定予以公开，并将决定公开的政府信息内容和理由书面告知第三方"。从条文的修改可以看出，2019 年修订后的《政府信息公开条例》赋予行政机关更多裁量判断的权力，将第三方的意见定位为参考性意见，不具有强制约束力，由行政机关最终决定是否公开相关信息，并对最终的政府信息公开处理决定负责。①

9. 行政机关是否可以以到付方式送达政府信息公开答复？

国务院办公厅政府信息与政务公开办公室《关于政府信息公开处理决定送达问题的解释》（国办公开办函〔2016〕235 号）规定："采取邮寄送达方式送达的，行政机关可

① 后向东：《中华人民共和国政府信息公开条例（2019）理解与适用》，中国法制出版社 2019 年版，第 197 页。

以依照《中华人民共和国政府信息公开条例》及有关规定收取邮寄成本费用,但不得以要求申请人向邮政企业支付邮寄费的方式收取。”2019 年修订后的《政府信息公开条例》第 42 条第 1 款规定:“行政机关依申请提供政府信息,不收取费用。但是,申请人申请公开政府信息的数量、频次明显超过合理范围的,行政机关可以收取信息处理费。”故行政机关不得以到付方式变相向申请人收取邮寄费。

第五节　法律适用的审查

【审查事项】

答复告知书适用法律是否正确?

【法律适用】

《政府信息公开条例》第 10 条、第 36 条、第 37 条、第 38 条,《政府信息公开规定》第 8 条至第 12 条。

【常见问题解答】

1. 制作信息的行政机关在没有法定保存义务的情况下作出政府信息不存在告知书的是否合法?

行政机关依法公开相关信息的前提是行政机关依法制作了相关信息并负有法定的保存义务。《党政机关公文处理工作条例》第 23 条规定:“公文办理包括收文办理、发文办理和整理归档。”第 27 条规定:“需要归档的公文及有关材料,应当根据有关档案法律法规以及机关档案管理规定,及时收集齐全、整理归档。两个以上机关联合办理的公文,原件由主办机关归档,相关机关保存复制件。机关负责人兼任其他机关职务的,在履行所兼职务过程中形成的公文,由其兼职机关归档。”第 35 条规定:“不具备归档和保存价值的公文,经批准后可以销毁。销毁涉密公文必须严格按照有关规定履行审批登记手续,确保不丢失、不漏销。个人不得私自销毁、留存涉密公文。”根据上述规定，并非所有行政机关制作的公文均需保存，在《档案法》未明确规定归档范围的情况下，应根据公文内容是否能够反映本机关的主要工作情况来判断行政机关是否具有保存相关信息的法定职权。在制作信息的行政机关没有法定义务保存，且相关信息确实不存在的情况下，行政机关作出信息不存在的告知书应属合法。①

2. 行政机关以申请人所申请信息已移交本单位档案管理机构，并告知其向本单位档案管理机构联系查询的，人民法院应如何审查？

《政府信息公开规定》第7条第2款规定：“政府信息已经移交各级国家档案馆的，依照有关档案管理的法律、行政法规和国家有关规定执行。”相关政府信息移交本单位档案管理机构的，不属于已移交国家档案馆的情形，属于《政府信息公开条例》的调整范围。行政机关以属于《档案法》调整为由不予公开，或告知其向本单位档案管理机构查询公开的，应当认定其未尽到政府信息公开义务，人民法院不予支持。②

3. 行政机关在收到政府信息公开申请后，将相关政府信息移交国家档案馆，并以此为由不予公开的，人民法院应如何审查？

行政机关在收到政府信息公开申请后，将相关政府信息移交国家档案馆的行为，属于规避法定义务的行为，其信息公开义务应以收到申请人申请的时间为准，而不以作出答复时的实际状态确定。行政机关在收到政府信息公开申请后，将相关政府信息移交国家档案馆，并以此为由不予公开的，人民法院不予支持。③

4. 行政机关告知申请人依照有关法律、行政法规的规定向有关机关查询的，人民法院如何审查？

《政府信息公开条例》第10条第1款后段规定：“法律、法规对政府信息公开的

① 吴在存主编：《行政诉讼案例研究（九）》，中国法制出版社2015年版，第208～210页。
② 参见北京市高级人民法院《关于审理政府信息公开行政案件若干问题的解答》。
③ 参见北京市高级人民法院《关于审理政府信息公开行政案件若干问题的解答》。

权限另有规定的,从其规定。”故在法律、法规对政府信息公开的权限作出特别规定的情况下,应当优先适用特别法的规定。针对申请人申请公开的信息,法律、法规已就查询的主体、范围、期限、方式作出详细规定,充分保障了申请人获取相关信息权利的,行政机关依据《政府信息公开条例》第36条第7项的规定答复申请人,人民法院应予支持。

5. 申请人对行政机关因其申请不符合“一事一申请”原则而不予答复不服提起行政诉讼的,人民法院如何审查?

国务院办公厅《关于做好政府信息依申请公开工作的意见》第3条明确了“一事一申请”原则:“对一些要求公开项目较多的申请,受理机关可要求申请人按照‘一事一申请’原则对申请方式加以调整:即一个政府信息公开申请只对应一个政府信息项目。”行政机关受理政府信息公开申请后经审查认为不符合“一事一申请”原则,告知申请人进行调整或补正,申请人对该告知行为不服提起行政诉讼的,因该告知行为对申请人的权利义务不产生实际影响,人民法院可以裁定驳回起诉。申请人经行政机关告知后未调整其申请,行政机关答复不予告知的,人民法院应予支持。

6. 行政机关作出政府信息公开答复未援引法律依据的,人民法院应当如何处理?

行政机关作出政府信息公开答复无对应法律条文可以援引的,人民法院不应以政府信息公开答复未列明具体法律条款为由而否定其适用法律的合法性。

行政机关作出政府信息公开答复有对应法律条文可以援引,应当写明法律依据及具体条款,如果未写明法律依据,则可以认定被诉行政行为法律适用错误。[①]

7. 申请人以行政机关向其公开的政府信息内容不合法,请求撤销政府信息公开答复的,人民法院如何审查?

政府信息公开诉讼主要解决的是政府信息的公开与否问题,即是不是政府信息、有没有政府信息、应不应该公开该政府信息,但是政府信息内容本身的合法与否不属

---

① 参见北京市高级人民法院《关于审理政府信息公开行政案件若干问题的解答》。

于人民法院审查的范围，如有争议应当通过其他法定途径提出。①

8. 行政机关以不属于本机关公开为由拒绝公开申请人申请公开的政府信息，人民法院经审理认为该行政机关是涉案政府信息公开主体的，应当作出何种判决？

为强化行政审判在解决政府信息公开案件中的纠纷解决功能，最大限度地保障权利救济的实用性，《政府信息公开规定》第 9 条第 1 款规定："被告对依法应当公开的政府信息拒绝或者部分拒绝公开的，人民法院应当撤销或者部分撤销被诉不予公开决定，并判决被告在一定期限内公开。"同时，《政府信息公开条例》规定的政府信息是客观存在的信息，故《政府信息公开规定》第 9 条第 1 款亦规定尚需被告调查、裁量的，判决其在一定期限内重新答复。因此，如果根据在案证据和审理查明的事实能够认定相关政府信息在行政机关处客观存在，应当判令行政机关在一定期限内公开。如果仅能认定相关信息是行政机关履行职责过程中应当制作或者获取的，但是行政机关是否保存了相关信息仍需进一步调查、查找材料的，作出给付判决的时机尚未成熟，则判令行政机关在一定期限内重新答复。

9. 人民法院经审理依据《政府信息公开规定》第 9 条第 2 款规定作出判决的，是否需要在判决中明确公开政府信息的具体形式？

人民法院应当首先就申请人提出的形式要求进行适当性审查，区别不同情况作出不同的处理。如果该要求是适当的，则应当判决支持申请人的要求。如果申请人的要求明显不当，则应按照法定的形式要求提供信息。如果法律规定了唯一的信息形式，则人民法院应当判决按照这一特定的形式提供信息。如果法律规定了多种信息形式或者未就形式作出规定，则法院应当综合权衡申请人的要求和行政负担的可承受性，尽可能选择具体的某种形式。如果法院难以作出具体选择，可以作出概括判决，由行政机关选择适当的形式。②

---

① 参见最高人民法院裁判文书(2017)最高法行申 147 号。

② 江必新主编:《〈最高人民法院关于审理政府信息公开行政案件若干问题的规定〉理解与适用》，中国法制出版社 2011 年版，第 119～121 页。

10. 如果申请人申请公开的信息中部分属于涉及不应当公开或者不属于政府信息的内容，是否该信息整体不予公开？

《政府信息公开条例》第37条规定："申请公开的信息中含有不应当公开或者不属于政府信息的内容，但是能够作区分处理的，行政机关应当向申请人提供可以公开的政府信息内容，并对不予公开的内容说明理由。"故人民法院审理此类政府信息公开行政案件应当对涉案信息的可分割性进行审查，经审查认为涉案信息可以作区分处理的，如涉密成分可以和其他部分分割开、涉案信息中的第三人身份信息能够进行模糊处理等，根据《政府信息公开规定》第9条第3款的规定，判令行政机关限期公开可以公开的内容，也可以在判决中指明需要区分的内容并责令行政机关重新作出处理。

对涉案信息的可分割性进行审查，关键在于判断该部分信息内容是否可以区别于其他部分的信息内容以及在技术方面两种信息是否可以相互分离。如果某一不应公开的政府信息在内容上无法区分，提供任何一部分都有可能使当事人获知整个信息的内容，则该信息整体不予公开。①

附：

本院典型案例

李某诉中华人民共和国司法部案

【裁判要旨】对于涉及工作秘密等保密审查的政府信息，行政机关可以依照相关规定进行审查，不能确定是否可以公开的，报有关主管部门或者同级保密部门依法确定。如果批准机关不予批准，或者保密审查结论为不可以公开，可以成为行政机关不予公开政府信息的依据。

① 李广宇：《政府信息公开诉讼：理念、方法与案例》，法律出版社2009年版，第78～80页。

【裁判文书】

北京市第三中级人民法院

行政判决书

(2020)京03行初23号

原告:李某。

被告:中华人民共和国司法部。

原告李某因不服被告中华人民共和国司法部(以下简称司法部)政府信息公开告知行为并要求对规范性文件进行附带审查,向本院提起行政诉讼。本院受理后,向被告司法部送达了起诉状副本及应诉通知书。本院依法组成合议庭,于2020年3月25日公开开庭审理了本案。原告李某,被告司法部的委托代理人到庭参加诉讼。本案现已审理终结。

被告司法部于2019年11月4日作出[2019]263号《政府信息公开告知书》(以下简称被诉告知书),主要内容为:"李某,你于2019年9月7日向我部提交的政府信息公开申请,我部于9月9日收悉。根据《政府信息公开条例》第十七条第二款的规定,我部对你申请公开的信息进行审查,此信息属于《国家司法考试保密工作规定》(司发通[2008]142号)第四条第三款规定的情形,即国家司法考试结束后尚未公布的试题试卷、应试人员的考试成绩及其他相关情况数据属于工作秘密,未经司法部批准不得公开。为适应国家统一法律职业资格考试工作需要,2019年5月23日发布的《中华人民共和国司法部公告》(第5号)明确,2019年国家统一法律职业资格考试不公布试题及参考答案,国家统一法律职业资格考试组织实施相关规定出台前可参照适用原国家司法考试相关规定。因此,根据《政府信息公开条例》第三十六条第(三)项的规定,对你申请的信息,不予公开。如你不服本告知行为,可以在收到本告知书之日起60日内依法向司法部申请行政复议,或者在6个月内向北京市第三中级人民法院提起行政诉讼。特此告知。"

原告李某诉称,原告于2019年9月7日向被告邮寄了一份《请司法部公开2019年法律职业资格考试真题及答案的申请》的政府信息公开申请书,被告于9月8日收到了该邮寄文件,并于11月4日以工作秘密为由拒绝向原告公开该政府信息,现原告不服被诉告知书,认为不公开该政府信息违反了《中华人民共和国政府信息公开条例》(以下简称《政府信息公开条例》)第二十条第(五)项。综上,请求法院判决撤销被诉告知书;判令被告不公开国家统一法律职业资格考试真题及答案违法;附带审查《国家司法考试保密工作规定》(司发通〔2008〕142号,以下称《国家司法考试保密工作规定》)第四条第三款及《2019年国家统一法律职业资格考试公告》[《中华人民共和国司法部公告》(第5号),以下称《2019年国家统一法律职业资格考试公告》]第六条第(三)项的合法性。

原告李某向本院提交了下列证据:

1.原告李某的身份证复印件,证明李某的身份及李某是适格原告,李某申请过本次信息公开;

2.被诉告知书,证明司法部是本次行政诉讼的适格被告;

3.《请司法部公开2019年法律职业资格考试真题及答案的申请》,证明本次政府信息公开行政诉讼的起因以及司法部应当公开真题及答案的理由。

被告司法部辩称,一、被诉告知书程序合法。2019年9月8日,被告收到原告通过邮寄方式提交的《请司法部公开2019年法律职业资格考试真题及答案的申请》,10月8日向原告作出《延期答复告知书》并于当日邮寄发出。11月4日向原告作出被诉告知书并于当日邮寄发出。上述信息公开答复程序符合《政府信息公开条例》第三十三条第二款的规定。二、被诉告知书内容适当,适用依据正确。经审查,原告申请公开的2019年国家统一法律职业资格考试真题以及答案信息,属于《国家司法考试保密工作规定》第四条第三款、《2019年国家统一法律职业资格考试公告》第六条第(三)项、第(四)项规定的情形,被告依据《政府信息公开条例》第三十六条第(三)项规定作出被诉告知书,答复原告对其申请公开的信息不予公开并予以释明,并无不当。三、对原告附带审查请求的答辩意见。根据《中华人民共和国法官法》第五十一条、《中华人民共和国检察官法》第五十四条等规定,被告作为国务院司法行政部门有权会同最高人民法院、最高人民检察院制定司法考试相关管理办法。据此,被告先后制定《国家司法考试实施办法》(司发〔2008〕11号,以下称《国家司法考试实施办法》)、《国家统一法律职业资格考试实施办法》(司法部令第140号,以下称《国家统一法律职业资格考试实施办法》)。《国家司法考试保密工作规定》《2019年国家统一法律职业资格考试公告》是依据上述规定制定的规范性文件,依据合法。《2019年国家统一法律职业资格考试公告》第六条第(三)项关于不公布2019年国家统一法律职业资格考试试题及参考答案的规定是基于法律职业资格考试计算机化考试的新变化及为提高考试题库数量的实际需要作出的规定。应试人员如对其考试成绩有异议,可自考试成绩公布后15日内向其报名地的司法行政机关提出分数核查申请,此规定亦未限缩原告对其考试成绩不服的救济权利。综上,请求法院依法驳回原告诉讼请求。

被告司法部在法定举证期限内向本院提交了如下证据及依据，其中证据为：1.《请司法部公开2019年法律职业资格考试真题及答案的申请》及邮寄凭证；2.《延期答复告知书》及邮寄证据；3.被诉告知书及邮寄证据。以上证据共同证明被诉告知书程序合法、内容适当，依据正确。依据为：1.《政府信息公开条例》相关条款；2.《国家司法考试保密工作规定》；3.《2019年国家统一法律职业资格考试公告》。

经庭审质证，本院对以上证据认证如下：

原告李某提交的证据2及被告司法部提交证据3中的被诉告知书系被诉行政行为，不能作为证据使用，原告李某及被告司法部提交的其他证据真实、合法与本案有关联，能够证明李某提出政府信息公开申请、司法部作出被诉告知书的过程，本院予以采纳。

经审理查明，2019年9月7日，李某通过邮寄的方式向司法部提交《请司法部公开2019年法律职业资格考试真题及答案的申请》，司法部于2019年9月8日收到。2019年10月8日，司法部向李某作出《延期答复告知书》，告知李某对其提出的政府信息公开申请需延期20天答复。当日，司法部向李某邮寄《延期答复告知书》，李某于2019年10月9日签收。经审查，司法部于2019年11月4日作出被诉告知书，告知李某对其申请的信息，不予公开。司法部于当日向李某邮寄被诉告知书，李某于2019年11月7日签收。李某不服被诉告知书，向本院提起行政诉讼。

本院认为，根据《政府信息公开条例》第四条及《国家统一法律职业资格考试实施办法》第六条之规定，司法部作为负责实施国家统一法律职业资格考试的国务院司法行政部门，依法具有处理国家统一法律职业资格考试相关考试考务工作的政府信息公开申请并作出相应答复的法定职权。

《中华人民共和国行政诉讼法》第五十三条规定，公民、法人或者其他组织认为行政行为所依据的国务院部门和地方人民政府及其部门制定的规范性文件不合法，在对行政行为提起诉讼时，可以一并请求对该规范性文件进行审查。前款规定的规范性文件不含规章。本案中，从效力层级讲，《国家司法考试保密工作规定》《2019年国家统一法律职业资格考试公告》均属于规范性文件，且《国家司法考试保密工作规定》第四条第三款、《2019年国家统一法律职业资格考试公告》第六条第（三）项均是司法部作出被诉告知书的依据，故上述条款可以成为本案的附带审查对象。据此，根据李某的诉讼请求，本案主要对三个方面进行审查：一、《国家司法考试保密工作规定》第四条第三款的合法性；二、《2019年国家统一法律职业资格考试公告》第六条第（三）项的合法性；三、被诉告知书的合法性，即司法部不予公开国家统一法律职业资格考试真题及参考答案是否合法。

一、关于《国家司法考试保密工作规定》第四条第三款的合法性

《国家司法考试保密工作规定》第四条第三款规定，国家司法考试结束后未公布的试题试卷、标准答案、应试人员的考试成绩及其他有关情况、数据，属于工作秘密，未经司法部批准不得公开。《国家司法考试保密工作规定》是司法部会同国家保密局依据《中华人民共和国保守国家秘密法》（修订前，以下简称《保守国家秘密法》）及其实施办法和最高人民法院、最高人民检察院、司法部制定的《国家司法考试实施办法》的有关规定制定。根据《保守国家秘密法》第五条"国家保密行政管理部门主管全国的保密工作，县级以上地方各级保密行政管理部门主管本行政区域的保密工作"及第六条第二款"中央国家机关在其职权范围内，管理或者指导本系统的保密工作"的规定，司法部作为主管全国司法行政工作的中央国家机关，在其职权范围内管理或者指导本系统的保密工作，监督执行保密法律法规，可以根据实际情况制定或者会同有关部门制定主管业务方面的保密规定。因此，为了加强国家司法考试保密工作，司法部会同主管全国保密工作的国家保密行政管理部门——国家保密局制定《国家司法考试保密工作规定》具有相应的制定权限，制定目的合法。《国家司法考试保密工作规定》第四条第三款确定有关国家司法考试的工作秘密事项，并明确未经司法部批准不得公开，现无证据显示该条款违反《保守国家秘密法》、制定当时有效的《中华人民共和国保守国家秘密法实施办法》（已废止）及现行有效的《中华人民共和国保守国家秘密法实施条例》等上位法规定，也不存在与上位法相比较限缩行政相对人权利等情况，与同为规范性文件的《国家司法考试实施办法》亦不冲突，且起草、审议、决定等制定过程及公开发布程序无违法之处，因此，可以作为认定行政行为合法性的依据。另，2019 年国家统一法律职业资格考试的试题及参考答案不属于《政府信息公开条例》第二十条第（五）项规定的办理行政许可和其他对外管理服务事项的依据、条件、程序以及办理结果，因此，李某以《国家司法考试保密工作规定》第四条第三款与《政府信息公开条例》第二十条第（五）项相冲突、制定主体不包括最高人民法院及最高人民检察院等为由，主张该条款规定违法，缺乏事实根据和法律依据，本院不予支持。

二、关于《2019 年国家统一法律职业资格考试公告》第六条第（三）项的合法性

《2019 年国家统一法律职业资格考试公告》第六条第（三）项规定，2019 年国家统一法律职业资格考试不公布试题及参考答案。主观题考试成绩公布后，应试人员如对考试成绩有异议的，可自考试成绩公布之日起 15 日内，向报名地司法行政机关提出分数核查的书面申请。《2019 年国家统一法律职业资格考试公告》是司法部根据《国家统一法律职业资格考试实施办法》等有关规定，就 2019 年国家统一法律职业资格考试的报名条件,客观题考试,主观题考试,香港、澳门和台湾居民报考事宜,资格审核授予,具体考试时间和相关安排等事项向社会进行的公告。作为负责实施国家统一法律职业资格考试的国务院司法行政部门,司法部具有制定和发布《2019 年国家统一法律职业资格考试公告》的职责和权限。《国家统一法律职业资格考试实施办法》第八条规定,负责考试组织实施的司法行政机关及其考试工作人员应当严格遵守国家保密法律法规的规定,加强国家统一法律职业资格考试保密管理。《国家司法考试保密工作规定》第四条第三款亦明确,国家司法考试结束后未公布的试题试卷、标准答案、应试人员的考试成绩及其他有关情况、数据等工作秘密事项是否公开的批准决定权在司法部。司法部通过《2019 年国家统一法律职业资格考试公告》第六条第(三)项规定向社会公布不批准公开 2019 年国家统一法律职业资格考试的试题及参考答案,同时告知对考试成绩不服的救济途径和方式,属于依法对其行政职权的正当行使,现无证据显示上述内容违反上位法规定,也不存在与上位法相比较限缩行政相对人权利等情况,与《国家司法考试保密工作规定》第四条第三款规定亦前后承接,且起草、审议、决定等制定过程、公开发布程序无违法之处,因此,可以作为认定行政行为合法性的依据。李某以《2019 年国家统一法律职业资格考试公告》第六条第(三)项的制定主体不包括最高人民法院、最高人民检察院及侵犯考生知情权等为由主张该项规定违法,缺乏相关依据,本院无法予以支持。

三、关于被诉告知书的合法性,即司法部不予公开国家统一法律职业资格考试真题及答案是否合法

根据《政府信息公开条例》第十七条的规定,行政机关应当建立健全政府信息公开审查机制,明确审查的程序和责任。行政机关应当依照《中华人民共和国保守国家秘密法》以及其他法律、法规和国家有关规定对拟公开的政府信息进行审查。行政机关不能确定政府信息是否可以公开的,应当依照法律、法规和国家有关规定报有关主管部门或者保密行政管理部门确定。也就是说,对于涉及保密审查的政府信息,有关主管部门或者保密行政管理部门有权依法确定是否可以公开。同时,《政府信息公开条例》第三十六条第(三)项规定,对政府信息公开申请,行政机关根据下列情况分别作出答复,行政机关依据本条例的规定决定不予公开的,告知申请人不予公开并说明理由。本案中,李某向司法部申请公开 2019 年法律职业资格考试真题及答案,司法部认可在履行组织实施 2019 年国家统一法律职业资格考试的行政职责过程中,制作了李某申请公开的上述政府信息。但是,为了加强国家司法考试保密工作,司法部作为当时国家司法考试的主管部门会同国家保密行政管理部门即国家保密局于 2008 年通过制定规范性文件《国家司法考试保密工作规定》,明确了国家司法考试结束后未公布的试题试卷、标准答案属于工作秘密,未经司法部批准不得公开。而根据《2019 年国家统一法律职业资格考试公告》第六条第(四)项,国家统一法律职业资格考试组织实施相关规定出台前,适用原国家司法考试相关规定。据此,2019 年国家统一法律职业资格考试真题及答案是否公开的批准决定权在司法部。而《2019 年国家统一法律职业资格考试公告》第六条第(三)项明确,2019 年国家统一法律职业资格考试不公布试题及参考答案,这是司法部通过发布公告向社会公布,对于 2019 年国家统一法律职业资格考试,不批准公布试题及参考答案。这也符合《政府信息公开条例》第十七条有关保密审查及有权机关依法决定是否公开的规定。因此,针对 2019 年 9 月 7 日李某提交的政府信息公开申请,司法部经审查,根据《国家司法考试保密工作规定》第四条第三款及《2019 年国家统一法律职业资格考试公告》决定不予公开,并依据《政府信息公开条例》第三十六条第(三)项规定作出被诉告知书,事实清楚,依据充分,且履行了告知和说明理由的义务。司法部作出被诉告知书的过程符合《政府信息公开条例》关于答复期限和程序的相关规定,程序合法。

综上,李某的诉讼请求缺乏事实根据和法律依据,本院不予支持。根据《中华人民共和国行政诉讼法》第六十九条之规定,判决如下:

驳回原告李某的全部诉讼请求。

案件受理费 50 元,由原告李某负担(已交纳)。

如不服本判决,可以在判决书送达之日起十五日内向本院递交上诉状,并按对方当事人的人数提出副本,上诉于北京市高级人民法院。

审 判 长　董　巍
审 判 员　胡林强
审 判 员　王　菲
二〇二〇年四月二十三日
法官助理　任丹阳
法官助理　武文慧
书 记 员　刘琪蕊
书 记 员　赵俊飞

(主审法官、撰写人:董巍)

第四章　涉违法建设类案审判指引

第一节　一般规定及起诉条件的审查

【审查事项】

属于哪种类型的违法建设？具体是哪种违法情形？是否属于本院管辖？是否适格原告？起诉是否具备事实根据？被告是否适格？诉请事项是否属于行政诉讼受案范围？起诉是否符合其他法定条件？

【法律适用】

《城乡规划法》第9条第2款、第64条、第65条、第66条，《土地管理法》第7条、第75条、第77条、第78条，《行政诉讼法》第25条第1款。

【常见问题解答】

1. 什么是违法建设，违法建设主要包含哪几种类型？

违法建设是指违反《城乡规划法》《土地管理法》等建设、规划相关的法律、法规，违法占用土地、未取得法定规划许可或者未按照法定规划许可的规定，擅自建造的建筑物、构筑物。

基于立法目的、适用范围及对象的不同，《城乡规划法》及《土地管理法》都对违法建设的认定和处理作出了相应的规定。违法建设总体来讲主要包括两大类，一是违反

《城乡规划法》类型的违法建设，二是违反《土地管理法》类型的违法建设。对违反《城乡规划法》类型违法建设的查处侧重于加强城乡规划管理，协调城乡规划布局；对违反《土地管理法》类型违法建设的查处则是为了维护土地利用总体规划，合理利用和保护土地。

2. 违反《城乡规划法》类型的违法建设具体指什么？

根据《城乡规划法》第 64 条、第 65 条、第 66 条等的规定，违反《城乡规划法》的违法建设具体情形主要包括：

(1)未取得建设工程规划许可证或者未按照建设工程规划许可证的规定进行建设的城镇建设工程、未依法取得乡村建设规划许可证或者未按照乡村建设规划许可证的规定进行建设的乡村建设工程。

(2)未经批准使用宅基地进行村民住宅建设。

(3)未经批准进行临时建设、未按照批准内容进行临时建设或临时建筑物、构筑物超过批准期限不拆除的。

3. 违反《土地管理法》类型的违法建设主要有哪些？

根据《土地管理法》第 75 条、第 77 条、第 78 条之规定，违反《土地管理法》的违法建设类型主要包括：

(1)未经批准或者采取欺骗手段骗取批准，在违法占用的土地上新建的建筑物和其他设施(超过批准数量多占的土地以违法占用土地论处)。

(2)农村村民未经批准或者采取欺骗手段骗取批准，违法占用土地新建的住宅房屋(超过省、自治区、直辖市规定的标准，多占的土地以违法占用土地论处)。

(3)在耕地上建房等破坏耕地的行为。

4. 违建查处相关案件应如何确定管辖法院？

以北京市为例，管辖权是法院对案件进行审理和裁判的权力和权限。与违建查处相关的案件主要涉及信息公开案件，行政机关不履行举报答复职责的案件，起诉责令改正行为、限期拆除决定、强制拆除决定、强制拆除行为、没收、行政处罚决定等处理行为的案件，因行政机关作出的举报事项不成立等答复引发的案件等，在按照是否经过复议程序及复议程序的处理结果确定适格被告和级别管辖后，由被告所在地的相应级别的人民法院管辖。

5. 违建查处案件中应如何把握举报人的适格原告标准？

根据《城乡规划法》第 9 条第 2 款的规定，任何单位和个人都有权向城乡规划主管部门（如规划自然资源部门、城市管理综合行政执法机关、乡镇人民政府）或者其他有关部门举报或者控告违反城乡规划的行为，城乡规划主管部门或者其他有关部门对举报或者控告，应当及时受理并组织核查、处理。同时，《土地管理法》第 7 条亦规定，任何单位和个人都有权对违反土地管理法律、法规的行为提出检举和控告。

举报、检举或控告，体现的是公民的监督权，但并非所有举报人都是违建查处案件的适格原告。根据《行政诉讼法》第 25 条第 1 款之规定，有权提起行政诉讼的公民、法人或者其他组织，应与行政行为有利害关系。如果能够证明查处事项可能侵害其合法权益或者对其合法权益造成区别于他人的不利影响，违建举报人对行政机关的查处行为及不履行查处职责行为不服提起行政诉讼的，具有行政诉讼原告主体资格；无法证明的，法院应以起诉不具备原告主体资格为由，裁定驳回其起诉。

6. 除举报人外，涉违法建设行政案件的原告主体资格应如何把握？

违建查处案件中，建设单位或个人对违建查处行为，包括限期拆除决定、强制拆除决定、没收决定以及强制拆除行为提起行政诉讼的，法院应予受理。

经督促公告程序的违建查处案件，公民、法人或其他组织不服提起行政诉讼的，应当证明其与被诉行为存在利害关系。无法证明存在利害关系的，法院可裁定驳回起诉。

7. 违法建设买受人或承租人是否有权提起行政赔偿诉讼？

违法建设的买受人或承租人认为行政机关的强制拆除行为侵犯了其室内物品合法权利的，可向法院提起行政赔偿诉讼，请求行政机关返还室内物品，室内物品毁损的，有权请求赔偿相应损失。

买受人或承租人可在强制拆除行为被确认违法后直接提起行政赔偿诉讼，也可以在《国家赔偿法》第 39 条规定的时效内直接提起行政赔偿诉讼。

8. 规划自然资源主管部门出具的相关回函及文件，是否具有可诉性?

规划自然资源主管部门出具的有关涉案建设是否取得规划许可证以及许可的具体内容等情况的回函及文件，仅是对客观事实的描述，并不对当事人的权利义务产生实际影响，原则上不可诉，但为当事人创设新的权利义务的除外。

9. 起诉经县级以上地方人民政府责令或批准的强制拆除决定，应如何确定适格被告?

根据最高人民法院《关于正确确定县级以上地方人民政府行政诉讼被告资格若干问题的规定》第 2 条之规定，县级以上地方人民政府根据《城乡规划法》的规定责成有关职能部门实施强制拆除，公民、法人或者其他组织不服强制拆除行为提起诉讼，根据《行政诉讼法》第 26 条第 1 款之规定，应以作出强制拆除决定的行政机关为被告；没有强制拆除决定的，可以以具体实施强制拆除行为的职能部门为被告。也就是说，如果县级以上地方人民政府作出的“责成”行为直接产生外化效果而非依法责成有关部门实施，如以自己的名义作出“责成决定书”“强制执行决定书”直接通知行政相对人，相对人应当以对外发生法律效力的文书上署名的机关为被告提起行政诉讼。如果强制拆除决定是被责成部门作出的，即使被责成部门在以自己名义作出的强制拆除决定中明确表述经过县级以上地方人民政府责成或批准，仍应将被责成部门列为被告。

相对人以县级以上人民政府不履行责令或批准强拆职责为由提起诉讼的，县级以上人民政府为适格被告。

10. 区政府的“责成”行为本身是否可诉?

责成行为虽属强制拆除行为的启动环节，但责成行为本身通常只具有内部性，是上级政府为推进行政强制执行而明确具体实施部门的内部核准指令活动，属于内部的工作部署和安排，是一种过程性、阶段性的行政活动，其本身往往并不对行政相对人或其他利害关系人的实体合法权益产生直接影响。故一般不具有可诉性，不属于行政诉讼受案范围。

11. 房屋强制拆除过程中强行带离行为的适格被告如何确定?

根据《行政诉讼法》第26条第1款之规定,作出行政行为的行政机关为被告。在强制拆除违法建设的过程中,公安机关在现场仅负责维护治安秩序、未实施强制拆除行为的,因未直接实施强制拆除行为,不是强制拆除行为的适格被告。根据职权法定原则,公安机关属于依照法律规定独立行使职权并能够承担相应法律责任的行政机关,对强拆过程中实施的其职权范围内的强行带离行为应承担相应责任,是强行带离行为的适格被告。①

12. 原告诉请确认乡镇政府强拆行为违法,但行政机关主张系村委会组织的拆除行为,法院应如何进行审查处理?

一般而言,作出行政行为的行政机关是行政诉讼中的被告,原告应当提供证据证明是起诉状列明的被告实施了被诉强拆行为。如果原告提交的证据不能证明系乡镇政府实施了强制拆除行为,且有村民代表大会决议通过的腾退安置及补偿工作实施方案、村委会自己出具的情况说明等能够显示,村委会作为腾退人通过委托拆迁公司等方式组织实施了强制腾退房屋的拆除行为,因乡镇政府并非拆除行为的委托主体和拆除主体,故以乡镇政府为被告起诉确认拆除行为违法,不具备事实根据,可依法裁定驳回起诉。

13. 原告诉请确认强拆行为违法,但行政机关主张系帮拆或助拆而非行政强制行为,法院应如何对起诉是否具备事实根据进行审查?

原告起诉要求确认强拆行为违法,应根据在案证据判断拆除行为是否具备合意性及对等性、原告与行政机关是否就涉案建筑的补偿事项达成了合意且将涉案建筑交付行政机关拆除等,如果拆除行为未违背其真实意愿,不能认定行政机关存在行政强制行为,原告之起诉属缺乏事实根据,法院应裁定驳回。

---

① 参见最高人民法院裁判文书(2019)最高法行再32号。

14. 清除建筑垃圾行为是否独立于强制拆除房屋行为，相对人在对强制拆除房屋行为提起诉讼并请求赔偿后，是否可以对清除建筑垃圾行为再次单独提起行政诉讼？相对人未对强制拆除房屋行为起诉的情况下，是否可以单独起诉清除建筑垃圾行为？

行政机关作出一个完整的强制拆除房屋行为，包括若干步骤，清除建筑垃圾行为仅是其中的一个步骤，该行为通常不会对相对人的合法权益形成新的损害，属于对相对人权利义务不产生实际影响的行为。相对人对强制拆除房屋行为提起诉讼并请求赔偿，实际已包含了整个强制拆除房屋行为的每一个步骤，因此，在此情况下再次单独就清除建筑垃圾行为提起行政诉讼，属于重复起诉。

如果未就强制拆除房屋行为提起诉讼，相对人可以单独起诉清除建筑垃圾行为。①

15. 行政机关将违建当事人纳入不良信用记录的行为是否属于行政诉讼受案范围？

行政机关将违法建设当事人纳入不良信用记录的行为，属于对当事人信用情况的综合评判行为，对当事人权利义务产生了实际影响，属于行政诉讼受案范围。

16. 行政机关将违建当事人受到查处或者强制的情况向社会公布的行为是否可诉？

根据《北京市城乡规划条例》第 71 条之规定，监督检查城乡规划实施的情况应当依法公开，供公众查阅和监督。执法机关查处违法建设，在执法决定作出之日起 20 个工作日内，向社会公布执法机关、执法对象、执法类别、执法结论等信息，接受公众监督。因此，行政执法机关将违建当事人受到查处或者强制的情况在公共信用信息平台公示，或向社会公布相关执法决定信息的，属信息主动公开行为，对违建当事人权利义务不产生实际影响，不属于行政诉讼受案范围。但公开的处理决定已经被撤销、撤回或实体确认违法，行政机关不撤回，或者公开之决定与生效决定不符的除外。

---

① 参见最高人民法院裁判文书(2015)行监字第 639 号。

17. 行政机关在违建查处过程中，向规划自然资源主管部门作出的有关暂停办理不动产登记的函件，是否属于行政诉讼受案范围？

根据《北京市城乡规划条例》第66条之规定，以违法建设为经营场所的，有关主管部门不得办理相关证照。执法机关作出责令限期改正或者限期拆除决定的，应当通知规划自然资源主管部门暂停办理不动产登记手续；当事人改正的，应当及时通知规划自然资源主管部门。据此，行政执法机关在违建查处过程中，向规划自然资源在主管部门作出的有关暂停办理不动产登记的函件，属行政机关之间的行政协助行为，并不直接对当事人的权利义务产生实际影响，不具有可诉性。

18. 原告不服自然资源部门根据《土地管理法》的规定作出的责令限期拆除并处罚款的处理决定，起诉期限如何计算？

根据《行政诉讼法》第46条、《土地管理法》第83条及《自然资源违法行为立案查处工作规程(试行)》8.4之规定，原告对自然资源部门依据《土地管理法》作出的责令限期拆除决定不服的，应在接到责令限期拆除决定之日起15日内向人民法院起诉。自然资源部门作出限期拆除并处罚款决定，原告不服诉至法院的，限期拆除决定及罚款的起诉期限应分别确定和计算。

行政机关告知的起诉期限短于法定起诉期限的，应以法定起诉期限确定原告的起诉期限。行政机关告知的起诉期限长于法定起诉期限的，应以行政机关告知的期限确定原告的起诉期限。

19. 法院裁定准予执行后，自然资源主管部门、农业农村主管部门等依据《土地管理法》的有关规定自行执行行政处罚决定过程中作出的行政行为是否可诉？

法院作出准予执行裁定后，行政机关执行该行政处罚决定的，属行政执行行为，在此过程中作出的行政行为一般不属于法院行政诉讼的受案范围，但为相对人设定新的权利义务或超越准予执行范围的除外。

第二节　限期拆除决定的审查

【审查事项】

作出限期拆除决定的行政机关是否具有相应的职责和权限？违法建设的基本情况及违建性质的认定是否正确？适用的法律、法规及条款是否准确？作出限期拆除决定的程序及送达程序是否合法？

【法律适用】

《城乡规划法》第40条、第41条、第64条、第65条、第66条。

【常见问题解答】

1. 什么是限期拆除决定？

根据《行政强制法》的规定，认定违法建设性质的限期拆除决定、强制执行阶段的强制拆除决定及具体执行强制拆除决定的强制拆除行为系强制拆除违法建设的三个阶段，虽具有独立性但也紧密相连，前后承接。

限期拆除决定是强制拆除决定及强制拆除行为的基础，其内容一般包括涉案违法建设的基本情况、位置、面积、结构等；认定的违建性质；适用的法律法规名称及条款；拆除期限及逾期拆除的后果。

限期拆除决定对相对人权利义务最直接、最实际的影响就是它直接认定违法建设的性质，要求相对人自行纠正，也因此成为整个拆除违法建设过程中的基础性、关键性行为。

2. 违反《城乡规划法》违建查处类型案件中，行政机关的职责权限怎样划分？

根据《城乡规划法》第64条、第65条，《北京市城乡规划条例》第58条、第62条及《北京市禁止违法建设若干规定》第3条、第4条、第5条的规定，街道办事处、乡镇人民政府负责查处其行政区域（辖区）内未依法取得建设工程规划许可证、临时建设工程规划许可证、乡村建设规划许可证、临时乡村建设规划许可证以及选址意见书、规划综合实施方案等规划文件的违法建设。未按照已经取得的规划许可的许可内容或规划文件内容进行建设、临时建设逾期未拆除的以及其他不属于街道办事处、乡镇人民政府负责查处的违法建设,由规划和自然资源主管部门查处。

区人民政府负责组织、协调、监督违法建设制止和查处工作。市规划和自然资源主管部门负责查处职责范围内的重大、复杂违法建设案件,区规划和自然资源主管部门负责辖区内违法建设的制止和查处工作。市城管综合行政执法机关负责统筹指导和综合协调基层综合行政执法工作。住房和城乡建设、公安、经济和信息化、城市管理、农业农村等部门在各自职责范围内做好制止和查处违法建设相关工作。

在明确是某一行政机关查处职责的前提下,即使是联合执法共同作出限期拆除决定,没有职权的行政机关一方依然构成超越职权。

3. 街道办事处和乡镇政府违法建设查处职责的划分以行政区划为标准还是以土地性质为标准?

根据《北京市禁止违法建设若干规定》第 5 条第 3 款之规定,街道办事处、乡镇人民政府负责查处其行政区域内的违法建设。针对乡镇政府辖区内可能存在国有土地、街道办事处辖区内可能存在集体土地即土地性质与行政区划并不完全一致的情况,在确定适格查处主体时,应坚持依照法律规定及充分尊重现实的原则,行政机关按照行政区划切实履行属地管理责任。

4. 乡镇政府是否具有针对乡村农用地上的违法建设查处的法定职权?

公民、法人或其他组织未经批准在乡村农用地上建设建筑物、构筑物或其他设施的,既属违法占地行为,亦属违反城乡规划行为,乡镇政府可以依据《城乡规划法》有关规划违法的规定进行查处。

5. 对于建设项目取得规划许可后,在规划批准用地范围内,以项目建设单位、小区业主、物业服务企业为违法建设实施主体的,应如何划分规划和自然资源主管部门与街道办事处查处违法建设职责?

建设单位组织完成项目竣工验收前,由项目建设单位在规划批准用地范围内实施的违法建设，属于未按照规划许可条件实施的违法建设，由规划和自然资源主管部门负责查处；建设单位组织完成项目竣工验收后，无论是项目建设单位，还是小区业主、物业服务企业在规划批准用地范围内实施的违法建设，均属于未经规划许可实施的违法建设，由街道办事处负责查处。

6. 首先发现违法建设或者接到举报的行政执法机关，对不属于本行政执法机关职责范围的，应如何处理？

根据《北京市禁止违法建设若干规定》第 7 条之规定，首先发现违法建设或者接到举报的行政执法机关，应当及时核实有关情况，对属于本行政执法机关职责范围的，及时查处；对不属于本行政执法机关职责范围的，在发现违法建设或者接到举报之日起 2 日内将案件线索移送负有查处职责的行政执法机关，接受移送的行政执法机关应当依法及时查处。同时发现有违反其他法律规定情况的，应当在 2 日内通报其他行政执法机关。

7. 限期拆除决定认定事实的审查包含哪些内容？

对限期拆除决定认定事实的审查主要包括违法建设的基本情况及违建性质的认定及处理是否正确。(1)违法建设的基本情况一般包括违法建设的位置、面积、结构、建设时间、建设单位或个人等。违法建设性质的认定具体表现形式包括：违证建设、无证建设、未经批准临时建设、违法审批建设、私搭乱建工程等。(2)处理是否正确，即是否应予以限期拆除。

8. 作为违建查处机关的街道办事处及乡镇政府如何确定涉案建筑的规划审批手续情况？

作出限期拆除决定之前，作为违建查处机关的街道办事处及乡镇政府应向规划行政主管部门核实涉案建设是否取得规划许可、已经取得规划许可及许可的具体内容等情况，由规划行政主管部门出具相关回函及文件，据此核查确认涉案建筑的规划手续情况。

9. 一般情况下，如何认定违法建设的相对人？

违法建设基本情况的审查中应包含正确认定违法建设的相对人，这是案件调查的基础和前提，也是认定限期拆除决定事实清楚的基本要素之一。具体来讲，根据《北京市城乡规划条例》第92条第2款的规定，违法建设的建设、施工主体以及对违法建设享有所有权或者管理权的主体对违法建设行为承担相应法律责任。因此，违建的建设单位、个人是适格的相对人。

10. 发现正在搭建、开挖及已经建成的违法建设，行政执法机关是否应当一律限期拆除？

根据《城乡规划法》第64条、第65条，住房和城乡建设部发布的《关于规范城乡规划行政处罚裁量权的指导意见》第5条，《北京市禁止违法建设若干规定》第10条、第11条的规定，发现正在搭建、开挖的违法建设，负有查处职责的行政机关应当以书面形式责令停止建设行为，避免违法行为的影响扩大，当事人不停止建设的，可以依法查封施工现场、扣押违法建设施工工具和材料。

停止建设以后或已经建成的违法建设，根据实际情况进行不同的处理，并非一定要拆除。对于尚可采取改正措施消除对规划实施的影响的，以书面形式责令限期改正，并处以罚款；对于逾期不改正或者无法采取改正措施的，责令限期拆除，不能拆除的，没收实物或者违法收入，可以并处罚款，以此维护城乡规划的秩序。

11. 如何区分和确定违法建设是否可以采取改正措施消除影响？

根据《关于规范城乡规划行政处罚裁量权的指导意见》第4条、《自然资源违法行为立案查处工作规程(试行)》4.2.6、《北京市禁止违法建设若干规定》第12条之规定，尚可采取改正措施消除对规划实施的影响的情况包括：一是取得建设工程规划许可证，但未按建设工程规划许可证的规定进行建设，在限期内采取局部拆除等整改措施，能够使建设工程符合建设工程规划许可证要求，即建筑物本身可以进行必要的修正，如拆除一定的部分等，使原本不符合规划的建设活动符合规划要求；二是未取得建设工程规划许可证即开工建设，但已取得城乡规划主管部门的建设工程设计方案审查文件(审核决定)，且建设内容符合或采取局部拆除等整改措施后能够符合审查条件(审核决定)要求,即建设活动虽然未取得规划许可,但是符合规划的要求,因此,可以补办必要的规划审批,但仍应承担相应罚款的处罚责任。

12. 在规划农村地区，村民使用宅基地进行村民住宅建设，是否实行规划许可管理?

根据《城乡规划法》第41条第2款、《北京市城乡规划条例》第40条及《北京市禁止违法建设若干规定》第14条之规定,在乡、村庄规划区内使用宅基地进行农村村民住宅建设,应当履行规划许可手续,实行规划许可管理。

根据《北京市村庄规划建设管理指导意见(试行)》关于完善乡村建设工程管理工作的规定,申请利用原有宅基地进行住宅建设的,不需要提交项目批准、核准、备案文件,应当提交使用集体建设用地的证明、文件、建设申请,符合村庄规划的拟建方案以及四邻意见等材料(四邻意见不一致的,村民委员会应当组织召开村民会议或村民会议授权的村民代表会议研究形成本村意见),向乡镇人民政府申请乡村建设规划许可证。

13. 如何把握农村宅基地上原址翻建房屋行为的合法性?

根据自然资源部办公厅2020年印发的《宅基地和集体建设用地使用权确权登记工作问答》第41问,村民未经批准在原有宅基地上翻建房屋,没有符合规划或建设相关材料的,按照地方出台的规定办理。以北京地区为例,根据《北京市城乡规划条例》第77条、《北京市禁止违法建设若干规定》第14条之规定,特定时期未经批准使用宅基地进行村民住宅建设,符合村庄规划的,乡镇人民政府责令其依法补办审批手续;不符合村庄规划的,责令限期拆除,逾期不拆除的,乡镇人民政府依法实施强制拆除;有租金收入的,没收租金收入,并处租金收入一倍的罚款。

14. 在涉及建成时间较早、存续期间规划等管理规范发生变化的建筑物或构建物的违建认定及查处案件中，法院应注意考虑哪些因素?

对涉及建成时间较早、存续期间规划等管理规范发生变化的建筑物或构建物的违建认定及查处案件中,法院应充分考虑建筑物或构建物的形成年代、法律规范变更情况、行政管理状况、实际使用状况等因素,不能以未满足当前法定许可条件为由,一律认定为违建。

15. 根据2021年修订的《行政处罚法》第36条之规定，违法行为在两年内未被发现的，不再给予行政处罚，那么，对建成时间较早的违建进行查处是否属已过处罚追诉期？对查处时间距离违法建设建成时间已逾两年的，行政查处行为是否违反《行政处罚法》有关处罚时效的规定？

对建成已超过两年的建设工程，如建成时应依法办理规划许可而未办理，或虽然办理但违反许可内容的，只要查处时没有取得合法的规划手续，属继续性事实状态，行政机关即有权进行查处，当事人以超过处罚追诉时效主张查处行为违法的，法院不应支持。

16. 对于设施农用地上的建筑，行政机关以未取得规划许可为由，认定为违法建设的，是否构成违法？

《城乡规划法》第42条规定："城乡规划主管部门不得在城乡规划确定的建设用地范围以外作出规划许可。"因此，设施农用地上的建筑依法本就无法取得规划许可证，对设施农用地上的建设，不能单纯以未取得规划许可直接认定属违法建设。法院应结合不同时期国家有关设施农用地的规范政策，综合手续办理情况、设施农用地手续补正可能性及当事人的信赖利益等因素，对设施农用地上建设的合法性进行认定。

对设施农用地上的建设，执法机关未履行有关设施农用地项目的调查义务，诉讼中当事人提供初步证据证明设施农用地项目合法性的，行政查处行为应属认定事实不清，证据不足。

17. 法院在审查设施农用地上建设合法性时，应着重审查哪些因素？

法院在审查设施农用地上建设的合法性时，应从所占土地的类别是否为设施农用地；是否办理设施农用地的批准或备案手续，或者虽然没有按照《关于促进规模化畜禽养殖有关用地政策的通知》（国土资发〔2007〕220号，已失效），《关于完善设施农用地管理有关问题的通知》（国土资发〔2010〕155号，已失效）及《关于进一步支持设施农业健康发展的通知》（国土资发〔2014〕127号，已失效），《关于设施农业用地管理有关问题的通知》（自然资规〔2019〕4号）等文件要求办理规范的报批和备案，但由农业农村部门、规划自然资源部门或区政府、乡镇政府等曾经作出过批复、函件、确认等，认可了建设的合法性，从而足以让当事人产生信赖利益；是否符合直接从事或服务于农业生产的农业用途等方面进行审查。

如果依法办理了设施农用地手续或虽未办理规范的报批和备案，但经相关政府部门认可或同意，直接从事或服务于农业生产的农业用途的，不宜直接认定为违法建设。

对当事人要求行政机关履行补办手续职责的，行政机关应着重考量设施农用地建设是否属于直接从事或服务于农业生产的农业用途、所开展的农用生产是否已经有关部门备案或许可、是否曾领取农业相关补贴、是否曾被卫星相片图列入违法占地等因素。

18. 作出限期拆除决定的法律依据是什么？

作出限期拆除决定的法律依据应当包含两个方面：一是涉案建筑应当取得规划许可的依据，如《城乡规划法》第 40 条第 1 款、第 41 条，《北京市城乡规划条例》第 29 条、第 40 条等有关规划许可制度的规定；二是违反规划许可制度可以作出限期拆除决定的依据，如《城乡规划法》第 64 条、第 65 条、第 66 条，《北京市城乡规划条例》第 75 条、第 77 条等有关法律责任的规定。

19. 行政机关认定违法建设时，是适用、援引违法建设行为发生时有效的法律规范，还是查处时有效的法律规范？ 行政机关适用当前有效的规划管理法律规范认定、处理早已形成的违法建设，是否属适用法律错误？

行政机关认定违法建设，实体处理应当适用违法建设行为发生时有效的法律，但是，新法的规定更有利于行政相对人的，应当根据从旧兼从轻的原则，适用新法规定。因此，首先应根据建筑物或构建物的形成年代、法律规范变更情况、行政管理状况、实际使用状况等因素判断是否为应依法办理规划许可手续而未办理或虽然办理但违反许可内容，且直至行政机关查处时依旧未取得或完善规划手续的情形，进而认定是否构成违法建设。如果认定为违法建设，考虑到违法建设的存续性和违法状态的持续性，适用现行有效的《城乡规划法》《北京市城乡规划条例》作出限期拆除决定，不应视为法律适用错误。

但在查处前，已依照当时有效的法律规范补办或完善了规划许可手续的，不宜再以其不符合查处时有效的法律规范为由认定其为违法建设。

20. 对于违法建设的查处，行政机关可以采取哪些方式调查取证？

对于违法建设的查处，行政机关应当积极进行调查取证，具体方式包括：要求被调查的单位或者个人提供有关文件和资料（如身份证明材料、规划审批材料等），并就与案件有关的问题作出说明；核实涉案违法建设的规划手续情况；对当事人及相关人员进行询问，制作询问笔录；进入违法现场进行现场勘测、检查、拍照、录像等，制作现场勘测材料及违法建设现状材料；依法可以采取的其他措施。

21. 作出限期拆除决定之前，行政机关是否需要履行正当程序？

限期拆除决定是对相对人不利的处分行为，为了提高行政行为的可接受程度，确保程序的正当性，行政机关在作出限期拆除决定之前，应当在程序上充分给予相对人表达意见的权利。因此，应事先书面告知相对人拟作出限期拆除决定所依据的事实、理由、法律依据以及相对人享有的陈述、申辩权。对相对人提出的申辩理由、事实和法律依据，行政机关应及时复核，理由和意见成立的，变更或取消拟作出的限期拆除决定，相对人未表达意见或意见不成立的，作出限期拆除的书面决定。

22. 法院如何审查执法机关对在施违建查处程序的合法性？

人民法院审查执法机关在施违建查处的程序合法性时，可依据地方规定，如《北京市城乡规划条例》第 74 条，参考北京市规划和自然资源委员会、北京市城市管理综合行政执法局据此联合制发的《关于立即处置在施违法建设的实施意见（试行）》。但执法机关无法确定在施违法建设工程当事人，或虽已尽到必要的积极联系和调查职责，疑似当事人不露面或不配合调查的，应履行相关公告程序，如《北京市城乡规划条例》第 78 条第 2 款规定的无主公告程序。履行公告程序后，无人接受处理的，方可进入强拆或回填程序。

第三节 强制拆除决定的审查

【审查事项】

作出强制拆除决定的行政机关是否具有相应的职责和权限？强制拆除决定确定的义务主体、义务内容与限期拆除决定的认定是否一致？所依据的法律法规及条款是否正确？是否经催告程序？催告程序是否合法？作出强制拆除决定的程序及送达程序是否合法？

【法律适用】

《行政强制法》第 35 条、第 36 条、第 37 条、第 44 条,《城乡规划法》第 65 条、第 68 条。

【常见问题解答】

1. 什么是强制拆除决定?

强制拆除决定是行政机关依法作出的,决定对负有拆除义务的相对人采取行政强制措施的行政行为,是限期拆除决定的延续行为,是行政机关强制拆除违法建设的直接依据,也是行政强制执行程序的一个重要环节。《行政强制法》第 37 条明确了强制拆除决定的内容,即"强制执行决定应当以书面形式作出,并载明下列事项:(一)当事人的姓名或者名称、地址;(二)强制执行的理由和依据;(三)强制执行的方式和时间;(四)申请行政复议或者提起行政诉讼的途径和期限;(五)行政机关的名称、印章和日期"。

2. 有权作出强制拆除决定的行政机关包括哪些?

根据《城乡规划法》第 65 条、第 68 条,《北京市城乡规划条例》第 62 条及《北京市禁止违法建设若干规定》第 16 条之规定,乡镇人民政府、街道办事处可以强制拆除违法建筑，具有强制执行权。因此，乡镇人民政府、街道办事处有权作出强制拆除决定，强制拆除决定也可以经县级以上地方人民政府责成或批准后由被责成部门以自己的名义作出。

3. 强制拆除决定的法律依据是什么？

强制拆除决定的法律依据应当包含：一是行政机关依法享有行政强制执行权的法律依据，要具体到条款项；二是《行政强制法》第 37 条的规定。

4. 强制拆除决定应在什么条件下作出？

首先，根据《行政强制法》第 35 条、第 37 条之规定，行政机关作出强制拆除决定之前，应当事先催告当事人履行义务，经催告在催告书指定的履行义务期限仍不履行（包括全部不履行及部分不履行）且无正当理由的，才可以作出强制拆除决定。

其次，根据《行政强制法》第 44 条之规定，对违法建设需要强制拆除的，应当予以公告，限期当事人自行拆除，当事人在法定期限内不申请行政复议或者提起行政诉讼，又不拆除的，才可以依法强制拆除。据此，强制拆除决定应在限期拆除决定复议及诉讼的法定期限届满后且相对人未自行履行拆除义务的情况下作出，限期拆除决定复议及诉讼的期限届满前或限期拆除决定复议及诉讼期间，行政机关不得作出强制拆除决定，否则即构成程序违法。

最后，根据《行政强制法》第 44 条之规定，作出强制拆除决定之前，行政机关还需履行一个程序义务，即将强制拆除违法建设的内容予以公告，公告的目的除了督促相对人自行履行拆除义务外，还向社会宣示国家机关对违法建设的态度，警示他人。

5. 什么是催告程序，催告书应包含哪些内容？

催告是作出强制拆除决定的前置程序，也是强制拆除决定作出前的调查程序，具体是指相对人不履行行政决定（限期拆除决定）确定的义务时，行政机关在实施行政强制执行之前以书面形式向相对人发出通知，督促其自觉履行，并告知其如在一定期限内仍不履行，行政机关将对其采取强制执行的行政行为。

根据《行政强制法》第 35 条之规定，催告书应明确义务的履行主体、履行义务的期限（一般不应少于 10 日）、履行义务的方式、明确的金钱给付金额和给付方式、告知相对人依法享有陈述、申辩的权利等。

6. 催告书应何时送达?

对于催告书送达的时间,《行政强制法》没有作出明确规定,一般认为只要在限期拆除决定所确定的履行期限届满后相对人仍未履行时,行政机关就可以发送催告书,催告要求当事人履行义务,既可以在限期拆除决定复议及诉讼的期限届满前,也可以在复议及诉讼的期限届满之后。但催告应在行政机关申请法院强制执行前实施。

7. 催告行为是否可诉?

催告行为是一个准行政行为,并不增加相对人新的权利义务,亦不对相对人的权利义务产生实际影响,只是通知相对人履行行政决定(限期拆除决定)确定的义务,因此一般情况下不可诉。但如果催告行为改变了行政决定确定的义务主体、内容等,导致相对人的权利义务因催告行为发生变化,经陈述、申辩,行政机关仍不予采纳,此时,若相对人起诉催告行为,属于人民法院受案范围。

8. 在催告程序中,行政机关应履行什么义务?

根据《行政强制法》第 36 条之规定,催告程序中,行政机关应听取相对人的陈述、申辩。听取陈述、申辩是正当程序原则的基本要求。行政机关以催告书的方式将拟作出的强制执行行为告知相对人,相对人有权利进行陈述申辩,行政机关有听取意见、记录、复核及采纳正当事实、理由、证据的义务。

9.《行政强制法》第 44 条规定的公告是在行政机关作出限期拆除决定之后立刻进行,还是在催告通知之后进行?

法律条文对此并没有明确表述,一般认为,以催告书送达时为宜,且催告书和公告内容,尤其是限期履行的期限,应当保持一致。在作出限期拆除决定时,告知相对人限期拆除,给其一个自行拆除的机会,如果到期不履行,进入行政强制执行催告程序时再予以公告,更合乎情理。

10. 强制拆除决定未告知诉权和起诉期限或告知错误，是否构成程序违法?

强制拆除决定未告知诉权和起诉期限或告知错误,法律后果是当事人的起诉期限按照《行政诉讼法解释》第 64 条第 1 款的规定计算,一般认为不作为违反法定程序予以撤销的理由。

11. 行政机关作出违建强制拆除决定后未实际执行，原告起诉要求行政机关履行拆除职责的，如何审查及裁判?

原告以强制拆除决定作为履责依据,诉请行政机关履行拆除职责的,除符合法定中止执行条件等情形外,法院可酌情判决行政机关履行执行强制拆除决定职责或直接判决行政机关拆除违法建设。

第四节　强制拆除行为的审查

【审查事项】

实施强制拆除行为的行政机关是否具有相应的职责和权限？实施强制拆除的范围与限期拆除决定和强制拆除决定是否一致？强制拆除过程中是否履行了法律、法规及地方法规所规定的强制拆除程序(《行政强制法》对强制拆除程序未予明确)？强拆过程中是否对相对人的合法权益造成损害？

【法律适用】

《城乡规划法》第 65 条、第 68 条,《行政强制法》第 18 条、第 43 条、第 44 条、第 50 条、第 52 条。

【常见问题解答】

1. 什么是强制拆除行为？

强制拆除行为系对强制拆除决定的具体执行，直接发生事实上的效果，系行政事实行为，即行政主体以不产生法律约束力，而以影响或改变事实状态为目的实施的行为。

违反城乡规划的建筑如果不能采取补救措施消除对规划实施的影响，应当进行拆除，才能消除对城乡规划管理秩序的破坏。但在实践中，经常存在行政执法机关作出责令停止建设或者限期拆除的决定后，当事人不停止建设或者逾期不拆除的情况。根据世界各国的惯例，强制执行权属于行政机关或者司法机关，或者由司法机关与行政机关共同行使。从我国的立法实践看，原则上对行政行为的强制执行权属于司法机关，鉴于违法建设量大面广，违法事实明显，从提高执法效率的角度，在法律有专门规定的情况下，行政机关可以行使强制执行权。

2. 谁有权实施强制拆除行为？

根据《城乡规划法》第 65 条、第 68 条及《自然资源违法行为立案查处工作规程（试行）》10.4 之规定，乡镇人民政府、街道办事处可以强制拆除违法建筑，具有强制执行权，经县级以上地方人民政府责成或批准后的被责成部门有权组织实施强制拆除。

3. 被诉行政机关不认可实施了强制拆除行为的，如何确定实施主体？

一般来讲，作出行政行为的行政机关为行政诉讼的被告。原告应当提供初步证据证明系起诉状列明的被告实施被诉强制拆除行为。如果原告提供了初步证据证明被诉行政机关存在制定前期的整治方案、发布拆除公告等前序行为，被诉行政机关又无法提供充分反证的，即使被诉行政机关不认可实施了强制拆除行为，也应认定该机关为强制拆除主体。

诉讼过程中，对于被诉行政机关之外的其他行政机关或者民事主体认可单独实施了强制拆除行为的，在对民事主体、其他行政机关与被诉行政机关之间的关系、被诉行政机关的法定职责、在案证据等进行综合评判后，可以认定被诉行政机关不是拆除主体,并非适格被告,但存在委托关系或其他相反证据的除外。

4. 何时可以实施强制拆除行为?

《行政强制法》第 44 条规定对强制拆除行为的实施同样适用,即不能在限期拆除决定复议及诉讼的法定期限尚未届满的情况下实施强制拆除行为,但不受强制拆除决定复议及诉讼期满的限制,即使强制拆除决定被提起行政诉讼了,也应坚持起诉不停止执行原则,即可以实施强制拆除行为。

5. 强制拆除在施违法建设适用《行政强制法》第 44 条规定吗?

根据《城乡规划法》第 68 条之规定,规划部门对在施违法建筑物、构筑物、设施等作出责令停止建设或者限期拆除,可以采取强制拆除等强制措施。因此,强制拆除在施违法建筑物,不受《行政强制法》第 44 条关于限期拆除决定复议和诉讼期限届满的限制,有利于对刚刚处于萌芽状态的违法建筑及时拆除,维护社会公共利益。

6. 实施强制拆除行为应遵循什么规定和要求,以保障当事人的权利?

实施强制拆除行为应当依照《行政强制法》第 18 条,《北京市城乡规划条例》第 67 条、第 69 条及《北京市禁止违法建设若干规定》第 17 条、第 18 条的规定进行。行政执法机关应当提前 5 日在现场公告强制拆除或者回填决定,告知实施强制拆除或者回填的时间、依据、当事人的权利义务等。违法建设当事人是自然人的,通知本人或者其成年家属到场;违法建设当事人是法人或者其他组织的,通知其法定代表人、主要负责人或者其上级单位负责人到场。应当到场的人员拒不到场的,行政执法机关应当邀请违法建设所在地居民委员会、村民委员会代表或者公证机构作为见证人见证强制拆除或者回填的实施。行政执法机关对实施强制拆除或者回填应当制作笔录并全程录像。

行政执法机关应当事先通知当事人清理违法建设内的有关物品。当事人拒不清理的,行政执法机关应当制作物品清单,由违法建设当事人签字确认;违法建设当事人不签字的,行政执法机关可以邀请违法建设所在地居民委员会、村民委员会代表或者公证机构作为见证人见证确认。实施查封的,将物品一并查封,实施强制拆除的,行政执法机关应当将有关物品运送到指定场所,交还违法建设当事人;违法建设当事人拒绝接收的,行政执法机关可以在留存证据后根据实际情况妥善处置。

同时,文明执法是依法行政的重要内容,强制拆除行为应当秉持以人为本、执法为民理念,相对人正常生活和休息权利应予以保护,对强制拆除行为的程序审查不应忽视《行政强制法》第43条的内容。

7. 强制拆除违法建设当事人有哪些义务?

根据《北京市城乡规划条例》第80条、《北京市禁止违法建设若干规定》第20条之规定,强制拆除或者回填违法建设费用、安全鉴定费用、建筑垃圾清运处置费用、相关物品保管费用,由强制拆除违法建设当事人按照规定期限缴纳。拒不缴纳的,行政执法机关可以按照每日3%的标准加处滞纳金,滞纳金数额不得超过前款规定的费用总额。

行政执法机关实施加处滞纳金超过30日,经催告当事人仍不履行的,应当依法申请人民法院强制执行。

8. 对于建成于修改后的《北京市城乡规划条例》实施前的违法建设,如何确定相关查处费用的承担主体?

建设工程虽然建成于条例修改实施日期之前,但行政机关于实施日期后作出限期拆除决定,并告知当事人如不自行拆除将承担拆除回填等相关费用,行政机关在拆除或回填后要求当事人承担相关查处费用的,人民法院应予支持。

行政机关作出的费用承担及缴付决定应明确具体费用明细,并告知当事人诉权和起诉期限。当事人如拒不履行,又在法定期限内不申请复议或提起诉讼的,行政机关可向人民法院申请强制执行。

第五节　违法建设查处相关其他方面的审查

【审查事项】

对于违建查处过程中及违建查处案件审理过程中的一些特殊情况如何处理?

【法律适用】

《行政强制法》第 39 条、第 44 条,《行政诉讼法》第 56 条。

【常见问题解答】

1. 违建查处程序中，对无法确定违法建设当事人的，行政执法机关应如何进行公告?

根据《北京市城乡规划条例》第 78 条第 2 款之规定,执法机关对无法确定违法建设当事人的,或疑似违法建设当事人不露面或不配合调查的,可以在公开媒体或者违法建设工程所在地发布公告,督促违法建设当事人依法接受处理,责令其限期拆除违法建设,告知其逾期不拆除的,执法机关将依法实施强制拆除,公告期间不得少于 10 日。公告期间届满后 6 个月内无人提起行政复议或者行政诉讼的,可不再另行制作限期拆除决定并再行公告,依法强制拆除或者没收。

但考虑到建设单位之外承租人等实际居住人的合法权益,执法机关强拆或回填前,应制作强制拆除决定并提前 5 日在现场公告,告知当事人实施强制拆除的时间、相关依据及相关权利和义务。

2. 当事人提起的排除妨害民事诉讼，能否成为违建查处机关中止行政执法程序的理由?

当事人提起的排除妨害民事诉讼,是平等主体之间的民事争议,是司法提供的维护相邻权人利益的救济方式,属于相关权利主体自由处分的范畴;行政机关对违法建设的查处,是基于公法上的法定职责,行政机关对这项法定职责没有选择执法的权力。两者有着本质区别,相互独立,并行不悖。无论当事人是否提起民事诉讼,违建查处机关都必须严格依法履责,不能将民事诉讼作为拖延、拒绝或中止履行职责的借口。①

---

① 参见北京法院参阅案例第 6 号,易某伦等六人诉北京市昌平区城市管理监察大队不履行法定职责案。

3. 对原告诉讼中提出的停止执行被诉行为的申请应如何处理？

根据《行政强制法》第44条之规定，行政机关作出限期拆除决定后（包括行政机关采用公告方式送达限期拆除决定的情形），只有当事人在法定期限内不申请行政复议或者提起行政诉讼，又不拆除的，行政机关才可以依法强制拆除。因此，原告诉讼中申请停止执行限期拆除决定的，法院应做好释明工作，告知申请人及行政机关上述规定以及违反上述规定的法律后果。

行政机关作出强制拆除决定后当事人起诉的，当事人有权在诉讼中申请停止执行该强制拆除决定，法院应根据《行政诉讼法》第56条、《行政强制法》第39条的规定进行审查并作出是否停止执行的裁定。

4. 行政机关根据《北京市禁止违法建设若干规定》作出没收违建处理决定的，如何把握合法性条件？

根据《北京市禁止违法建设若干规定》第11条之规定，对于逾期不改正或者无法采取改正措施消除对规划实施影响的违建，不能拆除的，行政机关可以作出没收决定。但是，如果之前已经作出限期拆除决定和强制拆除决定，应当依法予以撤销。

5. 城市治理综合执法部门按照《北京市市容环境卫生条例》第27条等的规定作出涉及违建的查处决定后，申请法院强制执行的，如何处理？

根据《北京市市容环境卫生条例》第27条、第38条及第40条等的规定，对未经批准建设的影响市容的户外广告设施、牌匾标识等建筑物、构筑物或者其他设施，城市管理综合执法部门作出限期拆除决定后相对人逾期未拆除的，经区政府批准后，城市管理综合执法部门有权强制拆除。城市管理综合执法部门申请人民法院强制执行的，人民法院不予受理。

第六节　审理及裁判相关问题

【审查事项】

前阶段行为是否作出？前阶段行为的合法性是否依法确认？裁判方式及裁判点如何选择适用？

【法律适用】

《行政诉讼法》第69条、第70条、第74条、第75条。

【常见问题解答】

1. 当事人针对限期拆除决定书、强制拆除决定和强制拆除行为分别提起行政诉讼的，法院的案件审理如何确定审理顺序？

违法建设查处案件中，当事人针对被告作出的限期拆除决定、强制拆除决定和强制拆除行为分别提起诉讼的，法院可以根据案件情况选择共同审理裁判，或先后审理裁判，但应注重裁判结果的统一。

2. 前阶段行为是否合法已依法进行确认，后续行为如何审理？

前阶段行为的合法性已依法被肯定，直接审查后续被诉行为的合法性即可。

前阶段行为被人民法院生效判决撤销、确认违法或确认无效，会直接影响后续行为的合法性和正当性，特别是生效判决否定限期拆除决定或强制拆除决定效力的情况下，可能导致违法建设的性质未经认定、行政机关强制拆除违法建设没有事实依据，后续行为因此丧失合法性基础。

3. 前阶段行为是否合法未依法进行确认，后续行为如何审理?

这种情况,如限期拆除决定未被起诉的情况下,直接起诉强制拆除决定或强制拆除行为或一并起诉这两个行为;又如起诉限期拆除决定后未起诉强制拆除决定而直接起诉强制拆除行为。

前阶段行为是否合法未经法定程序确认,法院在对后续行为进行审查时是否应连带审查前阶段行为的合法性？审查的程度如何？这是存在争议的,对此问题的观点主要包括无权审查说、全面实质审查说、相对形式审查说、证据审查说等。审查后续行为的合法性时,发现前阶段行为存在明显缺乏事实依据、适用法律、法规明显错误、严重违反法定程序、超越职权等重大明显违法情形之一,影响到后续行为合法性的,或者前阶段行为具有不可争讼性,对后续行为进行审查的过程中连带审查前阶段行为是行政相对人维护合法权益的唯一途径,原则上从公民权利救济和实质性化解行政争议的角度出发,应在一定程度上突破行政行为的公定力理论和撤销诉讼的排他性管辖制度,承认行政行为的违法继承性。先前行政行为存在违法性并足以否定其效力的,基于前阶段行为与后续行为实现同一个法律效果的一致目的性,后续行为的合法性基础或根据亦因此丧失,应确认后续行为也具有违法性。另外,对前阶段行为进行审查是人民法院的主动性行为,无须以原告方提出主张为前提。

4. 强制拆除决定缺失或限期拆除决定、强制拆除决定均缺失，后续行为如何审理?

违建查处机关在拆违过程中存在不制作强制拆除决定甚至不制作限期拆除决定即直接实施强制拆除行为的情况。而限期拆除决定或强制拆除决定的缺失本身即严重违反法定程序,直接导致强制拆除行为合法性基础或根据的丧失。当然,为最终确定行政机关应依法承担的赔偿责任,维护行政相对人的合法权益,对强制拆除行为的合法性仍应进行全面审查。

5. 限期拆除决定、强制拆除决定的裁判方式如何适用?

对限期拆除决定、强制拆除决定进行实体性审查后,对于合法的被诉行政行为适用回应原告诉讼请求和理由的驳回诉讼请求判决。对于违法的限期拆除决定、强制拆除决定,由于相对人提起行政诉讼时,违法建设几乎都被强制或自行拆除,相对人不会因行政行为被判决撤销而回复法律上的利益,因此,从裁判方式看,撤销判决适用情况较少,较多适用的应为确认违法判决,对于重大明显违法情形,可适用确认无效判决。当然,如果被诉行为并未实施终了,则仍应适用撤销判决。也有观点认为,对撤销判决或确认违法判决的适用,应根据被诉行政行为违法的程度,而不是违法建设是否已被强制拆除。

6. 强制拆除行为的裁判方式如何适用?

对强制拆除行为进行合法性审查后,因其事实行为的特点而没有公定力、确定力、拘束力,故一般认为只对合法性评价即可,无须评价效力。合法的,适用驳回诉讼请求判决;违法的,适用确认违法判决而不宜适用撤销判决和确认无效判决,且确认违法判决可以将行政诉讼与赔偿诉讼有效衔接起来。

第七节　涉违法建设行政赔偿问题

【审查事项】

行政赔偿诉讼的提起是否符合法定起诉条件?赔偿请求具体包含哪些内容?是否属于可以得到赔偿的合法权益损失范畴?举证责任如何分配?损失数额如何确定?

【法律适用】

《国家赔偿法》第 2 条、第 3 条、第 15 条第 1 款、第 36 条;最高人民法院办公厅《关于印发〈行政审判办案指南(一)〉的通知》第 27 条;《行政诉讼法》第 38 条;《行政诉讼法解释》第 20 条第 3 款,第 47 条第 1 款、第 2 款、第 3 款;《行政诉讼证据规定》第 5 条。

【常见问题解答】

1. 涉违法建设相对人应如何提起行政赔偿诉讼?

相对人可以在对强制拆除行为提起诉讼的同时附带提起行政赔偿诉讼,或者单独就损害赔偿向行政机关提出赔偿请求,行政机关不予处理或者对行政机关的处理不服的，再向法院提起赔偿诉讼。

已通过行政诉讼程序确认强制拆除行为违法，后续提起赔偿诉讼或者强制拆除行为未被确认违法，相对人提起行政赔偿诉讼的，视为对强制拆除行为一并提起行政赔偿诉讼。

2. 相对人起诉要求赔偿违法建设本身及附属设施的，法院应如何处理？

《国家赔偿法》第 2 条第 1 款规定："国家机关和国家机关工作人员行使职权，有本法规定的侵犯公民、法人和其他组织合法权益的情形，造成损害的，受害人有依照本法取得国家赔偿的权利。"据此，公民、法人和其他组织取得国家赔偿，应以其合法权益受到国家机关和国家机关工作人员行使职权行为的侵害为前提条件。故赔偿请求人关于违法建设本身及附属设施价值(包括购买建筑材料、辅料的支出及人工成本)的赔偿请求，无法得到支持。

3. 相对人起诉要求赔偿利用违建从事经营、出租或另行租赁房屋的损失及维权损失的，法院应如何处理？

根据《国家赔偿法》第 36 条第 8 项的规定，对公民、法人和其他组织的财产权造成损害的，按照直接损失给予赔偿。据此，对于强制拆除过程中的财产损害，还应满足直接损失这一前提条件，对于利用违建从事经营、出租或另行租赁房屋的损失、维权损失等，因不属于直接损失的范畴，不能得到赔偿。

4. 哪些赔偿请求属于相对人可以得到赔偿的合法权益损失范畴？

在行政赔偿诉讼中，不能一概以非法利益、非直接损失等为由剥夺相对人对其合法权益遭受损害请求国家赔偿的权利。典型的合法权益损失包括：(1)建筑材料残值。根据《行政审判办案指南(一)》第 27 条之规定，在强制拆除违法建筑的案件中，相对人表明仍需使用建筑材料的，行政机关负有返还义务，无正当理由拒绝返还的，人民法院可以确认违法并要求赔偿。(2)超出限期拆除决定认定的违法建设范围和强制拆除决定的内容将相对人的相邻合法财产多拆、错拆，相对人可以就这部分合法财产申请行政赔偿。(3)违法建设内的屋内物品、饲养种植的动植物损毁、丢失等，相对人同样有申请赔偿的权利。

5. 行政赔偿案件中举证责任如何分配?

根据《国家赔偿法》第15条第1款、《行政诉讼证据规定》第5条之规定,在行政赔偿诉讼中,原告应当就行政行为是否造成损失、具体损失数(金)额承担举证责任。同时,基于证据的可得性、当事人提供证据的便利性以及对违反法定程序的行政机关的惩戒性,《行政诉讼法》第38条第2款规定及《行政诉讼法解释》第47条第1款规定,在行政赔偿、补偿的案件中,原告应当对行政行为造成的损害提供证据,因被告的原因导致原告无法举证的,由被告就损害情况承担举证责任。这意味着因被告行政机关违反法定程序,如未依法通知相对人到场或者未依法履行制作室内存放物品财物清单等证据固定义务,给原告履行举证责任造成困难,人民法院可以在原告已就损失金额提供证据初步证明的基础上,如提交了受损物品清单、购物发票等,适当降低证明标准,或者通过推定等方式,依法作出对被告不利的认定。但对于原告提出的超过其家庭实际经济能力、数额巨大的财产损失,仍应由原告承担完全的举证责任,否则不予赔偿。

附:

最高人民法院指导性案例

沙某保等诉马鞍山市花山区人民政府房屋强制拆除行政赔偿案
(指导案例91号)

【裁判要旨】在房屋强制拆除引发的行政赔偿案件中,原告提供了初步证据,但因行政机关的原因导致原告无法对房屋内物品损失举证,行政机关亦因未依法进行财产登记、公证等措施无法对房屋内物品损失举证的,人民法院对原告未超出市场价值的符合生活常理的房屋内物品的赔偿请求,应当予以支持。

【案例简介】2011年12月5日,安徽省人民政府批准征收马鞍山市花山区霍里街道范围内农民集体建设用地10.04公顷,用于城市建设。2011年12月23日,马鞍山市人民政府作出2011年37号《征收土地方案公告》,将安徽省人民政府的批复内容予以公告,并载明征地方案由花山区人民政府实施。苏某华名下的花山区霍里镇丰收村丰收村民组 B11－3 房屋在本次征收范围内。苏某华于 2011 年 9 月 13 日去世，其生前将该房屋处置给女儿及三个外孙。在实施征迁过程中，征地单位分别制作了马鞍山市国家建设用地征迁费用补偿表、马鞍山市征迁住房货币化安置（产权调换）备案表，对苏某华户房屋及地上附着物予以登记补偿，苏某华女儿的丈夫领取了安置补偿款。2012 年年初，被告组织相关部门将苏某华户房屋及地上附着物拆除。苏某华女儿及三个外孙等四人认为马鞍山市花山区人民政府非法将上述房屋拆除，侵犯了其合法财产权，故提起诉讼，请求人民法院判令马鞍山市花山区人民政府赔偿房屋损失、装潢损失、房租损失共计 282.7680 万元；房屋内物品损失共计 10 万元，主要包括衣物、家具、家电、手机等 5 万元，实木雕花床 5 万元。

马鞍山市中级人民法院经审理判决驳回四人的赔偿请求。四人不服，提出上诉，安徽省高级人民法院于 2015 年 11 月 24 日作出（2015）皖行赔终字第 00011 号行政赔偿判决：撤销马鞍山市中级人民法院（2015）马行赔初字第 00004 号行政赔偿判决；判令马鞍山市花山区人民政府赔偿上诉人沙某保等四人房屋内物品损失 8 万元。

法院生效裁判认为：根据《土地管理法实施条例》第 45 条的规定，土地行政主管部门责令限期交出土地，被征收人拒不交出的，申请人民法院强制执行。马鞍山市花山区人民政府提供的证据不能证明原告自愿交出了被征土地上的房屋，其在土地行政主管部门未作出责令交出土地决定亦未申请人民法院强制执行的情况下，对四人的房屋组织实施拆除，行为违法。关于被拆房屋内物品损失问题，根据《行政诉讼法》第 38 条第 2 款之规定，在行政赔偿、补偿的案件中，原告应当对行政行为造成的损害提供证据。因被告的原因导致原告无法举证的，由被告承担举证责任。马鞍山市花山区人民政府组织拆除上诉人的房屋时，未依法对屋内物品登记保全，未制作物品清单并交上诉人签字确认，致使上诉人无法对物品受损情况举证，故该损失是否存在、具体损失情况等，依法应由马鞍山市花山区人民政府承担举证责任。上诉人主张的屋内物品 5 万元包括衣物、家具、家电、手机等，均系日常生活必需品，符合一般家庭实际情况，且被上诉人亦未提供证据证明这些物品不存在，故对上诉人主张的屋内物品种类、数量及价值应予认定。上诉人主张实木雕花床价值为 5 万元，已超出市场正常价格范围，其又不能确定该床的材质、形成时间、与普通实木雕花床有何不同等，法院不予支持。但出于最大限度保护被侵权人的合法权益考虑，结合目前普通实木雕花床的市场价格，按“就高不就低”的原则，综合酌定该实木雕花床价值为 3 万元。

6. 对屋内物品等合法权益的损失存在争议时，法院如何裁判?

根据《行政诉讼法解释》第 47 条第 2 款之规定,在被诉行政行为确已给原告造成损失,但原被告双方对损失存在争议且均无法证明损失具体数额的情况下,即损失的价值无法认定的,应当由负有举证责任的一方当事人申请鉴定,但法律、法规、规章规定行政机关在作出行政行为时依法应当评估或者鉴定的除外。负有举证责任的当事人拒绝申请鉴定的,由其承担不利的法律后果。

同时,根据《行政诉讼法解释》第 47 条第 3 款之规定,损失因客观原因无法鉴定的,可以结合国家赔偿价值取向、举证目的、证明对象、相对人的举证情况及行政机关的过错等实际情况,结合举证责任的规定,对全案证据进行综合审查,并遵循法官职业道德,运用逻辑推理和生活经验,进行全面、客观和公正的分析判断,依法对损失金额予以酌定,判决行政机关承担相应的赔偿责任。但因相对人未妥善保管、及时清理而产生的扩大损失不在行政赔偿范围。

7. 判断行政机关是否应赔偿违建残值损失时，法院应考虑哪些因素?

行政机关在拆除前未依法给予相对人自行拆除机会,相对人基于此主张行政机关未尽审慎拆除义务、导致建筑材料全部或部分毁损,或行政机关未告知相对人可以就残值主张权利、未给相对人自行清理残值的机会,相对人主张返还的,法院可根据双方的举证能力和举证情况,结合建筑物的形成时间、建筑材料的独立程度、建筑材料是否可回收利用、行政机关依法履行拆除行为对建筑材料可能造成的合理损失等因素,酌情确定赔偿数额、判决行政机关承担相应的赔偿责任。

8. 什么情况下对相对人的违建残值赔偿请求，法院可以不予支持?

违建查处行为虽然被确认违法,但相对人未依照行政机关合法的关于限期处理残值的指引对拆除后的违建残值进行处理,又对该残值提起赔偿请求的,法院不予支持。

行政机关的指引是指行政机关在强拆前已经在强制拆除决定等文书中告知相对人,如需要违建残值,应在行政机关强拆前向行政机关声明,并在强制拆除之后限期处置,未声明或未在合理限定期限内及时处置完毕的,相应赔偿请求不予支持。

9. 强制拆除行为实施后，相对人起诉要求赔偿涉案建设本身及附属设施，若限期拆除决定已被依法判决撤销、确认违法或确认无效，法院是否应支持该项赔偿请求？

根据前述举证责任的分配及《国家赔偿法》第2条第1款的规定，如果限期拆除决定非因对违法建设性质认定错误（合法建设被认定为违法建设）导致被依法判决撤销、确认违法或确认无效，相对人起诉要求赔偿涉案建设本身及附属设施的，应提交证据证明涉案建设本身及附属设施是合法财产。

限期拆除决定系因对违法建设性质认定不清而导致被依法判决撤销、确认违法或确认无效，相对人起诉要求赔偿涉案建设本身及附属设施的，在其提交证据证明涉案建设本身及附属设施是合法财产的同时，应适当加重赔偿义务机关对于违法建设性质的举证责任，而不宜在赔偿义务机关未提供任何证据证明强制拆除行为具备事实根据的前提下，驳回相对人的该项赔偿请求。

10. 拆除违法建设类案件中，行政机关委托某一拆除公司进行拆除，拆除公司人员在拆除过程中与行政相对人发生肢体冲突，对行政相对人造成人身损害，行政相对人是否可以以行政机关为被告提起行政赔偿？

根据《行政诉讼法解释》第20条第3款之规定，在没有法律、法规或者规章规定的情况下，行政机关授权其内设机构、派出机构或者其他组织行使行政职权的，应当视为委托，当事人不服提起诉讼的，应该以该行政机关为被告。同时，根据《国家赔偿法》第3条之规定，行政机关及其工作人员在行使行政职权时，有造成公民身体伤害或者死亡的违法行为的，受害人有取得赔偿的权利。因此，行政机关委托拆除公司实施的拆除行为，对相对人造成人身伤害的，可以以该行政机关为被告申请行政赔偿。

11. 涉及拆迁腾退项目的案件，如何认定赔偿范围和数额？

涉及拆迁腾退项目的强制拆除行为引发的行政赔偿案件，人民法院在确定赔偿数额时应坚持全面赔偿和公平合理的理念。所有依据项目安置补偿实施方案应当获得的补偿利益，都属于行政赔偿的范畴，要确保对赔偿请求人的赔偿数额不低于其在合法拆迁腾退情况下可能获得的补偿数额，最大限度发挥国家赔偿制度在维护和救济因受到公权力不法侵害的行政相对人的合法权益方面的功能和作用。

第八节　违反《土地管理法》违法建设类型案件的审查

【审查事项】

作出处理决定的行政机关是否具有相应的职责和权限？违反《土地管理法》的违法占地行为认定事实是否正确？适用的法律法规及条款是否准确？作出处理决定的程序及送达程序是否合法？

【法律适用】

《土地管理法》第4条、第33条、第37条、第44条、第53条、第59条、第60条、第61条、第62条、第67条、第75条、第77条、第78条，《基本农田保护条例》第2条、第17条、第31条、第33条，《土地管理法实施条例》第24条、第42条、第58条，《违反土地管理规定行为处分办法》第10条、第40条，《自然资源行政处罚办法》第30条、第32条，《自然资源执法监督规定》第14条，《自然资源违法行为立案查处工作规程（试行）》。

【常见问题解答】

1. 如何确定查处主体？

违法占地是自然资源违法行为中最常见的一种类型，违法建设项目侵占有限的土地资源，损害国家和社会公共利益，破坏广大人民群众赖以生存的生态环境。未经批准违法占用土地进行违法建设，是违法占地中常见的表现形式。

根据《土地管理法》第67条、第75条、第77条第1款、第78条第1款之规定，县级以上人民政府自然资源主管部门及县级以上人民政府农业农村主管部门分别具有对违反土地管理及农村宅基地管理法律、法规的行为进行监督检查并作出相应处理的职权。

2. 自然资源主管部门与农业农村主管部门在破坏耕地违法行为处罚中的职责如何分工?

根据《土地管理法》第75条之规定,破坏耕地的违法行为由自然资源主管部门、农业农村主管部门按照职责作出并处罚款的行政处罚。自然资源主管部门与农业农村主管部门应当加强信息沟通和执法协作,以耕地的数量和质量为标准,对两部门的执法职责进行大体的划分,即自然资源主管部门侧重于耕地数量的保护和监管,对违反《土地管理法》第75条规定,占用耕地建窑、建坟或者擅自在耕地上建房、挖沙、采石、采矿、取土等违法行为,主要由自然资源主管部门立案查处;对于因土地开发造成土地荒漠化、盐渍化的,主要由农业农村主管部门立案查处。两个部门不得对当事人的一个违法行为给予两次以上罚款的行政处罚。①

3. 违法用地行为认定事实的审查包含哪些内容?

违法用地行为认定事实的审查主要包括占用土地的基本情况及占用土地系违法性质的认定及处理是否正确。占用土地的基本情况一般包括占地的具体位置、面积、范围、占用地类、占地时间、占地来源、占地的单位或个人、建设情况、规划用途、相关审批情况等;占用土地系违法性质的认定包括违法占用土地新建建筑物和其他设施、农村村民违法占用土地建住宅、破坏耕地等具体表现形式;占用土地系违法性质的处理系根据违法事实、违法性质、违法情节、违法后果、社会危害程度、是否主动消除违法行为后果等因素,对照自由裁量权标准,作出的行政处罚决定等处理决定。

4. 对于违法占地人在自然资源主管部门送达责令改正通知书后自行拆除地上物的,如何确定违法占地面积?

依照《土地管理法》第74条、第75条、第77条之规定,公民、法人或其他组织仅自行拆除违法建设,但未按自然资源主管部门的决定要求完成恢复土地原状或治理等义务的,已经拆除地上物的土地不应从违法占地面积中扣除。

---

① 魏莉华:《新〈土地管理法实施条例〉释义》,中国大地出版社2021年版,第372页。

5. 非法占用土地新建建筑物和其他设施的违法行为应如何予以认定?

根据《土地管理法》第77条之规定,违法情形主要包括:第一,未经批准,违法占地。根据《土地管理法》第44条、第59条、第60条、第61条等的规定,占用土地应当严格报批,若需要申请审批方能取得土地使用权的单位和个人,不进行申请或者具有审批权限的机关不予批准,则申请人因未取得合法手续擅自占用土地新建建筑物和其他设施即构成未经批准,违法占地。

第二,采取各种欺骗手段骗取批准,违法占地。这种情形是指不具备用地资格的单位或个人采用虚构事实、伪造信息、隐瞒情况等手段,故意欺骗审批机关,取得用地批准文件并占用土地新建建筑物和其他设施。

第三,超过批准数量多占土地。单位或个人的土地使用权依法被批准后,不按照批准的面积使用土地,扩张用地范围的,其超占部分以违法占用土地论处。

6. 违法占用土地新建建筑物和其他设施的违法行为应如何予以处理?

根据《土地管理法》第77条第1款、《土地管理法实施条例》第58条及《自然资源违法行为立案查处工作规程(试行)》10.6之规定,应根据违法占用土地的用途区分处理。

违法占用的土地为农用地的,责令退还土地,对违反土地利用总体规划擅自将农用地改为建设用地的,限期拆除地上新建的建筑物和其他设施,恢复土地原状,对符合土地利用总体规划的,没收地上新建的建筑物和其他设施;可以并处罚款,且应当于90日内交由本级人民政府或者其指定的部门依法管理和处置。

违法占用的土地为建设用地和未利用地的,责令退还土地,可以并处罚款。对地上新建建筑物和其他设施,由违法当事人与合法的土地所有者或使用者协商处置,涉及违反《城乡规划法》的,应当转交城乡规划主管部门处理。

7. 如何把握《土地管理法》第77条等条款中规定的“责令退还非法占用的土地”中“退还”的含义?

原则上应将“退还”理解为退还违法占用的状态,即消除违法用地状态,如拆除地上物、恢复土地原状等。法院审查判断时,应结合自然资源部门具体适用的法律条款和决定内容,判断退还是否已经完成、违法占用状态是否已经结束。《自然资源违法行为立案查处工作规程(试行)》10.6 规定,责令退还、交还土地的,将土地退还、交还至土地权利人或管理人。

8. 农村村民违法占用土地建住宅应如何认定?

根据《土地管理法》第 78 条之规定,主要包含三种违法情形:第一,未经批准,违法占用土地建住宅。根据《土地管理法》第 59 条、第 62 条之规定,农村村民建住宅,应当符合乡(镇)土地利用总体规划、村庄规划,由乡(镇)人民政府审核批准。其中,涉及占用农用地的,要依法办理审批手续。不进行申请或者具有审批权限的机关不予批准,农村村民不得擅自占用土地建住宅。

第二,采取欺骗手段骗取批准,违法占用土地建住宅。这是指本不具备申请用地条件,但是编造虚假信息或者伪造虚假文件,谎称具备申请条件获得批准。

第三,超过标准多占土地建住宅。该标准系省、自治区、直辖市结合实际分别规定的宅基地面积标准。

9. 破坏耕地行为包括哪些?

根据《土地管理法》第 4 条、第 37 条、第 75 条之规定,国家实行土地用途管制制度,将土地分为农用地、建设用地和未利用地。农用地是直接用于农业生产的土地,包括耕地、林地、草地、农田水利用地、养殖水面等。国家对耕地实行特殊保护,保证耕地总量不被侵蚀。因此,占用耕地建窑、建坟或者擅自在耕地上建房等非用于农业生产、改变土地用途的行为,均系法律禁止的破坏耕地行为。

10. 破坏永久基本农田的行为是否属于破坏耕地的行为?

2008 年党的十七届三中全会提出“永久基本农田”概念,即无论什么情况下都不能改变其用途,不得以任何方式挪作他用的基本农田。2019 年修正的《土地管理法》中,基本农田前面加上“永久”二字,体现了国家对基本农田保护的重视。

永久基本农田是指按照一定时期人口和社会经济发展对农产品的需求,依法划定的优质耕地,重点用于发展粮食生产。根据《土地管理法》第 33 条及《基本农田保护条例》第 2 条的规定,国家实行基本农田保护制度,为对基本农田实行特殊保护,会根据土地利用总体规划、依照法定程序将部分耕地划入基本农田保护区。因此,占用基本农田建窑、建坟、建房等破坏基本农田、毁坏种植条件的行为,均系违反《基本农田保护条例》第17条规定的破坏基本农田行为,同时也属于违反《土地管理法》第75条规定的破坏耕地行为。

11. 破坏耕地或永久基本农田,应如何予以处理?

违法占用永久基本农田从事非农建设是情节最严重的一类土地违法行为,惩处力度也是最严厉的。根据《土地管理法》第75条及《基本农田保护条例》第31条之规定,破坏耕地或占用基本农田的违法行为导致破坏种植条件或造成土地荒漠化、盐渍化的,由县级以上人民政府土地行政主管部门责令改正或者治理,恢复原种植条件,可以并处罚款。

12. 历史形成的未取得合法用地手续的建筑物如何处理?

《土地卫片执法图斑合法性判定规则》提出,卫片图斑所涉及的国土调查数据库中的现状地类全部为建设用地的,属于存量建设用地,在存量建设用地上存在的违反国土空间规划的翻新、翻建、新建行为,应当判定为存量非农建设违法用地。

但是,《土地管理法》颁布实施后,在未经审批或无合法权源的建设用地上进行翻新、翻建、新建行为,应判定为新增非农建设违法用地。在违法占地查处的执法办案中,对涉及历史遗留建筑物的处置,要综合考虑,既要依据法律规定,也要参照相关政策,妥善处理。根据自然资源部发布的《关于加快解决不动产登记若干历史遗留问题的通知》,对于用地手续不完善的问题,应当按照实际情况、不同时间、不同类型分别采取划拨、协议出让等方式按照项目建设时的政策补办用地手续。

13. 如何审查违法建设类案件的法律适用?

该类案件的法律适用包括两部分,即结合具体违法事实,定性和处罚分别适用具体法律条款,且所适用条款要相互对应和吻合。

违法占地行为的定性法律条款一般包括《土地管理法》第37条、第44条、第53条、第59条、第60条、第61条、第62条、第77条、第78条,《土地管理法实施条例》第24条,《基本农田保护条例》第17条等。

违法占地行为的处罚法律条款一般包括《土地管理法》第75条、第77条、第78条,《土地管理法实施条例》第42条、第58条,《违反土地管理规定行为处分办法》第10条、第40条,《基本农田保护条例》第33条,以及地方规定,如《北京市耕地开垦费收缴和使用管理办法》第4条等。

14. 发现违法线索后,自然资源部门应如何处理,是否都要予以立案?

根据《自然资源行政处罚办法》及《自然资源违法行为立案查处工作规程(试行)》2.4的规定,对于有明确违法行为发生地和基本违法事实的,应当填写《违法线索登记表》,需要进一步核查的,要及时核查。发现存在违法行为的,执法人员应当向违法当事人宣讲自然资源法律法规和政策,告知其行为违法及可能承担的法律责任,采取措施予以制止。对于正在实施的违法行为,自然资源部门应当依法及时下达《责令停止违法行为通知书》。

自然资源部门核查结束后,应当根据立案或者不予立案的建议填写立案(不予立案)呈批表,报自然资源主管部门负责人审批。违法行为轻微并及时纠正,没有造成危害后果,或者立案前违法状态已经消除的,可以不予立案。符合立案条件的,应当在10个工作日内予以立案。

15. 行政机关应何时作出责令类的法律文书?

根据《自然资源执法监督规定》第14条、《自然资源行政处罚办法》第30条及《自然资源违法行为立案查处工作规程(试行)》15.5的规定,县级以上自然资源主管部门履行执法监督职责,依法可以责令当事人停止正在实施的违法行为,限期改正。法律法规规定的责令改正、责令限期改正或者治理、责令退还土地、责令交还土地等责令类法律责任,可以与行政处罚决定一并作出,也可以在作出行政处罚决定之前单独作出。

16. 针对违法占地行为作出行政处罚决定前,是否应当告知当事人有要求举行听证的权利?

根据《自然资源违法行为立案查处工作规程(试行)》8.3的规定,自然资源主管部门在作出较大数额罚款、没收违法用地上的新建建筑物和其他设施、限期拆除违法用地上的新建建筑物和其他设施、恢复原状等的行政处罚决定、责令停业整顿前,应当制作《行政处罚听证告知书》并送达当事人。《行政处罚听证告知书》应当载明作出行政处罚的事实、理由、依据和处罚内容,并告知当事人有要求举行听证的权利。

17.《行政处罚告知书》和《行政处罚听证告知书》是否可以同时送达?

根据《自然资源违法行为立案查处工作规程(试行)》8.3 的规定,《行政处罚告知书》和《行政处罚听证告知书》可以一并下达或者合并下达。

18.行政机关作出行政处罚决定的期限是多久?

根据《自然资源违法行为立案查处工作规程(试行)》8.5 的规定,自然资源主管部门应当自立案之日起 90 日内作出行政处罚决定。案情复杂,不能在规定期限内作出行政处罚决定的,报本级自然资源主管部门负责人批准,可以适当延长,但延长期限不得超过 30 日,案情特别复杂的除外。

第九节　非诉执行案件的审查

【审查事项】

是否在法定期限内申请人民法院强制执行?申请强制执行的行政机关是否提供了齐备的申请材料?作出的行政处罚决定是否具备法定执行效力?实施主体是否具有行政主体资格?作出的行政处罚决定是否明显缺乏事实根据?作出的行政处罚决定是否明显缺乏法律、法规依据?作出的行政处罚决定是否明显违法并损害被执行人合法权益?

【法律适用】

《土地管理法》第 83 条,《行政强制法》第 35 条、第 36 条、第 53 条、第 55 条、第 57 条、第 58 条,《行政诉讼法解释》第 161 条,《自然资源违法行为立案查处工作规程(试行)》10.3.3。

【常见问题解答】

1. 行政机关针对违反《土地管理法》的违法建设，是否可以直接申请人民法院强制执行？

根据行政强制执行权法定原则，行政机关的行政强制执行权只能由法律规定，除特别法规定行政机关既可以自己强制执行，也可以申请人民法院强制执行的情况外，行政机关不能放弃行使法律授予其的强制执行权，申请人民法院强制执行。

根据《土地管理法》第83条之规定，建设单位或者个人对责令限期拆除的行政处罚决定不服的，期满不起诉又不自行拆除的，由作出处罚决定的机关依法申请人民法院强制执行。因此，对于违反《土地管理法》的违法建设，当事人既不履行自行拆除的义务，又不行使提起行政诉讼的权利，则期限届满后，作出处罚决定的行政机关可以依法申请人民法院强制执行。

2. 申请人民法院强制执行的3个月期限是否可以中止、中断或者延长？

根据《行政强制法》第53条之规定，当事人在法定期限内不申请行政复议或者提起行政诉讼，又不履行行政决定的，没有行政强制执行权的行政机关可以自期限届满之日起3个月内，申请人民法院强制执行。这3个月期限的性质是除斥期间，没有中止、中断或者延长的说法，即从起算点算起，行政机关必须在3个月内提出申请，逾期提出申请的，人民法院不予受理。

3. 如何审查涉及违法占地的行政处理决定是否具备法定执行效力？

行政处罚决定具备法定执行效力是指行政处罚决定已经具备了申请人民法院执行的效力。具体来讲，包括以下内容：第一，行政处罚决定依法成立并已经依法送达当事人；第二，当事人未依法申请行政复议或者提起行政诉讼，该行政处罚决定已经具有不可争力；第三，行政处罚决定的履行内容已经期满而当事人未履行；第四，行政处罚决定具有可执行内容；等等。

4. 当事人履行了行政处罚决定的部分义务，行政机关是否可以申请人民法院强制执行？

行政处罚决定的履行内容已经期满而当事人未履行既包括全部没有履行，也包括只履行了行政处罚决定的部分义务。对于部分履行的情况，行政机关在申请强制执行时，只要申请人民法院强制其履行未履行部分的义务即可。

5. 对自然资源部门申请法院强制执行其违法占地处理决定的非诉案件，如何把握审查标准？

自然资源部门根据《土地管理法》第 77 条第 1 款的规定，对公民、法人或其他组织未经批准违法占用土地作出处罚决定，申请人民法院强制执行的，法院应按照《行政强制法》第 55 条、第 57 条、第 58 条及《行政诉讼法解释》第 161 条的规定，对被申请执行行政行为的事实认定、法律依据、法定程序等方面进行全面审查。法院在裁定准予执行前，应就以下几个方面进行重点审查：

（1）针对同一土地违法行为是否重复作出限期拆除、退还等处罚决定；

（2）相对人认定是否存在错误、遗漏；

（3）认定的违法占地情况是否清楚、是否可以确定执行内容；

（4）违法占地涉及基本农田、符合《土地管理法》第 75 条的适用条件，是否同时适用该条规定责令限期改正或者治理；

（5）是否仅给予罚款处罚，未一并责令退还违法占用的土地，并根据是否违反土地利用总体规划的情况，处以限期拆除、恢复土地原状，或没收建筑物和其他设施；

（6）是否明显不具有可执行性，如要求拆除的仅为整体建筑物、构筑物的一部分；

（7）是否存在其他重大明显违法，严重损害被执行人的人身权、财产权、正当程序权等合法权益的情形。

6. 对符合《土地管理法》第 75 条的适用条件，未严格依法作出处理，法院可否裁定不准予执行？

自然资源主管部门、农业农村主管部门仅给予罚款处罚，未一并责令退还违法占用的土地，并根据是否违反土地利用总体规划的情况，处以限期拆除、恢复土地原状，或没收建筑物和其他设施的,或违法占地涉及基本农田、符合《土地管理法》第75条的适用条件,未同时适用该条规定责令限期改正或者治理的,均属适用法律错误,法院可裁定不准予执行。

7. 申请法院强制执行前的催告程序是指什么?《行政强制法》第35条、第36条的规定是否也适用于行政机关申请人民法院强制执行?

催告程序是指义务人在行政处理决定所确定的履行义务期限届满后仍不自动履行义务时,行政机关书面通知义务人应立即履行义务,并告知仍不履行义务将面临的不利后果和强制执行的方式。

根据《行政强制法》第35条有关催告书的内容、第36条有关对催告书陈述、申辩权的规定,行政机关在申请人民法院强制执行前,应参照执行。

8. 申请人民法院强制执行,催告书应何时送达?

与行政机关强制执行一样,对于催告书送达的时间,《行政强制法》没有作出明确规定。一般认为只要在行政处罚决定所确定的履行期限届满后相对人仍未履行时,行政机关就可以催告自动履行。催告书送达时间与法定的复议或者诉讼期限没有关系。但因为申请人民法院强制执行的期限是复议或者诉讼的期限届满后3个月内,因此,催告程序实施完毕必须在此3个月内。也就是说,催告书必须至少在3个月期限届满前的10日内向相对人送达。

9. 法院判决驳回原告诉讼请求后,不具有强制执行权的行政机关申请法院强制执行涉及违建的行政决定的,如何进行审查?

法院判决驳回原告诉讼请求后,不具有强制执行权的行政机关申请法院强制执行的,应申请执行其行政行为,人民法院应参照非诉执行案件进行审查及适用法律。

法院在生效判决中对该行政行为的合法性已经进行了全面审查的,在执行审查中可直接认定该行为之合法性。

10. 人民法院裁定准予执行自然资源部门依据《土地管理法》的有关规定作出的处理决定后，如何把握执行主体？

自然资源部门依据《土地管理法》的有关规定作出处理决定后申请法院强制执行，经审查符合法定条件的，法院应及时裁定准予执行。

同时，根据《自然资源违法行为立案查处工作规程（试行）》10.3.3 的规定，自然资源部门应当加强与人民法院的协作配合，申请人民法院强制执行时，严格按照“法院裁定准予执行、政府组织实施、法院到场监督”的拆除违法用地地上建筑物强制执行机制执行，即由违法占地所在地的政府负责组织实施执行。

法院作出准予执行裁定后，政府部门执行该行政处理决定的，属行政执行行为，不属于法院行政诉讼的受案范围，但为相对人设定新的权利义务或超越准予执行范围的除外。

附：

本院典型案例

某塑料厂诉北京市通州区张家湾镇人民政府案

【裁判要旨】腾退人在与被腾退人即土地使用权人签订腾退补偿协议并给付完毕全部腾退补偿款的情况下，实施的拆除行为不属于强制拆除行为。原告以被拆除地上物包括其承租及自建房屋，腾退人实施强制拆除行为且应赔偿损失为由提起行政诉讼，缺乏事实依据，不符合行政诉讼的起诉条件，应当裁定驳回起诉。关于原告与被腾退人就腾退补偿利益的分配，应通过协商或民事诉讼途径予以解决。

【裁判文书】

北京市第三中级人民法院

行政裁定书

(2022)京03行再1号

抗诉机关北京市人民检察院。

申诉人(一审原告、二审上诉人)某塑料厂。

法定代表人阎某,厂长。

被申诉人(一审被告、二审被上诉人)北京市通州区张家湾镇人民政府,住所地北京市通州区张家湾镇。

法定代表人周丰,镇长。

被申诉人(一审第三人、二审被上诉人)李某,男,住北京市通州区。

某塑料厂因诉北京市通州区张家湾镇人民政府(以下简称张家湾镇政府)、李某要求确认强制拆除行为违法一案,北京市通州区人民法院(以下简称原审法院)于2019年6月11日作出(2019)京0112行初112号行政裁定,某塑料厂不服,向本院提起上诉,本院于2019年7月30日作出(2019)京03行终720号行政裁定。某塑料厂不服,申请再审,北京市高级人民法院于2020年10月15日作出(2020)京行申391号行政裁定,驳回某塑料厂的再审申请。某塑料厂不服,向检察机关申请监督,北京市人民检察院认为本案符合《中华人民共和国行政诉讼法》第九十三条第一款、第九十一条第四项规定的情形,于2021年11月1日以京检行监[2021]11000000078号行政抗诉书向北京市高级人民法院提出抗诉。北京市高级人民法院于2021年12月2日作出(2021)京行抗5号行政裁定,指令本院再审本案。本院依法另行组成合议庭,公开开庭审理了本案。北京市人民检察院指派北京市人民检察院第三分院检察官吕萍、检察官助理何湘出庭。申诉人某塑料厂之法定代表人阎某及其委托诉讼代理人易某飞,被申诉人张家湾镇政府之委托诉讼代理人孔某琮、杜某,被申诉人李某到庭参加诉讼。本案现已审理终结。

某塑料厂诉请原审法院确认张家湾镇政府于2018年11月25日对某塑料厂位于北京市通州区张家湾镇里二泗村的房屋(以下简称涉案房屋)强拆行为违法。

北京市人民检察院抗诉认为:张家湾镇政府实施了强制拆除行为,某塑料厂提起的诉讼有具体的诉讼请求和事实依据。北京市第三中级人民法院(2019)京03行终720号行政裁定存在适用法律错误的情形。理由如下:一、某塑料厂应属被腾退人,依法享有获得独立补偿利益的权利。二、张家湾镇政府依据与李某之间的协议实施拆除行为构成对某塑料厂的强制拆除。(一)张家湾镇政府实施了被诉拆除行为。张家湾镇政府作为方案规定的项目腾退主体,具体实施了拆除前的准备工作及后续的拆除工作,系被诉拆除行为的行为主体。(二)某塑料厂与李某对各自所建房屋享有腾退补偿利益,对某塑料厂享有所有权的自建房屋的拆除必须征得某塑料厂的同意,李某基于与北京市通州区张家湾镇里二泗村民委员会(以下简称村委会)签订的土地有偿使用合同而在合同有效履行期内具有对其所建房屋的补偿利益,某塑料厂基于与李某签订的合同书并经村委会认可,同样应当享有在合同有效期内对其自建房屋获得补偿利益的权利,张家湾镇政府既未征得某塑料厂同意,与其单独签订腾退补偿协议,又在明知李某未获授权无权处分某塑料厂补偿利益情况下,与李某签订包含某塑料厂所有房屋在内的腾退补偿协议,并基于此实施拆除行为,侵犯了某塑料厂作为承租人及房屋所有权人双重身份而享有获得补偿的权利,对某塑料厂构成强制拆除。(三)腾退补偿利益应具有完整性,除针对房屋的补偿,还应当包括停产停业损失及移除机器设备费用的补偿。张家湾镇政府未征得某塑料厂同意,对其享有所有权的机器设备予以搬离,构成事实上的强制。《通州区张家湾镇新一轮百万亩造林绿化工程集体土地上非住宅地上物腾退补偿实施方案》中虽然未规定停产停业损失,但某塑料厂建厂房系用于生产经营塑料制品,由于腾退发生在合同履行期内,必然导致某塑料厂无法继续生产经营,由此造成的损失应当获得补偿,张家湾镇政府就此应与某塑料厂进行协商。此外,某塑料厂对其厂房内的机器设备享有所有权,对机器设备搬迁应征得某塑料厂同意,张家湾镇政府在未同某塑料厂就机器设备事项达成协议的情况下,对某塑料厂的机器设备予以搬离,形成事实上的强制,且某塑料厂就停产停业及机器设备移除费用一事难以通过民事诉讼途径解决。综上所述,北京市第三中级人民法院(2019)京03行终720号行政裁定适用法律错误,根据《中华人民共和国行政诉讼法》第九十三条第一款、第九十一条第(四)项的规定,特提出抗诉,请依法再审。

申诉人某塑料厂申诉称:请求撤销原审法院(2019)京0112行初112号行政裁定和本院(2019)京03行终720号行政裁定,依法再审本案,同意检察机关的抗诉意见。事实和理由:一、二审法院事实认定错误。被诉行为属于明显的非法强制拆除行为,一、二审法院将行政行为合法性的举证责任科加给我方,违背了行政诉讼法的举证原则。一、张家湾镇政府的两次张贴文书都给我方科加了义务,符合行政诉讼的前提,即行政机关对相对人施加不利影响,足以影响相对人的合法权益,我方已经实际停产一年多。二、我方提交强制拆除当日行政机关在某塑料厂厂区范围内强制搬迁的视频,足以证明非我方自愿行为。三、张家湾镇政府与李某达成的补偿协议,不包括我方的补偿款。一、二审法院认为协议包括了我方的财产部分,但在腾退补偿协议未由我方签名的情况下,属于事实认定错误。四、我方用于生产经营的房屋被拆除,不仅会对土地及房屋产权人造成影响,也可能对合法经营的承租人的权益造成损害,政府在实施房屋拆除过程中,对于房屋实际承租人可能存在的权益予以考虑并采取必要措施避免损失的发生也是其应尽的义务,也是合理、合法行政的题中应有之义。

被申诉人张家湾镇政府辩称:不同意检察机关的抗诉意见,不同意某塑料厂的申诉请求,请求予以驳回。事实和理由:一、涉案土地已由李某签订了腾退补偿协议,我方的拆除系履约行为,不存在强制拆除,也不存在越权行为,故某塑料厂的起诉不属于行政诉讼法规定的人民法院的受案范围。二、某塑料厂可通过协商或诉讼途径主张与李某分割腾退补偿利益,其权益可以得到维护。三、涉案土地属于张家湾镇政府非住宅腾退项目,我方就项目制定了实施方案,实施方案也进行了报备和审批,审批后予以公示。关于项目被腾退人的认定由五方小组出具认定单,搬迁补偿和支付的依据为审计报告。本案对于村委会而言,只有李某是5.2亩土地的使用权人,某塑料厂并非使用权人,地上物也没有取得规划手续,不是合法的所有权人,不符合五方小组认定的被腾退人的条件。被腾退人的认定不属于行政诉讼的受案范围,也不属于本案争议焦点。关于某塑料厂在腾退中享有的权利由其与第一手承租人协商,协商一致后签订分款协议,我方配合双方将腾退补偿款予以分割并支付,但不是我方必须履行的职责。我方曾与某塑料厂协商,想协助其与李某达成协议,但某塑料厂拒绝沟通,这不影响李某作为被腾退人签约,也不影响我方拆除。四、我方不应向某塑料厂支付停产停业损失及设备迁移补偿。本项目地上物全部房间由李某拿着钥匙打开、我方登记,未看到某塑料厂有生产经营的迹象,未见到机械设备,院内已布满荒草、堆放杂物,仅有一台机器也已锈迹斑斑、布满尘土、无人值守,说明早在腾退之前某塑料厂即已停产,非因腾退才造成停产,且庭审中某塑料厂也自述其与李某就供电事宜存在纠纷,早在2017年1月就停止经营,故本次腾退时不涉及停产停业补偿,不应额外支付停产停业损失。某塑料厂自认系加工夜光棒,大多工作由工人手工完成,无特种机械设备,也自认无大型生产设备,故不符合特种设备迁移的支付条件。如果某塑料厂获得明显高于已签约被腾退人的补偿,对于已签约的被腾退人不公平,也可能增加其他项目及其他未签约被腾退人的不当期待。五、本腾退项目系为配合北京市“疏整促”专项行动、实现全市无违建目标而实施,针对集体土地上未取得规划手续的建筑,考虑到部分建筑系因历史原因而未取得规划手续,为降低被腾退人损失而给一定拆除配合费用,与传统意义上的征地、拆迁项目有很大区别,项目的补偿费用构成也有很大差别,不能互相参照。综上,我方的拆除行为应属履行协议的行为,不应视为履行法定职责的行政行为,请求驳回某塑料厂的申诉请求,维持一、二审裁定。

被申诉人李某辩称,对检察机关抗诉意见没有意见,同意一、二审裁定,关于某塑料厂的申诉请求依据双方合同约定执行。

原审法院一审认定事实:2003 年第三人李某与村委会签订土地有偿使用合同书,约定第三人李某承租村委会 5.2 亩土地,合同期限自 2003 年 1 月 1 日至 2052 年 12 月 31 日止。后 2003 年 6 月 9 日,某塑料厂与第三人李某签订合同书,约定某塑料厂承租第三人李某里二泗村大院约 2 亩及院内砖混结构厂房约 360 平方米,该合同经过村委会认可。后某塑料厂在涉诉场地新建了部分房屋。

2018 年 10 月 12 日张家湾镇政府与第三人李某签订腾退补偿协议,该协议约定第三人李某将承租的 5.2 亩土地地上物 3139.31 平方米腾退,交付给张家湾镇政府拆除,张家湾镇政府给付第三人李某各项费用共计 3,812,567 元,该协议地上物包括了某塑料厂从第三人李某处承租的地上物和后续自建地上物。2018 年 11 月 24 日,张家湾镇政府发布了通知,告知通州区张家湾镇里二泗村非住宅房屋被腾退人应自通知发布之日自行移除处理未搬离物品,第三人李某在该通知上进行了签字确认。2018 年 11 月 25 日,张家湾镇政府组织人员对协议内地上物进行拆除。某塑料厂认为该拆除行为侵犯其财产权益,诉至法院。

原审法院一审认为,根据《中华人民共和国行政诉讼法》第四十九条的规定,行政相对人提起行政诉讼应当符合下列条件:(1)原告是符合本法第二十五条规定的公民、法人和其他组织;(2)有明确的被告;(3)有具体的诉讼请求和事实根据;(4)属于人民法院受案范围和受诉人民法院管辖。其中,第(3)项规定的事实根据应系能够使诉讼标的特定化或者能识别所需要的最低限度的事实,即能证明行政法上权利义务关系存在的基本事实。本案中,某塑料厂诉称 2018 年 11 月 25 日张家湾镇政府对其承租的涉案房屋实施了强制拆除行为,但根据法院查明的事实,2018 年 10 月 12 日张家湾镇政府与第三人李某签订腾退补偿协议约定在协议签订十日内由第三人李某对其承租的 5.2 亩土地地上物 3139.31 平方米进行腾退,其中包含了某塑料厂承租及自建部分,张家湾镇政府支付其相应的腾退补偿补助等费用,而 2018 年 11 月 25 日张家湾镇政府系依据该腾退补偿协议作出的拆除行为,所以不存在某塑料厂所述的强制拆除行为。另外,关于腾退补偿协议的签署与效力并非本案应审查的范围,故应驳回某塑料厂的起诉。综上,依照《最高人民法院关于适用〈中华人民共和国行政诉讼法〉的解释》第六十九条第一款第(一)项之规定,裁定:驳回某塑料厂的起诉。

某塑料厂不服一审裁定,向本院提起上诉,其事实与理由为:原审法院事实认定错误。某塑料厂在本案中存在重大财产利益,而导致某塑料厂利益受损的是张家湾镇政府的拆除行为。即使原审法院查明张家湾镇政府与李某签订了腾退补偿协议,也只能说明其双方之间不存在强制拆除,不应把该协议范围扩大到某塑料厂。某塑料厂用于生产经营的房屋被拆除,不仅会对土地及房屋产权人造成影响,也有可能会对合法经营的承租人的权益造成损害,政府在实施房屋拆除过程中,对于房屋实际承租人可能存在的权益应予考虑并采取必要措施避免损失发生。某塑料厂具备提起行政诉讼的基本条件。某塑料厂在一审中提交了证据证明张家湾镇政府行为违法,张家湾镇政府未就其行为合法性进行举证,原审法院未予查明认定。请求二审法院撤销一审裁定,依法改判支持某塑料厂一审诉讼请求或发回重审。

本院二审认为,根据《中华人民共和国行政诉讼法》第四十九条第(三)项之规定,公民、法人或者其他组织向人民法院提起行政诉讼,应当具有事实根据。本案中,某塑料厂诉请确认张家湾镇政府强制拆除涉案房屋违法,但张家湾镇政府与李某签订腾退补偿协议,各方均认可该协议中包含了涉案房屋,张家湾镇政府拆除涉案房屋系基于李某履行上述协议进行腾退,并非行政强制行为。某塑料厂提供的证据亦不足以证明张家湾镇政府实施了强制拆除行为。故某塑料厂提起本案诉讼缺乏事实根据,原审法院裁定驳回其起诉并无不当,本院二审予以维持。某塑料厂认为其合法权益受损应通过其他途径另行救济。综上,依照《中华人民共和国行政诉讼法》第八十九条第一款第(一)项的规定,裁定:驳回上诉,维持一审裁定。

再审期间,检察机关提交新证据:1.《通州区张家湾镇新一轮百万亩造林绿化工程集体土地上非住宅地上物腾退补偿实施方案》第三条、第四条,证明张家湾镇政府作为本项目责任主体的权限范围及被腾退人的范围,张家湾镇政府没有强制拆除的权限,某塑料厂属于被腾退人;2. 询问笔录第3页倒数第6、7行,证明张家湾镇政府在拆除地上物时将某塑料厂厂房内物品搬至张家湾镇政府所租的库房内,形成事实上的强制行为。某塑料厂认可上述证据。张家湾镇政府的质证意见如下:认可证据1的真实性、合法性,不认可证明目的,本案不存在强制拆除行为;认可证据2的真实性,但只是工作人员陈述当时情况,没有定性。李某称土地费、房屋租赁费都是其交纳。经审查,上述证据真实有效,与涉案土地上的腾退项目相关,但不能证明其举证目的,本院再审不予采信。

张家湾镇政府提交新证据:1.《关于〈通州区张家湾镇新一轮百万亩造林绿化工程集体土地上非住宅地上物腾退补偿实施方案〉申请备案的函》(张政函〔2018〕86号)、北京市通州区住房和城乡建设委员会复函(通住建委函〔2018〕463号)《通州区张家湾镇新一轮百万亩造林绿化工程集体土地上非住宅地上物腾退补偿实施方案》,证明腾退方案已向北京市通州区住房和城乡建设委员会备案并批复实施。2.村委会证明,证明李某系涉案土地的使用权人。3.《北京市通州区张家湾镇新一轮百万亩造林绿化工程张家湾公园建设工程(一期)及2018留白增绿项目集体土地上非住宅地上物被腾退人五方认定单》,证明依照腾退实施方案和五方小组认定张家湾镇里二泗村14号的被腾退人为李某。某塑料厂的质证意见如下:认可证据1的真实性,合法土地租赁人也可作为被腾退人;认可证据2的真实性,实际使用权利人应以书面记录为准,不认可合法性和证明目的;认可证据3的真实性,不认可合法性和证明目的,某塑料厂自2003年在涉案地块开始经营和生产,有协议和经营执照载明,证明和五方认定单无权剥夺某塑料厂的财产权和土地的用益物权。李某没有意见。张家湾镇政府提交的证据可以作为一、二审证据的补充,供本院参考。

当事人对一、二审裁定中查明的事实和认定的证据没有异议,本院再审查明的事实与一、二审裁定认定的事实一致,本院再审予以确认。

另查,2003年李某与村委会签订土地有偿使用合同书,约定李某承租村委会5.2亩土地,合同期限自2003年1月1日至2052年12月31日止。2003年6月9日,李某与某塑料厂签订合同书,约定李某租给某塑料厂里二泗村大院约2亩及院内砖混结构厂房约360平方米,李某在甲方处签字,某塑料厂及北京明科康乐商贸有限责任公司在乙方处盖章,负责人处有阎某签字。村委员会在甲方主管部门处、合同首部和骑缝处盖章。后某塑料厂在涉案场地新建了部分房屋,租期自2003年8月1日至2053年8月1日止。2018年7月,张家湾镇政府作出腾退公告。2018年9月4日,张家湾镇政府向北京市通州区住房和城乡建设委员会作出《北京市通州区张家湾镇人民政府关于〈通州区张家湾镇新一轮百万亩造林绿化工程集体土地上非住宅地上物腾退补偿实施方案〉申请备案的函》(张政函〔2018〕86号),第四条规定,本项目的被腾退人为项目范围内非住宅房屋及地上附着物的合法所有权人或合法租赁土地的使用人。2018年9月4日,北京市通州区住房和城乡建设委员会作出通住建委函〔2018〕463号复函。2018年10月12日,张家湾镇政府与李某签订《张家湾公园建设工程(一期)及2018年"留白增绿"项目集体土地非住宅房屋、青苗及地上附着物腾退补偿协议》,载明:甲方

(腾退人)为张家湾镇政府,乙方(被腾退人)为李某。2018年11月24日,张家湾镇政府向“通州区张家湾镇里二泗村非住宅房屋被腾退人”作出《关于尽快移除相关物品配合拆除工作的通知》,李某在该通知上签字。2018年11月25日,张家湾镇政府在拆除协议内地上物的同时对某塑料厂厂房内的机器设备及物品搬至张家湾镇政府所租的库房内存放。

庭审中,某塑料厂称在涉案场地实际经营,后因李某把电停了,让其交纳变压器费用,且停电前阻碍经营,自2017年1月起没有实际经营。李某称从来没有停电,李某交纳电费,停电是张家湾镇政府给停的。

本院再审认为:根据《中华人民共和国行政诉讼法》的规定,公民、法人或者其他组织提起行政诉讼,应当符合法定起诉条件。

根据腾退补偿实施方案,涉案土地上项目的被腾退人应当是项目范围内非住宅房屋及地上附着物的合法所有权人或合法租赁土地的使用人。本案中,李某与村委会于2003年签订土地有偿使用合同书,承租村委会5.2亩土地,租期自2003年1月1日至2052年12月31日止。李某于2003年6月9日与某塑料厂签订合同书,将其中2亩土地及院内砖混结构厂房约360平方米转租给某塑料厂,后某塑料厂在涉案场地新建了部分房屋。虽然村委会在甲方主管部门处、合同首部和骑缝处盖章,但某塑料厂未与村委会签订合法租赁手续,亦未提供其在涉案土地上建设房屋的有关证明文件,不能认定其为涉案房屋的合法所有权人。故,李某作为涉案土地的承租人属于该项目的被腾退人。因此,某塑料厂主张其为被腾退人的申诉意见缺乏证据,本院不予支持。

2018年10月12日,张家湾镇政府与李某签订了腾退补偿协议。2018年11月24日,李某在张家湾镇政府要求被腾退人自行移除处理未搬离物品的通知上进行了签字确认。2018年11月25日张家湾镇政府依据腾退补偿协议进行拆除行为,并对某塑料厂厂房内的机器设备及物品搬至张家湾镇政府所租的库房内存放,后向李某全额发放了全部腾退补偿款,支付了腾退补偿补助等费用。因此,张家湾镇政府基于与李某履行腾退补偿协议于2018年11月25日作出的拆除行为,不属于行政强制行为。故,某塑料厂的起诉缺乏事实依据,不符合《中华人民共和国行政诉讼法》第四十九条规定的起诉条件。因此,某塑料厂主张被诉行为属于明显的非法强制拆除行为的申诉意见缺乏事实依据和法律依据,本院不予支持。

关于某塑料厂主张与李某之间就合同产生的纠纷以及涉案土地项目的腾退补偿利益损失,均不属于本案审理范围。因此,某塑料厂主张可能对承租人合法经营权益造成损害的申诉意见不成立,缺乏法律依据,本院不予支持。

综上，某塑料厂的申诉请求及检察机关的抗诉意见缺乏事实和法律依据，依法予以驳回。一、二审行政裁定认定事实清楚，适用法律正确，程序合法，依法予以维持。依照《最高人民法院关于适用〈中华人民共和国行政诉讼法〉的解释》第一百一十九条、《中华人民共和国行政诉讼法》第八十九条第一款第（一）项之规定，裁定如下：

维持本院（2019）京03行终720号行政裁定。

本裁定为终审裁定。

审　判　长　　饶亚东
审　判　员　　张　明
审　判　员　　孙　栋
二〇二二年四月八日
法官助理　　宋　垚
法官助理　　高明正
书　记　员　　刘　佳

（主审法官：饶亚东；撰写人：饶亚东、宋垚）

附：

本院典型案例

庄某诉北京市规划和自然资源委员会怀柔分局案

【裁判要旨】规划和自然资源主管部门负责对已经取得建设工程规划许可证、临时建设工程规划许可证、乡村建设规划许可证或者临时乡村建设规划许可证，但未按照许可内容进行建设的行为进行查处。

【裁判文书】

北京市第三中级人民法院

行政判决书

(2022)京03行终260号

上诉人(一审原告)庄某。

被上诉人(一审被告)北京市规划和自然资源委员会怀柔分局。

上诉人庄某因诉北京市规划和自然资源委员会怀柔分局(以下简称市规自委怀柔分局)限期拆除决定一案,不服北京市怀柔区人民法院(2021)京0116行初86号行政判决,向本院提起上诉。本院受理后,依法组成合议庭公开开庭审理了本案。上诉人庄某及其委托代理人宋某峰,被上诉人市规自委怀柔分局的委托代理人尹某、刘某桥到庭参加诉讼。本案现已审理终结。

2021年5月26日,市规自委怀柔分局向庄某作出京规自(怀)执拆字2021第01号限期拆除决定书(以下简称被诉限拆决定),主要内容为,庄某:经查,你于2019年10月29日在怀柔区雁栖镇下辛庄村建设的新建住宅项目,未按照2018规土(怀)建字0011号建设工程规划许可证(以下简称11号建设工程规划许可证)进行建设,扩建和加建地下室后实际总建筑面积共444.01平方米,超出规划许可243.37平方米。

以上行为违反了《北京市城乡规划条例》第二十九条之规定,根据《北京市禁止违法建设若干规定》第二条,已构成违法建设。

依据《北京市城乡规划条例》第七十五条和《北京市禁止违法建设若干规定》第十一条之规定,责令庄某于2021年6月10日前将上述违法建设自行拆除。

庄某不服诉至一审法院,请求撤销市规自委怀柔分局于2021年5月26日作出的被诉限拆决定。

一审法院经审理查明,庄某购买了位于北京市怀柔区雁栖镇某号楼,并持有京(2017)怀不动产权某号不动产权证书(以下简称不动产权证书)。庄某称其于购买后在对上述建筑装修过程中该建筑被他人全部拆除。后经庄某申请,原北京市规划和国土资源管理委员会于2018年10月9日向其颁发了11号建设工程规划许可证,该许可证载明建设人为庄某,建设项目名称为新建住宅,建设位置为怀柔区雁栖镇下辛庄村,建设规模为200.64平方米,层数为2层,房屋高度为7.65米,室内外高差为650米,结构种类为砖混，房屋高度为屋面平均高度，最高点高度为8.65米。2019年5月，庄某在涉案地块建设了地下一层、地上两层及阁楼，总建筑面积为444.01平方米，同时涉案建筑在原基础上向北进行了移位。

2019年10月15日，北京市怀柔区雁栖镇人民政府（以下简称雁栖镇政府）接到群众举报称北京市怀柔区某号楼在建设过程中增加了地下室，建设面积扩大。雁栖镇政府在调查中发现被举报人取得了11号建设工程规划许可证，故于2019年10月22日将该案移送至市规自委怀柔分局。

2019年10月29日，北京市规划和自然资源委员会对该案予以立案，经过调查、询问，于2019年10月25日向庄某作出京规怀执停字〔2019〕第001号责令停止建设通知书（以下简称责令停止建设通知书），告知庄某因其未按照11号建设工程规划许可证进行建设，违反法律规定，该建设已构成违法建设，故责令庄某立即停止建设。2019年11月1日，北京市规划和自然资源委员会向庄某作出京规怀执改字〔2019〕第001号责令限期改正通知书（以下简称001号责令限期改正通知书），告知庄某因其未按照11号建设工程规划许可证内容进行建设，擅自建设地下室，违反法律规定，该建设已构成违法建设，故责令庄某于2019年11月15日前恢复原状。2019年11月26日，市规自委怀柔分局工作人员经过现场勘查和现场检查发现涉案建筑主体已完工。经向庄某询问后，北京市规划和自然资源委员会于2019年12月23日作出京规怀执改字〔2019〕第002号责令限期改正通知书（以下简称002号责令限期改正通知书），告知庄某因其未按照11号建设工程规划许可证内容进行建设，擅自扩大建设一层、二层建筑面积，违反法律规定，该建设已构成违法建设，故责令庄某于2019年12月30日前予以改正。2020年6月10日，北京市规划和自然资源委员会向庄某作出京规自（怀）规权告字〔2019〕第002号行政处罚权利告知书（以下简称行政处罚权利告知书），告知其享有陈述、申辩和听证的权利。后，市规自委怀柔分局根据庄某的申请召开了听证会。2021年5月26日，市规自委怀柔分局向庄某作出被诉限拆决定。庄某收到该决定书后对此不服，持诉称意见于2021年7月1日诉至一审法院，要求撤销被诉限拆决定。本案在一审审理过程中，市规自委怀柔分局坚持答辩意见。

一审法院另查明，2021年12月15日，市规自委怀柔分局向庄某作出京规自怀函〔2021〕750号《关于更正建设工程规划许可证［2018规土（怀）建字0011号］中室内外高差数据告知函》（以下简称750号函），该告知函载明：经核实原审批档案，庄某原申报图纸《南、北立面图》室内外高差为0.65米。11号建设工程规划许可证附件中室内外高差数据650米系笔误造成。经研究，决定予以更正，将室内外高差数据由650米更正为 0.65 米,特此更正。

一审法院经审理认为,《北京市禁止违法建设若干规定》第五条第二款第(一)项规定:“规划和自然资源主管部门负责下列情形的查处:(一)已经取得建设工程规划许可证、临时建设工程规划许可证、乡村建设规划许可证或者临时乡村建设规划许可证,但未按照许可内容进行建设,或者临时建设逾期未拆除的……”2020 年 7 月 10 日,北京市规划和自然资源委员会、中共北京市委机构编制委员会办公室、北京市司法局联合发布《关于明确北京市规划和自然资源委员会区分局作为独立法人行使行政职权的通知》,根据该通知精神,市规自委怀柔分局作为区政府的工作部门,具有独立法人资格,行使规划和自然资源管理的区级行政职权,承担相关法律主体责任。依据上述规定,市规自委怀柔分局具有对未按照许可内容建设进行查处的法定职权。

市规自委怀柔分局依据询问笔录、现场勘查记录、现场检查笔录、11 号建设工程规划许可证、下辛庄村别墅普测图等证据,认定庄某存在实施违法建设行为,其作出的被诉限拆决定事实清楚、证据充分。

市规自委怀柔分局履行了立案、调查、询问、审批,组织了听证,进行了集体讨论,向庄某作出责令停止建设通知书、001 号责令限期改正通知书、002 号责令限期改正通知书、行政处罚权利告知书、被诉限拆决定并送达等程序,故其执法程序合法。

《北京市城乡规划条例》第七十五条第一款规定:“建设工程未取得规划许可证件或者未按照规划许可证件许可内容进行建设,尚可采取改正措施消除对规划实施的影响的,执法机关责令限期改正,处该建设工程造价百分之五以上百分之十以下的罚款;无法采取改正措施消除影响的,限期拆除,不能拆除的,没收实物或者违法收入,可以并处该建设工程造价百分之十以下的罚款。”本案中,市规自委怀柔分局依据该规定向庄某作出的被诉限拆决定适用法律正确。

庄某认为,11 号建设工程规划许可证中载明“室内外高差 650 米”,其无法按该标准进行建设。一审法院认为,该许可证中所载“室内外高差 650 米”确属存有瑕疵,但市规自委怀柔分局针对该事项已作出 750 号函,将室内外高差数据由 650 米更正为 0.65 米并无不当,亦未对庄某的权利义务产生影响。庄某持诉称理由认为市规自委怀柔分局对其作出的被诉限拆决定违法,应予撤销,但其提交的证据不足以证明其主张,故庄某的诉讼请求无事实和法律依据,一审法院不予支持。

综上所述,依照《中华人民共和国行政诉讼法》第六十九条之规定,判决驳回庄某的诉讼请求。

庄某不服一审判决,上诉至本院,上诉理由主要为:一、一审判决错误地采纳了被上诉人自相矛盾的证据,导致事实认定错误。根据案件移送函并结合行政诉讼答辩状的内容可以证实,被上诉人是在2019年11月26日接到雁栖镇政府的案件移送函之后才开始启动对涉案房屋的相关调查,被上诉人在一审中所提交的四份证据的形成时间都在2019年11月26日之前,应该是虚假的,被上诉人有伪造证据之嫌。一审判决中对此没有任何提及,反而对内容相互矛盾的证据都予以采纳并作为裁判的依据。二、被上诉人在核发涉案11号建设工程规划许可证时未进行现场实地勘查和测量,仅仅是查阅了原审批图纸,鉴于原审批图纸是形成于十几年、二十几年前,房屋现场的情况早已经发生了巨大的变化,南北邻居存在违章建筑侵占了大量的空间,导致上诉人客观上无法按照11号建设工程规划许可证进行建设,否则将极可能发生重大的安全事故。一审法院没有查清上述案件的基本事实,理应得到纠正。三、一审判决适用法律错误。依据《北京市城乡规划条例》第七十五条第一款之规定,涉案房屋事实上完全可以通过整改消除对规划的影响。001号责令限期改正通知书和002号责令限期改正通知书说明被上诉人事实上是认可涉案房屋可以通过整改消除对规划影响的,2021年3月24日公示的整改方案也说明"整改"是完全可行的。一审判决对"相邻利害关系人意见"不予采纳,说明经过公示的整改方案应该是有效的,被诉限拆决定显然不符合相关法律规定。如果说涉案房屋违反了规划,那么过错主要在于被上诉人在行政许可行为中存在的失误,而非上诉人。被上诉人核发11号建设工程规划许可证是个行政许可行为,且注明了"有效期两年,逾期自动作废",即至2020年10月8日已经届满两年,被上诉人在已经期限届满之后再作出750号函进行更正,明显于法无据,一审判决居然认为该行为并无不当。综上,请求二审法院撤销一审判决,发回一审法院重审或查清事实后依法改判支持上诉人一审诉讼请求;本案一、二审诉讼费由被上诉人承担。

市规自委怀柔分局同意一审判决,请求二审法院予以维持。

庄某向一审法院提交了下列证据:

1. 不动产权证书、11号建设工程规划许可证,证明庄某拥有合法财产权,并获得规划许可。

2. 照片、9号楼和16号楼的图纸、雁栖镇政府作出的权利义务告知书,证明庄某房屋缩短的原因。

3. 钟某全证人证言及其出具的证明,证明庄某建设时缩短房子长度是经过市规自委怀柔分局允许的。

4. 北京利时怀阳建筑设计有限公司出具的采光分析结果及附图,证明庄某房屋不影响邻居采光,在建设红线范围内不影响总体规划,不占用公共面积,不损害他人利益。

5. 市规自委怀柔分局2021年3月24日作出的公示、图纸，证明庄某房屋可以整改，整改后已经达到市规自委怀柔分局要求，但其不认可。

市规自委怀柔分局向一审法院提交了下列证据：

1. 案件移送函及附件，证明市规自委怀柔分局获得案件线索系由雁栖镇政府移送；

2. 立案审批表、询问笔录、责令停止建设通知书及送达回证、001号责令限期改正通知书及送达回证、002号责令限期改正通知书及送达回证、现场勘查记录、现场检查笔录、调查报告、《行政处罚案件审定委员会集体讨论会议纪要》、行政处罚权利告知书及送达回证、庄某的听证申请及听证延期申请、听证通知书、《行政处罚案件听证报告》及听证会记录、《关于怀柔区雁栖镇某号楼整改方案情况汇报》、审批单、公示及附图、相邻利害关系人意见，证明市规自委怀柔分局作出被诉限拆决定程序合法，充分保证了庄某陈述、申辩的权利。

3. 下辛庄村别墅普测图、11号建设工程规划许可证，证明市规自委怀柔分局针对庄某的违法建设作出被诉限拆决定事实清楚、证据确凿。

4. 审批单、《关于庄某案件下发限期拆除决定书的请示》及送达回证，证明市规自委怀柔分局作出被诉限拆决定程序合法。

一审法院依庄某提交的调查取证申请，向市规自委怀柔分局工作人员作了电话记录。

一审法院进行现场勘查时拍摄了现场照片，并向胡某和张某山制作了谈话笔录。

市规自委怀柔分局向一审法院提交了下列法律依据：

《北京市城乡规划条例》第二十九条、第五十八条第一款、第七十五条第一款，《北京市禁止违法建设若干规定》第二条、第五条第二款、第十一条第一款。《自然资源行政处罚办法》和《自然资源听证规定》，证明市规自委怀柔分局具有对未按照许可内容进行建设的违法行为进行查处的法定职责，即其作出的被诉限拆决定于法有据。

依照《最高人民法院关于行政诉讼证据若干问题的规定》第五十四条的规定，结合双方当事人的质辩意见，一审合议庭对上述证据进行了评议，一审法院作出如下认定：

庄某提交的证据1具有真实性，证据来源合法，与本案具有关联性，予以采纳；证据2、3虽具有真实性，但不能实现其证明目的，故对其证明目的不予采信；证据4与本案不具有关联性，不予采纳；证据5虽具有真实性，但不能实现其证明目的，不予采纳。市规自委怀柔分局提交的证据中所涉相邻利害关系人意见系其单方所制作，不符合证据的法定形式，不予采纳；证据3虽具有真实性，证据来源合法，且与案件具有关联性，但不能完全实现其证明目的,故对其证明目的不予采信;其他证据均具有真实性,证据来源合法,且与本案具有关联性,均予以采纳。

一审法院向市规自委怀柔分局工作人员制作的电话记录、拍摄的现场照片、向胡某和张某山制作的谈话笔录,能够证明案件相关事实。

一审法院已将当事人提交的上述证据材料随案移送本院。经审查,本院认为一审法院的认证意见并无不当,故予以确认。

二审庭审中,庄某提交的市规划自然资源委(怀柔分局)登记回执(2021 第 43 号-回)、市规划自然资源委(怀柔分局)政府信息公开申请答复告知书(2021 第 43 号-答)以及所附的涉案房屋报批图纸,证明在市规自委怀柔分局备案的涉案房屋审批图纸与 11 号建设工程规划许可证所附的图纸不一致,庄某是按照备案图纸进行施工建设,所建房屋一层、二层不存在违反规划许可的情况。

经庭审质证,本院认为上述证据不属于《最高人民法院关于行政诉讼证据若干问题的规定》第五十二条规定的新证据,本院不予采纳。

经审查,本院对一审法院经审理查明事实予以确认。

本院认为,根据《北京市禁止违法建设若干规定》第五条第二款第(一)项的规定,规划和自然资源主管部门负责对已经取得建设工程规划许可证、临时建设工程规划许可证、乡村建设规划许可证或者临时乡村建设规划许可证,但未按照许可内容建设的行为进行查处。同时,根据 2020 年 7 月 10 日,北京市规划和自然资源委员会、中共北京市委机构编制委员会办公室、北京市司法局联合发布的《关于明确北京市规划和自然资源委员会区分局作为独立法人行使行政职权的通知》,市规自委怀柔分局可以依法独立行使规划和自然资源行政管理职权,有权对涉案房屋进行查处。

《北京市城乡规划条例》第二十九条规定,本市依法实行规划许可制度,各项建设用地和建设工程应当符合城乡规划,依法取得规划许可。规划许可证件包括选址意见书、建设工程规划许可证、乡村建设规划许可证和相应的临时规划许可证。城镇建设项目应当按照建设工程规划许可证或者临时建设工程规划许可证的许可内容进行建设;农村建设项目应当按照乡村建设规划许可证或者临时乡村建设规划许可证的许可内容进行建设。根据《北京市禁止违法建设若干规定》第二条的规定,本规定所称的违法建设,包括城镇违法建设和乡村违法建设。城镇违法建设是指未依法取得建设工程规划许可证、临时建设工程规划许可证或者未按照许可内容进行建设的城镇建设工程,以及逾期未拆除的城镇临时建设工程。乡村违法建设是指未依法取得乡村建设规划许可证、临时乡村建设规划许可证或者未按照许可内容进行建设的乡村建设工程。

同时，根据《北京市城乡规划条例》第七十五条第一款的规定，建设工程未取得规划许可证件或者未按照规划许可证件许可内容进行建设，尚可采取改正措施消除对规划实施的影响的，执法机关责令限期改正，处该建设工程造价百分之五以上百分之十以下的罚款；无法采取改正措施消除影响的，限期拆除，不能拆除的，没收实物或者违法收入，可以并处该建设工程造价百分之十以下的罚款。本案中，在案证据能够证明原北京市规划和国土资源管理委员会于2018年10月9日向庄某颁发了11号建设工程规划许可证，该许可证载明建设人、建设项目名称、建设位置、建设规模、层数、房屋高度、室内外高差、结构种类、最高点高度等内容及庄某在涉案地块建设了地下一层、地上两层及阁楼，总建筑面积为444.01平方米，同时涉案建筑在原基础上向北进行了移位的事实，市规自委怀柔分局经调查询问、现场勘查、现场检查等，认定庄某存在未按照11号建设工程规划许可证的许可内容进行建设的违法行为，在此基础上作出被诉限拆决定事实清楚，适用依据正确。

在作出被诉限拆决定前，市规自委怀柔分局履行了立案、调查询问、责令限期改正、现场检查、现场勘查、告知、组织听证、送达等程序，保障了庄某的陈述、申辩及听证的权利，故市规自委怀柔分局执法程序合法。

综上，一审法院判决驳回庄某的诉讼请求并无不当，本院应予维持。依照《中华人民共和国行政诉讼法》第八十九条第一款第（一）项的规定，判决如下：

驳回上诉，维持一审判决。

二审案件受理费50元，由庄某负担（已交纳）。

本判决为终审判决。

审 判 长　董 巍
审 判 员　王 菲
审 判 员　胡林强
二〇二二年三月十四日
法官助理　徐逍阳
法官助理　武文慧
法官助理　任丹阳

（主审法官、撰写人：董巍）

第五章　履行法定职责类案审判指引

第一节　受案范围的审查

【审查事项】

当事人要求履行法定职责的诉请是否属于行政诉讼的受案范围?

【法律适用】

《行政诉讼法》第 12 条、第 13 条,《行政诉讼法解释》第 1 条、第 2 条。

【常见问题解答】

1. 行政机关不履行人民法院协助执行义务行为是否属于行政诉讼受案范围?

行政机关根据人民法院的协助执行通知书实施的行为,是行政机关必须履行的法定协助义务,公民、法人或者其他组织对该行为不服提起诉讼的,不属于人民法院行政诉讼受案范围。

行政机关拒不履行协助执行义务的,人民法院应当依法采取执行措施督促其履行。当事人请求人民法院判决行政机关限期履行协助执行义务的,人民法院不予受理。但当事人认为行政机关不履行协助执行义务造成其损害,请求确认不履行协助执行义务行为违法并予以行政赔偿的,人民法院应当受理。

2. 要求上级行政机关履行对下级行政机关的监督管理职责是否属于行政诉讼的受案范围?

根据宪法、行政组织法及一般行政法律法规的规定,上级行政机关对下级行政机关作出的行政行为负有监督管理的职责。但这种监督管理职责一般属于一种内部的层级监督行为,该行为不会对相对人的权利义务造成直接影响。从司法权与行政权的关系出发,人民法院也不宜过多地介入行政机关的内部关系当中。从救济的必要性和实效性而言,行政相对人完全可以针对下级机关作出的行政行为提起行政诉讼实现自己的权利救济。如果将此种行为纳入行政诉讼受案范围,将会影响行政机关的正常工作秩序,不利于行政秩序的稳定。从诉的利益考虑,当事人如果认为下级行政机关的行政行为侵犯其合法权益,可以通过直接针对下级行政机关提起行政诉讼的方式寻求救济。因此,要求上级行政机关履行对下级行政机关的监督管理职责不属于行政诉讼受案范围。

3. 复议申请人针对复议机关对其信访请求作出的处理决定不服提起行政诉讼的,是否属于行政诉讼的受案范围?

信访事项的范围与行政复议和行政诉讼之间相互独立,依据《信访条例》作出的登记、受理、交办、转办、承办、协调处理、监督检查、指导信访事项等行为,对信访人不具有强制力,对信访人的实体权利义务不产生实质影响。因此,对于信访人不服信访工作机构依据《信访条例》处理信访事项的行为或不履行《信访条例》规定职责的行为提起行政诉讼或行政复议的,人民法院或复议机关均不应受理。

在认定申请人的申请事项属于信访事项的情形下,复议机关本不应当作出复议决定。但该复议决定未对申请人的权利义务造成实质影响,因此不属于行政诉讼的受案范围。

4. 行政复议决定作出后,被申请人不履行行政复议决定的内容,申请人就此要求行政复议机关再次受理复议申请,行政复议机关作出不予受理决定后,申请人要求行政复议机关限期履行法定职责提起的行政诉讼,是否属于行政诉讼的受案范围?

《行政复议法》第 77 条规定:“被申请人应当履行行政复议决定书、调解书、意见书。被申请人不履行或者无正当理由拖延履行行政复议决定书、调解书、意见书的,行政复议机关或者有关上级行政机关应当责令其限期履行,并可以约谈被申请人的有关负责人或者予以通报批评。”第 83 条规定:“被申请人不履行或者无正当理由拖延履行行政复议决定书、调解书、意见书的,对负有责任的领导人员和直接责任人员依法给予警告、记过、记大过的处分;经责令履行仍拒不履行的,依法给予降级、撤职、开除的处分。”第 85 条规定:“行政机关及其工作人员违反本法规定的,行政复议机关可以向监察机关或者公职人员任免机关、单位移送有关人员违法的事实材料,接受移送的监察机关或者公职人员任免机关、单位应当依法处理。”通过上述规定可知,对被申请人不履行或者无正当理由拖延履行行政复议决定的救济,法律只规定了行政系统内部的监督渠道。行政复议申请人的举报和反映可以成为监察机关或者公职人员任免机关、单位“发现”不履行复议决定线索的渠道,但法律并没有赋予行政复议申请人要求启动这一内部监督程序的权利,更没有赋予行政复议申请人针对监察机关或者公职人员任免机关、单位的答复行为向更高一级的行政机关再次申请行政复议的权利。因此,此种情形下申请人要求行政复议机关再次受理复议申请不属于行政诉讼的受案范围。

5. 要求乡镇人民政府履行对村民委员会的监督职责,是否属于行政诉讼受案范围?

《村民委员会组织法》第 36 条第 1 款、第 2 款规定:“村民委员会或者村民委员会成员作出的决定侵害村民合法权益的,受侵害的村民可以申请人民法院予以撤销,责任人依法承担法律责任。村民委员会不依照法律、法规的规定履行法定义务的,由乡、民族乡、镇的人民政府责令改正。”据此,村民委员会成员对村民委员会作出的侵犯公民合法权益的行为有两条救济途径:一是向人民法院提起诉讼;二是由乡镇人民政府责令改正。这两条途径都是村民依法获得救济的法定渠道,村民可以选择通过诉讼途径解决其与村委会之间的侵权纠纷,也可以选择请求乡镇人民政府行使行政监督权,依法责令村委会改正侵权的决定。当村民选择通过行政程序获得救济时,村民一旦向乡镇人民政府提出行使监督权的申请,有管辖权的乡镇人民政府即有履行法定监督职责的义务,不履行该义务,构成不履行法定职责,属于行政诉讼受案范围。

6. 公民、法人或者其他组织可否要求一级人民政府履行保护人身、财产权等合法权益的职责?

《行政诉讼法》第 12 条第 1 款第 6 项中的“法定职责”是指行政机关根据法律、法规和规章等的规定，具有直接、具体处理行政相对人所申请事项的职责。县级以上的地方各级人民政府行使对本行政区域内各项行政工作的管理职权，但该项职权一般为宏观上的管理职权，并非具有直接管辖职权的行政机关的具体处理行政相对人所诉申请事项的职责，不属于《行政诉讼法》第12条第1款第6项规定的“法定职责”的范畴。公民、法人或者其他组织依此申请人民政府履行保护人身权、财产权等合法权益的法定职责，一般不属于行政诉讼监督范围。

7. 请求行政机关颁布规范性文件是否属于行政诉讼的受案范围？

《行政诉讼法》第53条第1款规定：“公民、法人或者其他组织认为行政行为所依据的国务院部门和地方人民政府及其部门制定的规范性文件不合法，在对行政行为提起诉讼时，可以一并请求对该规范性文件进行审查。”通过该规定可知，公民、法人或者其他组织针对行政机关作出的行政行为起诉才可以一并提起对该行政行为依据的规范性文件进行审查，并没有规定可以直接提起要求行政机关依照其申请的制定规范或解释规范的要求颁布规范之诉。因此，申请人要求行政机关颁布规范性文件既不属于履行法定职责之诉的受案范围，也不属于行政诉讼的受案范围。

8. 行政机关不履行信访答复行为是否属于行政诉讼的受案范围？

最高人民法院《关于不服县级以上人民政府信访行政管理部门、负责受理信访事项的行政管理机关以及镇（乡）人民政府作出的处理意见或者不再受理决定而提起的行政诉讼人民法院是否受理的批复》对信访行为的可诉性问题作出了明确解释：“信访工作机构是各级人民政府或政府工作部门授权负责信访工作的专门机构，其依据《信访条例》作出的登记、受理、交办、转送、承办、协调处理、监督检查、指导信访事项等行为，对信访人不具有强制力，对信访人的实体权利义务不产生实质影响。信访人对信访工作机构依据《信访条例》处理信访事项的行为或者不履行《信访条例》规定的职责不服提起行政诉讼的，人民法院不予受理。”根据以上批复，信访机构作出的对当事人权利义务没有产生实际影响的行为，不属于行政诉讼的受案范围。

9. 要求行政机关履行征地补偿标准争议协调职责是否属于行政诉讼的受案范围？

行政机关对征地补偿标准争议的协调，是指负责协调的行政机关组织土地征收部门和被征收人就征地补偿标准进行协商，以期减少和化解分歧、达成一致意见，负责协调的行政机关并不能单方作出具有法律效力的行政决定，协调本身并不对被征收人的权利义务产生实际影响。因此，被征收人起诉请求行政机关履行征地补偿标准争议协调职责，不属于行政诉讼受案范围。

10. 行政机关不履行会议纪要议定事项是否属于行政诉讼的受案范围?

“法定职责”既包括法律、法规、规章规定的行政机关职责，也包括上级和本级规范性文件，还包括行政机关基于行政机关的先行行为、行政允诺、行政协议而形成的职责。会议纪要是行政机关常用的公文格式。《党政机关公文处理工作条例》第 8 条第 15 项规定，纪要适用于记载会议主要情况和议定事项。由此可见，会议纪要已经议定的事项，具有法定效力，非依法定程序不得否定其效力，无论是行政机关还是相对人均应遵照执行。会议纪要议定的行政机关职责，亦因此转化为该行政机关的法定职责。行政机关不履行会议纪要议定事项的也属于行政诉讼的受案范围。

11. 请求行政机关履行“房改”职责是否属于行政诉讼的受案范围?

“房改”是指城镇住房制度改革，是我国城镇住房由原来的单位分配转化为住房商品化的一项过渡性政策。房改房销售对象、销售价格与职工身份、工龄、职务、职称等因素相关。“房改”是计划经济向市场经济过渡时期的一项改革措施，“房改”的依据主要是相关政策，而非法律、法规或者规章。是否进行“房改”、何时“房改”、如何进行“房改”，由职工所在单位、相关管理机关等依据“房改”政策确定。人民法院难以依照法律规范对“房改”行为的合法性进行审查。因此，请求行政机关履行“房改”职责不属于行政诉讼的受案范围。

12. 行政机关不履行对国有企业职工安置补偿义务的行为是否属于行政诉讼的受案范围?

《行政诉讼法》第 2 条第 1 款规定：“公民、法人或者其他组织认为行政机关和行政机关工作人员的行政行为侵犯其合法权益，有权依照本法向人民法院提起诉讼。”《行政诉讼法解释》第 1 条第 1 款规定：“公民、法人或者其他组织对行政机关及其工作人员的行政行为不服，依法提起诉讼的，属于人民法院行政诉讼的受案范围。”根据上述规定，只有行政行为才属于行政诉讼的受案范围，通过人民法院司法程序处置的事项不属于行政诉讼的受案范围。

行政机关决定国有企业是否破产的决策行为，是其依据相关政策行使行政自由裁量权的行为，人民法院无法对该决策行为的合法性进行审查，不属于行政诉讼的受案范围。但是，通过行政程序对国有企业进行改制，行政机关不履行相关法规、规章、政策和改制方案规定的对国有企业职工安置补偿义务的，应当属于行政诉讼的受案范围。

13. 申请人就被申请人不履行行政复议决定提起行政诉讼，是否属行政诉讼的受案范围？

被申请人履行行政复议决定，属于执行生效法律文书。被申请人不履行行政复议决定有法定的监督方式，对被申请人不履行或者无正当理由拖延履行行政复议决定的救济，法律只规定了行政系统内部的监督渠道，若再通过诉讼对此行为进行监督就损害了行政权的运作规则，也即损害了复议机关的行政监督权能，不符合行政诉讼的目的。因此，被申请人不履行行政复议决定的行为不属行政诉讼的受案范围。

14. 国家土地督察局不履行查处职责是否属于行政诉讼的受案范围？

根据国务院办公厅《关于建立国家土地督察制度有关问题的通知》（国办发〔2006〕50号）的规定，派驻地方的国家土地督察局，代表国家土地总督察履行监督检查职责。派驻地方的国家土地督察局负责对其督察范围内地方人民政府土地利用和管理情况进行监督检查，不改变、不取代地方人民政府及其土地主管部门的行政许可、行政处罚等管理职权。派驻地方的国家土地督察局履行监督检查职责，不直接查处案件，对发现的土地利用和管理中的违法违规问题，由国家土地总督察按照有关规定通报监察部等部门依法处理。可见，派驻地方的国家土地督察局职责限于监督检查，不直接查处案件，土地督察行为属于内部监督行为，具有内部性，并非原国土资源部对外履行公共管理职责行为。

15. 履行警务督察职责是否属于行政诉讼的受案范围？

警务督察事项系公安机关的内部行政管理事项，并不具有外部行政行为的特征，并不直接对行政相对人设定权利义务，亦不能对当事人的合法权益产生直接影响，不属于行政复议法规定的可复议的行政行为，因此也不属于行政诉讼的受案范围。

16. 下级行政机关拒绝履行上级行政机关交办事项行为是否属于行政诉讼的受案范围？

下级行政机关的行为是接受上级行政机关的指令，根据行政管理职权，履行交办事项的行为，属于依职权行使行政权的行政行为。下级行政机关拒绝履行上级行政机关交办事项的行为，直接影响当事人财产权益，属于行政诉讼的受案范围。

17. 要求行政机关履行修改控制性详细规划是否属于行政诉讼的受案范围？

行政规划是指行政主体为实现特定的行政目标而对未来一定时期内拟采取的方法、步骤和措施依法做出的具有约束力的设计与规划。行政规划种类繁多，效力各有不同。某一规划和规划行为是否可诉，依赖于该规划和规划行为是否针对特定人，并对该特定人的权利义务直接产生影响。以城乡规划为例，根据《城乡规划法》的规定，城乡规划包括编制、审批、实施、修改等不同环节，依据《城乡规划法》作出的行政处罚、行政许可等具体实施行为，属于可诉的行政行为。但就规划的编制和审批而言，因其属于针对不特定对象作出的面向未来的一般性调整，因此具有抽象行政行为的特征，不能直接对其提起诉讼。《城市、镇控制性详细规划编制审批办法》第 8 条亦规定："编制控制性详细规划，应当综合考虑当地资源条件、环境状况、历史文化遗产、公共安全以及土地权属等因素，满足城市地下空间利用的需要，妥善处理近期与长远、局部与整体、发展与保护的关系。"由此可见，编制控制性详细规划，是行政机关根据城市发展的需要，对城市的土地、建筑、基础设施、管线等安排和布局进行整体的设计和谋划，而不是针对特定单位和个人实施的行政行为。《城乡规划法》第 48 条规定的修改控制性详细规划，同样也是建立在行政机关根据需要对规划宏观调整的基础上的，而不是针对特定主体的要求予以更改。当事人要求行政机关修改控制性详细规划的申请，属于控制性详细规划的审批行为，行政机关没有按照当事人的要求修改控制性详细规划的职责，当事人认为行政机关不履行该职责而提起的诉讼，不属于行政诉讼受案范围。

18. 要求地方人民政府履行对居民委员会的指导职责是否属于行政诉讼的受案范围?

《城市居民委员会组织法》第 2 条中规定:“居民委员会是居民自我管理、自我教育、自我服务的基层群众性自治组织。不设区的市、市辖区的人民政府或者它的派出机关对居民委员会的工作给予指导、支持和帮助。”此处的指导、支持、帮助等行为,在性质上并非行政行为,不具有处分性。要求行政机关履行法定职责,一般是要求行政机关作出行政行为,但此处的指导、支持、帮助等行为显然不属于行政行为,其并没有设定某种权利义务,形成某种法律后果的意旨。公民、法人或者其他组织就此提起行政诉讼的,不应该支持。

第二节　原告资格的审查

【审查事项】

提起行政诉讼的原告是否为履行法定职责之诉的相对人或者利害关系人?原告针对要求的履责行为是否有请求权基础?

【法律适用】

《行政诉讼法》第 2 条、第 25 条第 1 款,《行政诉讼法解释》第 12 条。

【常见问题解答】

1. 行政相对人申请行政机关履行法定职责,被行政机关拒绝之后,是否所有要求履行法定职责的当事人都具有原告资格?

履行法定职责之诉属于给付之诉,此种类型的行政诉讼原告资格的判断关键在于原告是否有请求权基础,只有在法律规范上有请求权依据的才具备原告资格。因此,并非所有在行政程序中要求行政机关履行法定职责的当事人,在提起履行法定职责之诉中都构成原告适格。

2. 履行法定职责之诉原告资格的判断需要遵循什么标准?

履行法定职责之诉中原告资格的判断可采保护规范理论。第一,原告的合法权益是否因行政机关针对其履责申请作出的处理(或是不予答复)受到侵害(不利处分要件);第二,原告受到的合法权益侵害是否属于特定的行政法律规范所明确保护的合法权益(保护范围要件);第三,特定的行政法律规范所提供的权利保护是否属于个别性保护,不属于反射利益(个别保护要件)。

3. 投诉人或者举报人要求行政机关履行法定职责的,是否具有原告资格?

投诉人或者举报人在履行法定职责之诉中是否具有原告主体资格,仍旧需要从实体法规范来进行判断,即相关法律、法规、规章等是否规定了该行政机关的职责,同时是否赋予了投诉人或者举报人相应的权利要求行政机关履行相应的职责。如果有相应的规定,则投诉人或举报人具有原告资格,否则没有。举报人就其自身合法权益受侵害向行政机关进行举报的,与行政机关的举报处理行为具有法律上的利害关系,具备行政诉讼原告主体资格。

4. 承租人作为地上附着物的所有人是否可以提起履行补偿职责之诉?

市、县政府实施征地时,承租人对涉案集体土地享有合法使用权。《土地管理法实施条例》第32条第2款规定:"地上附着物和青苗等的补偿费用,归其所有权人所有。"承租人享有对涉案土地上的附着物获得补偿的权利,市、县政府亦有义务支付被征收土地地上附着物补偿费。承租人作为涉案土地地上附着物的所有人,有权主张其应得到的相应补偿,具有提起要求市、县政府履行补偿职责之诉的原告资格。

第三节　被告资格的审查

【审查事项】

被告是否为原告要求履行法定职责的行政机关？是否经过行政复议程序？

【法律适用】

《行政诉讼法》第26条、第47条，《行政诉讼法解释》第19条、第20条、第21条、第22条、第23条、第24条、第25条、第134条。

【常见问题解答】

1. 依申请和依职权的履行法定职责之诉中被告的确定规则是否一样？

当事人要求行政机关履行法定职责之诉中，按照申请的方式可以区分为依申请的履行法定职责之诉和依职权的履行法定职责之诉，但无论是何者，均需要审查该被告是否为原告要求履行法定职责的行政机关。同时需要审查该机关是否符合行政诉讼被告的要求，即是否可以独立承担责任。明确作出拒绝答复的，作出明确拒绝答复的行政机关为被告，对于不予答复的应该将当事人在行政程序中申请的机关作为被告。

2. 经过复议的履行法定职责类案件的被告如何确定？

《行政诉讼法》第26条第2款、第3款规定："经复议的案件，复议机关决定维持原行政行为的，作出原行政行为的行政机关和复议机关是共同被告；复议机关改变原行政行为的，复议机关是被告。""复议机关在法定期限内未作出复议决定，公民、法人或者其他组织起诉原行政行为的，作出原行政行为的行政机关是被告；起诉复议机关不作为的，复议机关是被告。"

具体到申请人要求履行法定职责之诉中，如果复议机关认为被申请人的拒绝答复或不履行法定职责是错误的，撤销其拒绝答复责令其作出答复或者要求其在一定期限内履行，属于改变被申请人的行政行为，复议机关是被告；如果复议机关认为被申请人作出的决定正确，决定驳回复议申请人的申请或认为被申请人的答复是正确的，予以维持，属于维持原行政行为，此时复议机关和作出原行政行为的机关为被告；复议机关在法定的期限内未作出决定的，当事人有权选择，作出原行政行为的机关为被告，或复议机关为被告。

第四节　第三人的审查

【审查事项】

行政相对人的申请或者行政机关的履行法定职责是否涉及第三人的权利义务？

【法律适用】

《行政诉讼法》第29条，《行政诉讼法解释》第30条。

【常见问题解答】

履行法定职责之诉中，何时需要追加第三人？

履行法定职责之诉中，是否需要追加第三人，需要结合行政相对人的申请、行政机关履行法定职责是否涉及处分第三人的权利义务。如果行政相对人的申请内容、行政机关履行法定职责都不涉及第三人权利义务，则不需要追加第三人，反之则需要追加第三人。具体而言，如果涉及采光、日照、通风等相邻权，以及市场竞争、职位竞争等公平竞争权，治安案件的受害人要求公安机关对加害人进行行政处罚时，行政机关的处理决定就会涉及第三人的权利义务，此时就应该追加行政诉讼中的第三人。

第五节　诉讼请求的审查

【审查事项】

原告提出的诉讼请求是否具体明确？原告提出的诉讼请求之间是否相互矛盾？

【法律适用】

《行政诉讼法》第49条第3项、第69条、第91条第6项。

【常见问题解答】

1. 如何区分履行法定职责之诉和撤销之诉?

虽然我国现行行政诉讼法中并未实现行政诉讼类型法定化,但司法实践中针对不同的诉讼类型,一般采取不同的审判思路,在此意义上区分不同的诉讼类型仍旧具有现实意义。

区分履行法定职责之诉和撤销之诉,需要考虑:一是诉讼标的,在撤销之诉中,诉讼标的就是原告请求撤销的被诉行政行为,因此法院的审查范围也就限于被诉行政行为的合法性。比如,请求撤销行政处罚决定或者行政强制措施的案件中,诉讼标的就是被诉的行政处罚决定或者行政强制措施。而在履责之诉中,诉讼标的是原告请求行政机关履行法定职责的请求能否成立。二是原告最终的诉讼目的,即看原告的目的是在于仅仅撤销一个行政行为或确认行政行为违法,还是不仅要求撤销一个行政行为或确认行政行为违法,还要求行政机关继续履行法定职责或重新作出行政行为。如果是前者则属于撤销之诉,如果是后者则将之认定为履行法定职责之诉。

2. 如果原告的诉讼请求不具体明确，应该如何处理?

原告的诉讼请求具体明确是诉讼要件审查阶段一项重要内容,如果原告的诉讼请求不够具体明确,则可能被裁定驳回起诉。因此,判断原告的诉讼请求格外重要。不过需要注意的是，并非仅从起诉状的诉讼请求部分判断，法院应从行政纠纷的实质性化解的目的出发，尽可能进行释明，经过释明之后仍然无法确定具体明确的诉讼请求，则可以裁定驳回其起诉。

3. 如何判断履行法定职责之诉中原告的诉讼请求是否具体明确？

履行法定职责之诉中，原告的诉讼请求呈现出复杂多元的情形，有的要求确认拒绝答复违法，有的要求撤销拒绝答复，有的要求撤销拒绝答复并要求重新作出行政行为，有的要求判决重新作出行政行为等。以上的诉讼请求还可能存在多种排列组合的情形，是否符合具体明确的要求，不应该仅从原告提交的起诉状的书面文字表达认定，还应该从原告的实质要求进行认定。诉讼请求是否具体明确，直接关系原告诉权是否可以实现，从行政纠纷实质性化解的目的出发，法院应该尽可能向原告履行释明义务，使得原告的诉讼请求尽可能明确。只要原告的实质要求包含了要求行政机关履行法定职责的诉求，就应该将之认定为履行法定职责之诉。

4. 一个履行法定职责之诉中可否包含多个诉讼请求？

原告的诉讼请求不仅要具体明确，而且相互之间不能冲突。在一个履行法定职责之诉中，可以包含多个诉讼请求，基于诉讼经济的原则，多个诉讼请求之间可能存在合并的情形，但这几个诉讼请求之间不能冲突。

履行法定职责之诉中，一般包括两种诉讼类型：一种是针对行政机关纯粹的不作为提起的诉讼，即行政机关在法定的履责期限内未作为任何决定，既没有明确拒绝，也未作为任何行政行为；另一种是明确拒绝行为，即行政机关以口头或者书面的形式作出明确拒绝的行为。不论在何种类型的履行法定职责之诉中，都可能存在要求确认违法的诉讼请求，在后者中还可能存在一个撤销行政行为的诉讼请求，此时从根本上看，如果原告的最终目的是要求行政机关继续履行法定职责或者重新作出行政行为，则仍旧可以将之视为一种履行法定职责之诉，此时的各个诉讼请求之间不属于相互矛盾的情形。

5. 如何判断履行法定职责之诉中原告的诉讼请求存在矛盾？

当原告的诉讼请求之间存在矛盾的时候，法院应该向原告进行释明，允许当事人进行变更和选择，如果经过变更和选择之后，诉讼请求之间不存在矛盾，应该认定为诉讼请求具体明确。

履行法定职责之诉中，原告的诉讼请求存在冲突的情形主要包括：第一，原告要求撤销原行政行为的同时，要求行政复议机关重新作出复议决定；第二，原告要求撤销行政机关的明示拒绝决定的同时，要求行政机关重新作出的行政行为与明示拒绝的决定针对的事项不一致。

第六节　起诉期限的审查

【审查事项】

法律、法规对行政机关履行职责是否有特殊规定？是否处于紧急情况下要求行政机关履行法定职责？

【法律适用】

《行政诉讼法》第47条，《行政诉讼法解释》第66条。

【常见问题解答】

1. 如何计算不履行法定职责之诉的起诉期限?

公民、法人或者其他组织申请行政机关履行保护其人身权、财产权等合法权益的法定职责，行政机关在接到申请之日起2个月内不履行的，从2个月届满起计算6个月时间。但是，法律、法规对行政机关履行职责的期限另有规定的，从其规定。

2. 紧急情况下，要求行政机关履行法定职责的起诉期限如何起算?

公民、法人或者其他组织在紧急情况下请求行政机关履行保护其人身权、财产权等合法权益的法定职责，行政机关不履行的，提起诉讼不受行政机关收到申请之日起2个月届满不履行职责期限的限制。

3. 当事人在起诉期限届满后另行提起不履行法定职责之诉能否受理？

公民、法人和其他组织在起诉期限届满后，又以行政机关拒绝改变原行政行为为由，起诉行政机关不履行法定职责的，人民法院一般不予受理。但法律规范明确规定行政机关在出现新的证据等法定事由后应当改变原行政行为的除外。

4. 当事人针对某一行政行为提起撤销之诉已经超过起诉期限的，是否可以通过提起履行法定职责之诉的途径获得法院的救济？

撤销之诉与履责之诉为两种并列的诉讼类型，如果当事人针对某一行政行为提起撤销之诉已经超过了起诉期限，转而要求行政机关履行某一法定职责，如答复或者“纠正”该行政行为，表面上看当事人的诉讼请求不同，前者是要求撤销某一行政行为，后者是要求履行某一法定职责，但其最终目的都是要求撤销该行政行为。在撤销之诉已经超过起诉期限的情形下，当事人选择通过履责之诉的方式向法院提起诉讼，是一种规避起诉期限的行为，如果容许此种行为将违背起诉期限设置的目的，不利于维护法秩序的稳定性，亦不能督促当事人及时维护其合法权益。

5. 依职权履行法定职责的行政行为如何确定起诉期限？

《行政诉讼法》第 47 条对依申请不履行法定职责的起诉期限作出了规定，但对于行政机关依职权履行法定职责情形下的起诉期限问题，现行法律、法规、规章及司法解释尚无明确规定。不过，只要行政机关应当依职权履行法定职责，其作为的义务就一直存在，不会因为迟延履行而消灭。行政相对人申请行政机关履行本应依职权履行法定职责时，其更应该及时有效全面履行。其依职权应当履行的法定职责，不因行政相对人的申请履行而转变为依申请履行法定职责，因此此时不适用于《行政诉讼法》第 47 条对依申请不履行法定职责的起诉期限。

6. 前一个不履责行为超过起诉期限，行政机关对再次提出的履责申请是否有义务履行？

除法律、法规对行政机关履行职责的期限另有规定的，行政机关在接到申请之日起 2 个月内不履行的，公民、法人或者其他组织可以在 2 个月的履责期限届满之日起 6

个月内提起诉讼。行政机关没有履行法定职责，且没有作出处理决定的，其履责义务呈持续存在状态，不因为超过起诉期限而免除。

超过6个月起诉期限，公民、法人或者其他组织再次提出履责申请，行政机关有义务继续履行，否则仍然构成不履行法定职责。此为行政机关新的不履责行为，与已超过起诉期限的前一个不履责行为不是同一个行政行为，公民、法人或者其他组织在行政机关2个月履责期限届满之日起6个月内提起行政诉讼，人民法院应当依法受理。

第七节 重复起诉的审查

【审查事项】

前诉与后诉的当事人是否相同？前诉与后诉的诉讼标的是否相同？前诉与后诉的诉讼请求是否相同或者后诉的诉讼请求是否被前诉裁判所包含？

【法律适用】

《行政诉讼法解释》第69条第6项、第106条。

【常见问题解答】

当事人多次要求履行法定职责是否属于重复起诉？

依据《行政诉讼法解释》第69条第6项的规定，构成重复起诉的，应该裁定驳回起诉。关于是否构成重复起诉，在《行政诉讼法解释》第106条作了规定："当事人就已经提起诉讼的事项在诉讼过程中或者裁判生效后再次起诉，同时具有下列情形的，构成重复起诉：（一）后诉与前诉的当事人相同；（二）后诉与前诉的诉讼标的相同；（三）后诉与前诉的诉讼请求相同，或者后诉的诉讼请求被前诉裁判所包含。"

具体到履行法定职责之诉中，要看前诉与后诉的当事人、诉讼标的、诉讼请求之间是否一致，如果一致，则应该认定为重复起诉，裁定驳回其起诉；如果不一致，则不应该认定为重复起诉，进入实体审查。

第八节　法定职责的审查

【审查事项】

行政机关是否有相应的法定职责？

【法律适用】

《行政诉讼法》第12条第1款第6项。

【常见问题解答】

1. 如何认定行政机关具有相应的法定职责？

行政机关是否具有相应的职权，是履行法定职责之诉当中一个最为关键的问题。但在司法实践中，行政机关之间的职权相互交叉，尤其是在行政机关机构改革不断变动的情形下，确定一个行政机关是否有相应的职权，有时并非易事。行政机关的法定职责，从种类而言，应该从宪法、宪法性法律、行政组织法以及一些单行法中寻找；从位阶而言，应该从法律、法规、规章等中寻找。有的可以参照三定方案和权力清单中的规定。

一般情况下，法律、法规、规章的规定可以作为行政机关的法定职责来源。但在司法实践中，行政机关作出行政行为的依据复杂多样，有的行政行为会依据上级机关颁布的规范性文件，如上级机关依据法律规定作的职权划分；行政机关的先行行为可能构成其履行职责的义务来源；行政合同的规定也可能构成其义务来源等。这些都可以视为对"法定职责"来源的广义理解。

2. 如何认定行政机关是否履行法定职责？

是否履行法定职责的判断要注意从行为和效果两个角度出发：第一，要从行为的角度出发，审查行政机关是否依法律、法规、规章履行了法定职责；第二，要从效果的角度出发，是否达到了履行法定职责的效果，是否全面履行，达到了履行法定职责的目的。履行法定职责不仅要及时，不能够迟延，还应该全面履行。

3. 在收到相对人申请之后，法定履职期限届满前，原行政机关的法定职责由于法律修改而转移给其他机关，那么，原机关是否仍旧具有履行的职责？

这个问题涉及履行法定职责的裁判基准时。所谓的裁判基准时，是指法院对系争行政行为违法性判断的时候，是应该以行政行为作出时的事实和法律状态作出判断，还是应该从裁判时的事实和法律状态作出判断。判断行政机关是否具有相对人申请履行的法定职责，应该以收到相对人申请之时为时间节点，此后行政机关发生的职责变更不能作为其不作为的正当理由。在履行期间内未履行法定职责，其既未自己履行职责，也未移交职责，又未给相对人任何答复，构成不作为违法。

第九节　依职权履责的审查

【审查事项】

被告是否有相应的义务依职权履行法定职责？被告依职权履行法定职责是否有相应事实依据？是否知道或应当知道相应的违法事实存在？原告起诉时，被告的履行期限是否届满？

【法律适用】

《行政诉讼法》第 38 条第 1 款第 1 项、第 49 条第 3 项，《行政复议法实施条例》第 16 条第 1 款。

【常见问题解答】

1. 区分依职权与依申请履行法定职责之诉的意义是什么？

在行政诉讼当中，区分依职权和依申请的履行法定职责之诉，其关键的意义在于，对于后者而言，当事人是否已经提出过申请将会作为提起行政诉讼的前提条件，如果依申请的履行法定职责之诉，当事人没有提起申请，则会被认定为缺乏基本的事实依据；对于前者无须当事人的申请启动。

2. 原告针对被告尚在履行期限内的行为提起行政诉讼的，如何处理？

行政机关履行法定职责通常需要一定的过程，有些法律、法规、规章对履行法定职责的期限作出了规定。没有作出专门规定的，《行政诉讼法》第 47 条统一规定了两个月的期限。对于被告尚在履行期限内的行为，是尚在行政程序中的行为，也属于尚未成熟的行政行为，根据审判权与行政权的分工，此时审判权不宜对该行为干预。原告对此提起的行政诉讼不符合起诉条件，应该裁定驳回起诉。

需要注意的是，如果行政机关在履行期限未届满的情况下，就明确作出拒绝决定，此时不受履行法定期限的限制，公民、法人或其他组织此时可以针对该明示拒绝决定提起行政诉讼。对行政机关不履行法定职责提起行政复议，同样适用，《行政复议法实施条例》第 16 条第 1 款对此作出了规定。

3. 行政机关作出行政处理决定之后，当事人既不提起行政诉讼，也未提起行政复议，行政机关未做进一步处理，是否属于不履行法定职责？

合法生效的行政行为具有执行力。行政机关在作出行政行为之后，行政相对人未提起行政复议或者行政诉讼，行政机关应当按照法律、法规、规章的规定履行强制执行行为，虽然法律、法规、规章对实施强制行为的期限并未作出明确规定，但应该在合理期限内履行。如果行政机关在作出行政行为之后，符合强制执行的条件时而未采取任何措施，属于不履行法定职责。

第十节　依申请履责的审查

【审查事项】

原告是否提出履责的申请？要求履责的内容、方式和主体是否明确？行政程序中要求履责的内容是否与行政诉讼中要求履责的诉讼请求一致？被告是否具有原告要求履责的法定职责？被告履行法定职责的过程、结果，被告在法定履职期限是否有不答复或拖延履行的行为？被告如果存在不履行的情形，是否具有正当事由？

【法律适用】

《行政诉讼法》第38条第1款、第47条、第49条第3项，《行政诉讼法解释》第93条，《行政诉讼证据规定》第4条第2款。

【常见问题解答】

1. 以信访登记表等信访形式提出要求，是否属于符合申请形式的依申请履行法定职责？

当事人通过专门的信访途径反映情况、提出要求，一般不视为适格的履责申请，但当事人向具有法定职责的行政机关提出了明确具体的履责请求，行政机关作为信访事项处理的，不影响申请人基于该申请提起的履责之诉。行政诉讼和信访属于不同的救济途径，行政机关的信访答复一般不具有可诉性。但不能仅从形式出发判断只要是信访答复就不予受理，而应该看其实质。只要信访内容载明了其要求申请的时间、形式、内容等，应该将其作为一般的要求履行法定职责的案件。

2. 以寄信的方式要求行政机关履行法定职责的，符合何种要求才能认定为依申请履行法定职责？

区分所涉事项应属信访处理还是行政行为，关键是原告向被告寄送的挂号信所载内容。信件中虽然提出了要求被告作出处理，但并没有提出明确的争议对象、争议内容以及处理该争议的请求，不属于行政机关的法定职责范围，并不构成要求被告履行职责的合法申请。如果被告将其视为原告向政府部门反应相关情况，按照《信访条例》的规定予以转办，相关单位也就信件反映情况作出处理并告知原告的做法，符合法律法规的规定和精神，法院亦可认定被告行为不构成不履行法定职责。

第十一节　举证责任分配的审查

【审查事项】

履行法定职责案件中原告和被告应当承担何种举证责任?

【法律适用】

《行政诉讼法》第34条、第35条、第36条、第37条、第38条。

【常见问题解答】

1. 原告对依申请的履责之诉承担何种举证责任?

根据《行政诉讼法》第38条第1款的规定,在起诉被告不履行法定职责的案件中,原告应当提供其向被告提出申请的证据。该条规定实际上明确了在依申请履行法定职责之诉中,原告对是否提出过申请负有举证责任。原告提出申请的事实包括:是否申请、申请的时间、申请内容、被告是否收到原告的申请、收到申请的时间。原告应当提供证据证明其向被告提出过申请的事实,但原告因被告受理申请的登记制度不完备等正当事由不能提供相关证据材料并能够作出合理说明的除外。原告提起履行法定职责之诉,应当对诉请行政机关履行法定职责的原因事实承担初步的证明责任,从而使起诉具备基本的事实依据。这是审理依申请的履行法定职责之诉的前提条件。原告如果未能提供足够的证据证明其曾经提出过相应的申请,则可能面临败诉的风险。

2. 相对人以邮寄的方式申请行政机关履行法定职责的,如何认定其申请是否有效?

司法实践中,有相对人以寄送信件的方式申请行政机关履行法定职责。如以行政机关的法定代表人为收件人,通过信封注明邮件内容系履责申请,邮寄地址属于行政机关住所地,即使有关表述存在一定瑕疵,但足以表明是向行政机关提出申请的,应当认定当事人向行政机关提出了履责申请。

当事人通过邮寄的方式向行政机关要求履行法定职责，但其邮寄的收件人、单位名称不准确，被邮局退回的，即投递失败是因为申请人填写的信息不规范所致，则属于要求履行法定职责的申请未能有效提出，可以认为其要求行政机关履行法定职责的请求不符合法律规定的条件。

3. 人民政府未依法主动公告征收决定及补偿方案的，举证责任应如何承担？

在国有土地上房屋征收过程中，市、县级人民政府具有依法主动公告征收决定及补偿方案的法定职责。被征收人就市、县级人民政府不履行征收公告法定职责提起诉讼的，无须承担其已向市、县级人民政府提出履行法定职责申请的证明责任。

第十二节　履责的程序和条件的审查

【审查事项】

行政机关履行法定职责的程序是否合法？

【法律适用】

《行政诉讼法》第 69 条、第 70 条第 3 项、第 74 条第 1 款第 2 项。

【常见问题解答】

1. 对不属于职权范围内的事项，行政机关是否可以直接不予回复？

对于不属于职权范围内的事项，行政机关可以作出不予受理等口头或书面决定，从有利于行政争议实质性化解角度出发，不宜拒绝作出任何回复。另外，当事人申请的事项如果不属于本行政机关职权范围的事项，而属于其他行政机关管辖的，但根据法律、法规、规章的规定，行政机关负有积极移送的义务而未移送的，可以被看作一种不履行法定职责的行为。从行政纠纷实质性化解的目的出发，对于不属于本行政机关职权范围内的管辖事项，也应尽可能地释明，减少当事人的负担，节省行政资源。

2. 行政机关超过法定履职期限，行政相对人提起行政诉讼，诉讼期间行政机关履行了法定职责的，可否确认该行政行为违法？

行政行为合法性审查不仅应该从实体合法性的角度审查,还应该从程序合法性的角度审查。超过法定期限未作出行政行为的属于怠于履行法定职责,即使是在诉讼期间作出相应的行政行为,也应确认该行政行为违法。

3. 行政机关履行期限如何确定?

法律、法规、规章对行政机关的履行期限作出规定的,应当依据其规定,但如果对行政机关的履行期限未作出规定,对于依申请履行法定职责的行为应当按照《行政诉讼法》第47条处理。

对于依职权履行法定职责的,实践中存在这样一种情况,即行政机关对相对人的申请承诺办理,有的启动了立案或受理程序,甚至明确承认存在违法违规事实,但承诺之后在合理或通常办理时间内未采取任何行政行为或进行核实调查,不作出任何决定,使相对人的申请长期处于一种不确定的状态。此种情形是应依法判决被告履责,还是认定被告一直在履责,判决驳回原告诉讼请求?实践中的观点并不一致。

对于依职权履行法定职责的履行期限没有规定的,应该在合理期限内履行。合理期限的认定应比照法律的既有规定;法律没有规定的,应该考察行政惯例通常的办案期限;没有行政惯例的,应该符合通常的常识判断。对行政机关而言,法定履行期限即使没有规定的,也应及时处理,如果不能及时处理应该做好延期等手续,以及正当理由的记录等。

第十三节　履责条件的审查

【审查事项】

判决被告履行法定职责或给付义务条件是否具备?判决被告履行法定职责或给付义务有无意义?

【法律适用】

《行政诉讼法》第69条、第72条、第73条、第74条第2款第3项,《行政诉讼法解释》第91条、第92条。

【常见问题解答】

1. 如何判断履行法定职责的条件?

行政机关应当依照法律、法规、规章的要求,积极全面地履行法定职责,这是规范层面的要求。但在现实履行的过程中,总会遇到一些阻却事由,如因为不可抗力等客观条件导致履行不能,或者履行将会导致行政成本过高而不符合经济原则的,就属于没有达到履行条件。因此,履行法定职责条件的判断,应该从行政机关的主观意识和客观行为两个方面综合考量。

2. 什么情况属于履行法定职责没有意义?

行政机关因为迟延履行、不适当履行、未全面履行法定职责,被起诉至法院,行政机关即使继续履行法定职责可能也没有意义,此时不宜判决行政机关履行法定职责。原告可继续要求确认行政机关迟延履行、不适当履行、未全面履行法定职责违法,通过行政赔偿诉讼维护自己的合法权益,得到救济。

具体而言,履行法定职责没有意义的情况包括:公民、法人或者其他组织在紧急情况下请求行政机关履行保护其人身权、财产权等合法权益的法定职责,行政机关没有履责,行政机关再履行法定职责时侵害人身权和财产权等行为已经停止的;在原告提起诉讼的过程中,被告行政机关主动履行法定职责的;原告要求行政机关履行法定职责时的事实和法律状态已经发生变化,履行法定职责没有意义等其他情况。

3. 行政机关受理相对人的履行法定职责申请后,转交给其他机关或者下级机关处理的,是否构成不履行法定职责?

如果法律、法规、规章规定行政机关负有将不属于其法定职责范围内的申请事项的移送义务,但行政机关没有积极移送的,属于不履行法定职责。同样地,如果根据法律、法规和规章的规定,属于行政机关职责范围的事项,不应移送而移送的,也属于不履行法定职责。

4. 行政相对人被刑事立案,是否属于行政机关不履行监管职责的正当事由?

行政管辖权是行政主体之间就某一行政事务首次处置所作的权限划分。行政管辖权具有内部性,只会在行政主体之间发生冲突。行政机关并不会与司法机关发生行政管辖权冲突,亦不会将行政管辖权移送司法机关。发现涉嫌犯罪的,将案件移送给司法机关,移送的是司法机关对犯罪行为的管辖权,而非行政管辖权。行政相对人无论被司法机关立案与否,行政机关都对其享有行政管辖权并应当积极依法履行行政监管职责。即使司法机关已对行政相对人刑事立案,行政机关仍应该依法实施监管,并可以依法作出警告、责令停产停业、暂扣或者吊销许可证等行政处罚,且不停止执行。

第十四节　裁定的审查

【审查事项】

在诉讼要件审查阶段,原告的起诉是否符合履行法定职责之诉的受案范围?是否符合起诉期限?当事人是否适格?诉讼请求是否明确?

【法律适用】

《行政诉讼法解释》第69条第1款。

【常见问题解答】

1. 被告明显不具有法定职责的,是否可以裁定驳回起诉?

提起履行法定职责之诉,对原告而言,需要有实体法上的请求权基础;对于被告而言,则需要有相应的法定职责。原告是否具有请求权基础、被告是否具有相应的法定职责,一般情形下需要在实体审理中查明。但在事实清楚、法律明确的情形下,被告确属法定职责没有达到显而易见的,则属于被告不适格。

一般而言,履行法定职责(包括给付)之诉成立的前提条件之一,在于被申请履职的行政机关具有相应的职责。即被申请履职的行政机关对履职申请具有相应的事务、地域和层级管辖职权。如果行政机关明显不具有相应的事务、地域或者层级管辖职权,则行政相对人的履职申请明显不成立,相应履行法定职责之诉亦不能成立,也更谈不上是否应当履职、是否已经依法履职等实体法上的问题。此种情况下,无论行政机关对申请人履职申请不予答复或者答复不予处理或者答复无法让申请人满意,依法均不属于行政复议受理和行政诉讼受案范围。

人民法院在立案登记审查时,如果被诉行政机关因事务、层级、地域原因明显不具有起诉人诉请履行的职责和诉请实施的职权权限,根本不可能履行诉请的职责或者给付义务,则履行法定职责之诉也不能成立。从诉讼效率的角度而言,这也没有进入实体审理阶段的必要,可以裁定驳回甚至不予登记立案。

2. 履行法定职责之诉的诉讼要件审查阶段,如何认定受案范围、当事人适格之间的选择适用关系?

履行法定职责之诉不同于行政行为的撤销之诉,不仅要审查行政机关是否履行法定职责,还要审查当事人履行法定职责的申请是否符合法律规定。因此,就会存在行政诉讼受案范围和当事人适格选择适用问题。从行政机关的答复是否具有可诉性的角度而言,是受案范围的问题;从当事人的诉讼请求是否成立的角度而言,则是当事人适格的问题。如果二者只存在一种时,选择存在的情况即可。但如果二者同时存在,则在逻辑上应该首先选择不属于受案范围,因为如果不属于受案范围就不会考虑当事人适格的问题,即当事人适格问题的考量是在符合受案范围时才会审查的问题。

第十五节　判决的审查

【审查事项】

履行判决、确认违法判决以及驳回诉讼请求判决适用情形各有哪些?

【法律适用】

《行政诉讼法》第 69 条、第 70 条、第 72 条、第 73 条、第 74 条。

【常见问题解答】

1. 适用履行判决的情形是什么?

适用履行判决时的前提是行政主体负有法定职责、原告具备实体请求权、行政主体不履行或拖延履行法定职责、行政主体不履行或拖延履行法定职责无正当理由、行政机关履行法定职责仍有可能和必要。法院对以上事项进行审查后,可以判决行政机关履行法定职责。

2. 履行判决应该具体到什么程度?

履行判决应该具体到什么程度,具体而言是其内容应该包括要求行政机关为一定行为的具体内容,如履行事项、履行要求、履行的具体数额等。这其实是履行判决涉及行政权和审判权的关系问题。法院作出的履行判决应该遵循行政权和审判权的分工权限,审判权不能过分干预行政权,但也要体现出审判权对行政权的监督。

法院只是要求行政机关在一定期限内履行法定职责,至于履行法定职责的具体内容,如履行事项、履行要求、履行的具体数额等内容法院不作指定或限定,由行政机关在行政程序中依法决定,这可以称为程序性裁判。人民法院判令行政机关在一定期限内履行法院明确指定的法定职责,行政机关没有裁量空间,这可以称为实体性裁判。

通过案件的审理,法院需要判断行政机关在特定事项上是否有裁量权。如果行政机关有裁量权,就应该作出程序性裁判;如果审查后认为行政机关没有裁量权,就应该直接作出实体性判决,实质性化解纠纷。

3. 何种情况下适用确认违法或补救判决?

行政机关构成不履行职责,但判决履行职责已无实际意义的,判决确认不履行法定职责违法;不履行法定职责程序轻微违法的,判决确认该行为违法;需要采取补救措施的，人民法院应当一并判决采取补救措施。

需要注意的是，确认违法判决是作为履行判决和答复判决的补充性判决，在履行职责已无实际意义时，以确认违法的方式确认不履行法定职责的违法性。基于保护原告合法权益目的，如果有可能采取补救措施，人民法院应当一并判决行政机关采取补救措施。

4. 何种情形下适用驳回诉讼请求判决？

适用驳回诉讼请求判决有两种情形：第一，行政机关不履行法定职责的理由正确，原告请求行政机关履行的请求不能成立的，驳回原告的诉讼请求；第二，行政机关拒绝履行法定职责的理由不当，但经法院审查原告请求行政机关履行的请求不能成立的，驳回原告的诉讼请求，但对于拒绝性答复的不当之处，人民法院可以在裁判理由中一并予以指明。人民法院认为行政机关应当进一步审查判断的，也可采取“答复判决”方式，即判决撤销拒绝性答复，并责令行政机关针对原告的请求重新予以审查处理。

第十六节　不履行法定职责的赔偿问题

【审查事项】

行政机关是否存在迟延履行、不适当履行、不完全履行的情形？原告的合法权益是否受到损害？行政机关的行为与原告合法权益受损之间是否存在因果关系？

【法律适用】

《行政诉讼法》第70条、第78条，《国家赔偿法》第2条、第3条、第4条、第5条，《行政诉讼法解释》第98条。

【常见问题解答】

行政机关不履行法定职责，给行政相对人造成损失的，在赔偿过程中应当考量哪些因素?

不履行法定职责案件不同于行政案件,其往往有实施侵权行为的第三人,行政机关并不是直接侵权人,因此涉及如何判断行政机关的赔偿责任问题。

最高人民法院对此曾经作出批复。(1)最高人民法院《关于公安机关不履行法定行政职责是否承担行政赔偿责任问题的批复》①(法释〔2001〕23号)明确:由于公安机关不履行法定行政职责,致使公民、法人和其他组织的合法权益遭受损害的,应当承担行政赔偿责任。在确定赔偿的数额时,应当考虑该不履行法定职责的行为在损害发生过程和结果中所起的作用等因素。(2)最高人民法院《关于公安机关不履行、拖延履行法定职责如何承担行政赔偿责任问题的答复》(〔2011〕行他字第24号)明确:“公安机关不履行或者拖延履行保护公民、法人或者其他组织人身权、财产权法定职责,致使公民、法人或者其他组织人身、财产遭受损失的,应当承担相应的行政赔偿责任。公民、法人或者其他组织人身、财产损失系第三人行为造成的,应当由第三人承担民事侵权赔偿责任;第三人民事赔偿不足、无能力承担赔偿责任或者下落不明的,应当根据公安机关不履行、拖延履行法定职责行为在损害发生过程和结果中所起的作用等因素,判决其承担相应的行政赔偿责任。公安机关承担相应的赔偿责任后,可以向实施侵权行为的第三人追偿。”

在审判过程中,要具体问题具体分析。既要考虑原告通过其他救济途径获得赔偿的可能性,又要考虑行政机关不履行法定职责的行为在损害发生过程和结果中所起的作用。如果原告所受损害系行政机关不履行法定职责与第三人的侵权行为相结合造成,原告所受损害可以由实施侵权行为的第三人赔偿的,则当事人应当首先通过民事诉讼解决赔偿问题。如果实施侵权行为的第三人实际无赔偿能力或赔偿能力有限,则需要在行政赔偿之诉中明确行政机关赔偿的份额,及时保护受害人的合法权益。

行政机关不履行法定职责造成公民、法人或者其他组织人身、财产损害的,应当依法承担相应的行政赔偿责任,但其前提条件是,行政机关不履行的是针对具体行政相

① 该解释已被《行政诉讼法解释》代替。

对人的、特定的职责义务，且该不履行法定职责义务的行为造成了当事人人身、财产的实际损失。如果行政机关未履行的是法律规定的抽象的职责义务，即便当事人确有损失，因损失与抽象的不作为行为之间缺乏因果联系，亦不属于行政赔偿的范围。

附：

本院典型案例

李某诉北京市公安局朝阳分局亚运村派出所案

【裁判要旨】公安机关办理治安行政案件，应当在受案后30日内办理，对于案情重大、复杂的，经上一级公安机关批准，可以延长30日。为查明案情进行鉴定的期间不计入办案期限。因违反治安管理行为人不明或者逃跑等客观原因造成案件在法定期限内无法作出行政处理决定的，公安机关应当继续进行调查取证，并向被侵害人说明情况，及时依法作出处理决定。明显超过办案期限且不能证明系因鉴定因素或其他客观原因造成案件超期未处理的，构成行政不履责。

【裁判文书】

北京市第三中级人民法院

行政判决书

（2022）京03行终407号

上诉人（一审原告）李某。

被上诉人（一审被告）北京市公安局朝阳分局亚运村派出所。

负责人邱跃，所长。

上诉人李某因诉被上诉人北京市公安局朝阳分局亚运村派出所（以下简称亚运村派出所）未履行法定职责违法一案，不服北京市朝阳区人民法院（2021）京0105行初431号行政判决，向本院提起上诉。本院受理后，依法组成合议庭进行了审理。本案现已审理终结。

李某诉至一审法院,请求:1. 确认亚运村派出所于2020年9月26日接李某报警后处置李某案件的行为违法;2. 责令亚运村派出所针对李某2020年9月26日的报警履行调查处理职责。

一审法院经审理查明,2020年9月26日20时13分,李某拨打“110”报警称,在朝阳区××小区西门门口,因行车纠纷,被两人打伤。接警后,亚运村派出所民警出警,经了解李某称在××小区内因错车与对方发生纠纷,双方有肢体冲突,对方已离开。同日,亚运村派出所民警对李某进行询问并制作询问笔录,李某在笔录中陈述:2020年9月26日19时许,李某开车行驶至北京市朝阳区××二区18号楼楼下,对方一辆银色奔驰车逆向行驶,对方行驶至李某车前过了一会儿从车上下来一男一女,走到李某车前拉开李某车门先是大声骂李某让其倒车,对方用腿踹李某车门,李某准备拿起手机报警,后对方抢走李某手机,后对方两人一起用拳头击打李某的头部和脸部,造成李某的脸部、眼部和手部多处流血,后那名男子踹李某的肚子和身体,持续了三分钟左右,后来有群众围观,对方停止动手,李某下车要回手机并报警,对方见其报警丢下汽车就离开了,警察到现场后叫回那名女子,并把双方带回派出所。同日,亚运村派出所民警对张某1进行询问并制作了询问笔录,张某1在笔录中陈述:2020年9月26日20时许,其开车回家到北京市朝阳区××二区16号楼附近时遇到一辆对面开过来的车,因为路窄不能错车,因为后面有车不能倒车对方稍微往后倒一点就错过去了,其妻子就下车跟对方的司机说往后退一点,其看着其爱人和对方吵起来了,对方隔着窗户要动手,其就下车过去,对方就下车用手抓其衣服打其面部,然后其就和对方互相拉扯了起来,在互相拉扯的过程中,可能抓到对方的面部了,周围有群众围观就分开了,然后就感觉头晕去医院了,让其爱人在现场处理。同时,亚运村派出所对张某1进行了酒精测试。同日,亚运村派出所出具《人体损伤程度鉴定委托书》,委托北京红十字会急救中心司法鉴定所对李某身体所受损伤程度出具鉴定意见。当日,亚运村派出所制作京公朝(亚)受案字〔2020〕50726号受案登记表,予以受案调查。

2020年9月27日,亚运村派出所对李某进行询问并制作询问笔录,李某在笔录中陈述,其想等鼻骨结果出来以后再做法医伤情鉴定,同时希望民警能够等伤情鉴定出来以后再对打李某的人进行处理。同日,亚运村派出所对张某1进行询问并制作询问笔录,告知张某1与其发生冲突的人的医院检查结果还没有出来,法医不能做出伤检报告,将择日对案件进行处理。同日,亚运村派出所对张某2进行询问并制作询问笔录,张某2在笔录中陈述,2020年9月26日20点左右,其丈夫张某1开车、其坐在副驾驶位置,往××小区外行驶,当时对方一辆大众黑色轿车停在路边拐角处,这样两辆车就错不开车了，其就下车去跟司机理论，对方没有倒车的意思，其丈夫张某1也下来和司机理论，对方司机坐在车里没下车，张某1站在他车司机位置的外面，两人指指点点就打起来了，后来两人不打了，对方要报警，其丈夫说有点头晕，就自己去医院了，其回来配合警察工作。2020年9月29日，北京市红十字会急诊抢救中心司法鉴定中心制作检验记录，对李某的伤情启动伤情鉴定程序。2020年10月13日，北京市红十字会急诊抢救中心司法鉴定中心出具终止鉴定通知书，以1. 李某表达出缺乏信任的态度；2. 该中心要求李某去同仁医院或该中心复查，其于2020年10月12日提供的却是北京安定医院的病历资料，且据病历记载2020年9月28日患者因交通事故致鼻骨骨折，致使鉴定工作无法继续进行，决定终止此次鉴定工作，并申请回避此鉴定。同日，亚运村派出所向李某出具鉴定意见通知书，对李某被故意伤害案终止伤情鉴定。

2020年11月5日，亚运村派出所制作工作记录，记录李某于2020年11月3日再次出具北京安定医院诊断证明（修改过），民警请示分局法医答复不再进行司法鉴定。2021年1月7日，亚运村派出所制作工作记录，记录北京中衡司法鉴定中心答复李某的医院相关证据不真实，不予鉴定。2021年3月23日，亚运村派出所委托法大法庭科学技术鉴定研究所对李某身体所受损伤程度出具鉴定书。同日，亚运村派出所制作工作记录，记录鉴定人员答复因不能确定其鼻骨骨折是否为被打所致，需要进一步证实。

一审法院经审理认为，根据《中华人民共和国治安管理处罚法》（以下简称《治安管理处罚法》）第七条、第九十一条，公安部《公安机关办理行政案件程序规定》第二条第二款、第十条第一款的规定，本案所涉报案事项发生地域属亚运村派出所的管辖范围，亚运村派出所具有接受该地区报警并进行相应调查、处理的职责。

根据《公安机关办理行政案件程序规定》第一百六十五条第一款的规定，公安机关办理治安案件的期限，自受理之日起不得超过三十日；案情重大、复杂的，经上一级公安机关批准，可以延长三十日。本案中，李某于2020年9月26日报警称在朝阳区××小区西门门口，因行车纠纷被两人打伤，亚运村派出所于次日受理为行政案件。此后虽对李某的身体损伤进行了司法鉴定，并存在鉴定机构终止鉴定、另行委托其他鉴定机构等情况，但截至2021年6月李某向法院提起本次诉讼，亚运村派出所仍未对李某的报警作出处理，明显超出了上述规章规定的法定期限。

同时，《公安机关办理行政案件程序规定》第一百六十五条第三款规定，对因违反治安管理行为人不明或者逃跑等客观原因造成案件在法定期限内无法作出行政处理决定的，公安机关应当继续进行调查取证，并向被侵害人说明情况，及时依法作出处理决定。本案中，亚运村派出所虽以鉴定机构无法对李某身体损伤出具鉴定结论，存在继续调查取证等客观原因为由，主张不属于超期办案的情形。但上述规章中的客观原因应指公安机关非主观原因造成的客观上无法启动调查工作，从现有证据看，北京市红十字会急诊抢救中心司法鉴定中心于2020年10月13日出具终止鉴定通知书，此后亚运村派出所的工作记录仅显示2021年1月7日、3月23日北京中衡司法鉴定中心、法大法庭科学技术鉴定研究所就李某身体损伤鉴定的答复情况。即使存在鉴定机构对李某身体损伤无法出具鉴定结论等客观原因，亚运村派出所也应积极与鉴定机构进行协调寻求下一步的鉴定途径，抑或在确定无法启动鉴定程序的情况下依据现有证据作出处理结论。截至2021年6月李某向法院提起本次诉讼时，亚运村派出所明显存在不积极履行调查取证职责的情形。综上，亚运村派出所的主张不具有事实和法律依据，法院不予支持。

事实清楚、证据确凿是公安机关作出治安处罚的前提条件，从现有证据材料看，亚运村派出所对李某的身体损伤情况仍然存在进一步调查取证的空间，故法院应当判令亚运村派出所针对李某的报警继续履行调查处理的法定职责。

综上，一审法院依照《中华人民共和国行政诉讼法》第七十二条、第七十四条第二款第（一）项之规定，作出判决：1. 确认亚运村派出所未在法定期限内对李某2020年9月26日的报警作出处理的行为违法；2. 责令亚运村派出所于本判决生效之日起30日内对李某2020年9月26日的报警进行处理。

上诉人李某上诉请求本院撤销一审判决，改判支持上诉人一审的诉讼请求，一、二审诉讼费由被上诉人亚运村派出所承担。其理由如下：一审判决存在证据采信错误、事实认定错误、程序违法等情形，应予撤销；亚运村派出所在案件处置过程中存在多个行政违法行为应予以确认并责令纠正；亚运村派出所故意隐匿关键案情事实、卷宗以及证物，以制作伪证、虚假陈述来歪曲案情真相、欺瞒合议庭、妨碍司法公正，一审法院未予甄别，应予纠正。

被上诉人亚运村派出所同意一审判决，请求二审法院予以维持。

李某在指定期限内向一审法院提交如下证据：1. 受案回执；2. 案发现场视频资料3段；3. 现场的照片及李某面部受伤照片5张；4. 中日友好医院病历材料；5. 李某与中日友好医院医生微信聊天记录截屏；6. 安贞医院诊断证明书、航空总医院诊断证明书3份、航空总医院病历材料3份及CT影像诊断报告单；7. 北京安定医院CT诊断报告单；8. 李某与红十字会急救中心法医沟通的录音资料及文字整理材料；9. 李某与张某1谈话录音资料及文字整理材料；10. 李某与现场民警谈话录音资料及文字整理材料；11. 李某与张某2谈话录音资料及文字整理材料。

亚运村派出所在法定期限内向一审法院提交了以下证据材料和法律依据：

（一）证据材料：1. 亚运村派出所于2020年9月26日、9月27日分别对李某进行询问制作的询问笔录；2. 亚运村派出所于2020年9月26日、9月27日分别对张某1进行询问制作的询问笔录2份；3. 亚运村派出所于2020年9月26日对张某2进行询问制作的询问笔录；4. "110"接处警记录；5. 京公朝（亚）受案字〔2020〕50726号受案登记表及受案回执；6. 2020年9月26日工作记录2份；7. 到案经过2份；8. 鉴定委托相关手续；9. 2020年9月26日光盘及制作说明；10. 2021年4月14日光盘及制作说明；11. 工作记录9份；12. 中日友好医院门诊疾病诊断证明书3份、安贞医院诊断证明书、北京安定医院门诊病历及CT诊断报告单等。

（二）法律依据：《中华人民共和国人民警察法》《治安管理处罚法》《公安机关办理行政案件程序规定》。

经庭审质证，一审法院认证如下：1. 李某提交的证据与本案具有关联性，能够证明李某受伤报警、进行伤情鉴定等情况，法院予以采纳；2. 亚运村派出所提交的证据能够证明其接到李某的报警后履行职责的情况，法院予以采纳。

上述证据均已随案移送本院，经审查，本院同意一审法院的认证意见并予以确认。

本院对一审法院移送的卷宗、上诉状及上述证据进行审查，并对各方当事人进行了询问，双方当事人对一审法院的审判程序、认定的事实和证据等内容没有异议。经审理，本院对一审法院的认证结论予以确认。根据上述有效的证据，本院认定事实与一审法院一致。

另查，李某在一审的起诉状中的诉讼请求是确认亚运村派出所于2020年9月26日接警后处置李某案件的行为违法。其在诉讼理由中主张的内容是，两名作案人的行为违法侵害了李某的人身权利，应当依法立案并对作案人进行处理，但亚运村派出所一直未予立案，也未出具不予立案通知书。同时，亚运村派出所受案后违反法律程序，拒不告知李某案件进展、拖延办案、超期办案，致使两违法行为人至今仍逍遥法外，亚运村派出所在接警后对李某被伤害一案的处置行为明显违反了《中华人民共和国人民警察法》。

本院认为：本案审理的焦点是亚运村派出所对李某的报案未作出行政处理决定的合法性问题。

首先，根据《治安管理处罚法》第七条、《公安机关办理行政案件程序规定》第十条的规定，亚运村派出所对其辖区范围内发生的违法行为具有管辖权。本案中，李某向"110"报警称其在本市朝阳区××小区内因错车与对方发生纠纷和肢体冲突，该纠纷地在亚运村派出所辖区范围。亚运村派出所接到报案后立案、出警并展开调查等工作是履行法定职责的行为。

其次,根据《公安机关办理行政案件程序规定》第一百六十五条的规定,公安机关应当在受案后30日内办理治安案件,对于案情重大、复杂的,经上一级公安机关批准,可以延长30日。为查明案情进行鉴定的期间不计入办案期限。如果因违反治安管理行为人不明或者逃跑等客观原因造成案件在法定期限内无法作出行政处理决定的,公安机关应当继续进行调查取证,并向被侵害人说明情况,及时依法作出处理决定。本案中,李某的报警时间是2020年9月26日,亚运村派出所于次日将李某的报警事项受理为行政案件。但截至2021年6月29日李某向一审法院起诉时,亚运村派出所仍未对该案作出相应的处理,明显超过了《公安机关办理行政案件程序规定》第一百六十五条规定的办案期限。虽然亚运村派出所提出一直在履行鉴定程序,鉴定期间不应计入办案期限,但其提供的相关鉴定工作记录以及在案证据均不能证明其因为开展鉴定工作因素致使案件处理超出了法定期限。亚运村派出所以鉴定机构无法鉴定等理由对李某的报警不作出处理决定,缺乏事实依据。一审法院认定亚运村派出所明显超过法定办案期限、明显存在不积极履行调查取证职责的认定事实清楚。亚运村派出所对李某报案所称身体损伤问题存在进一步调查取证的空间,故一审法院判令亚运村派出所针对李某的报警继续履行调查处理的法定职责的结果正确。

最后,关于上诉人李某要求法院支持其一审全部诉讼主张的问题。李某在一审的诉讼请求是确认亚运村派出所于2020年9月26日接李某报警后处置李某案件的行为违法,责令亚运村派出所针对其报警履行调查处理职责。一审法院经过审理判决确认亚运村派出所未在法定期限内对李某2020年9月26日的报警作出处理的行为违法,并责令亚运村派出所于本判决生效之日起30日内对李某2020年9月26日的报警进行处理。虽然李某提出一审判决存在证据采信错误、事实认定错误、程序违法等情形,应予撤销;亚运村派出所在案件处置过程中存在多个行政违法行为等,认为一审法院未予甄别,应予纠正。但是,本案审理的是亚运村派出所在法定期限内未履行法定职责的问题,在亚运村派出所未对李某的报警作出处理决定前,李某请求法院对亚运村派出所在调查取证中的阶段性工作确认违法的主张缺乏法律依据。故,李某的上诉请求和理由缺乏法律依据,本院不予支持。

综上,一审法院认定事实清楚,适用法律正确,程序合法,判决结果正确,本院应予维持。依照《中华人民共和国行政诉讼法》第八十九条第一款第(一)项的规定,判决如下:

驳回上诉,维持一审判决。

二审案件受理费50元,由上诉人李某负担(已交纳)。

本判决为终审判决。

审 判 长　饶亚东
审 判 员　董　巍
审 判 员　王　伟
二〇二二年五月十九日
法官助理　武文慧
书 记 员　赵俊飞

(主审法官、撰写人:饶亚东)

第六章　举报答复类案审判指引

投诉举报是公民、法人或者其他组织参与行政管理的重要途径，除了维护自身合法权益，对于监督行政机关依法行使职权、弥补行政机关执法能力不足也发挥着积极作用。公民、法人或者其他组织可以就何种事项向哪个行政机关投诉举报，取决于法律、法规、规章的具体规定。与此相对应，能否就投诉举报事项提起行政诉讼，也需要根据法律、法规或者规章对于投诉举报请求权的具体规定作出判断。现行《行政诉讼法解释》在赋予行政机关依法追究加害人法律责任的受害人原告资格的规定的基础上，增加了“为维护自身权益向行政机关投诉，具有处理投诉职责的行政机关作出或未作出处理”的，投诉人具有原告资格的规定。这样规定是出于保障行政机关的正常管理，避免浪费法院有限的司法资源，维护其他公民正当的投诉权利得以实现之考虑。因此，对行政机关受理投诉之后的调查处理结果不服能否提起行政诉讼的问题，通常认为，法律、法规或者规章规定的投诉请求权，在于促使行政机关对于投诉事项发动行政权。如果行政机关发动了行政权，并将调查处理结果告知投诉人，就属履行了法定职责。如果投诉人对调查处理结果不服，其提起诉讼的目的是想为第三人施加负担，如要求作成或者加重对于第三人的处罚，则应依赖于法律、法规或者规章是否规定了为第三人施加负担的请求权。

第一节　起诉条件的审查

【审查事项】

针对投诉举报答复提起行政诉讼的，应具备一定的诉讼要件，如是否具有原告主体资格？是否具有行政法上的利害关系？是否需要追加第三人？是否属于行政诉讼受案范围等？

【法律适用】

《行政诉讼法》第25条第1款、第46条、第49条，《行政诉讼法解释》第12条。

【常见问题解答】

1. 投诉举报人获得原告主体资格的限定条件是什么？原告不适格，法院应如何处理？

《行政诉讼法解释》第12条第5项规定，为维护自身合法权益向行政机关投诉，具有处理投诉职责的行政机关作出或者未作出处理的，属于《行政诉讼法》第25条第1款规定的"与行政行为有利害关系"。因此，举报投诉人获得原告主体资格的限定条件应为"为维护自身合法权益"。也就是说，对是否具备原告资格的判断，取决于以下两方面：第一，法律、法规或者规章是否规定了投诉举报的请求权；第二，该投诉举报请求权的规范目的是否在于保障投诉举报人自身的合法权益。

对于自身合法权益的进一步解释是，如果投诉者是出于消费目的的购买者，则其原告资格应当得到认可。购买伪劣商品的消费者起诉行政机关，要求行政机关对商家依法处理的案件，如果案件涉及的对象或范围具有广泛性，法院应当在审慎判断的基础上依法作出处理。比如，公民认为某类食品或者药品不合格，要求行政机关作出处理，进而对行政机关的处理不服提起诉讼。在此情况下，人民法院就应当分析起诉是否具有个别性。具体地说，就是要看起诉人是否购买了该产品或者是否因该产品受到了损害，行政机关是否负有为保护其合法权益而作出具体处理的职责。如果任何一项答案为“否”，则不应承认起诉人的原告资格。①

依据《行政诉讼法》第49条第1项、《行政诉讼法解释》第69条第1款第1项之规定，公民、法人或者其他组织提起行政诉讼，应当具备原告主体资格，符合法定起诉条件，不符合法定起诉条件的，已经立案的，应当裁定驳回起诉。若投诉举报人并非为维护自身合法权益提起诉讼，则不具有针对行政机关就举报事项作出的处理或者不作为行为提起诉讼的主体资格，应当依据上述规定裁定驳回起诉。

2. 举报人与举报事项具有行政法上的利害关系的判断标准是什么？

《行政诉讼法》第25条第1款规定：“行政行为的相对人以及其他与行政行为有利害关系的公民、法人或者其他组织，有权提起诉讼。”行政机关作出被诉行政行为时所适用的行政实体法律规范，是否要求行政机关考虑、尊重和保护原告诉请保护的权利和利益，是判断利害关系的标准之一。例如，最高人民法院在发展改革部门项目审批批复行政案件原告资格问题的答复中指出，根据国务院《关于投资体制改革的决定》（国发〔2004〕20号，部分失效）、《中央预算内直接投资项目管理办法》、《政府核准投资项目管理办法》（已失效）等规定，发展改革部门对政府投资项目的审批行为和企业投资项目的核准和备案行为，主要是从维护经济安全、合理开发利用资源、保护生态环境、优化重大布局、保障公共利益、防止出现垄断等方面进行审查，判断某一项目是否应予审批、核准或备案。考察上述一系列规定，并无任何条文要求发展改革部门必须保护或者考量项目用地范围内的土地使用权人权益保障问题，相关立法宗旨也不可能要求必须考虑个别人的土地承包经营权的保障问题。发展改革部门在作出项目审批行为时，也就无须审查项目用地范围内的征地拆迁、补偿安置等事宜，无须考虑项目用地范围内单个土地、房屋等权利人的土地使用权和房屋所有权的保护问题。因此，项目建设涉及的土地使用权人或房屋所有权人与项目审批行为不具有利害关系，也不具有行政法上的权利义务关系，其以项目审批行为侵犯其土地使用权或者房屋所有权为由，申请行政复议或者提起行政诉讼，并不具有申请人或者原告主体资格。②

---

① 最高人民法院行政审判庭编著：《最高人民法院行政诉讼法司法解释理解与适用》，人民法院出版社2018年版，第102页。

② 参见最高人民法院裁判文书（2017）最高法行申169号。

3. 对行政机关受理投诉之后的调查处理结果不服，能否提起行政诉讼？

公民、法人或者其他组织可以就何种事项向哪个行政机关投诉举报，取决于法律、法规或者规章的具体规定；与此对应，能否就投诉举报事项提起行政诉讼，也需要根据法律、法规或者规章对于投诉举报请求权的具体规定作出判断。通常情况下，对是否具备原告资格的判断，取决于以下两方面：第一，法律、法规或者规章是否规定了投诉举报的请求权；第二，该投诉举报请求权的规范目的是否在于保障投诉举报人自身的合法权益。法律、法规或者规章规定的投诉请求权，在于促使行政机关对于投诉事项发动行政权。如果行政机关发动了行政权，并将调查处理结果告知投诉人，就属履行了法定职责。如果投诉人对调查处理结果不服，其提起诉讼的目的是想为第三人施加负担，如要求作成或者加重对于第三人的处罚，则应依赖于法律、法规或者规章是否规定了为第三人施加负担的请求权。

以劳动保障领域为例，《劳动保障监察条例》分别规定了投诉与举报两种方式。关于投诉，《劳动保障监察条例》第 9 条第 2 款规定："劳动者认为用人单位侵犯其劳动保障合法权益的，有权向劳动保障行政部门投诉。"其规范目的显然在于保障劳动者自身的合法权益。如果行政机关对于劳动者的投诉不予受理或者不履行依法纠正、查处的法定职责，劳动者可以依法提起履行职责之诉。关于举报，《劳动保障监察条例》第 9 条第 1 款规定："任何组织或者个人对违反劳动保障法律、法规或者规章的行为，有权向劳动保障行政部门举报。"举报的作用并非直接保障劳动者自身的合法权益，主要是为行政机关查处违反劳动保障法律、法规或者规章的行为提供线索或者证据，因此，其规范目的在于维护公共利益，而非保障举报人自身的合法权益。虽然《劳动保障监察条例》第 10 条第 3 项规定，劳动保障行政部门应当履行"受理对违反劳动保障法律、法规或者规章的行为的举报、投诉"的职责，但行政机关对于举报所作的处理，包括答复或者不答复，均与举报人自身合法权益没有直接关系，由此举报人也就不具备提起行政诉讼的原告资格。该条例第 19 条还规定："劳动保障行政部门对违反劳动保障法律、法规或者规章的行为作出行政处罚或者行政处理决定前，应当听取用人单位的陈述、申辩；作出行政处罚或者行政处理决定，应当告知用人单位依法享有申请行政复议或者提起行政诉讼的权利。"这些权利也是赋予作为投诉对象的第三人的，而非投诉人。①

4. 在社会保险领域，具有一般消费者、个别投资者地位的主体是否具有针对举报投诉提起诉讼的权利？

只是具有一般消费者、个别投资者的地位不足以使社会保险领域举报投诉人具有起诉的权利，判断行政诉讼原告资格应分析行政法规范的宗旨、目的及具体规定，如果行政机关在保护公共利益的同时，还负有保护或考虑举报投诉人具体权益的职责，那么，举报投诉人才因此具有请求司法保护的权利，从而具备行政诉讼原告资格。

如案件中，投诉举报人向全国社会保障基金理事会投诉第三人违反忠诚条款，要求全国社会保障基金理事会收回第三人管理的50亿元社保基金，保护涉及本人财产利益的社会保障基金。后向法院提起行政诉讼，以全国社会保障基金理事会拒不履行《社会保险法》第71条和《全国社会保障基金投资管理暂行办法》第14条第5项规定的法定职责为由请求法院判令被告履行上述法定职责，收回非法挪用给第三人管理的50亿元社保基金。法院经审理认为，被告作为全国社会保障基金管理运营机构，其对全国社会保障基金的管理运营，并在保证安全的前提下实现全国社会保障基金的保值增值等，均系维护社会公共利益，并非保护特定利害关系人的权益。原告主张自己作为社会保险的参加人所享有的权利是任何不特定的社会保险参加人均享有的权益，并不能作为原告请求被告履行全国社会保障基金管理运营及相关职责的权利依据，原告与请求被告履行的职责之间并不具有法律上利害关系，其不具备提起本案诉讼的原告资格。据此，法院裁定驳回原告的起诉。②

5. 食品举报投诉案件中，食品监管行政部门经调查后认定违法事实不成立对案件作撤案处理，后对举报人作出书面答复，举报人对撤案处理决定不服提起诉讼的，是否具有原告主体资格？

我们认为，关于上述情况应当依据这样的原则进行判断：(1)行政机关确认生产商、销售商存在违法行为的，购买者不服该确认或后续处理措施提起行政诉讼，其不具有原告主体资格；(2)行政机关答复不存在违法行为或因程序原因不予立案的，购买者

① 参见最高人民法院裁判文书(2017)最高法行申281号。
② 参见北京市第一中级人民法院裁判文书(2015)一中行初字第155号。

不服提起行政诉讼,具有原告主体资格。

食品监管行政部门经调查后已认定违法事实不成立并作出撤案的处理决定,且对举报人作出书面答复,在此情形下原告对撤案处理决定不服提起诉讼,不能获得原告主体资格。但是,如果食品监管行政部门没有向原告作出最终的书面答复,只有撤案处理决定为最终的行政行为,则举报人可以获得原告主体资格。

6. 举报答复类案件是否需要追加被举报单位作为第三人参加诉讼?

是否需要追加第三人取决于该举报答复的内容。如果原告仅是要求被告向其赋予某项权利,被告予以拒绝,该答复中并不涉及第三人的权利义务,被告仅基于其与原告之间的法律关系即可作出处理决定,在此情形下,无须追加第三人。如果原告投诉举报的事项包含了对第三人权利义务的处分,则需要考虑追加第三人的问题。如果被告作出的答复或处理决定涉及了第三人的利益,审理焦点可能会涉及被告是否应当对第三人的权利义务进行处分这一问题,第三人当然与案件具有法律上的利害关系,应当通知其参加诉讼。如法院经审查认为被举报产品或销售行为存在违法之处,需对该产品或销售行为进行定性,如不追加被举报单位作为第三人,就有可能侵犯了其诉讼权益。若二审法院发现遗漏第三人,则应依据《行政诉讼法》第 89 条第 1 款第 4 项之规定,裁定撤销原判决,发回重审。

7. 行政机关对投诉举报事项不具有处理的法定职权,举报人针对其未对投诉举报进行处理起诉,是否属于行政诉讼受案范围?

如行政机关明显不具有受理相关投诉举报的法定职责,那么,该行政机关无论是否进行答复,均不会对投诉举报人的权利义务产生实际影响,故投诉举报人的起诉不属于行政诉讼的受案范围。

8. 行政机关对与举报人有利害关系的举报仅作出告知性答复,未按法律规定对举报进行处理是否属于行政诉讼受案范围?

行政机关对与举报人有利害关系的举报仅作出告知性答复,未按法律规定对举报进行处理,不属于《行政诉讼法解释》第 1 条第 2 款第 10 项规定的"对公民、法人或者其他组织权利义务不产生实际影响的行为",因而具有可诉性,属于人民法院行政诉讼的受案范围。

9. 对于同一个举报人反复多次以相同或者类似理由举报，继而大量申请行政复议并提起行政诉讼的情形应如何处理？

如果该举报人涉及相关诉讼案件众多，能够判断其向行政机关提出的举报已非救济受损的合法权益，客观上耗费了大量的行政资源及司法资源，那么，此类案涉投诉举报行为不值得鼓励，对其起诉可以不予立案。

10. 举报人以未获奖励合法权益受到侵害为由提起诉讼，要求行政机关履行对举报投诉事项的处罚职责，投诉举报人能否被赋予原告资格？

一些法律规范中，规定了举报投诉的奖励办法，以鼓励公民举发违法行为。获得奖励固然属于财产权范畴，但前提是举报事项经查证属实并已依法作出行政处罚。行政机关对举报投诉事项的处理是否会对举报投诉人合法权益造成不利影响或侵害是第一层法律关系，而奖励要件满足，行政机关拒绝给予奖励是第二层法律关系。奖励并不属于第一层法律关系中举报投诉人的合法权益，否则举报投诉人均有权仅依据获得奖励的权利对行政机关的处理行为提起诉讼。只有在奖励要件满足，行政机关拒绝给予奖励的前提下，举报投诉人才能够被赋予原告资格。[①] 投诉的违法事项能否成立，只是原告是否能够请求奖励的事实基础，原告对投诉奖励具有请求权，不等于对请求权所依据的事实基础能否成立也具有主观权利。

第二节　职权依据的审查

【审查事项】

行政机关系统监督规定能否作为投诉举报类案件的法定职责依据？举报人的投

① 霍振宇：《举报投诉人行政诉讼原告资格探讨——兼论行政诉讼原告资格的判断方法》，载《法律适用》2019 年第 6 期。

诉举报事项是否属于行政机关职责范畴？原告起诉行政机关对投诉事项未履行查处职责的案件如何认定适格被告？

【法律适用】

《行政诉讼法》第26条第1款,《行政诉讼法解释》第1条第2款第8项。

【常见问题解答】

1.行政机关系统监督规定能否作为投诉举报类案件的法定职责依据？

在投诉举报类案件中,申请人依照组织法或者单行法中指导、监督条款,请求上级行政机关履行监督下级行政机关的职责,或者要求行政复议机关监督被申请人对复议决定履行的职责等,实质是通过投诉举报的方式请求行政机关履行行政机关内部层级监督职责。

在组织法意义上,上级机关负责对下级机关的指导、监督,属于行政机关系统内部基于公共利益和业务管理采取的措施,具有相当大的政策性和自由裁量空间。法院无权也不可能去审查行政机关基于此类规定是否履行职责。如果投诉举报人是对具体的行政行为不服,要求上级监督、撤销或者变更的,则可以直接依据法律规定提起行政复议或者诉讼,而不是提起履责之诉。因此,行政机关系统监督规定不能作为法定职责依据。基于上述考虑,对于此类案件,根据《行政诉讼法解释》第1条第2款第8项的规定,上级行政机关基于内部层级监督关系对下级行政机关作出的听取报告、执法检查、督促履责等行为不属于人民法院行政诉讼的受案范围,法院应驳回原告起诉。

2.法律针对投诉举报事项并未列明行政机关的职权具体内容,仅规定了行政机关对该事项或行业领域具有监管职责,是否足以构成确定的法定职责？

对此,须根据原告投诉举报所涉事项的具体内容,结合行政机关具体职权(如处罚权、许可权、审批权)加以认定。如法律规定了行政机关依法针对某行业实施监督管理,且相关法律法规明确规定了该行政机关对投诉举报事项内容有行政处罚权、许可权或者审批权等具体的职权,那么,相关规定构成行政机关对该投诉举报事项确定的法定职责。①

3. 如果法律对行政机关的具体职权没有明确规定，如何判断举报人的投诉举报事项属于行政机关职责范畴？

在判断投诉举报事项是否属于被告职责时，通常审查其投诉举报事项所涉及的领域或者行业范围是否属于行政机关的主管范围。如果行政机关实施监管时所作行政行为需审查的内容，与投诉举报事项无关，则行政机关对投诉举报不具有查处职责。②

一般情形下，行政机关作出行政行为，本机关及上级行政机关均有撤销之权。所以，作出行政行为的机关或者其上级行政机关以外的其他机关，并无撤销该行政行为之权。如果举报人向与作出行政行为的机关无隶属关系的其他机关投诉举报撤销该行政行为，则可以判断收到投诉举报的行政机关对此举报事项没有法定职权。③

4. 举报人向工商管理部门投诉举报流通环节食品标注有机产品认证标识的行为违法，该举报事项是否属于工商管理部门的职权范围？

《食品安全法》第 5 条第 2 款规定："国务院食品安全监督管理部门依照本法和国务院规定的职责，对食品生产经营活动实施监督管理。"该法第 67 条规定："预包装食品的包装上应当有标签。标签应当表明下列事项……（九）法律、法规或者食品安全标准规定应当标明的其他事项。"该法第 25 条规定："食品安全标准是强制执行的标准。除食品安全标准外，不得制定其他食品强制性标准。"该法第 27 条第 1 款规定："食品安全国家标准由国务院卫生行政部门会同国务院食品安全监督管理部门制定、公布，国务院标准化行政部门提供国家标准编号。"

另外，国务院办公厅印发的《国家认证认可监督管理委员会职能配置内设机构和人员编制规定》第 2 条第 5 项规定，关于国家认证认可监督管理委员会（国家质量监督检验检疫总局管理的事业单位）的主要职责包括："根据有关规定，负责认证、认证咨询、培训机构和从事认证业务的检验机构（包括中外合资、合作机构和外商独资机构）的资质审核和监督……受理有关认证认可的投诉和申诉，并组织查处；依法规范和监

① 参见北京市高级人民法院裁判文书（2016）京行终 426 号。
② 参见北京市第一中级人民法院裁判文书（2015）一中行初字第 2155 号。
③ 参见北京市第一中级人民法院裁判文书（2015）一中行初字第 2144 号。

督市场认证行为……”

因此，我们认为，有机产品认证标志不是《食品安全法》第67条中的强制标注事项，工商管理部门对于流通环节食品标注有机产品认证标识的行为不具有监督管理权，该举报事项不属于工商管理部门法定职权范围。

5. 举报人认为电视节目属于违法广告，侵犯其合法权益，向工商管理部门举报投诉申请对该广告予以行政查处，该举报事项是否属于工商管理部门的职权范围？

《广告法》第6条第2款规定，县级以上地方市场监督管理部门主管本行政区域的广告监督管理工作。根据《广告法》的规定，广告的管理和监督是工商管理部门的职责之一，因此，认定有关节目是否构成广告、是否构成违法广告以及如何依法进行行政处罚，均属于工商管理部门的职责范围，该举报事项属于工商管理部门的法定职权范围。①

6. 举报人向工商管理部门投诉对于商品广告中的名优标志和免检标志涉嫌违法，工商管理部门对该举报事项是否具有法定职权？

一般情况下，名优标志和免检标志是质监部门管理范围，广告是工商管理部门的管理范围。只有在名优标志和免检标志构成广告的组成部分时，才可以由工商管理部门进行管理。此类案件中，工商管理部门具有对该举报事项的法定职权。

7. 法律规定某行政机关对投诉举报事项的领域或者行业具有监督管理职权，但对该具体事项的管辖，明确规定属于其他机关法定职责的，该行政机关是否具有对投诉举报事项进行查处的法定职权？

虽然法律规定该行政机关对某领域或者行业具有监督管理职权，但对于具体事项的管辖，明确规定属于其他机关法定职责的，应以特别规定为准，在此种情形下，该行政机关则不具有对投诉举报事项进行查处的法定职权。②

---

① 相关案例参见《最高人民法院公报》案例。

② 参见北京市第一中级人民法院裁判文书(2015)一中行初字第1342号。

8. 如何根据级别管辖确定行政机关对投诉举报事项是否有法定职权?

按照职权法定的原则,法律明确规定由下级行政机关查处的,上级机关不具有管辖权。申请人向上级机关投诉举报,要求其履行职责的,缺乏法律依据,应裁定驳回其起诉。

遵循属地化管理原则,法律、法规、规章或者其他规范性文件规定由县级以上人民政府行政主管机关管辖的,原则上应当认定由县级人民政府行政主管机关行使初始管辖权,但相关法律规定对于被投诉举报违法行为的级别管辖另有规定的除外。对应当由县级人民政府行政主管机关履行初始管辖权的案件,其上级行政主管机关决定自行管辖的,不构成超越法定职权。

此外,对于法律规定国务院部委及地方各级主管行政机关均有对某领域或者行业具有监督管理职权的情况下,如法律明确规定下级机关有具体管辖职责的,或者虽无明确规定,但国务院部委收到投诉举报后认为应由属于下级机关处理为宜的,有权依照规定或按照属地化管辖的原则转送下级主管机关处理。但法律明确规定属于其管辖的除外。

9. 如何确定对投诉举报事项不履行查处职责案件的适格被告?

人民法院应当根据法律、法规、规章有关事务、地域、级别管辖的规定,综合判断行政机关是否具有查处投诉的职责并确定适格被告。

不违反上位法管辖规定的规范性文件可以作为人民法院判断管辖的依据。法律、法规、规章和合法有效的规范性文件对上、下级行政机关受理投诉职责规定不明确,下级行政机关按照行政惯例行使管辖权的,人民法院可予尊重。

第三节　程序问题的审查

【审查事项】

法院对行政机关处理投诉举报行为的程序如何审查?法院对行政机关处理投诉

举报的期限应如何认定？

【法律适用】

《行政诉讼法》第47条第1款。

【常见问题解答】

1. 如所投诉举报事项不属于行政机关的职权范围，法院应如何对行政机关的处理程序进行审查？

需要结合行政机关对投诉举报事项相关的行政事务的管辖权予以考察。对于不属于该行政机关管辖范围的投诉举报事项，因其对投诉举报事项自始不具有职权，行政机关在收到投诉举报后，审查后发现也不具有转办的法定职责的，该行政机关无论处理与否、处理正确与否、是否反馈投诉举报人都对投诉举报人不产生实际影响，法院无须对该处理程序进行审查。对于非属行政机关直接履责事项，但属于该行政机关所辖事项的，在其收到投诉举报后，应转下级有权机关办理，或者告知投诉举报人直接向该有权机关提出。此种情况下，行政机关虽负有就转办予以程序告知的义务，但鉴于该告知行为对当事人的权利义务并不产生实际影响，从避免引发大量诉讼、确保司法资源的有效利用角度考量，不宜因此认定为程序违法。当事人仅对告知行为不服提起行政诉讼的，不宜纳入实体审查范围。

2. 对属于行政机关职权范围的投诉举报，如何审查行政机关的处理程序？

行政机关收到投诉举报后，对于受理与否的决定、处理结果，在法律、法规、规章明确规定了告知义务的情况下，应履行告知义务，否则，将承担程序违法的责任，投诉举报人作为该投诉举报事项查处程序的提起人，处理结果与其有利害关系，对违法处理的程序、结果不服的，均有权提起诉讼，法院应据此对被诉行政行为的合法性进行全面审查。

如法律、法规、规章对告知义务没有明确规定，行政机关也应将处理结果及时告知投诉举报人，但鉴于该告知行为属于程序性告知，对当事人的权利义务并不产生实际影响，为避免引发滥诉浪费行政与司法资源，故不宜对该告知义务的不当履行进行严格审查，只要以适当方式，让投诉举报人知晓处理结果即可。行政机关在收到投诉举报后，如未进行处理，投诉举报人作为程序提起人，有权起诉要求履行职责，法院应就行政机关未进行处理是否合法进行审查。

3. 行政机关将投诉举报事项转下级机关办理，应如何认定转办的效力？

此种情况下，需要区分行政机关的转办行为是委托还是授权，予以分别处理。对于委托下级机关办理，以及属该行政机关与下级机关共同履责之事项，行政机关转下级机关办理后，不能排除其自身的职责；对于授权下级机关办理的投诉举报事项，行政机关在转办下级机关之后，即应视为履行了职责。

4. 行政机关收到投诉举报后，转信访程序办理的，该程序的合法性如何判断？

在法律没有就具体职权事项、投诉举报处理程序作出规定的情况下，行政机关以何种程序处理，均不宜进入司法程序审查，相反，司法机关应支持行政机关依据实际情况作出转办这一积极作为，如司法审查过严，会打击行政机关主动作为的积极性。因此，对于转信访程序办理的问题，应判断该投诉举报事项是否属于被告的职责。在确定职责归属后再根据具体情况进行审查，而不是一概以信访事项论处。

5. 法院对行政机关处理投诉举报的期限应如何认定？

公民、法人或者其他组织认为第三人实施的违法行为侵犯自身合法权益，请求行政机关查处，行政机关应当在法律、法规、规章或合法有效的规范性文件规定的查处期限内依法处理并作出答复。行政机关超过规章以下的规范性文件规定的期限，且该规范性文件与上位法不抵触的，可以认定行政机关违反法定期限。

法律、法规、规章以及规范性文件对履行法定职责的期限均无规定的，行政机关应当在合理的期限内处理投诉举报并作出答复。人民法院可以参照《行政诉讼法》第47条第1款规定的两个月期限，并结合案件具体情况认定履行法定职责的合理期限。

第四节　事实认定的审查

【审查事项】

如何认定法院对行政机关处理投诉举报行为的合法性审查范围？行政机关对投诉举报人提出的多项投诉举报事项进行一并答复，当事人不服提起诉讼的，法院应适用何种裁判方式？

【法律适用】

《行政处罚法》第5条第2款。

【常见问题解答】

1. 行政机关接到关于违法行为的举报，以该行为未违反法律规定为由作出不予立案查处的答复，当事人不服提起诉讼的，法院是否应直接对该行为违法作出认定？

在行政机关认定被举报行为未违反法律规定而不予查处的情况下，法院对行政相对人提起的要求行政机关履行查处违法行为法定职责的行政诉讼，应判决行政机关履行对该行为是否构成违法进行调查处理的法定职责，而不宜直接对该行为是否构成违法作出认定，避免对行政机关行使行政裁量权的侵越。

2. 在食品药品监督管理领域，行政机关接到举报后立案并向举报人履行告知义务后，经调查认定举报事项不成立而未作出处罚，举报人不服该不予处罚决定提起诉讼的，法院在审理时是否仅审查不予处罚决定的合法性，还是需一并审查立案告知行为的合法性和不予处罚决定的合法性？

虽然食品药品监督管理部门针对举报答复事项下发规范性文件，明确规定接到举报后告知立案，该举报处理程序即告终结。但立案告知本身是作为一个程序行为出现的，它是行政程序中的一个环节，其本身不具有可诉性，可以作为最终的处罚决定的程序环节予以审查。

3. 行政机关接到关于违法行为的举报，以该行为未违反法律规定为由作出不予认定违法行为的回复，当事人不服提起诉讼的，应如何确定法院的审查范围？

《行政处罚法》第 5 条第 2 款规定，“设定和实施行政处罚必须以事实为依据”。首先，在投诉举报类案件中，应当遵循“疑事从无”的证明责任分配原则。行政机关在对投诉举报事项进行调查后，仅有在具有充分证据证明第三方存在违法行为时，才可作出处罚。如果综合全案证据仍无法确认第三方存在违法事实，则不能对第三方作出不利的认定和处理。其次，在投诉举报案件中，行政机关是基于投诉举报人提供的线索，对可能存在的违法行为进行调查，因此，案件事实是否能够得以查明取决于具体案件中线索的明确和充分程度，法院的审查范围在于行政机关是否已经尽到了合理审慎的调查义务。

4. 行政机关对投诉举报人提出的多项投诉举报事项进行一并答复，当事人不服提起诉讼的，法院应如何审查，适用何种裁判方式？

行政机关应当准确认定公民、法人或者其他组织的投诉举报事项并依法作出处理。在对投诉举报人提出的两项或以上虽存在关联性但又具有可分性和不同法律效果的投诉举报事项一并作出处理时，应当分别说明理由和依据。法院进行审查时也应当对于每个事项进行具体的事实认定和法律定性，如既包括为维护自身合法权益的“投诉”，又有反映与其本人合法权益没有直接关系的一般性“举报”。对于“投诉”事项，应进行调查事实、全面审理并作出实体裁判；对于一般性“举报”事项，因属于与其自身合法权益没有直接关系的举报处理行为的起诉，应当裁定驳回起诉。

附：

本院典型案例

贾某诉北京市朝阳区食品药品监督管理局案

【裁判要旨】食品安全监管部门应当进行全面调查取证，形成完整的证据链，才能准确定案，但如果穷尽调查手段仍无法认定存在销售过期食品的违法行为，则应认定违法事实不成立。保质期是食品生产者根据其生产的食品特性、生产工艺，通过加速实验或测试结果自行确定的，是食品生产者在注明期限内对食品安全的承诺。对销售超过保质期食品的举报，应全面调查涉案产品的货源、进货渠道、涉案产品的进销存记录及库存情况，并结合现场检查，询问当事人情况以及其他证据综合进行认定。

【裁判文书】

北京市第三中级人民法院

行政判决书

（2018）京03行终435号

上诉人（一审原告）贾某。

被上诉人（一审被告）北京市朝阳区食品药品监督管理局。

上诉人贾某因诉举报答复一案，不服北京市朝阳区人民法院（2018）京0105行初78号行政判决（以下简称一审判决），向本院提起上诉。本院受理后，依法组成合议庭，于2018年6月19日公开开庭进行了审理，上诉人贾某，被上诉人北京市朝阳区食品药品监督管理局（以下简称朝阳食药局）的委托代理人到庭参加诉讼。本案现已审理终结。

2017年11月28日，朝阳食药局作出（京朝）食药监食举答复〔2017〕290037号举报事项答复（以下简称举报事项答复），告知贾某关于2017年2月21日在朝阳区某超市地下一层，购买了一桶某品牌原浆白啤5升/桶，生产日期是2016年1月29日，保质期1年，食品生产许可证号：QS110015031110，已经超过保质期的举报，该案件已经办结,经查证该案件线索不属实,依法不适用《北京市食品药品违法行为举报奖励办法(2016年修订)》。

贾某不服,向一审法院提起行政诉讼,请求判决:1.撤销朝阳食药局于2017年11月28日作出的被诉举报事项答复;2.责令朝阳食药局履行法定职责,重新调查处理,对被举报的食品立案查处,作出行政行为;3.确认朝阳食药局超出职责范围滥用职权组织贾某与被举报的违法事实进行和解,并将朝阳食药局的违法渎职事实及相关证据移送有权机关追究相关负责人的法律责任。

一审法院经审理查明,2017年2月21日,朝阳食药局收到贾某的举报,称其2月21日在某超市地下一层购买的5升装某品牌原浆白啤1桶,花费230元,啤酒生产日期:2016年1月29日,保质期1年,食品生产许可证号:QS110015031110,已经过期,要求及时反馈办理情况。2017年2月28日,朝阳食药局经审批对该投诉举报予以立案。同日,朝阳食药局到超市进行现场检查并制作现场检查笔录,其中载明:现场见货架上有某品牌原浆白啤1桶,5升/桶,生产批号:2016/09/22/BJ/13:09;现场查食品库房未见某品牌原浆白啤(5升/桶);现场可以出示验货清单,到货日期为2017年1月13日,到货数量2桶,现场提取复印件;现场查电脑系统2016年12月至2017年2月的进货记录,共进货1次共2桶。朝阳食药局调取了超市营业执照(副本)、食品经营许可证(副本),被举报产品的生产商北京某啤酒股份有限公司的营业执照(副本)、食品生产许可证、质量管理体系认证证书、成品酒检验报告、酒类流通备案登记表、被举报产品进销存记录、验货清单、欠款凭证。2017年3月10日,朝阳食药局对超市工作人员张某进行询问调查并制作询问调查笔录,调查中张某陈述:生产日期为2016年1月29日、保质期为1年的产品不是其单位经营的产品。其单位一共进货一次,进货2桶,日期是2017年1月13日,批号均为2016.9.22.BJ,之前没有进货该产品。2017年9月14日,朝阳食药局对贾某进行询问调查并制作询问调查笔录,调查中贾某陈述:其举报时提供的购物小票是其2017年2月21日在购物结账时,某超市给的购物小票,其中有一桶某品牌原浆白啤5升/桶,生产日期是2016年1月29日,保质期1年,购买后发现该白啤已经过期;实物照片是其2017年2月21日购买的一桶某品牌原浆白啤5升/桶,生产日期是2016年1月29日的照片;购物视频是其2017年2月21日去某超市购物过程中用手机拍摄的,从该视频中截取的三张截图能看清楚白啤的生产日期是2016年1月29日,购买日期是2017年2月21日。2017年9月19日,朝阳食药局对超市工作人员张某进行询问调查并制作询问调查笔录,调查中张某陈述:购物视频是在其单位录制的,视频录制的日期是2017年2月21日,购物视频截图中产品上的生产日期是

2016年1月29日,保质期1年。该产品是从其单位收银台结账的产品,但是不是其单位进的货,不知道为何会在其单位卖场内出现。其单位信息员将老系统中的进销存记录调出,显示2017年1月13日进货2桶,2017年1月20日销售1桶后库存为1桶,2017年2月21日销售1桶后库存为0桶,但2月28日现场检查时货架还有1桶,证明之前有一桶确实不是其自己上架的产品。2017年11月23日,朝阳食药局再次对超市工作人员张某进行询问调查并制作询问调查笔录,调查中张某陈述:其单位和厂家核实,北京市场的所有产品的批号,后面都有"BJ",举报人购出的批次为2016年1月29日的产品根本不会在北京市场上出现。该超市2017年10月9日向公司总部调取总部安装在其单位啤酒货架处摄像头的视频资料,并于2017年11月20日将视频资料从总公司取回,视频中将1桶白啤上架的人不是超市的员工,没有人认识他。该视频资料的原始记录已不存在,拷贝以后监控资料就被覆盖了,因为时间太长了。2017年4月25日、6月26日、10月20日,朝阳食药局先后三次向北京市顺义区食品药品监督管理局(以下简称顺义区食药局)作出协助调查函,顺义区食药局于2017年7月21日作出复函;2017年6月5日、7月25日,朝阳食药局先后两次向北京市西城区食品药品监督管理局(以下简称西城区食药局)作出协助调查函,西城区食药局于2017年8月31日作出复函。2017年9月29日,朝阳食药局经审批延长案件办理时限30个工作日。2017年11月24日,朝阳食药局作出案件调查终结报告、案件合议记录,认为被诉产品并非当事人购进并上架的产品,当事人经营被诉过期白啤的违法事实不成立,拟不予处罚。2017年11月28日,朝阳食药局作出撤案审批表,认为当事人不构成经营超过保质期的食品的违法行为,经批准予以撤案。同日,朝阳食药局作出被诉举报事项答复,告知贾某该案件已经办结,经查证该案线索不属实,依法不适用《北京市食品药品违法行为举报奖励办法(2016年修订)》。贾某不服,遂诉至一审法院。

一审法院经审理认为,《中华人民共和国食品安全法》(以下简称《食品安全法》)第六条第二款规定:"县级以上地方人民政府依照本法和国务院的规定,确定本级食品药品监督管理、卫生行政部门和其他有关部门的职责。有关部门在各自职责范围内负责本行政区域的食品安全监督管理工作。"北京市机构编制委员会制发的京编办函〔2013〕3号文件,批准设置北京市区(县)食品药品监督管理局、区(县)食品药品稽查大队、街道乡镇食品药品监督管理所,并明确了相应职责。据此,朝阳食药局作为食品药品监督管理部门对其行政区域内的食品安全违法行为具有接受举报投诉、调查并作出处理的职责。

本案审查的重点在于,被举报产品是否由某超市购进并上架经营。根据朝阳食药局现场检查货架、库房和查阅电脑系统进货记录情况，货架上有生产批号为2016/09/22/BJ/13:09的某品牌原浆白啤1桶，与被举报产品批次不同，库房未见某品牌原浆白啤(5升/桶)，2016年12月至2017年2月进货记录显示共进货1次共2桶。另，被举报产品的进销存记录显示，批次为2016.9.22.BJ的某品牌原浆白啤5升/桶于2017年1月13日购进2桶，分别于2017年1月20日、2月21日各售出1桶，至此库存为0。某超市提交的视频资料显示，2017年2月21日中午12时20分30秒酒水货架处有不明身份人员将1桶白啤放上货架，随后贾某即购出被举报产品。朝阳食药局根据上述情况认定被举报产品不是某超市购进并上架的产品，超市经营被举报过期白啤的违法事实不成立，一审法院对此不持异议。关于贾某主张某超市提交的视频资料中不明身份人员系超市工作人员、视频系某超市制作的虚假资料，贾某未能举证证明，一审法院对此不予支持。贾某关于"确认朝阳食药局超出职责范围滥用职权组织贾某与被举报的违法事实进行和解，并将朝阳食药局的违法渎职事实及相关证据移送有权机关追究相关负责人的法律责任"的诉请事项不属于行政诉讼受案范围，一审法院对此不予审理。

根据《食品药品投诉举报管理办法》第二十条、《北京市食品药品投诉举报管理办法》第十九条第一款、第三十四条中的规定，投诉举报承办部门应当自投诉举报受理之日起60日内向投诉举报人反馈办理结果；情况复杂的，在60日期限届满前经批准可适当延长办理期限，并告知投诉举报人正在办理。其他部门协助调查所需时间不计算在投诉举报办理期限内。投诉举报受理、办理等期限以工作日计算，不含法定节假日。本案中，朝阳食药局在接到贾某举报材料后履行了受理、立案、调查、请求协助调查、延期、撤案、答复等程序，亦未超出规定的期限。对朝阳食药局上述履行职责的情况，一审法院予以确认。贾某针对朝阳食药局的诉请事项缺少相应的事实和法律根据，一审法院不予支持。

综上，依据《中华人民共和国行政诉讼法》第六十九条之规定，判决驳回贾某的全部诉讼请求。

贾某不服一审判决，向本院提起上诉，其事实与理由为：一审法院没有对上诉人及朝阳食药局提交的证据进行审核、对比找出其中的差异，未甄别行政诉讼的原因及焦点。一审法院对上诉人庭审陈述进行催促，阻止上诉人提交新的证据，剥夺上诉人答辩的权利，上诉人提交的有力证据足以推翻朝阳食药局认定的错误行政行为，一审法官认定事实不清，作出错误判决，现上诉请求撤销一审判决，改判支持上诉人一审诉讼请求。

朝阳食药局同意一审判决，请求法院维持。

贾某在指定期限内向一审法院提交了以下证据：1. 充值凭证、发票，证明贾某购买商品的情况；2. 视频截图25张，证明被举报人提交的视频资料由被举报人自行书写时间，被举报人制造虚假视频资料来躲避执法；3.（京朝）食药监食举答复〔2017〕290034号举报事项答复，证明朝阳食药局已对举报事项立案，贾某至今没有收到关于案件的处理结果；4. 录音光盘，证明朝阳食药局工作人员和贾某通话的情况。

朝阳食药局在法定期限内向一审法院提交了如下证据：1. 举报登记表、举报材料，证明朝阳食药局收到贾某的举报材料；2. 立案审批表，证明朝阳食药局对涉案举报予以立案；3. 现场检查笔录；4. 被举报人营业执照（副本）、食品经营许可证（副本）和被举报产品生产企业营业执照（副本）、酒类流通备案登记表、食品生产许可证、质量管理体系认证证书、成品酒检验报告、被举报产品进销存记录、验货清单、欠款凭证；5. 询问调查笔录；6. 贾某及被举报人提交的视频资料；7. 协助调查函、回函及邮寄凭证，证据3～7证明朝阳食药局对举报事项进行了调查；8. 案件延期办理审批表，证明因案件复杂，经批准延长案件办案期限；9. 案件调查终结报告，证明涉案举报已调查终结，朝阳食药局认为举报的违法事实不成立；10. 案件合议记录，证明经合议程序认定举报违法事实不成立；11. 撤案审批表，证明因举报的违法事实不成立，经批准予以撤案；12. 被诉举报事项答复及邮寄凭证，证明因举报违法事实不成立，经批准予以撤案，朝阳食药局作出相关回复并告知贾某。

朝阳食药局以《食品安全法》《食品药品投诉举报管理办法》《北京市食品药品投诉举报管理办法》作为其处理案件的规范性依据。

经庭审质证，一审法院对上述证据认证如下：一、贾某提交的证据1与本案不具有关联性，一审法院不予采纳；证据2、3、4不具有证明朝阳食药局行为违法的证明力，一审法院不予采信。二、朝阳食药局提交的证据符合法定形式要求，与本案具有关联性，能够证明针对贾某的举报履行行政程序的情况，一审法院予以采纳。

一审法院已将当事人提交的证据随案移送本院。经审查，本院认为一审法院的认证意见正确。

经审查，本院对一审法院经审理查明的事实予以确认。

本院认为，根据《食品安全法》第六条第二款的规定，朝阳食药局作为被举报单位经营场所所在地的食品药品监督管理机关，具有对贾某的投诉举报进行调查处理的法定职责。

《中华人民共和国行政诉讼法》（2014年修正）第三十四条第一款规定，被告对作出的行政行为负有举证责任，应当提供作出该行政行为的证据和所依据的规范性文件。本案中，贾某向朝阳食药局投诉举报某超市销售的某品牌原浆白啤已过期，朝阳食药局经过执法调查作出被诉举报事项答复，认定贾某举报案件线索不属实，对此应当承担举证责任。朝阳食药局作为食品安全的监管部门,应当进行全面调查取证,形成完整的证据链,才能准确定案,但如果穷尽调查手段仍无法认定存在销售过期食品的违法行为,则应认定违法事实不成立。本院亦应当对各方当事人提交的相关涉案证据材料的关联性、合法性、真实性进行综合分析判断与运用,从而查明事实。

保质期是食品生产者根据其生产的食品特性、生产工艺,通过加速实验或测试结果自行确定的,是食品生产者在注明期限内对食品安全的承诺。《食品安全法》第一百五十条规定,食品保质期,指食品在标明的贮存条件下保持品质的期限。本案中,双方当事人均认可贾某从某超市所购涉案产品生产日期为2016年1月29日,保质期为1年,贾某购买时间为2017年2月21日,也就是说,在贾某购买被举报产品的时间节点,其已经超过保质期。本案的审查重点在于被举报产品是否系某超市进货并上架经营,某超市是否存在销售过期食品的违法行为。

首先,根据朝阳食药局提供的现场检查笔录、被举报产品进销存记录、验货清单、欠款凭证等证据,本院可以认定,朝阳食药局在接到贾某的投诉举报后,现场检查某超市货架、库房并查阅电脑系统进货记录情况,经查询,2017年1月12日之前显示其库存为0,2017年1月13日购进生产批次为2016.9.22.BJ的某品牌原浆白啤(5升/桶)2桶,分别于2017年1月20日销售1桶,2017年2月21日销售1桶,至2018年2月28日其进销存记录显示库存为0。但是2017年2月28日朝阳食药局对某超市现场检查时却在现场货架上发现还有1桶同型号、同批次的啤酒,朝阳食药局经比对认定被举报产品生产批次与某超市库存记录并不能相互对应,并无不当。

其次,朝阳食药局提交的某超市的监控视频显示,2017年2月21日12时20分30秒左右,一不明身份的背包客,进入超市后径直走向啤酒货架,四处张望后从随身携带的背包中拿出1桶外观与被举报产品外观高度相似的5升桶装啤酒置于货架上之后迅速离开,该人员并未穿着某超市员工的工作服,且佩戴口罩及帽子遮挡其面部特征,该货物上架的情形明显不符合超市货物上架的正常工作流程,朝阳食药局经分析,认为涉案货物为违背诚信原则异常上架的产品,具有合理性,本院予以认可。在诉讼过程中,贾某主张某超市提交的视频资料中不明身份人员系超市工作人员、视频系某超市制作的虚假资料,因其未能举证证明,本院对此不予认可。

最后,贾某提交的自行拍摄的视频资料反映了其从进入超市购物、结账直至投诉的全过程,具有连贯性。该视频显示,贾某在啤酒柜台前未经挑选,直接购买被举报产品,在该视频中贾某重点拍摄了被举报产品的价格,生产日期,说明贾某在购买该产品时,已经注意到了产品的生产日期为2016年1月29日,其在收银台结账的购物票据中显示付款时间为2017年2月21日12时56分。结合某超市的监控视频的时间可以认定,在不明身份人员将产品违背诚信原则异常上架后半小时左右,贾某未经挑选,在同一货架上直接购买被举报产品,其在购物时已经注意到了该被举报产品已经超过保质期,但其依然购买并在结账后直接到服务台进行投诉。根据上述视频,本院认为贾某作为消费者在购物过程中使用视频详细记录自己购物的全过程,在明知被举报产品已经超过保质期的情况下仍然予以购买并在结账后径直进行投诉,其行为明显不符合正常消费者购物的一般规律,明显有悖常理。

综合以上几点分析,本院认为朝阳食药局在接到贾某的投诉举报后,对涉案产品的货源、进货渠道、涉案产品的进销存记录及库存情况进行了全面调查,经过现场检查,询问当事人并结合各方当事人提交的视频记录等证据,综合分析后认定"被举报产品不是某超市购进并上架的产品,某超市经营被举报过期白啤的违法事实不成立",本院对这一认定结论不持异议。

关于贾某要求确认"朝阳食药局超出职责范围滥用职权组织贾某与被举报的违法事实进行和解,并将朝阳食药局的违法渎职事实及相关证据移送有权机关追究相关负责人的法律责任"的诉请事项是否属于行政诉讼受案范围及朝阳食药局作出被诉举报事项答复的执法程序问题,本院同意一审法院认定意见。因此,一审法院依据《中华人民共和国行政诉讼法》第六十九条之规定判决驳回贾某的全部诉讼请求正确,本院予以维持。综上所述,依照《中华人民共和国行政诉讼法》第八十九条第一款第(一)项的规定,判决如下:

驳回上诉,维持一审判决。

二审案件受理费50元,由上诉人贾某负担(已交纳)。

本判决为终审判决。

审 判 长　王文涛
审 判 员　韩　勇
审 判 员　王　伟
二〇一八年六月二十日
法官助理　陈金涛
法官助理　冯雅琼
书 记 员　吴　倩

(主审法官:韩勇;撰写人:韩勇、陈金涛)

附：

本院典型案例

王某诉北京市朝阳区卫生和计划生育委员会案

【裁判要旨】未经医师注册取得执业证书，不得从事医师执业活动。胡某在被举报之时未取得执业医师资格证和医师执业证书，没有独立行医资质，应当在执业医师指导下从事医师活动。护理记录记载胡某对王某实施电复律治疗，医嘱单的署名为外出开会的曾某。胡某称其在贾某下达口头医嘱后，使用了曾某用户名录入该医嘱，不符合常理。朝阳区卫生局认定胡某不属于非法行医的答复所依据的主要证据之间不能相互印证，主要证据不充分，应予撤销。

【裁判文书】

北京市第三中级人民法院

行政判决书

(2019)京03行再1号

上诉人(一审被告)北京市朝阳区卫生和计划生育委员会。

被上诉人(一审原告)王某。

王某与北京市朝阳区卫生局(因机构调整，现为北京市朝阳区卫生和计划生育委员会，[①]以下简称朝阳区卫计委)行政答复一案，北京市朝阳区人民法院(以下简称原审法院)于2015年6月9日作出(2015)朝行初字第00078号行政判决，王某不服，向本院提起上诉。本院于2015年8月20日作出(2015)三中行终字第647号行政判决，维持一审判决。王某不服，申请再审。北京市高级人民法院于2017年1月6日作出(2016)京行申117号行政裁定，指令本院再审。本院于2017年6月16日作出(2017)

① 现已更名为北京市朝阳区卫生健康委员会。——编者注

京03行再3号行政裁定,将本案发回原审法院重审。原审法院于2018年3月9日作出(2017)京0105行再1号行政判决,王某不服,上诉至本院。因原审法院的合议庭组成不合法,本院于2018年5月29日作出(2018)京03行再2号行政裁定,将该案再次发回重审。原审法院于2018年11月5日作出(2018)京0105行再1号行政判决,朝阳区卫计委不服,向本院提起上诉。本院受理后,依法组成合议庭,公开开庭审理了本案。上诉人朝阳区卫计委之委托诉讼代理人与被上诉人王某之委托诉讼代理人到庭参加诉讼。本案现已审理终结。

朝阳区卫计委的前身北京市朝阳区卫生局(以下简称朝阳区卫生局)于2014年11月21日向王某作出被诉行政答复(以下简称被诉答复),主要内容为:依据朝政决字〔2014〕157号北京市朝阳区人民政府行政复议决定书(以下简称行政复议决定书)意见,经朝阳区卫生局卫生监督所补充调查,就朝阳区卫生局于2014年2月19日作出的答复中第二条和第四条重新答复如下:一、在朝阳区卫生局前期调查取证的基础上,依据新提供的线索,朝阳区卫生局又做了充分的补充调查,依据现有取得的证据,同时依据卫生部办公厅《关于正规医学专业学历毕业生试用期间的医疗活动是否属于非法行医的批复》(卫办医发〔2002〕58号),认定胡某不属于非法行医;二、经查,胡某伪造了患者王某“胸外心脏电击复律治疗同意书”中的患者家属签字。王某不服,向原审法院提起诉讼,请求法院撤销被诉答复的第一条,并重新作出答复。

原审法院经过再审审理,查明事实如下:

王某因“活动后胸闷”于2011年10月31日至12月19日在北京某医院住院治疗。医院病历记载,该医院于2011年11月9日晚7时30分对王某实施了电复律治疗。

2013年11月7日,朝阳区卫生局收到王某之夫卢某提出的“反映北京某医院胡某医生非法行医的问题”的举报。

朝阳区卫生局于2013年11月27日到医院进行现场检查并制作现场检查笔录,此后又多次与王某、卢某、医院的医师及护士等人进行了调查,并制作调查笔录。另外,朝阳区卫生局还提取了相关书证。

综合朝阳区卫生局的调查情况,原审法院分别就朝阳区卫生局提取的书证和对相关人员进行的调查查明如下事实:

一、朝阳区卫生局提取的书证情况

胡某于2010年7月1日毕业于新乡医学院,取得临床医学学士学位;2010年9月就读于首都医科大学外科学专业,并于2013年7月毕业,取得临床医学(外科学)硕士学位。2011年12月8日,胡某取得医师资格证书,于2012年4月9日取得医师执业证书。

2011年11月9日护理记录记载，当日18时30分和20时15分均有“遵胡某大夫嘱”进行处置的记录，20时25分，有“胡某大夫给病人150J体外电复律”的记录，其后有护士宋某和于某的签名。

2011年11月9日晚7时30分的病历记录记载：“患者诉心悸、憋气，心电监护显示HR157bpm，房扑率Bp110/60mmHg……患者目前心房扑动伴快速心室律，药物治疗无缓解，血流动力学不稳定，可考虑电复律。向家属说明电复律风险，包括指出赘生物脱落，造成脑血管及肢体栓塞风险，家属表示接受风险，并同意电复律，给予3mg力月西镇静后，150J同步电除颤，患者即刻心率恢复窦律，继观HR78bpm，律齐，Bp120/70mmHg，密切观察患者生命体征变化。”上述病历记录有许某和胡某的签名。

2011年11月9日临时医嘱中20时3分至20时4分共有4次医嘱，医生均为“曾某”，其中20时3分的一次医嘱为“同步心脏除颤”，20时4分的一次医嘱为“力月西注射液10mg”。在上述以“曾某”名义开具4次医嘱之前，系以“贾某”名义开具医嘱7次，时间为当日10时54分至18时42分。

二、各被调查人的陈述内容大致概括

胡某陈述：胡某自2010年就读北京某医院心外科主任孟某的研究生，在北京某医院学习，并于2013年毕业；在北京某医院工作或读研究生期间，医院未授予其处方权；王某的主治医师是许某；2011年11月9日早上7时，王某出现晕厥、快速房颤，胡某立即通知上级医师给予抢救，许某和曾某参与了抢救；同日，李某副主任医师查房，指示房颤在心率、血压应用药物治疗无效后，可在家属签字同意后给予电复律治疗，值班医师贾某按照查房的治疗意见下达了医嘱；当晚，在按照医嘱给予抗心律失常药物治疗12小时无效后，胡某电话请示李某副主任后，对王某实施了电复律治疗，值班医师贾某全程参与；王某2011年11月9日20时3分和20时4分的临时医嘱是胡某请示值班的贾某，贾某同意给予电复律治疗后，胡某向值班护士口头转述治疗方案，并使用曾某的工号进行了电脑医嘱录入；胸外心脏电击复律治疗同意书中“卢某”“同意”“夫妻”“2011. 11. 9”是胡某书写的；当时王某的亲属卢某签署了知情同意书，后该同意书丢失，卢某同意补签，但一直拖延未到，胡某代签了上述内容；2011年11月9日20时3分和20时4分的临时医嘱是胡某使用曾某的电脑操作工号进行的电脑医嘱录入。

北京某医院医师许某陈述：李某、贾某、曾某、许某、胡某组成一个一线、二线、三线治疗团队，李某是许某的上级医师；事发当晚心外科9病房的值班医师是贾某；2011年11月9日，许某在查房后外出没有再回医院；关于李某副主任查房的情况及胡某电话请示的情况，其陈述与胡某的陈述相一致。在2014年9月16日的调查笔录中，许某陈述，2011年11月9日上午其和曾某参与了查房和病情讨论，对其他情况，其不清楚；2011年11月9日晚7时30分的病程记录是其开会返回单位后，经审核签名的。

北京某医院医师贾某陈述：贾某事发当天从8点开始值班，一直在医院，到第二天还要再上一天班；记不清当日一线值班大夫是谁了，二线值班是贾某，三线是李某副主任；胡某当面请示贾某是否可以给王某做电复律治疗，贾某回答可以，给胡某下达了口头医嘱；胡某通过电脑操作录入该医嘱，因胡某是实习医生，没有医院授权的电脑操作用户名，故使用了曾某的用户名录入了该医嘱；在治疗前，胡某告诉其已经签署了知情同意书，并告知了患者家属治疗的风险；系胡某在贾某的指导下为王某进行了电复律治疗；之所以护理记录上有“遵胡某医嘱”字样，是因为上级医师指导胡某从事临床工作，在下达医嘱后由胡某转述给护士执行，护士就做了相关记录；之所以护理记录上有“胡某大夫给病人150J体外电复律”的记载，因胡某是在其指导下为患者实施的治疗，实际操作人员是胡某，所以护士就这样记录了；许某是王某的主管大夫，胡某书写的病程记录应由许某审核签字。

北京某医院医师李某陈述：王某的主治医师是许某，在心外科9病房，李某、许某、贾某、曾某组成一个一线、二线、三线治疗团队；孟某是胡某的导师，王某的主管大夫是许某，所以在这个患者治疗方面，由许某带教；李某查房情况与胡某陈述一致；事发当天的值班医生是贾某，贾某按照查房的治疗意见，下达了医嘱，并指导胡某为王某进行了电复律治疗；关于胡某在当晚实施电复律治疗前是否向李某进行过电话请示，李某表示具体情况记不清了，一线医师在实施类似治疗前都会请示上级医师或值班医师，而且当天查房时已经指示过，电话请示其也会同意。

北京某医院医师曾某陈述：事发当天，曾某和李某、许某一起到厦门开会，下午到达；王某住院病历临时医嘱中的4个医嘱不是其下达的；有人使用曾某工作密码进入工作站为王某下达了医嘱，工作站的个人密码基本公开。

北京某医院副院长陈某陈述：病房是分组管理的，李某、许某、贾某、曾某是一个大组，这些人都是胡某的带教老师；王某的主治医师是许某；事发当晚，外科9病房的值班医师是贾某，为王某做电复律治疗前，胡某请示了李某，在给予明确治疗意见后，胡某在贾某的指导下，为王某做了电复律治疗；王某所在病房没有监控设备，2011年11月9日病房楼道内的治安监控录像因只保存一个月而无法提供；该院建立了“应用系统账号管理制度”，每一名医师都有一个工号，医师要指导实习人员学习处理医嘱，存在带教的学生知道带教老师的工号和密码的情况。

北京某医院护士宋某陈述:于某是其带教老师;其记录的“遵胡某嘱”和“胡某大夫给病人150J体外电复律”表示医嘱是胡某告知其执行的,不代表医嘱是胡某本人下达的,其对电复律治疗只会记录具体操作者,如果现场有上级带教老师指导,护理记录中不会详细记载,医师会记录相关的具体治疗情况。

北京某医院护士于某陈述:事发当日,其与宋某一起上夜班,其对宋某进行指导;护理记录有“遵胡某嘱”和“胡某大夫给病人150J体外电复律”字样,当时应该是胡某告知其和宋某有这些医嘱,让其进行准备,不代表医嘱是胡某本人下达的,只记录操作人员,其他在场医生或指导老师是不会记录的。

王某陈述:王某与卢某是夫妻关系,卢某投诉北京某医院胡某非法行医,其是知道的,投诉是经其委托的;其主治医生是许某,2011年11月9日早上,其在吃早餐时晕倒;当晚,其被转到小监护室,看到胡某来到监护室,告知要给其做电复律,并看到胡某和一名护士准备进行治疗;可能是被打了麻药,其不清楚具体如何操作的;小监护室就一个门,从其病床看不到门外的情况。

王某之夫卢某陈述:王某住在心外科第9病房,主治医师是许某;2011年11月9日早上,王某吃早餐时晕倒,许某和曾某参与了抢救;当天晚上8点左右,其看到胡某在小监护室给王某做了电复律治疗,只有胡某一个大夫,还有一名护士;当时其在监护室门口等,监护室只有一个门,从门口看不到里面的治疗情况,但治疗结束后,其只看到胡某和一名护士出来,没有看到其他大夫出来;治疗后,王某就一直昏睡不醒、神志不清并出现发热和血压升高;第二天,确诊为脑栓塞;医院并没有告知治疗风险,其也没有签过任何知情同意书。

另查,2014年2月13日,卢某向朝阳区卫生局提交书面答复申请,要求朝阳区卫生局对其提出的胡某存在非法行医行为的举报给予书面答复。

2014年2月19日,朝阳区卫生局对卢某作出答复,答复内容为:一、胡某于2011年12月8日取得医师资格证书,2012年4月9日注册医师执业证书。胡某2011年在北京某医院心外科9病房从事临床学习,医院未授予其处方权,安排执业医师带教。二、依据现有证据朝阳区卫生局无法认定胡某于2011年11月9日独立为王某实施了胸外心脏电击复律治疗。三、依据现有证据朝阳区卫生局认定北京某医院为王某实施胸外心脏电击复律治疗前未履行告知义务。四、对于北京某医院病历书写不规范等问题,朝阳区卫生局已经下达卫生监督意见书要求其改正。

卢某不服该答复,向北京市朝阳区人民政府申请行政复议。北京市朝阳区人民政府于2014年7月21日作出行政复议决定书,撤销了上述答复中的第二条和第四条,并责令朝阳区卫生局针对上述内容重新作出答复。

2014年11月21日,朝阳区卫生局对王某作出被诉答复。王某不服,向原审法院起诉。

再查,王某曾以医疗损害责任纠纷为由,起诉北京某医院赔偿。原审法院经审理,判决北京某医院赔偿王某医疗费等各项费用共计99,818.4元。该判决书载明"就王某主张的胡某独自给王某进行电复律治疗一节,中天司法鉴定中心于2014年5月19日答复称:'据病历资料记载,电复律病程记录有两人签字,护理记录记载胡某大夫给病人电复律。从技术角度不能确定是一个人或两个人操作'"。上述判决已经发生法律效力。

再审中,经原审法院询问,朝阳区卫计委称胡某是进行电脑录入操作的,推测他当时应当选择使用最熟悉的曾某的名义开立医嘱,实践中谁进行电脑操作都比较随机。

原审法院再审认为:行政行为主要证据不足的,人民法院应判决撤销或者部分撤销,并可以判决行政机关重新作出行政行为。本案争议在于朝阳区卫生局所作答复中"认定胡某不属于非法行医"是否具有充分的依据。《中华人民共和国执业医师法》(以下简称《执业医师法》)规定,非医师行医的,应承担相应的法律责任。王某、朝阳区卫计委亦均表示不具备医师执业资格从事行医行为,属于非法行医行为。胡某在2011年11月9日接诊王某时并未获得医师资格证书及医师执业证书,但朝阳区卫生局仍作出胡某不属于非法行医的认定,其理由是胡某并未对王某下达医嘱且未独立实施电复律治疗,而是遵循治疗团队内其他医师的医嘱,且在贾某指导下实施电复律治疗。朝阳区卫计委应对其主张的上述理由提交充分的证据。

通过分析朝阳区卫生局调查中收集的书证,可见以下事实:护理记录有"遵胡某大夫嘱"和"胡某大夫给病人150J体外电复律"的记录,没有其他医师下达医嘱或者指导胡某实施电复律的记录;事发当日病历记录上有许某和胡某的签名,但许某在实施电复律当时在外地出差。故在无其他证据相佐证的情况下,上述两份书证无法反映出朝阳区卫生局所述胡某在请示其他医师后下达医嘱并在其他医师指导下为王某实施电复律治疗的事实。临时医嘱记载,事发前后包括实施电复律治疗在内的4次医嘱系以曾某名义开具,而在此4次医嘱之前,即为贾某名义开具的7次医嘱。贾某既然为当日的值班医生,也在当日持续多次为王某下达了医嘱,若其指导了胡某实施电复律治疗,该治疗前后的医嘱也应以贾某名义开具,但事实上医嘱却以当时在外地开会的曾某名义开具。对此不合常理之处,朝阳区卫计委未能予以合理解释。在对朝阳区卫生局与北京某医院医师、护士进行的调查中,医师、护士虽然作出了胡某未单独下达医嘱及实施电复律治疗的陈述,但陈述的证明效力显然低于书证,且无法与书证的内容相印证,在王某作为当事另一方对事实有不同陈述的情况下,上述陈述的证明力难言充分。王某与北京某医院医疗损害赔偿诉讼中,鉴定部门亦认为根据病历资料,从技术角度不能确定胡某是否单独操作电复律治疗。综合上述情形,朝阳区卫生局所作答复中认定胡某不属于非法行医,该答复所依据的主要证据之间不能相互印证,证据并不充分,该答复依法应予撤销,朝阳区卫计委应重新作出答复。对于王某主张的胡某开立使用力月西医嘱一节,由于其并未在朝阳区卫生局作出涉案答复前主张此事实,朝阳区卫生局亦无法在涉案答复中予以回应,故此事实不属于本案审理范围。

据此,原审法院作出判决:一、撤销被诉答复中的第一条。二、责令朝阳区卫计委于判决生效之日起30日内对王某举报的胡某非法行医一事重新作出答复。

上诉人朝阳区卫计委上诉称:请求撤销原审法院(2018)京0105行再1号行政判决,改判驳回被上诉人王某的诉讼请求。事实和理由:原审法院认定事实错误。1.非法行医行为的认定无法律依据,对于未取得医生资格独立从事医师执业活动的行为,可称为未取得医疗机构执业许可证擅自执业或非医师行医。2.现有证据无法证明胡某独立下达医嘱。在李某查房时作出电复律治疗的指示后,胡某获得贾某的口头医嘱,只是实际履行录入医嘱的工作,非独立下达医嘱。我方在调查中已经查明北京某医院的医师个人工作站和工号密码管理混乱,存在混用,我方已下达过监督意见书。胡某在获得口头医嘱后,按照个人选择和习惯使用曾某的工号密码登录并录入医嘱。3.我方已经穷尽调查手段,现有证据不能证明胡某独立为王某实施电复律治疗,王某的陈述与书证记录内容存在差异且没有直接证据证明违法行为成立。我方调取的证据中只有投诉人的陈述能体现胡某存在独立实施操作的可能性,但是卢某在调查阶段和争议后的诉讼阶段的陈述并不一致,且与现场勘查结果不一致。4.我方对违法事实的认定只能依据证据,在现有证据无法达到确认违法事实成立的基础上,我方只能认定胡某不是单独实施电复律治疗术,从而作出相关答复。胡某在实施电复律诊疗术时虽尚未取得医师资格证书,但其当年已经参加医师资格考试并考取了北京某医院孟某主任医师的研究生,属于医学专业研究生在实习试用期间。其在合法医疗机构内和上级医师指导下从事医疗活动,符合规定。

被上诉人王某辩称:请求驳回上诉人朝阳区卫计委的上诉请求,同意(2018)京0105行再1号行政判决。胡某在没有医师资格证和执业证、没有医师指导的情况下,给王某做电复律治疗是非法行医。事实和理由:上诉人在歪曲事实,推卸责任,没有依法行政,严格执法。1.非法行医包括非医师行医,没有证据证明贾某在现场指导胡某做电复律治疗，胡某在没有取得医师资格证和执业证、没有医师指导的情况下给王某做电复律治疗就是非法行医，上诉人应作出行政处罚。2. 在2011年11月9日给王某做电复律治疗的病程记录也是手术记录中，经治医师签名是许某和胡某两人，在李某副主任医师查房记录中，当时许某在厦门，故经治医师只有胡某一人。上诉人朝阳区卫计委曾答辩称2011年11月10日许某上班后，审核了该11月9日7:30PM李某副主任医师查房记录并签字。但是，许某是11月11日从厦门回来，并且许某不是经治医师，其为主治大夫，在调查笔录中也提到“做电复律时他根本不知道，是事后才知道这个事情的”。因此，胡某系独立下达医嘱，没有贾某的指导，当时贾某在休息室睡觉。2011年11月9日护理记录载明“20:25 胡某大夫给病人150J体外电复律”，也证明胡某带着一名护士独立实施电复律，没有医师指导。贾某在调查笔录中陈述的王某病情是上午的病情，其在做伪证，其当晚根本没有看到王某。如果胡某在贾某的指导下下达医嘱，为何不用贾某的账号，而是用当时在厦门的曾某的账号，护理记录也载明是胡某下的医嘱。3. 力月西是麻醉药，未取得麻醉药品和第一类精神药品处方资格的医师不得开具麻醉药品和第一类精神药品处方，因此胡某构成非法行医。4. 胡某在实施电复律治疗前未履行告知义务，同意书中家属签字系胡某伪造，因此胡某不是遵照李某的查房指示下达的医嘱，而是违反了李某的指示下达的电复律医嘱。

在法定期限内，朝阳区卫计委向原审法院提交了以下证据和依据：

一、作出被诉答复的证据材料：1. 2014年2月13日卢某提交的书面答复申请，用以证明王某委托代理人卢某要求书面答复的内容。2. 2014年2月19日朝阳区卫生局作出的答复。3. 行政复议决定书，用以证明北京市朝阳区人民政府撤销了朝阳区卫生局第一次答复中的第二条和第四条，并责令朝阳区卫生局对第二条和第四条的内容重新作出答复。4. 2013年12月17日、2014年8月25日朝阳区卫生局对卢某进行调查制作的调查笔录。5. 2014年8月25日朝阳区卫生局对王某进行调查制作的调查笔录。证据4~5用以证明朝阳区卫生局调查了解王某接受电复律治疗的情况及投诉的请求。6. 2013年12月17日王某委托代理人卢某向朝阳区卫生局提供的录音光盘及文字稿，用以证明胡某与卢某针对王某诊疗情况进行对话的情况。7. 2013年11月27日朝阳区卫生局制作的现场检查笔录，用以证明朝阳区卫生局向北京某医院调取了王某的住院病历及相关执业人员的资质证书。8. 2013年12月13日、2014年9月16日朝阳区卫生局对北京某医院心外科副主任医师许某进行调查制作的调查笔录两份。9. 2013年12月13日、12月20日、2014年9月11日朝阳区卫生局对北京某医院心外科医师胡某进行调查制作的调查笔录三份。10. 2013年12月20日、2014年9月11日朝阳区卫生局对北京某医院心外科医师贾某进行调查制作的调查笔录两份。11. 2013年12月26日朝阳区卫生局对北京某医院心外科副主任医师李某进行调查制作的调查笔录。12. 2014年9月10日朝阳区卫生局对北京某医院心外科副主任医师曾某进行调查制作的调查笔录。13. 2013年12月26日、2014年9月25日朝阳区卫生局对北京某医院副院长陈某进行调查制作的调查笔录两份。14. 2013年12月26日朝阳区卫生局对北京某医院护士宋某进行调查制作的调查笔录。15. 2013年12月30日朝阳区卫生局对北京某医院护士于某进行调查制作的调查笔录。16. 2014年10月15日北京某医院心外科医师胡某向朝阳区卫生局提供的调查补充说明,该说明中载明,2011年11月9日晚,贾某在病房内现场指导其为王某实施了电击复律治疗,该治疗其和贾某全程参与。17. 2014年10月15日北京某医院心外科医师贾某向朝阳区卫生局提供的调查补充说明,该说明中载明,2011年11月9日晚,其在病房现场指导实习医生胡某为王某实施了电复律治疗。18. 患者马某的北京某医院V1. 6医嘱单,该医嘱单中载明,11月9日22:22,贾某为马某开具了医嘱。19. 2014年10月29日北京某医院心外科医师贾某向朝阳区卫生局提供的情况说明,该说明中载明,2011年11月9日晚,其按照排班顺序值班,并开具医嘱处置患者,包括患者马某22:22的医嘱。20. 2014年10月31日北京某医院向朝阳区卫生局提供的情况说明,该说明中载明,2011年11月9日22:22为马某开具医嘱的为贾某本人。21. 北京某医院心外科副主任医师曾某向朝阳区卫生局提供的情况说明,该说明中载明,其因与胡某在一个组,长期共事,所以胡某知道其医嘱账号及密码。22. 胡某的医师执业证书和医师资格证书。23. 北京某医院的医疗机构执业许可证。24. 朝卫医罚字〔2014〕690号行政处罚决定书。25. 朝卫医责改字〔2014〕0000864号责令改正通知书。证据4～25用以证明朝阳区卫生局对王某的举报进行调查、处理的情况。

二、作出被诉答复的依据:1.《执业医师法》;2.《医疗机构管理条例》;3. 卫办医发〔2002〕58号卫生部办公厅《关于正规医学专业学历毕业生试用期间的医疗活动是否属于非法行医的批复》(以下简称〔2002〕58号《批复》),用以说明朝阳区卫生局作出的答复符合相关法律、法规及规范性文件的规定。

王某向原审法院提交了以下证据:1. 2014年2月19日、11月21日朝阳区卫生局对王某委托代理人卢某作出的答复两份及朝政决字〔2014〕157号行政复议决定书,用以证明针对王某的举报,朝阳区卫生局所作答复的情况及王某申请行政复议的情况;2. 王某的北京某医院V1. 6医嘱单两页及北京某医院体温表一页;3. 王某诉北京某医院的民事诉讼的开庭笔录、谈话笔录及〔2013〕朝民初字第05036号民事判决书;4. 王某从朝阳区卫生局处获取的胸外心脏电击复律治疗同意书、北京某医院护理记录、病历记录、会诊记录、心电图报告、术后康复指导;5. 卫生监督意见书两份;6. 2014 年 9 月 10 日朝阳区卫生局对北京某医院护士孙某进行调查制作的调查笔录;7.〔2013〕朝民初字第 05036 号民事判决书及开庭笔录。王某诉北京某医院医疗损害责任纠纷,原审法院认为"结合王某自身疾病情况、朝阳区卫生局行为过错程度及给王某造成的损害后果等,确定朝阳区卫生局对王某损失承担 20% 的赔偿责任",判决北京某医院给付王某医疗费、残疾赔偿金等共计 99, 818. 4 元;王某认可该判决已生效。王某以证据 2 ~6 证明胡某存在未取得医师资格即单独向王某下医嘱、未在上级医师指导下实施电复律治疗、病案造假等行为,应当被认定为非法行医。

上述证据经过原审法院庭审质证,能够证明本案的事实。本院经审查,对原审法院的认证结论予以确认。本院二审期间,当事人没有提交新证据。同时,根据以上有效证据,本院对原审法院查明的事实予以确认。

本院再审认为:

首先,根据《执业医师法》第四条的规定,县级以上地方人民政府卫生行政部门负责管理本行政区域内的医师工作。《医疗机构管理条例》第五条规定,县级以上地方人民政府卫生行政部门负责本行政区域内的医疗机构监督管理工作。第四十条第(四)项规定,县级以上人民政府卫生行政部门具有对违反本条例的行为给予处罚的监督管理职权。《医疗机构监督管理行政处罚程序》第四条规定,县级卫生行政部门负责查处发生在所辖区域内的违反条例的一般违法行为。王某举报的事项发生于本市朝阳区,属于朝阳区卫生局的管辖范围,朝阳区卫生局具有对王某的举报进行调查、核实并作出相应处理的法定职责。

其次,关于被诉答复中涉及的胡某医师资质的问题。根据《执业医师法》第十三条、第十四条的规定,国家实行医师执业注册制度。医师经注册后,可以在医疗、预防、保健机构中按照注册的执业地点、执业类别、执业范围执业,从事相应的医疗、预防、保健业务。未经医师注册取得执业证书,不得从事医师执业活动。根据涉案被举报事件当时实行的《医师执业注册暂行办法》第二条的规定,未经注册取得医师执业证书者,不得从事医疗、预防、保健活动。被举报人胡某于 2011 年 12 月 8 日取得执业医师资格证,于 2012 年 4 月 9 日取得医师执业证书。胡某自 2010 年就读北京某医院心外科主任孟某的研究生,在北京某医院学习,在此期间医院并未授予其处方权。涉案被举报事件发生在 2011 年 11 月 9 日,胡某在涉案被举报之时既未取得执业医师资格证,也未取得医师执业证书。故,其没有独立行医的资质,应当在执业医师指导下从事医师活动。

最后,关于被诉答复第一条"认定胡某不属于非法行医"的事实是否清楚的问题。

根据朝阳区卫生局提供的证据,在北京某医院病历中记载:王某因"活动后胸闷"于2011年10月31日至12月19日在北京某医院住院治疗。许某是王某的主管大夫。2011年11月9日护理记录记载,当日18时30分和20时15分均有"遵胡某大夫嘱"进行处置的记录;20时25分,有"胡某大夫给病人150J体外电复律"的记录,其后有护士宋某和于某的签名。2011年11月9日晚7时30分的病历记录记载有"患者诉心悸、憋气……"并有许某和胡某的签名。2011年11月9日临时医嘱中20时3分至20时4分共有4次医嘱,医生均为"曾某",其中20时3分的一次医嘱为"同步心脏除颤",20时4分的一次医嘱为"力月西注射液10mg"。在上述以"曾某"名义开具4次医嘱之前,系以"贾某"名义开具医嘱7次,时间为当日10时54分至18时42分。胡某自述2011年11月9日20时3分和20时4分的临时医嘱是其使用曾某的电脑操作工号进行的电脑医嘱录入。而事发当天,北京某医院医师曾某与许某等一起到厦门开会,当天下午到达厦门,说明王某住院病历临时医嘱中的4个医嘱不是其下达的。

而事发当日的值班医生为贾某,在病历记载中也有以"贾某"名义开具的医嘱7次,但是当日晚胡某对王某实施电复律治疗期间的医嘱单中的署名为外出开会的曾某。朝阳区卫生局在调查中,虽然尽力调查了与事件相关的人员,但多人的证言在此情节方面尤其是关键问题方面,不能相互印证,不能形成完整的证据链。北京某医院医生贾某在被调查中称,事发当天从8点开始值班,一直在医院,到第二天还要再上一天班……胡某当面请示贾某是否可以给王某做电复律治疗,贾某回答可以,给胡某下达了口头医嘱。胡某通过电脑操作录入该医嘱,因胡某是实习医生,没有医院授权的电脑操作用户名,故使用了曾某的用户名录入了该医嘱。既然贾某已经向胡某下达了口头医嘱,胡某为何不以贾某的口令下达医嘱,或者书面记录贾某的口头医嘱,而是用不在现场的曾某的电脑操作工号下达医嘱,朝阳区卫计委对上述问题并未调查清楚。

因此,朝阳区卫生局认定胡某不属于非法行医的答复所依据的主要证据之间不能相互印证,主要证据并不充分,该答复依法应予撤销。

综上,朝阳区卫计委的上诉理由缺乏事实证据和法律依据,本院不予支持。原审法院重审判决认定事实清楚,适用法律正确,程序合法,依法应予维持。依照《中华人民共和国行政诉讼法》第八十九条第一款第一项的规定,判决如下:

驳回上诉,维持原判。

一审案件受理费五十元,由北京市朝阳区卫生和计划生育委员会负担(王某已预交，北京市朝阳区卫生和计划生育委员会于判决生效后七日内给付王某）。

二审案件受理费五十元，由北京市朝阳区卫生和计划生育委员会负担（已交纳）。

本判决为终审判决。

审　判　长　饶亚东
审　判　员　张　明
审　判　员　赵　晖
二〇一九年四月一日
书　记　员　宋　垚

（主审法官：饶亚东；撰写人：饶亚东、宋垚）

第七章　行政许可类案审判指引

第一节　起诉条件的审查

【审查事项】

原告提起的行政诉讼是否属于行政许可的受案范围？是否符合法定起诉期限？原告是否具备主体资格？被告是否适格？①

【法律适用】

受案范围相关法律规范：《行政许可法》第2条、第3条第2款、第12条、第13条；《行政许可规定》第1条、第2条、第3条、第6条第1款。

起诉期限相关法律规范：《行政诉讼法》第45条、第46条、第47条、第48条；《行政诉讼法解释》第59条、第64条、第65条、第66条；《行政许可法》第42条、第43条、第44条、第45条；《行政许可规定》第6条。

主体资格相关法律规范：《行政许可法》第7条、第36条、第40条、第61条；《行政许可规定》第1条、第2条、第6条。

---

① 关于被告是否适格问题在“职权依据的审查”部分单独予以说明。

【常见问题解答】

1. 如何界定《行政许可法》调整范围?

依据《行政许可法》第2条之规定,所谓行政许可是指行政机关根据公民、法人或者其他组织的申请,经依法审查,准予其从事特定活动的行为。其具有以下特征:(1)外部性,是一种外部性许可,不包括内部审批和隶属关系审批;(2)依申请性,是一种依申请的行政行为;(3)授益性,是一种授益性行政行为;(4)要式性,是一种要式行政行为;(5)是一种过程性、连续性行政行为。

需要注意的是,国务院先后出台的《关于投资体制改革的决定》(国发〔2004〕20号,部分失效)和《关于保留部分非行政许可审批项目的通知》(国办发〔2004〕62号,已失效)均涉及对《行政许可法》调整范围的界分。前者认为,不实行审批制的项目可以区别情况改用核准制和备案制,即核准或备案可以不构成行政许可;后者则提出"非行政许可审批"这一概念,并指出"主要是政府的内部管理事项,不属于行政许可"。从《行政许可法》实施至今,国务院及地方政府先后数次开展大规模的行政审批事项清理工作,因此,还需结合相关清理工作的行政法规、地方性法规、部门规章、地方政府规章及规范性文件的规定,予以具体判断。

以下不属于行政许可范围:(1)不属于行政许可法调整的行政审批。(2)不属于行政许可法调整的处置财产权的行政审批。行政机关根据授权,依照国家规定的以出资人的身份对国有资产处置等事项的审批,不属于行政许可调整范畴。(3)不属于行政许可法调整的确定民事权利登记的行为。行政机关仅限于为确认民事财产权利(如不动产登记)和确认民事关系(如婚姻登记、身份登记)的行为。(4)不属于行政许可法调整的知识产权的授予和注册行为。(5)公民、法人和其他组织能够自主决定的事项。(6)市场竞争机制能够有效调节的事项,如价格问题、企业兼停并转等。(7)行业组织或者中介机构能够自行管理的事项。(8)行政机关采用事后监督等其他行政管理方式能够解决的事项,如备案、制定标准、处罚等。

2. 行政许可受案范围有哪些?

《行政许可规定》第1条规定,公民、法人或者其他组织认为行政机关作出的行政许可决定以及相应的不作为,或者行政机关就行政许可的变更、延续、撤回、注销、撤销等事项作出的有关行政行为及其相应的不作为侵犯其合法权益,提起行政诉讼的,人民法院应当依法受理。行政许可行为可以分为两类:一是是否作出准予许可的决定;二是就行政许可的变更、延续、撤回、注销、撤销等事项作出的行政行为。相应地,行政许可案件的范围包括针对以上两类行为及相应的不作为提起诉讼的案件。

(1)准行政许可的决定。行政机关对行政许可申请进行审查后,除当场作出行政许可决定的外,应当在法定期限内按照规定程序作出行政许可决定。一般而言,行政许可相对于得到许可的行政相对人来说是一种受益性行政行为,而相对于未得到许可的相对人来说则是一项限制性行政行为。尤其是在特定的排他性行政许可中,必然会影响其他申请人取得许可证照,进而影响其获得相应的权益。这时,行政许可行为直接影响到了其在该行政许可领域内的公平竞争权益人。即认为赋予他人行政许可的行为实际造成了限制或剥夺其公平竞争权的人,就其行政许可的公平申请权或要求排除赋予他人排他性许可的独占权而依法提起行政诉讼。

(2)变更行政许可的决定。被许可人要求变更行政许可事项的,应当向作出行政许可决定的行政机关提出申请,符合法定条件、标准的,行政机关应当依法办理变更手续。行政机关未经被许可人申请作出变更行政许可的决定、行政机关超越被许可人申请变更的行政许可事项作出变更行政许可决定,对利害关系人造成影响的,得提起行政诉讼。

(3)延续行政许可的决定。被许可人需要延续依法取得的行政许可的有效期的,应当在该行政许可有效期届满30日前向作出行政许可决定的行政机关提出申请。但是,法律、法规、规章另有规定的,依照其规定。利害关系人认为行政机关延续行政许可的行为影响到其合法权益的,亦得提起行政诉讼。

(4)撤回行政许可。公民、法人或者其他组织依法取得的行政许可受法律保护,行政机关不得擅自改变已经生效的行政许可。行政许可所依据的法律、法规、规章修改或者废止,或者准予行政许可所依据的客观情况发生重大变化的,为了公共利益的需要,行政机关可以依法变更或者撤回已经生效的行政许可。利害关系人认为行政机关撤回行政许可的行为影响到自己合法权益的,得提起行政诉讼。

(5)注销行政许可。《行政许可法》第70条规定,有下列情形之一的,行政机关应当依法办理有关行政许可的注销手续:行政许可有效期届满未延续的;赋予公民特定资格的行政许可,该公民死亡或者丧失行为能力的;法人或者其他组织依法终止的;行政许可依法被撤销、撤回,或者行政许可证件依法被吊销的;因不可抗力导致行政许可事项无法实施的;法律、法规规定的应当注销行政许可的其他情形。利害关系人认为行政机关注销行政许可的行为影响到自己合法权益的，亦得提起行政诉讼。

(6)撤销行政许可。根据《行政许可法》第69条的规定，有下列情形之一的，作出行政许可决定的行政机关或者其上级行政机关，根据利害关系人的请求或者依据职权，可以撤销行政许可：行政机关工作人员滥用职权、玩忽职守作出准予行政许可决定的；超越法定职权作出准予行政许可决定的；违反法定程序作出准予行政许可决定的；对不具备申请资格或者不符合法定条件的申请人准予行政许可的；依法可以撤销行政许可的其他情形。被许可人以欺骗、贿赂等不正当手段取得行政许可的，应当予以撤销。依照前两款的规定撤销行政许可，可能对公共利益造成重大损害的，不予撤销。利害关系人认为行政机关撤销行政许可的行为影响到自己合法权益的，得提起行政诉讼。

当事人对以上行政许可行为不服提起诉讼的，人民法院应当依法受理。需注意的是，一是不局限于列举的行为，还有查阅权行为、补偿行为、处罚行为甚至执行罚行为等；二是行政许可案件类型大致可分为行政许可案件、行政许可补偿案件、行政许可赔偿案件。

3. 延长行政许可期限的行为司法审查重点是什么？

延长行政许可期限的行为是独立于相关行政许可的行政行为，具有可诉性。在此类案件中，人民法院应当着重审查许可期限延长的理由是否合法、与此前的许可内容是否一致，以及相关行政许可是否存在重大、明显违法等情形。

4. 拆迁许可及拆迁期限延长许可通知的合法性审查内容主要有哪些？

根据《行政许可规定》第1条的规定，房屋拆迁期限延长许可通知是一个独立的行政行为，具有可诉性。对房屋拆迁期限延长许可通知案件，应重点审查拆迁期限延长许可行为与前置许可行为内容是否一致，前置许可行为是否属重大、明显违法等，听证程序并非作出延长许可行为的法定必经程序。①

---

① 详见中国行政审判案例第42号：夏鸣诉上海市杨浦区住房保障和房屋管理局房屋拆迁许可延长通知案。

5. 以“吊销许可证件”为名自行纠正不当发证行为是否属于行政许可案件?

根据《行政处罚法》第9条的规定,“吊销许可证件”是一种行政处罚,属于行政处罚中的一种能力罚,即行政主体限制、中止和消灭违反行政法规范的相对人的权利能力和行为能力的行政处罚。《行政许可法》第69条规定了作出行政许可决定的行政机关或者其上级行政机关,根据利害关系人的请求或者依据职权,可以撤销行政许可的几种情形,与“吊销许可证件”的行政处罚应予以区分。

6. 通知或告知等程序性行为是否可诉?

行政许可实施过程中存在大量的程序性行为,多体现为通知或告知,如受理行政许可申请的通知,准予或不准予听证的通知,补证材料的通知,告知申辩权,行政许可的有关信息的告知、公示、说明、解释等,当事人直接起诉这些行为,一般不予受理,但如果这些行为对当事人合法权益产生实际影响,应承认其可诉性。需要注意的是,依据《行政许可法》第53条的规定,对行政许可过程中的招标拍卖行为也是可诉的。

7. 监督检查事实行为是否可诉?

依据《行政许可法》第10条的规定,行政机关负有监督检查的法定职责,既有书面审查职责,又有实地检查、定期检查的职责;既有上级行政机关对下级行政机关的监督检查职责,又有行政机关对行政相对人的监督检查职责;既有实地监督检查职责,又有督促重要设备、设施的设计、建造、安装和使用的单位自检制度,防止突发事件等。一般而言,监督检查行为对行政相对人权利义务不产生实际影响,因此不纳入行政诉讼受案范围。但是,需要注意的是,《行政许可规定》第2条规定,公民、法人或者其他组织认为行政机关未提供行政许可监督检查记录侵犯其合法权益,提起行政诉讼的,人民法院应当依法受理。

8. 行政检验、检测、检疫是否可诉?

《行政许可法》第12条、第39条、第44条、第45条规定了检验、检测、检疫相关内容。如果行政许可申请人对行政许可核准类里的检验、检测、检疫等行为不服,向人民法院提起行政诉讼，检验、检测、检疫行为是否属于可诉的行政许可？

《行政许可法》第55条规定："实施本法第十二条第四项所列事项的行政许可的，应当按照技术标准、技术规范依法进行检验、检测、检疫，行政机关根据检验、检测、检疫的结果作出行政许可决定。行政机关实施检验、检测、检疫，应当自受理申请之日起五日内指派两名以上工作人员按照技术标准、技术规范进行检验、检测、检疫。不需要对检验、检测、检疫结果作进一步技术分析即可认定设备、设施、产品、物品是否符合技术标准、技术规范的，行政机关应当当场作出行政许可决定。行政机关根据检验、检测、检疫结果，作出不予行政许可决定的，应当书面说明不予行政许可所依据的技术标准、技术规范。"可知：检验、检测、检疫本身不是行政许可，系取得核准类行政许可的前置条件，是作出是否准予行政许可的根据，从性质上来看属于过程性行为，当事人可以就是否取得行政许可的结论提起行政诉讼，而检验、检测、检疫本身不可诉。

9. 受理行为是否可诉?

受理行为一般是预备性的、程序性的行为，并不包含特定的发生法律效果的意思表示，因而并非完整的行政决定，意即未完成的行为，在一般情况下，受理行为是不可诉的。但是，如果受理行为在下列情形下得为可诉的准行政决定：(1)否定性受理行为成为阻碍行政相对人权益实现的主要因素。此时，行政机关的拒绝受理行为或者拖延受理的行为，已经对行政相对人获取权益造成了实际的、确定性的不利影响，该否定性的受理行为属于可诉的行为。(2)否定性的受理行为直接导致今后行政行为无法作出。(3)行政受理行为可能导致行政相对人无法在法定的或者合理期限享有权利或者减少、免除义务。(4)行政相对人对于行政机关的管辖权提出异议。(5)行政相对人认为行政机关的受理行为可能导致其权益受到实际影响的其他行为。

10. 行政机关现场检查笔录是否可诉?

行政机关在执法过程中制作的现场检查笔录属于记录客观事实的证据，没有确定当事人的权利义务，不具有可诉性。现场笔录是行政机关工作人员在行使职权过程中，对有关管理活动的现场情况所作的书面记录，在行政诉讼中是特有的证据种类，属于书证。根据内容和性质不同，书证可以分为处分性书证和事实性书证。处分性书证，是指根据书证所记载或者表述的内容具有处分法律关系并可以导致一定的法律后果，或者制作的目的在于产生、变更、消灭一定的法律关系的书证。事实性书证，是指根据其所记载或者表述的内容，以记录或者描述已经发生的或者认知的具有法律意义的事实的书证，其制作目的不在于产生一定的法律关系，而主要是为了记载，或者报道某种具有法律意义的客观事实。处分性书证为行政行为，具有可诉性，对其有异议可以通过行政诉讼解决。事实性书证不具有可诉性，属于“纯粹”的证据，在任何诉讼程序和行政程序中，都可以通过证据对比来肯定或否定其证明力。现场检查笔录属于事实性书证，不可诉。

11. 电子证照是否属于行政许可有效载体？

依据《电子签名法》第2条的规定，行政许可电子证照属于数据电文。行政许可电子证照中载明了许可对象、许可活动范围、许可期限、许可机关，而且行政许可机关可在线查询、验证、比对行政许可电子证照信息，被许可人可随时调取查用行政许可电子证照信息。根据《电子签名法》第4条的规定，行政许可电子证照能够有形地表现所载内容，是可以随时调取查用的数据电文，应将其视为“符合法律、法规要求的书面形式”。

行政许可电子证照文件是以版式文档表示的电子证照，既包含照面固定版式效果，又包含证照元数据及标识。行政许可机关可以通过改进行政管理流程，来保障所颁发电子证照数据的时效性、准确性；通过应用密码技术，保障电子证据数据内容的真实性、完整性。因此，行政许可电子证照符合《电子签名法》第5条第2项的要求，能够可靠地保证自最终形成时起，内容保持完整、未被更改。所以行政许可电子证照被视为“符合法律、法规规定的原件形式要求”。

行政许可电子证照应被视为“加盖本行政机关印章的行政许可证件”。行政许可电子证照中含有电子签名和电子印章。《电子签名法》第2条第1款规定：“本法所称电子签名，是指数据电文中以电子形式所含、所附用于识别签名人身份并表明签名人认可其中内容的数据。”行政许可电子证照中使用的符合《电子签名法》规定条件的电子签名，与手写签名或者盖章应当具有同等法律效力。国务院《关于在线政务服务的若干规定》第9条则要求国家建立权威、规范、可信的统一电子印章系统，国务院有关部门、地方人民政府及其有关部门使用国家统一电子印章系统制发的电子印章，并规定电子印章与实物印章具有同等法律效力，加盖电子印章的电子材料合法有效。因此，行政许可电子证照应被视为“加盖本行政机关印章的行政许可证件”。

12. 工商登记是否属于行政许可?

依据《行政许可法》第 12 条第 5 项的规定,企业或者其他组织的设立等,需要确定主体资格的事项,属于行政许可。因此,工商设立登记属于行政许可。

13. 行政许可案件的起诉期限如何计算?

《行政诉讼法》和《行政诉讼法解释》对起诉期限均有规定,这些规定对行政许可案件当然有效。同时需注意以下问题:(1)行政机关规定的比法定行政许可决定期间更短的期间,其符合立法本意,没有突破法律规定,与设定期限所要达到的高效、便民目的一致,则可以拘束行政机关。但如果规章或者其他规范性文件规定长于《行政许可法》规定的期限的,则其规定无效。(2)行政许可决定期限的中断事由,《行政许可法》第 45 条规定了"行政机关作出行政许可决定,依法需要听证、招标、拍卖、检验、检测、检疫、鉴定和专家评审的,所需时间不计算在本节规定的期限内。行政机关应当将所需时间书面告知申请人"的 8 种中断事由,起诉期限的计算应合理扣除该 8 种情形所用的时间。(3)行政机关逾期未作出行政许可决定时视为不予行政许可还是视为准予行政许可问题,应视情况而定。行政许可具有三大功能,即控制危险、配置资源、提供资信。《行政许可法》除对延续行政许可申请逾期未作出的视为默示许可外(第 5 条第 2 款),其他的申请在有效期内未作出是否准予行政许可决定的,不能视为同意该行政许可。对之,司法审查应予以足够的重视。(4)对行政机关不作为起诉期限的计算,首先应当审查申请人超过起诉期限有无正当理由。如果没有,申请人可以重新向行政机关提出许可申请,行政机关仍然不予答复或者不予批准的,申请人此时可以向人民法院提起行政诉讼。(5)《行政许可法》规定的期限以工作日计算,不含法定节假日。

14. 行政许可办理期限的起算点如何确定?

行政许可办理期限届满之后,起诉不予答复许可申请的时机方为成熟,而行政许可办理期限以行政机关受理许可申请为起算点。确定行政许可办理期限的起算点通常容易确定,但如果行政机关按照《行政许可法》第 33 条的规定实行电子政务,当事人采用数据电文方式申请行政许可时,如何确定行政机关受理行政许可申请的时点。《行政许可规定》第 6 条规定:"行政机关受理行政许可申请后,在法定期限内不予答复，公民、法人或者其他组织向人民法院起诉的，人民法院应当依法受理。前款‘法定期限’自行政许可申请受理之日起计算；以数据电文方式受理的，自数据电文进入行政机关指定的特定系统之日起计算；数据电文需要确认收讫的，自申请人收到行政机关的收讫确认之日起计算。”《电子签名法》第11条第2款规定：“收件人指定特定系统接收数据电文的，数据电文进入该特定系统的时间，视为该数据电文的接收时间；未指定特定系统的，数据电文进入收件人的任何系统的首次时间，视为该数据电文的接收时间。”

15. 规划行政许可行为案件起诉期限的起算点如何确定？

行政诉讼中，知道或应当知道行政行为内容的时间是诉讼期限的起算点。对于知道行政行为内容的理解，不应局限于获得行政行为的全部书面载体，而应根据具体情况确定。比如，规划许可证包括正文和附图，正文本身只记载规划行政许可的主要指标，附图则标明了建设工程的详细内容，附图记载内容包含了正文记载的全部内容，因此，原告如果查阅了规划许可证附图，即知道了规划行政许可的全部内容。但在规划行政许可行为中，因行政机关并不将许可证送达利害关系人，利害关系人陆续得知规划行政许可信息片段的情形大量存在，如只获得了许可证正文或部分正文内容等情形。建设规划许可的绿地率、容积率等重要指标，对于建设工程规划许可相对方而言是主要内容。但是，对于相邻权人而言，起诉规划行政许可时，就知道了建筑物位置、建设规模、与自己房屋的间距这些影响到相邻权的内容，即应当视为其已经知道了行政行为的内容。

16. 行政许可决定期限的中断事由有哪些？

《行政许可法》对行政机关作出行政许可决定期限的规定，是为了规范行政行为，提高行政效率，但期限的规定也必须确保行政机关能够履行审查行政许可申请人申请材料的合法性、真实性的义务。《行政许可法》第45条规定：“行政机关作出行政许可决定，依法需要听证、招标、拍卖、检验、检测、检疫、鉴定和专家评审的，所需时间不计算在本节规定的期限内。行政机关应当将所需时间书面告知申请人。”对计算行政许可决定期限的中断事由规定了8种情形。同理，依据《行政诉讼法》第48条的规定，起诉期限的计算亦应合理排除该8种情形。

17. 如何认定行政机关不作为的起诉期限?

如果申请人申请行政机关颁发许可证或者执照,行政机关逾期未予颁发或者不予答复,按照《行政诉讼法解释》第66条以及《行政诉讼法》第47条关于对行政机关不作为起诉期限的规定,行政相对人在法定期限内没有提起行政诉讼的,对此,首先应当审查申请人超过起诉期限有无正当理由,是否具备扣除或延长起诉期限的法定情形;如果没有,申请人可以重新向行政机关提出许可申请,若行政机关仍然不予答复或者不予批准,申请人此时可以向人民法院提起行政诉讼。

18. 普遍登记背景下,相对人对登记行为起诉期限如何计算?

在行政机关与相对人就特定权益密切相关的事项开展普遍登记活动期间,相对人未获登记或领取相关权证,且对他人获取登记或相关权证的事实已知的,推定其知道行政机关已经将该事项登记在他人名下。起诉期限的计算,从应当知道行政行为内容之日起最长不得超过1年。①

19. 行政许可的原告主体资格如何确定?

行政许可系依申请的行政行为。凡属于认为符合法定条件申请行政机关颁发许可证和执照,行政机关拒绝颁发或者不予答复的,或者行政机关故意刁难、施加额外负担,或者科以义务性条件的,申请人作为行政法律关系的相对方具有提起行政诉讼的主体资格。

实务中存在大量的受行政许可影响的利害关系人,如相邻权人、环境权人、竞争权人;行政复议决定中的利害关系人或者在复议程序中被追加的第三人;申请变更或者延续行政许可行为的利害关系人;被撤销或者注销行政许可行为中的利害关系人;因行政许可事项受到行政机关行政秩序罚和行政处罚的人(《行政许可法》第78条、第79条);认为未履行公开行政许可决定或监督检查记录职责侵害其合法权益的人(《行政许可法》第40条、第61条)等。

---

① 详见中国行政审判案例第129号:陈章顶诉贵州省镇宁自治县人民政府土地登记案,载最高人民法院行政审判庭编:《中国行政审判案例》(第4卷),中国法制出版社2012年版。

20. 行政许可诉讼有可能发生申请人与利害关系人诉讼角色的置换，在此情形下如何确定原告?

行政许可诉讼第三人在主体方面具有多样性，且申请人与部分利害关系人诉讼角色可以置换。在相对人诉讼规则下原告与第三人的实体要件均系利害关系人，其区别主要在程序意义上，谁先提出行政诉讼谁为原告，诉讼形成以后，其他利害关系人无须再启动新的行政诉讼程序，而只需直接提出诉讼请求加入诉讼程序成为第三人。对由谁当原告则没有非相对人不可的限制，可以是相对人为原告、利害关系人为第三人，也可以是利害关系人为原告、相对人为第三人。故原告、第三人诉前角色可以置换。在行政许可案件的司法审查中，应当特别关注第三人问题，因其有不同情况的变数，应当结合立法本意和案件具体情况，作出正确判断。

21. 规划行政许可原告主体资格如何认定?

在规划行政许可案件中，大量存在未入住且未进行房屋权属登记的房屋买受人、承租人、相邻权人等起诉规划行政许可的情形。要确定其是否为适格原告，仍应适用法律权利加相当因果关系的标准进行判断。比如，对于未进行房屋登记又未实际占有使用的房屋买受人，此时买卖合同虽然合法有效，买受人因此具有了享有建筑物区分所有权的可能性，但其并不实际享有该项物权。规划行政许可是针对建筑物本身作出的，买受人享有建筑物区分所有权的可能与建筑物加层规划行政许可之间未形成相当的因果关系，因此，此类主体一般不具有原告主体资格。

22. 相邻权人、环境权人就规划许可是否具有原告主体资格?

因日照通风采光等相邻权受到侵害而对规划许可提起行政诉讼的具有原告主体资格，此类行政诉讼审查的重点是被诉行政许可建设的建筑项目是否符合有关建筑管理的技术规范，是否侵犯原告的相邻权。

23. 买房人已入住，对商品房开发企业加层规划行政许可行为起诉是否具备原告主体资格？

在规划行政许可利害关系人起诉的案件中，对于买房人与开发企业签订买卖协议，且已办理入住，但未办理房屋权属登记的情况，开发企业向规划部门申请办理加层建设工程规划许可，买房人与规划许可部门的建设工程规划许可行为具有利害关系，具有提起行政诉讼的原告主体资格。

24. 拆迁人与被拆迁人不能就拆迁补偿安置达成协议，房屋拆迁主管部门就补偿安置进行裁决后，被拆迁人又针对建设项目批准文件、建设用地规划许可证、建设工程规划许可证、国有土地使用权批准文件、拆迁许可证等提起行政诉讼的，如何处理？

拆迁人与被拆迁人不能就拆迁补偿安置达成协议，房屋拆迁主管部门就补偿安置进行裁决后，因被拆迁人的权益可通过对补偿安置裁决的合法性审查予以保护，故对被拆迁人又针对建设项目批准文件、建设用地规划许可证、建设工程规划许可证、国有土地使用权批准文件、拆迁许可证等提起的行政诉讼，应裁定驳回起诉。

25. 采矿权实际享有人是否具有采矿权及矿补费纳费义务主体资格？

国务院印发的《矿产资源法实施细则》和《矿产资源补偿费征收管理规定》规定，矿产资源补偿费应由采矿权人缴纳，矿产资源补偿费征收管理部门应当依法向取得采矿许可证的采矿权人征收。而国家统配煤矿企业有其特殊性，采矿许可证和征收矿补费制度实施较晚，有其历史演变和完善过程。尽管采矿权实际享有人尚未领取采矿许可证，但其事实上一直在行使采矿权，且地矿行政主管部门亦认可其采矿权人资格，因此不能否认采矿权实际享有人具有采矿权及矿补费纳费义务主体资格。

26. 拆迁许可案件是否需要追加未起诉的被拆迁人为第三人？

鉴于拆迁行政案件社会影响面较大，容易引发不安定因素，对于涉及众多被拆迁人的案件，未起诉的被拆迁人可以不追加为第三人，作出的生效裁判对其他被拆迁人、被拆迁关系人具有同等法律效力。

第二节 职权依据的审查

【审查事项】

行政许可案件被告是否适格？被告系享有行政许可权的行政机关本身，还是被授权的组织，抑或受委托的机关？实践中出现的相对集中行政许可权实施主体，涉及“一个窗口对外”、“并联审批”和“一站式审批”等行政许可案件时，如何确定适格被告？

【法律适用】

《行政许可法》第22条至第26条、第28条。

【常见问题解答】

1.如何确定行政许可案件的被告？

第一，享有行政许可权的行政机关本身就是实施行政许可的主体。根据《行政许可法》第22条的规定，实施行政许可的主体为依法成立、能以自己的名义独立地从事行政管理活动，并承担相应法律后果的行政组织；其必须具有行政许可权；其必须在法定职权范围内实施许可。

第二，被授权的组织。根据《行政许可法》第23条、第28条的规定，必须满足以下条件：(1)授权依据是法律、法规(注意：《行政诉讼法解释》第20条第2款授权依据为法律法规或者规章)；(2)被授权的组织必须是具有管理公共事务职能的组织；(3)被授权组织以自己的名义对外实施行政许可，对行为后果独立承担法律责任；(4)原则上对直接关系公共安全、人身健康、生命财产安全的设备、设施、产品、物品的检验、检测、检疫，应当由符合法定条件的专业技术组织实施，法律、行政法规规定由行政机关实施的除外。

第三，根据《行政许可法》第24条的规定，受委托的机关应当满足以下条件：(1)委托主体委托其他行政机关实施行政许可应当遵循法定原则,不能把不属于自己职权范围的许可事项委托给其他行政机关。(2)委托依据是法律、法规、规章(注意:《行政诉讼法解释》第 20 条第 3 款没有法律、法规、规章的规定的授权为委托);(3)受托者必须是行政机关,受委托机关不得再委托;(4)委托机关应当将受托机关和受托实施行政许可的内容予以公告;(5)受委托机关应当以委托机关名义实施行政许可,委托机关对后果承担法律责任。

2. 谁是相对集中行政许可权实施主体的适格被告?

《行政许可法》第 25 条规定,经国务院批准,省、自治区、直辖市人民政府可以决定一个行政机关集中行使有关行政机关的行政许可权。对相对集中行政许可权实施主体的适格被告问题,在司法审查时,需要注意以下问题:

(1)相对集中行政许可权涉及将法律、法规授权其实施的行政许可权交由其他行政机关行使,行政许可法与其他单行法的关系;涉及实施行政许可的机关与原行政机关的关系;涉及行政许可权与许可后监督检查权、处罚权的关系;涉及产生行政纠纷的法律责任由谁承担的问题等。这些问题将会使识别适格被告问题趋于复杂化。(2)根据开展相对集中行政处罚权工作的实践经验,相对集中行政许可权工作有可能由国务院统一部署,有计划有步骤地进行试点,厘清综合执法部门与原行政执法部门的关系。司法审查应当关注相对集中行政许可权的立法背景以及国务院工作部署,使司法审查与立法本意相一致。(3)与相对集中行政许可权相对应的适格被告的情形,有可能是《行政诉讼法》第 26 条第 4 款和第 6 款的情形,也有可能是《行政诉讼法解释》第 19 条和第 20 条第 1 款规定的情形。之所以难以确定,是因为行政许可法的规定仅是原则性规定,尚需国务院进一步部署以及试点工作的具体规定。

3. 如何认定涉“一个窗口对外”、“并联审批”和“一站式审批”案件的适格被告?

《行政许可法》第 26 条规定:“行政许可需要行政机关内设的多个机构办理的,该行政机关应当确定一个机构统一受理行政许可申请,统一送达行政许可决定。行政许可依法由地方人民政府两个以上部门分别实施的,本级人民政府可以确定一个部门受理行政许可申请并转告有关部门分别提出意见后统一办理,或者组织有关部门联合办理、集中办理。”该条规定确立了实施行政许可过程中的“一个窗口对外”、“并联审批”和“一站式审批”制度，体现了行政许可实施和运行制度的创新。

“一个窗口对外”是行政许可需要行政机关内设的多个机构办理的，该行政机关应当确定一个机构统一受理行政许可申请，统一送达行政许可决定。其适用于行政许可申请需要一个行政机关内设的多个机构分别审查，出具审查意见的情况。该情况属于一个行政许可应当由行政机关统一办理，申请人不参与其内部程序，从制度上防止出现内部行政程序外部化的情况，减少执法人员利用审批“寻租”的机会。

“并联审批”是行政许可依法由地方人民政府两个以上部门分别实施的，本级人民政府可以确定一个部门受理行政许可申请并转告有关部门分别提出意见后统一办理。“并联审批”的要求是“一家承办、转告相关、并联审批、限时完成”，目前主要适用于一些需要前置审批的企业的市场准入。

“一站式审批”是地方人民政府可以组织有关部门联合办理、集中办理有关行政许可，主要针对有关投资项目的审批。该审批往往涉及政府的多个部门，需要多个许可。为了提高效率，地方政府通过设立“一站式”服务中心，让各审批机关到“一站式”服务中心联合办公，集中办理有关行政许可。

在司法审查中，需要注意以下问题：

(1)起诉时机问题。当一个行政行为尚在行政机关内部运作之中，尚未成立，尚不是一个成熟的行政行为时，当事人不能对之提起行政诉讼。正如“一个窗口对外”中所涉及的行政许可需要行政机关内设的多个机构办理的，行政许可正在内部行政程序运作之中，当事人不能对该行政机关提起行政诉讼。因为该行为是一个不成熟的行政行为，当事人应正确掌握起诉时机。

(2)《行政许可法》确立的“一个窗口对外”、“并联审批”和“一站式审批”制度，并没有改变各个部门事实上的行政许可权，改变的只是许可实施的运作方式和运作程序，强化了部门间的协调机制。这也是该条规定与相对集中行政许可权的本质区别所在。

(3)对“一个窗口对外”、“并联审批”和“一站式审批”制度适格被告的确定，依据《行政许可规定》第 5 条的规定，应以提出有决定性处理意见的有关部门为被告。

4. 如何认定内部程序外部化的适格被告?

实践中，很多行政许可是通过上下级行政机关之间的合作加以实施的，这主要有两种形式：一是由上级行政机关批准，下级行政机关作出行政许可决定；二是由下级行政机关初审，上级行政机关作出行政许可决定。按照《行政诉讼法解释》第 19 条的规定，此种情形一般都应以作出行政许可决定的下级或者上级行政机关为被告。但在上级行政机关不批准或者下级行政机关不予初审或者不予上报的情况下，原告仅仅起诉作出行政决定的行政机关往往难以获得有效的救济。对此，《行政许可规定》第 4 条规定："当事人不服行政许可决定提起诉讼的，以作出行政许可决定的机关为被告；行政许可依法须经上级行政机关批准，当事人对批准或者不批准行为不服一并提起诉讼的，以上级行政机关为共同被告；行政许可依法须经下级行政机关或者管理公共事务的组织初步审查并上报，当事人对不予初步审查或者不予上报不服提起诉讼的，以下级行政机关或者管理公共事务的组织为被告。"

鉴于此，我们认为，批准机关或者初审机关不作为时，可以作为行政诉讼的被告。具体将内部程序外部化的被告总结为以下两点：

第一，依法应当先经上级行政机关批准由下级行政机关作出决定的行政许可，下级行政机关作出不予行政许可决定，当事人不服提起诉讼的，以下级行政机关为被告；当事人对上级行政机关不批准行为一并提起诉讼的，可以上级行政机关为共同被告。

第二，依法应当先经下级行政机关或者管理公共事务的组织审查后报上级行政机关决定的行政许可，当事人不服提起诉讼的，以上级行政机关为被告；下级行政机关或者管理公共事务的组织不受理申请或者受理申请后不上报的，当事人不服提起诉讼的，以下级行政机关或者管理公共事务的组织为被告。

简言之，如果上级行政机关的批准行为和下级行政机关的初审不作为产生了外化的法律效果，那么，应当确认利害关系人的诉权，因此，《行政许可规定》第 4 条将这一观点与《行政诉讼法解释》第 19 条的规范予以结合，作出了前述规定。

第三节　事实认定的审查

【审查事项】

如何认定作为类和不作为类行政许可案件中不同要素的举证责任分配？

【法律适用】

《行政诉讼法》第 38 条,《行政诉讼证据规定》第 4 条、第 64 条,《行政许可法》第 8 条、第 29 条、第 31 条、第 32 条、第 48 条,《行政许可规定》第 7 条、第 8 条。

【常见问题解答】

1. 如何区分不利诉讼行为后果与行政行为合法性?

被告不提供或者无正当理由逾期提供证据的,视为被告行政行为作出时没有相应的证据,将承担举证不能败诉的法律后果。该情形适用于行政处罚等负担行政行为,或称侵益行政行为。但适用于授益行政行为时则有问题,涉及第三人利益,导致被告诉讼行为的不利后果将由第三人承担。对授益性行政行为提起的行政诉讼,如果被告不提供或者无正当理由逾期提供证据的,视为被告行政行为作出时没有相应的证据,该行政许可行为将被撤销。在第三人有充分证据证明作出行政行为的合法性,但由于被告行政机关怠于举证的诉讼行为导致第三人权益受损的情况下,根据《行政许可规定》第 8 条规定,第三人可以举证证明被诉行政行为的合法性,也可以申请人民法院调取相关证据,人民法院自己也可以依职权调取证据,以使被告不利诉讼行为的后果与行政行为的合法性有区别。即第三人提供或者人民法院调取的证据能够证明行政许可行为合法的,人民法院应当判决驳回原告的诉讼请求,达到保护第三人合法权益的目的。

2. 诉不予受理、不予答复案件的举证责任如何分配?

依据《行政诉讼法》第 38 条以及《行政诉讼证据规定》第 4 条的规定,行政许可是依申请的行政行为,行政许可申请人在举证责任中负有提供其在行政程序中曾经提出申请的证据材料的初步证明责任。《行政许可法》第 29 条第 1 款规定:“公民、法人或者其他组织从事特定活动,依法需要取得行政许可的,应当向行政机关提出申请。申请书需要采用格式文本的,行政机关应当向申请人提供行政许可申请书格式文本。申请书格式文本中不得包含与申请行政许可事项没有直接关系的内容。”对于公民、法人或者其他组织可否口头提起行政许可,该条未作明确规定。一般情况下,行政许可作为行政机关与行政管理相对人之间的行为，宜通过书面方式进行，以便发生争议时有据可查。故该条规定了申请书需要采用格式文本的，行政机关应当向申请人提供行政许可申请书格式文本。但是，如果因行政许可机关受理申请的登记制度不完备等正当事由不能提供相关证据材料并能够作出合理说明的，可以免除行政许可申请人的举证责任。

实践中，申请人提出行政许可申请后，行政机关既不作出是否准予行政许可的决定，也不通知申请人对行政许可申请的处理情况，申请人可以申请行政复议或提起行政诉讼，但是，申请人必须证明其向行政机关提出过行政许可申请。《行政许可法》第32条第2款规定："行政机关受理或者不予受理行政许可申请，应当出具加盖本行政机关专用印章和注明日期的书面凭证。"但如果行政机关在实际操作中就是不按照规定出具书面凭证，即使行政许可申请人不能提供相应的书面凭证，但可以证明确已向行政机关提交行政许可申请，只因行政许可机关受理申请登记制度不完备而不能提供书面凭证的，行政许可申请人的举证责任倒置，由行政许可机关承担相应的举证责任。诉不予受理行政许可申请决定的，原告应当向人民法院提供被告出具的不予受理行政许可申请的书面凭证；诉不履行作出行政许可决定法定职责的，原告应当向人民法院提供被告出具的受理行政许可申请的书面凭证；但被告未施行《行政许可法》关于"行政机关受理或者不予受理行政许可申请，应当出具加盖行政机关专用印章和注明日期的书面凭证"制度的规定，举证责任倒置，即应依据《行政诉讼法》第38条第2款的规定，因被告原因导致原告无法举证的，由被告承担举证责任。

3. 行政许可起诉期限的举证责任如何分配？

提起诉讼应当具备一定的条件，《行政诉讼法》第49条对此作了明确的规定。是否符合起诉条件，由人民法院审查决定；是否具备起诉条件的要求，则由提起诉讼的原告提供证明。如行政机关的行政行为侵犯其合法权益的事实根据、具体的诉讼请求、明确的被告以及属于人民法院受案范围和受诉人民法院管辖等证据材料。起诉是原告的权利，证明起诉符合起诉条件也是原告的权利和义务。公民、法人或者其他组织向人民法院起诉时，应当提供其符合起诉条件的相应的证据材料。需要特别说明的是，该举证责任仅仅是原告提供其符合起诉条件的初步证明责任，而不是严格证明责任，审判实践中应当把握好"初步证明责任"的限度。如果被告认为原告起诉超过法定期限的，则应当由被告承担举证责任。因为行政机关在作出涉及他人权益的行政行为时，有责任告知相对人享有的诉权和起诉期限，法律要求完整的行政行为应包括行政行为的内容、时间及相对人的诉权和起诉期限。如行政机关依据行政许可法作出行政行为后未告知当事人诉权或者起诉期限，起诉期限从其知道或者应当知道诉权或者起诉期限之日起计算，但从知道或者应当知道行政许可或者相关行政行为内容之日起最长不得超过 1 年。行政机关依据行政许可法作出行政行为后仅告知当事人诉权而未告知其起诉期限的，一般视同未告知，从知道或者应当知道行政许可或者相关行政行为内容之日起最长不得超过 1 年。因行政许可一般不涉及不动产物权的设立、变更、转让、消灭，故起诉期限自行为作出之日起最长不得超过 5 年。

4. 行政许可混合赔偿责任的举证责任如何分配？

从证据规则看，行政赔偿诉讼不完全采取“被告负举证责任”的原则，而是参照民事诉讼规则，要求行政赔偿请求人对其主张进行举证。《行政许可法》第 31 条第 1 款规定：“申请人申请行政许可，应当如实向行政机关提交有关材料和反映真实情况，并对其申请材料实质内容的真实性负责。行政机关不得要求申请人提交与其申请的行政许可事项无关的技术资料和其他材料。”该条从行政机关与行政许可申请人两个方面有针对性地规定了双方的责任，特别是申请人应当“对其申请材料实质内容的真实性负责”，但在实施中可能会产生如何区分申请人与行政许可实施机关的责任问题。有些行政许可事项，行政机关实行形式审查，由申请人自己对申请材料实质内容的真实性负责。但是，对行政机关实行实质审查甚至实地核查、当面检查的，如果规定由申请人对申请材料实质内容的真实性负责，行政机关却对此不承担责任，就很难保证行政机关依法尽职地履行实质审查责任；如果行政机关承担责任，行政机关与申请人的责任如何区分，反映到赔偿诉讼过程之中，则意味着不同的举证责任，不同的赔偿责任以及混合责任中的责任划分问题。① 故行政许可混合赔偿责任要视单行法律法规对行政许可机关规定的具体职责而定，不能单纯地以形式审或实质审笼统划分。

5.《行政许可法》有哪些对电子证据的相关倡导性规定？

《行政许可法》第 29 条第 3 款规定：“行政许可申请可以通过信函、电报、电传、传

---

① 详见本章第六节“行政许可补偿与赔偿的审查”相关内容。

真、电子数据交换和电子邮件等方式提出。”第 33 条规定：“行政机关应当建立和完善有关制度，推行电子政务，在行政机关的网站上公布行政许可事项，方便申请人采取数据电文等方式提出行政许可申请；应当与其他行政机关共享有关行政许可信息，提高办事效率。”在行政审批制度改革中，一些地方尝试采用电子政务的方式，在政府网站上公开有关行政许可的规定，受理公民、法人或者其他组织采取数据电文等方式提出的行政许可申请，与其他行政机关沟通、交换行政许可信息。从世界范围看，实行电子政务是发展方向。关于电子证据的举证问题和电子证据的证明效力问题，现行《行政诉讼法》第 33 条规定证据种类时，较以前增加了“电子数据”这一类别。常见的电子证据分为 3 类：一是电子通信中的电子证据，如电报、电话、传真资料；二是封闭计算机系统中的电子证据，如电子文件、数据库、数据交换等；三是开放计算机系统中的电子数据，如电子公告板、网上查询资料等，由于电子证据本身存在较大的脆弱性，容易被伪造、篡改且不留痕迹，其真实性和合法性审查具有特殊的难度。鉴于此，《行政诉讼证据规定》第 64 条规定：“以有形载体固定或者显示的电子数据交换、电子邮件以及其他数据资料，其制作情况和真实性经对方当事人确认，或者以公证等其他有效方式予以证明的，与原件具有同等的证明效力。”该条设定了 3 种情形下电子证据与原件有同等证据效力：一是电子证据的制作情况及其内容真实性经过对方确认的。因为电子资料容易被非法取得或被修改、伪造，而且不留痕迹，因此，经对方确认主要是确认电子资料是否为合法取得，是否是伪造的或者被修改的。对方当事人一般是指诉讼中的对方当事人，其实质是在诉讼中通过自认方式对证据的真实性予以确认，当遵循证据规则中的自认规则。二是电子资料经过公证部门公证的。经公证机关公证的电子资料，其真实性及合法性是经过公证机关审查确认的，其证据能力属于法定免证情形，其效力与原件效力相同。三是电子资料的真实性、合法性经其他有效方式可以证明的。“有效方式”是指能够证明电子资料真实性、合法性的方式，如计算机专业的专家出庭说明情况或者以证人身份向法庭提供书面陈述予以证明的，其效力应当承认。但该条所称效力应是证据的完整效力，即证据的关联性、合法性和真实性。需要注意的问题：第一，经过对方当事人确认或者公证的电子证据并不是具有当然的证明效力，并不一定当然可以作为定案根据。因为法庭审查电子证据的证明效力，首先需要审查该证据与案件事实之间是否具有关联性；其次审查其真实性；最后审查其合法性，唯此才能作为定案根据。第二，不能仅以未经过对方当事人确认或者公证的电子证据为由认定该电子证据不具有证明效力，如果有其他具有证明效力的证据予以印证并能形成证据链，法庭可以认定其具有证明效力。

6. 如何理解《行政许可法》第 48 条第 2 款中关于“行政机关应当根据听证笔录，作出行政许可决定”的规定?

《行政许可法》设专门章节规定了“听证”制度,并明确了听证笔录的案卷排他性规则。而行政诉讼程序必须和行政执法程序相统一,才能确保听证发挥其应有作用。因此,在司法审查中,依法须经听证的行政许可决定所依据的事实与听证笔录内容不一致或者因被告未制作笔录而无法判断行政许可决定是否依据听证作出的,根据案卷排他性原则,应当认定行政许可决定主要证据不足。

7. 原告主张信赖保护原则，法院应当如何审查?

信赖利益保护原则主要体现在《行政许可法》第 8 条和第 69 条中。构成信赖保护应具备三个条件:(1)信赖保护存在的基础,应为有效成立的行政行为。(2)存在信赖表现。(3)信赖值得保护。《行政许可法》第 69 条规定了“可以撤销”“应当予以撤销”“不予撤销”三种情况,以及该法第 8 条规定,依法变更或撤回已经生效的行政许可,由此给公民、法人或者其他组织造成财产损失的,行政机关应当依法给予补偿。可以看出信赖保护有两种方式:一是存续保护;二是财产保护。存续保护,是指因行政行为产生的行政法律关系,无论其是否合法,一律稳定行政相对人所信赖的法律状态。财产保护,是指在必要时改变原有法律状态,而对行政相对人因信赖行政行为而遭受的损失予以补偿或赔偿。在具体案件中究竟是选择存续保护还是财产保护呢?我们认为,如果原有法律状态对相对人有利,不予以改变不损害公共利益,原则上应当采取存续保护方式;倘若原有法律状态对相对人有利,但对公共利益不利,且公共利益大于相对人利益,则原有行政行为就不得不予以撤销或废止,对被许可人予以财产保护方式即信赖补偿或赔偿。

需注意的是:(1)变更或者撤回行政许可的程序。《行政许可法》第 8 条第 2 款只规定了变更或者撤回行政许可的条件,对于变更或者撤回行政许可的程序未作出明确的规定。我们认为,由于变更或者撤回行政许可属于负担行政行为,可以参照《行政处罚法》的规定,行政机关在变更或撤回行政许可时,应当告知被许可人变更或者撤回行政许可的理由或依据,同时听取被许可人的陈述或申辩,对公共利益或被许可人的利益可能造成重大影响的,还应当进行听证。这样才符合正当程序的要求。变更或者撤回行政许可的程序和主体应为作出行政许可决定的行政机关或者其上级行政机关，因为《行政许可法》第69条规定的有权撤销行政许可的行政机关就包括作出行政许可决定的行政机关或者其上级行政机关。(2)行政补偿的范围和标准问题。《行政许可法》第8条第2款规定的标准是依法补偿。由于我国尚无统一的行政补偿法，故行政补偿的标准为单行的法律、法规具体规定。(3)行政补偿的诉讼程序。行政补偿诉讼宜采取行政处理前置程序，即先由行政机关作出补偿决定，再赋予当事人诉权。同时，行政补偿诉讼适用调解原则。

8. 关联行政行为的连带审查标准是什么？

所谓关联行政行为指的是作为行政许可基础的行政行为。比如，核发拆迁许可就需要以建设项目批准文件、建设用地规划许可证、国有土地使用权批准文件等为基础。关联行政行为在行政许可领域大量存在，是行政许可与其他行政行为相区别的重要特点之一。因此，对于关联行政行为的审查成为一个较为普遍性的问题。根据《行政许可规定》第7条的规定，对于关联行政行为的审查程度应当低于对被诉行政行为的合法性审查，具体可以参照非诉执行案件中对申请执行的具体行政行为的审查。

9. 规划合法性的判断标准有哪些？

对于规划来说，主要考虑建筑的安全以及采光、通风、环保等建筑物基本的使用性能，故规划许可的合法性审查主要针对建筑物间距是否符合消防、抗震、安全的要求，并综合考虑采光、通风、环保、视觉卫生、工程管线和文物保护等方面。商业性能、房屋价值等其他因素并不在规划所必须要考虑的范围之内。原告主张因规划导致房屋商业价值减损等行政法律关系所未能囊括的相邻权益可通过民事途径进行解决。

规划行政机关许可建筑项目对该项目周边相邻权人原先享有的相邻权会造成一定的实际影响，如缩短了相邻权人原日照时间，但符合国家和当地行政主管部门技术规范规定的最低日照标准，且不违反其他法律、法规的规定的，应认定行政许可行为合法。

关于商住楼楼间距合法性审查的标准。商住楼底部数层为经营门店，上部数层为住宅的，需审查所建楼房与该商住楼之间的距离是否符合《城市居住区规划设计规范》中关于对住宅建筑的规范设计“住宅间距，应以满足日照要求为基础，综合考虑采光、通风、消防、防灾、管线建设、视觉卫生等要求确定”规定的要求，重点需考察是否满足最底层住宅户窗户台面的日照时间。按照设计规范的要求，住宅楼日照时间大寒日不得低于 3 个小时的最低设计标准。但应注意，上述规定并不约束商业用房。

10. 网约车管理的行政许可制度具体包括哪些内容?

我国对于网约车的管理模式仍然沿用了传统的“三证”管理模式。根据《网络预约出租汽车经营服务管理暂行办法》的规定，网约车平台公司需要获得网络预约出租汽车经营许可证，从事网络约车服务的车辆需要获得网络预约出租汽车运输证，从事网络约车服务的汽车驾驶员需要获得网络预约出租汽车驾驶员证。就网络预约出租汽车经营许可证而言，对网约车平台公司采取行政许可手段，要求其具备开展网约车经营的互联网平台和与拟开展业务相适应的信息数据交互及处理能力，具备供交通、通信、公安、税务、网信等相关监管部门依法调取查询相关网络数据信息的条件，其网络服务平台数据库接入出租汽车行政主管部门监管平台，服务器设置在中国内地，有符合规定的网络安全管理制度和安全保护技术措施，有利于规范网络预约出租汽车经营服务行为。就网络预约出租汽车运输证而言，对从事网约车经营的车辆设置行政许可，要求其安装具有行驶记录功能的车辆卫星定位装置、应急报警装置，技术性能符合运营安全相关标准要求，有利于保证运营安全。就网络预约出租汽车驾驶员证而言，对从事网约车服务的驾驶员设置行政许可，要求其取得相应准驾车型机动车驾驶证并具有 3 年以上驾驶经历，无交通肇事犯罪、危险驾驶犯罪记录，无吸毒记录，无饮酒后驾驶记录，最近连续 3 个记分周期内没有记满 12 分记录，无暴力犯罪记录，有利于保证运营安全和乘客人身安全。同时，北京市人民政府办公厅《关于深化改革推进出租汽车行业健康发展的实施意见》(京政办发〔2016〕49 号)和北京市交通委员会、北京市发展和改革委员会、北京市公安局等《关于印发〈北京市网络预约出租汽车经营服务管理实施细则〉的通知》(京交文〔2016〕216 号)均明确规定本市网约车驾驶员须为北京市户籍并取得本市核发的驾驶证件，且网约车车辆须为北京市号牌等。

第四节 程序问题的审查

【审查事项】

如何区分行政许可的普通程序、行政许可的特别程序,以及行政许可的撤销、撤回、注销等?

【法律适用】

《行政许可法》第8条第2款、第29条至第31条、第33条至第38条、第42条、第43条至第48条、第53条至第55条、第57条、第69条至第71条。

【常见问题解答】

1. 行政许可普通程序的司法审查要点有哪些?

审查要点主要包括申请与受理、审查与决定、期限、听证、变更与延续。

第一,申请程序。(1)提出申请的方式。依据《行政许可法》第29条的规定,申请人应当到行政机关办公场所提出行政许可申请;申请人可以委托代理人提出行政许可申请(必须亲自办理的除外);可以信函、电报、电传、传真、电子数据交换和电子邮件等方式提出行政许可申请。(2)申请人的诚信义务。依据《行政许可法》第31条的规定,申请人应当如实向行政机关提交有关材料和反映真实情况,并对申请材料内容的真实性负责。(3)行政主体的特定义务。公示义务:依据《行政许可法》第30条第1款的规定,行政机关应当将法律、法规、规章规定的有关行政许可的事项、依据、条件、数量、程序、期限以及需要提交的全部材料的目录和申请书示范文本等在办公场所公示。提供格式文本义务:依据《行政许可法》第29条第1款的规定,申请书需要采用格式文本的,行政机关应当向申请人提供行政许可申请书格式文本。申请书格式文本中不得包含与申请行政许可事项没有直接关系的内容。说明义务:依据《行政许可法》第30条第2款的规定,申请人要求行政机关对公示内容予以说明、解释的,行政机关应当说明、解释,提供准确、可靠的信息。推行电子政务义务:依据《行政许可法》第 33 条的规定,网站上应当公布行政许可事项,方便申请人采取数据电文等方式提出行政许可申请。

第二,受理程序。(1) 不予受理:申请事项依法不需要取得行政许可;申请事项不属于本机关职权范围,需告知有权申请的机关。(2) 申请材料存在缺陷当场可以更正的,行政主体应当允许申请人当场更正;当场或 5 日以内一次性告知申请人要补正的全部内容,逾期未告知的视为受理。(3) 书面凭证。无论是否受理申请人的行政许可申请,都应当向申请人出具加盖公章的书面凭证。

第三,审查程序。依据《行政许可法》第 34 条第 2 款和第 3 款、第 35 条、第 36 条以及第 43 条的规定,审查程序包括:(1) 审核资料。形式审查:申请材料是否齐全、符合法定形式等。实质审查:是否符合条件,应当指派 2 名以上工作人员进行核查。(2) 多层级审查。部分行政许可依法应当经下级机关审查后再报上级机关决定,为了减轻当事人程序性负担,法律规定下级机关应当在 20 日内将初步审查意见和全部申请材料直接报送上级机关。(3) 告知义务。行政机关对行政许可申请进行审查时,发现行政许可事项直接关系他人重大利益的,应当告知该利害关系人。行政机关应当听取申请人、利害关系人的意见。

第四,决定程序。依据《行政许可法》第 37 条、第 38 条、第 42 条、第 44 条以及第 45 条的规定,决定程序包括:申请人的申请符合法定条件、标准的,行政机关应当依法作出准予行政许可的书面决定。行政机关依法作出不予行政许可的书面决定的,应当说明理由,并告知申请人享有依法申请行政复议或者提起行政诉讼的权利。(1) 当场作出决定。符合申请条件的,应当当场作出书面的行政许可决定。(2) 无法当场作出决定的,自受理之日起 20 日内作出决定。20 日内不能作出决定的,经本机关负责人批准,可以延长 10 日。在多层级机关实施的行政许可中,下级机关应当自受理申请之日起 20 日内完成对申请材料的审查,但是法律法规有例外规定的除外。(3) 采取统一办理、联合办理、集中办理的行政许可,应当自受理之日起 45 日内作出许可决定。45 日内不能作出决定的,经本级政府负责人批准,可以延长 15 日。所有实施行政许可的期限都是工作日,不包括法定节假日。行政主体应当自作出决定之日起 10 日内向申请人颁发、送达行政许可证件。关于有效性:法律、行政法规设定的行政许可在全国范围内有效;地方性法规和省级规章设定的许可在特定地域内有效。期限的扣除:需要听证、招标、拍卖、检验、检测、检疫、鉴定和专家评审的,所需时间不计算在上述期限之内。

第五,听证程序。依据《行政许可法》第 46 条、第 47 条、第 48 条的规定,听证程序包括:(1)启动方式。依职权:一是法律、法规、规章规定实施行政许可应当听证的事项;二是行政主体认为需要听证的其他涉及公共利益的重大行政许可事项。依申请:行政许可直接涉及申请人与他人之间重大利益关系的,行政机关在作出行政许可决定前,应当告知申请人、利害关系人享有要求听证的权利;申请人、利害关系人在被告知听证权利之日起5日内提出听证申请的,行政机关应当在20日内组织听证。(2)程序设计。听证通知:行政机关应当于举行听证的7日前将举行听证的时间、地点通知申请人、利害关系人,必要时予以公告。申请回避:程序原因回避,行政机关应当指定审查该行政许可申请的工作人员以外的人员为听证主持人。实体原因回避,申请人、利害关系人认为主持人与该行政许可事项有直接利害关系的,有权申请回避。听证公开:行政许可听证会公开进行。听证笔录:听证应当制作笔录,听证笔录应当交听证参加人确认无误后签字或者盖章。行政机关应当根据听证笔录作出行政许可决定。申请人、利害关系人不承担行政机关组织听证的费用,由行政主体承担。

2. 行政许可的撤销相关法律程序有哪些?

依据《行政许可法》第69条以及第71条的规定,行政许可的撤销程序如下:(1)是否撤销。①许可机关违法:可以撤销。具体包括:滥用职权、玩忽职守;超越职权;违反法定程序;对不具备申请资格或者不符合法定条件的申请人准予行政许可的。②被许可人违法:应当撤销。具体包括:欺诈;贿赂。(2)撤销主体。行政机关自行撤销;行政机关的上级机关撤销;被越权的法定行政许可机关撤销。(3)相关赔偿。①被许可人违法的,应当撤销。被许可人由此受到的损失不予赔偿。②许可机关违法的,可以撤销。被许可人由此受到的损失应当赔偿。③被许可人与许可机关共同违法的,应当撤销。被许可人由此受到的损失不予赔偿。(4)法律后果。①申请人的责任(尚未取得许可):不予许可,给予警告的行政处罚,属于直接关系公共安全、人身健康、生命财产安全事项的许可,在1年内不得再次申请该许可。②被许可人的责任(已经取得许可):欺诈或贿赂获得的撤销许可,依法给予行政处罚,属于直接关系公共安全、人身健康、生命财产安全事项的许可,3年内不得再次申请该许可。

3. 行政许可的撤回相关法律程序有哪些?

依据《行政许可法》第8条第2款的规定,行政许可的撤回程序包括:(1)撤回前提:该行政许可是合法的。(2)撤回事由:行政许可所依据的法律、法规、规章修改或者废止;准予行政许可所依据的客观情况发生重大变化的;为了公共利益的需要。(3)行政许可的撤回给公民、法人或者其他组织造成合法权益损失的,行政机关应当依法给予补偿。

4. 行政许可的注销相关法律程序有哪些?

依据《行政许可法》第70条的规定,行政许可注销的程序包括:(1)注销本身并不导致行政许可的效力的消灭,只是对已经不再具有效力的行政许可的核实与宣示,以防对社会与他人造成不利。(2)注销主体:原行政许可机关。(3)注销原因:①行政许可有效期届满未延续的;②赋予公民特定资格的行政许可,该公民死亡或者丧失行为能力的;③法人或者其他组织依法终止的;④行政许可依法被撤销、撤回,或者行政许可证件依法被吊销的;⑤因不可抗力导致行政许可事项无法实施的;⑥法律、法规规定的应当注销行政许可的其他情形。(4)注销效果:只是履行删除许可的登记手续,主要影响被许可人的程序权利。

第五节　法律适用的审查

【审查事项】

地方性法规、地方政府规章能否设定行政许可?行政机关受理许可申请与作出行政许可决定之间法律规范发生变更时的法律适用有哪些?哪些情形属于《行政诉讼法》第70条第2项规定的“适用法律、法规错误”?

【法律适用】

《行政许可法》第14条至第17条、第83条,《行政许可规定》第9条。

【常见问题解答】

1. 地方性法规、地方政府规章能否设定行政许可?

根据《行政许可法》第15条第1款、第16条第3款的规定,在已经制定法律、行政法规的情况下,地方政府规章只能在法律、行政法规设定的行政许可事项范围内对实施该行政许可作出具体规定,不能设定新的行政许可。根据《行政许可法》的规定,全国人大及其常委会可以通过法律设定所有的行政许可。而对于那些尚未制定法律,但又确需设定行政许可的,国务院可以通过制定行政法规来设定。但是,地方性法规和地方性规章对行政许可的设定权则有较多限制,包括地方性法规(有权设定经常性许可)和省级政府规章(有权设定临时性许可),但不得设定以下3项许可:(1)不得设定应当由国家统一确定的公民、法人或者其他组织的资格、资质的行政许可。(2)不得设定企业或者其他组织的设立登记及其前置性行政许可。(3)不得限制其他地区的个人或者企业到本地区从事生产经营和提供服务,不得限制其他地区的商品进入本地区市场。只有尚未制定法律、行政法规的,地方性法规才可以设定行政许可;尚未制定法律、行政法规和地方性法规的,因行政管理的需要,确需立即实施行政许可的,省、自治区、直辖市人民政府规章可以设定临时性的行政许可。临时性的行政许可实施满1年需要继续实施的,应当提请本级人大及其常委会制定地方性法规。换言之,在已经制定了法律、行政法规的情况下,地方性法规和地方性规章都不得创设行政许可;其只能在法律、行政法规设定的行政许可事项范围内,对实施该行政许可作出具体规定。

《行政许可法》第83条第2款规定:"本法施行前有关行政许可的规定,制定机关应当依照本法规定予以清理;不符合本法规定的,自本法施行之日起停止执行。"根据《行政许可法》的规定,行政许可可以分为普通许可、特许、认可、核准、登记。而行政许可形式的称谓主要有许可审批、颁发许可证、执照等。但也有一些地方性法规、规章甚至规范性文件为了规避行政许可法的规定,不以许可名义出现,而是变相设定行政许可,如规定相对人在从事特定活动前要到行政机关备案、先行经过行政机关确认等。对行政机关要求备案、确认等管理措施是否属于行政许可的判断,则应结合《行政许可法》的相关条文综合进行。只要这种备案、确认等管理措施限制相对人从事特定活动,或者对相对人从事特定活动设置了一定的前提条件,无论其形式称谓如何,都应当认定为一种行政许可,违反《行政许可法》规定的,人民法院在审理中均不应当适用。

2. 行政机关受理许可申请与作出行政许可决定之间法律规范发生变更时如何适用法律?

《行政许可规定》第9条规定:“人民法院审理行政许可案件,应当以申请人提出行政许可申请后实施的新的法律规范为依据;行政机关在旧的法律规范实施期间,无正当理由拖延审查行政许可申请至新的法律规范实施,适用新的法律规范不利于申请人的,以旧的法律规范为依据。”这是行政审判中的普遍认识和做法,即行政相对人的行为发生在新法施行以前,行政行为作出在新法施行以后,人民法院审查行政行为的合法性时,实体问题适用旧法规定,程序问题适用新法规定,但根据最高人民法院《关于印发〈关于审理行政案件适用法律规范问题的座谈会纪要〉的通知》(2004年5月18日,法〔2004〕96号)的规定,下列情形除外:(1)法律、法规或规章另有规定的;(2)适用新法对保护行政相对人的合法权益更为有利的;(3)按照行政行为的性质应当适用新法的实体规定的。相应地,对于在行政许可申请受理后作出行政许可行为前所依据的法律规范发生变化的,应当依照新法的规定实施许可。需要注意的是,新法律自公布到实施一般都间隔一段时间,有些行政机关在生效期间受理了行政许可申请,但一直拖延不办,致使本应在旧法期间作出决定的许可事项,延至新法实施,而新法又不利于申请人,此种情形下,应以旧的法律规范为依据。

3. 如何认定行政许可适用法律法规错误?

《行政许可法》对设定行政许可作出明确规定,行政许可行为具有下列情形之一的,属于《行政诉讼法》第70条第2项所规定的“适用法律、法规错误”:法律规范违反上位法强制性、禁止性或效力性规定;没有适用应当适用的法律规范;适用了不应适用的法律规范;对法律规范作出错误的理解或解释;适用法律法规错误的其他情形。

法律规范违反具有更高法律效力的强行性规定的情形主要包括:法律规范设定的行政许可超出行政许可法关于行政许可规定的范围,尤其明显地超出《行政许可法》第12条的范围;行政法规在法律已经设定行政许可的事项上增设或者减少行政许可项目或条件;地方性法规在法律或者行政法规已经设定行政许可事项上增设行政许可项目;省级政府规章在法律、行政法规或者地方性法规已经许可的事项上增设行政许可项目;《行政许可法》第14条、第15条规定以外的其他规范性文件设定了行政许可;地方性法规和省级政府规章设定了应当由国家统一确定的公民、法人或者其他组织的资格、资质的行政许可;地方性法规和省级政府规章设定了企业或者其他组织的设立登记及其前置性行政许可;地方性法规和省级政府规章设定的行政许可限制其他地区的个人或者企业到本地区从事生产经营和提供服务,或者限制其他地区商品进入本地区市场;法律规范增设违反上位法的行政许可的具体条件;省级人民政府规章设定的临时性行政许可超过1年未提请本级人大及其常委会制定地方性法规而亟须实施。

4.如何认定行政许可超越职权或滥用职权?

行政许可机关作出的准予或者不予行政许可决定具有以下情形之一的,属于"超越职权":委托的行政机关超出委托范围的;受委托的机关擅自再委托其他组织或者个人的;下级行政机关没有合法依据行使上级行政机关的职权的;上级行政机关行使专属下级行政机关职权的;超出地域管辖范围的;超出事项管辖范围的;其他超越职权的情形。

行政许可机关作出的准予或者不予行政许可决定具有以下情形之一的,属于"滥用职权":有不正当目的支配的;考虑了不应考虑的因素或未考虑应当考虑的因素的;不遵循合法有效先例的;同等情况未同等处理的;在实施有数量控制的行政许可时,存在明显不合理情形的;无正当理由改变或撤回行政许可的;其他滥用职权的情形。

5.如何区分撤销权、注销权、撤回权和吊销权?

在行政许可的实施和监督管理活动中,注销、撤销、撤回和吊销是四个容易混淆的概念。《行政许可法》第69条明确规定了行政机关可以撤销行政许可、应当撤销行政许可、不予撤销行政许可的各种情形。《行政许可法》第70条规定了行政机关应当依法办理有关行政许可的注销的具体情形。所谓注销是指行政机关注明取消行政许可,是行政许可结束后由行政机关办理的手续。它与撤销的区别在于:撤销一般由行政机关作出决定,撤销的事由通常是行政许可的实施中有违法因素,即违法导致行政许可的撤销;注销的事由不仅包括行政许可实施中的违法因素,还包括其他使得被许可人从事许可事项的生产经营等活动终止的情形,即只要被许可人终止从事行政许可事项的生产经营等活动,行政机关即对该项行政许可予以注销;撤销的理由为违法情形,注销的理由既包括违法情形又包括合法情形;撤销的效力自始无效,注销的效力自注销之日起无效，对注销前的行为没有溯及力。《行政许可法》第 8 条第 2 款规定了撤回的具体情形。所谓撤回既包括申请人在申请过程对其行政许可申请的撤回，也包括行政机关因行政许可所依据的法律、法规、规章修改或者废止，或者准予行政许可所依据的客观情况发生重大变化，为了公共利益的需要，行政许可机关撤回已经生效的行政许可。对于行政机关来说，撤回主要指行政许可的实施以及被许可人从事许可事项的活动并不违法，但客观情况发生了变化，行政机关对行政许可的撤回。行政机关在撤回行政许可后，还应履行注销行政许可的手续。撤回的行政许可自撤回之日起失去效力。所谓吊销是指限制或剥夺违法者从事某项活动的权利或资格的处罚形式。吊销许可证、执照的特点在于撤销相对人的凭证，终止其继续从事该凭证所允许活动的资格。其属于行政处罚，其所针对的行政许可自吊销许可证之日起失去效力。

6.《环境影响评价法》与《行政许可法》如何衔接?

《环境影响评价法》第 22 条对建设项目环境影响评价文件的审批部门、审批权限和审批决定时限等问题作了明确规定，但对审批部门按照什么程序进行行政许可没有作出规定。而《行政许可法》主要规范行政许可的设定和实施程序，其中第 47 条对行政机关在作出涉及申请人与他人之间重大利益关系的行政许可决定前，应告知申请人、利害关系人享有要求听证的权利作了明确规定。从环境角度来看，环境相邻权指基于环境保护的客观要求，产生的一定范围和限度内的相邻关系中，法律关系主体依法享有的权利的总称。具体来说，权利人利用自己的不动产从事经营活动或日常生活时，产生废水、废气、废渣、噪声、震动等侵害，危害到相邻人财产、人身以及生活环境的，如果侵害超出社会允许的限度，则是侵害了环境相邻权。根据《环境保护行政许可听证暂行办法》第 5 条第 3 项的规定，环境保护行政许可直接涉及申请人与他人之间重大利益关系，申请人、利害关系人可以依法要求听证。这说明利害关系人在存在重大利益关系的前提下，可以主动行使要求听证的权利。这与《行政许可法》第 47 条的规定是一致的。

第六节　行政许可补偿与赔偿的审查

【审查事项】

行政许可补偿范围和标准、诉讼程序是否适用调解？“多因一果”的赔偿责任一般表现形式有哪些？如何认定行政许可机关恶意串通的连带责任？行政许可机关不承担责任的情形有哪些？

【法律适用】

《行政诉讼法》第60条，《行政许可法》第8条第2款、第31条，《行政许可规定》第13条、第16条。

【常见问题解答】

1. 行政许可补偿范围和标准、诉讼程序是否适用调解？

行政补偿的范围和标准。《行政许可法》第8条第2款规定的是“依法给予补偿”。由于我国尚无一部统一的行政补偿法，故行政补偿的标准应当参照单行法律、法规的具体规定。目前，我国只有个别法律对于行政补偿有具体规定，如《土地管理法》《国有土地上房屋征收与补偿条例》等，但更多的情况是无具体规定的，这样就有必要对行政补偿的范围进行划定。一种观点认为，目前我们可以参照《国家赔偿法》的规定，补偿范围仅指直接财产损失，而对申请人在知道行政许可被依法变更或撤回后扩大的损失不予补偿。另一种观点认为，补偿的范围包括直接损失以及行政许可期限届满前预期利益损失。第一种观点较为符合我国目前法律、法规的规定，第二种观点更为符合信赖利益保护原则的精髓。

关于行政补偿的诉讼程序。行政补偿诉讼宜采取行政处理前置程序，即先由行政机关作出补偿决定，再赋予当事人诉权。这种理解既符合《行政许可法》第8条第2款关于“行政机关应当依法给予补偿”的立法精神，也便于过滤一大批行政补偿争议，使司法成为最终救济途径。此外,补偿数额本身具有不确定性,让行政机关先行权衡确定,也有利于法院进行司法审查。还应当注意的是,从《行政许可法》第 8 条第 2 款“行政许可所依据的法律、法规、规章修改或者废止,或者准予行政许可所依据的客观情况发生重大变化的,为了公共利益的需要,行政机关可以依法变更或者撤回已经生效的行政许可。由此给公民、法人或者其他组织造成财产损失的,行政机关应当依法给予补偿”的规定可知,行政机关依法变更或撤回行政许可给因此受到财产损失的公民、法人或其他组织予以信赖补偿是行政机关依职权的行政行为而不是依申请的行政行为,行政机关依法给予其信赖补偿是行政机关的法定职责,行政机关应积极主动为之,而不必经当事人申请。即行政机关依法变更或者撤回已经生效的行政许可,给公民、法人或者其他组织造成财产损失的,行政机关应在合理时间内主动对当事人补偿,否则,当事人可以直接向人民法院提起行政不作为之诉,要求行政机关予以补偿或者作出补偿决定。

依据《行政诉讼法》第 60 条的规定,行政补偿案件可以调解。具体法律适用包含《民事诉讼法》第八章调解以及《行政诉讼法解释》第 84 条至第 86 条等相关规定。经审查,认为补偿申请符合法定要求的,应在当事人自愿的前提下,可以就补偿范围、补偿方式和补偿数额进行调解。调解达成协议的,应当制作行政补偿调解书。行政补偿调解书与行政判决书具有同等法律效力。诉行政补偿决定经调解达成协议的,在行政补偿调解书生效的同时,行政补偿决定自行失效。经调解达不成协议,而行政补偿决定不予补偿错误的,人民法院可以判决被告予以补偿;行政补偿决定所确定的补偿数额明显偏低的,人民法院可以直接判决变更补偿数额。

2.“多因一果”的赔偿责任一般表现形式有哪些?

依据《行政许可规定》第 13 条的规定,“多因一果”的赔偿责任可划分为四个层次:行政许可机关与申请人恶意串通的赔偿责任;行政许可机关与申请人各有过错彼此承担相应的过错责任;行政许可机关已经履行法定职责,因申请人过错造成损害结果的,行政许可机关不承担赔偿责任;行政赔偿和民事赔偿竞合,当事人请求在行政许可案件中一并解决民事赔偿的,人民法院可以合并审理。

3. 如何认定行政许可机关恶意串通的连带责任?

《行政许可法》第 31 条第 1 款规定:“申请人申请行政许可,应当如实向行政机关提交有关材料和反映真实情况,并对其申请材料实质内容的真实性负责。行政机关不得要求申请人提交与其申请的行政许可事项无关的技术资料和其他材料。”除赋予行政许可机关审查职责以外,也课以行政许可申请人对申请材料真实性负责的义务。如果双方均未完全尽履行义务,则要在“多因一果”的损害结果中承担赔偿责任。原告因行政许可违法而遭受损害,其原因往往不限于被告的行为违法,可能还与申请人、其他人或者组织的过错有关,可称之为行政许可违法与他人过错的交叉。

(1)被告在实施行政许可过程中,与他人恶意串通共同违法侵犯原告合法权益的,属于共同违法共同侵权,其典型情况是恶意串通。我们认为,与共同违法相对应的赔偿责任应为连带责任,因此,被告和违法的他人应当共同承担连带赔偿责任。该责任是最严厉的赔偿责任,行政许可机关同时获得追偿权,如果原告已从第三人处获得赔偿,应当从被告赔偿额中扣除。

(2)行政许可机关怠于履行审查职责与第三人提供虚假材料等违法行为共同造成损害的,被告行政许可机关承担与其违法行为相应的行政赔偿责任。此种情形为混合过错混合侵权,即申请人、其他人或者组织在行政许可申请当中存在过错,被告在审查当中亦有过失,违法作出行政许可行为的情形。此时被告应当承担与其违法性质和程度相应的行政赔偿责任。

4. 行政许可机关不承担责任的法定情形有哪些?

行政许可机关已尽审慎合理审查职责,但他人以欺骗等违法手段取得行政许可的,行政许可结果是错误或违法的。但行政许可机关已经尽了审慎合理的审查职责,其不存在过错或违法,完全是由于他人的违法或过错导致行政许可的违法,此时,应由过错或违法方承担赔偿责任,行政许可机关不承担赔偿责任。

5. 行政赔偿和民事赔偿如何一并解决?

关于当事人要求就有关民事争议一并解决如何处理的问题,有两种不同意见。一种意见认为,应当将两种争议一并解决,以避免不同的审判组织作出相互不一致的司法裁判,保证司法救济的及时性。另一种意见认为,两种争议不宜合并审理,行政赔偿诉讼之后,原告可以就其损失未获弥补部分提起民事诉讼。我们倾向于第一种意见,因为行政行为与民事侵权行为紧密结合在统一的法律事实当中,通常是不可分的。

第七节　裁判方式

【审查事项】

对于瑕疵"痊愈"的行政许可，法院如何裁判？对于不予许可的案件，法院如何裁判？对于拒绝查阅案件的，法院如何裁判？对于不予答复的案件，法院如何裁判？对于不撤销行政许可的案件，法院如何裁判？行政机关超过法定期限作出行政决定的，法院如何裁判？

【法律适用】

《行政诉讼法》第 74 条第 1 款第 2 项，《行政许可法》第 40 条、第 61 条、第 69 条，《行政许可规定》第 10 条至第 12 条。

【常见问题解答】

1. 瑕疵"痊愈"的行政许可法院如何裁判?

所谓瑕疵"痊愈"，指的是行政许可作出时不符合当时的法律规定，但符合变更后的法律规定，即旧法生效时的行政许可瑕疵被新法"治愈"。在行政审批制度改革和市场经济不断完善的背景下，放宽许可条件、降低许可门槛的法律变更经常出现。与此相应，瑕疵"痊愈"的情形往往会伴随出现，如何处理，也就成为一个需要明确的问题。依据《行政许可规定》第 10 条规定，人民法院审理行政许可案件，被诉准予行政许可决定违反当时的法律规范但符合新的法律规范的，可以判决确认该决定违法；准予行政许可决定不损害公共利益和当事人合法权益的，可以判决驳回原告的诉讼请求。对此，我们认为，第一，行政行为的合法性审查应当以行政行为作出的时间为基准，因此，合法性审查的法律依据应当是旧法。第二，考虑到许可申请虽不符合旧法但符合新法，被许可人的利益实际上已经受到新法的保护，随着法律的发展，行政许可已经具有一种值得法律保护的法安定性价值，故在处理方式上不宜判决撤销。第三，最为适当的处理方式就是判决许可违法，但保留许可效果。此种判决既可照顾被许可人的利益，也为原告就其损害预留了空间。第四，考虑到行政许可决定有时不会损害原告和其他利害关系人的权益和公共利益，判决确认违法并无实际意义，此时判决驳回原告的诉讼请求更为合理。

2. 不予许可的案件，法院如何裁判？

鉴于审判权与行政权的分工，法院一般不宜就是否应当准予行政许可的问题作出判断，但是，在许可事项不涉及复杂的裁量因素且法院有能力作出判断的情况下，亦可以作出判断，并在该判断的基础上作出相应的判决。对此，《行政许可规定》第11条明确规定："人民法院审理不予行政许可决定案件，认为原告请求准予许可的理由成立，且被告没有裁量余地的，可以在判决理由写明，并判决撤销不予许可决定，责令被告重新作出决定。"因不予行政许可之诉具有双重属性，即撤销之诉和履责之诉。对申请人申请行政许可，行政许可机关不予许可的，法院在进行合法性审查时，应尽可能对原告是否符合许可条件作出判断。如果无裁量余地，则可深度判决；如有裁量余地，基于审判权和行政权的分工，法院不予深度判断，留给行政机关裁量判断。

3. 拒绝查阅案件的，法院如何裁判？

《行政许可规定》第12条规定了关于查阅权诉讼的判决方式问题，即"被告无正当理由拒绝原告查阅行政许可决定及有关档案材料或者监督检查记录的，人民法院可以判决被告在法定或者合理期限内准予原告查阅"。在行政许可领域，关于查阅权的法律规定体现在《行政许可法》第40条、第61条中，公众具有查阅行政许可决定和行政许可监督检查记录的权利。

《行政许可法》第40条规定："行政机关作出的准予行政许可决定，应当予以公开，公众有权查阅。"应注意该规定与《政府信息公开条例》第20条第5项"办理行政许可和其他对外管理服务事项的依据、条件、程序以及办理结果"属于行政机关应当主动公开的政府信息的规定相衔接，以此确定原告的主体资格及判决方式。

《行政许可法》第61条第2款规定："行政机关依法对被许可人从事行政许可事项的活动进行监督检查时，应当将监督检查的情况和处理结果予以记录，由监督检查人员签字后归档。公众有权查阅行政机关监督检查记录。"当事人如就监督检查记录主张查阅权,应将原告主体资格限定在与行政机关拒绝查阅监督检查记录有利害关系的公民、法人或者其他组织的范围内,即行政机关未提供行政许可监督检查记录侵害其合法权益的才可以依法提起行政诉讼。

4. 不予答复的案件，法院如何裁判?

被告行政许可机关对原告提出的要求其依据《行政许可法》作出特定行政许可行为的申请不予答复,可以按照以下规则作出裁判:原告申请事项不属于被告职权范围的,人民法院应当裁定不予受理。受理案件后才发现的,裁定驳回起诉原告申请的事项属于被告职权范围,但原告的申请不符合法定条件的,应当判决驳回其诉讼请求。原告申请事项属于被告职权范围,且其申请是否符合法定要件需要行政机关审查的,应当判决被告在指定期限内作出处理决定。原告申请事项属于被告职权范围,且其申请符合法定条件的,行政许可机关自由裁量权已经限缩为零的,应当在判决理由部分指明。

5. 不撤销行政许可的案件，法院如何裁判?

被告行政许可机关根据《行政许可法》第 69 条的规定依申请或者依职权撤销行政许可而不作出撤销行政许可的处理决定的,人民法院可以判决被告作出撤销行政许可的处理决定,也可以直接判决撤销行政许可。被告行政许可机关作出的行政许可决定违法,但撤销该行政许可将给国家利益和公共利益造成损害的,人民法院可以判决确认该行政许可决定违法,同时判令被告采取相应的补救措施。

6. 行政机关超过法定期限作出行政决定的，法院如何裁判?

为了高效便民,《行政许可法》规定了一系列时效制度:除可以当场作出行政许可决定外,行政机关应当自受理行政许可申请之日起 20 日内作出行政许可决定;20 日内不能作出决定的,经本行政机关负责人批准,可以延长 10 日,并应当将延长期限的理由告知申请人。但是,法律、法规另有规定的,依照其规定。依照该法第 26 条的规定,行政许可采取统一办理或者联合办理、集中办理的,办理的时间不得超过 45 日;45 日内不能办结的,经本级人民政府负责人批准,可以延长 15 日,并应当将延长期限的理由告知申请人。依法应当先经下级行政机关审查后报上级行政机关决定的行政许可,下级行政机关应当自其受理行政许可申请之日起 20 日内审查完毕。但是,法律、法规另有规定的，依照其规定。行政机关作出准予行政许可的决定的，应当自作出决定之日起10日内向申请人颁发、送达行政许可证件，或者加贴标签，加盖检验、检测、检疫印章等。如果行政机关仅仅是超过法定期限作出行政许可而无其他违法情形，依据《行政诉讼法》第74条第1款第2项的规定，应当判决确认其程序违法。

附：

本院典型案例

梁某、王某1、王某2诉北京市密云区园林绿化局案

【裁判要旨】随着社会民主法治进程的不断推进，行政程序中正当程序的理念得以进一步深化和落实。正当程序原则的基本含义是，行政机关实施行政行为，可能影响公民、法人或者其他组织合法权益的，应当在作出行政行为之前向当事人和利害关系人告知事实，并说明理由，听取公民、法人或者其他组织的意见。《行政许可法》第36条规定："行政机关对行政许可申请进行审查时，发现行政许可事项直接关系他人重大利益的，应当告知该利害关系人。申请人、利害关系人有权进行陈述和申辩。行政机关应当听取申请人、利害关系人的意见。"可以说，该条规定是正当程序原则在行政许可领域法定化的体现之一。如果行政机关作出对利害关系人产生不利影响的行政行为前，没有给该利害关系人申辩机会，就不符合正当程序原则，由此可能损害利害关系人的合法权益，人民法院应认定被诉行政行为违反法定程序。本案中，林木采伐许可作为一种行政许可行为，不仅应当符合《森林法》的规定，还应当受到《行政许可法》的一般约束。

【裁判文书】

北京市第三中级人民法院

行政判决书

（2016）京03行终735号

上诉人（一审被告）北京市密云区园林绿化局，住所地北京市密云区西滨河路2号。

法定代表人于庭满，局长。

被上诉人（一审原告）梁某，女。

被上诉人（一审原告）王某1。

被上诉人（一审原告）王某2。

一审第三人北京市密云县溪翁庄镇金叵罗村民委员会。

法定代表人李宝金，主任。

上诉人北京市密云区园林绿化局（以下简称密云区园林绿化局）因林木采伐行政许可一案不服北京市密云区人民法院（2016）京0118行初29号行政判决，向本院提起上诉。本院受理后，依法组成合议庭，于2017年1月11日公开开庭审理了本案。上诉人北京市密云区园林绿化局副局长及委托代理人，被上诉人王某2及其委托代理人，一审第三人北京市密云县溪翁庄镇金叵罗村民委员会（以下简称金叵罗村委会）的委托代理人到庭参加了诉讼。本案现已审理终结。

2013年7月4日，原密云县园林绿化局（现更名为密云区园林绿化局）作出密云县采字〔2013〕0704001号林木采伐许可证（以下简称被诉采伐许可证），内容为：密云县溪翁庄镇金叵罗村：根据你村提报的伐区调查设计（申请），经审核，批准在溪翁庄林场（乡镇）金叵罗林班（村）叠水坑作业区（组）采伐；采伐四至：东道、南小道、西地、北地；林分起源：人工；林种：一般用材林；树种：杨树；权属：个人；采伐类型：其他采伐；采伐方式：一般建筑采伐；采伐株数：135株；采伐蓄积：33立方米；采伐期限：2013年7月4日至8月4日；备注：不占限额（非林地林木），杨树，采伐135株，非商品材蓄积33立方米，排水沟影响排洪。

梁某、王某2、王某1不服，诉至一审法院称：2004年，王某2的父亲王某3承包了本村一块20多亩的土地，并在地边种植了158棵杨树。王某3于2005年去世。王某3承包的土地及种植的杨树归王某2所有。2013年7月20日8时许，金叵罗村委会带人准备砍伐杨树。王某2与妻子伊某要求村委会停止砍伐，协商过程中伊某的腿被村民贾某锯伤。2015年9月，伊某起诉金叵罗村委会，要求赔偿身体受伤的损失。2016年3月18日，审理此案的法官给了伊某被诉采伐许可证，并告知是针对王某2的杨树所作的采伐许可证。密云区园林绿化局未经林木所有权人王某2的同意，无权为金叵罗村委会颁发被诉采伐许可证。故请求法院：1. 撤销被诉采伐许可证；2. 密云区园林绿化局承担诉讼费用。

一审法院经审理查明：王某2、王某1系梁某及其夫王某3（已去世）之子女。2004年，王某3承包了金叵罗村南台西下坎偏坡地的土地20.4亩（承包期一年），并在地边的泄洪渠道栽种树木，其中包括本案被诉采伐许可证所涉135棵杨树。2013年7月1日，金叵罗村委会向密云县溪翁庄镇林业工作站提出申请，内容为：为保障金叵罗村村民汛期生命财产的安全，经党支部、村委会干部实地考察，有135棵树影响了雨季泄洪，危及百姓生命安全。危树地点在南大坑及叠水坑，为保障泄洪道内的畅通，经“两委”班子会议研究决定，向林业站申请将135（棵）树进行砍伐，以此来确保汛期内广大村民的生命财产安全。望主管领导审阅后给予批复。同日，密云县溪翁庄镇林业工作站填写了采伐（移植）林木申请表，该表主要内容为：树权人（单位）：金叵罗村；采伐（移植）树木详细地址：溪翁庄镇金叵罗村叠水坑处，东至道、西至地、南至小道、北至地；林木权属：个人；土地类型：非规划林地；树种：用材林；林木用途：自用；申请采伐（移植）原因及意见：因在排水沟边，影响排洪，需砍伐树木135株。2013年7月2日，密云县园林绿化局林政资源科在上述申请表的审核意见栏中“区（县）林政部门意见”处填写了“同意”并加盖了公章。2013年7月3日，密云县园林绿化局在上述申请表的审核意见栏中“区（县）园林绿化局意见”处填写了“同意”并加盖了公章。2013年7月4日，密云县园林绿化局作出被诉采伐许可证。涉案杨树已被金叵罗村委会采伐完毕。

一审法院认为：根据《中华人民共和国森林法》的规定，密云县园林绿化局具有颁发林木采伐许可证的法定职责。根据《中华人民共和国森林法实施条例》第三十条第一款之规定，申请林木采伐许可证，应当提交申请采伐林木的所有权证书或者使用权证书。本案中，密云县园林绿化局收到金叵罗村委会提出的林木采伐申请后，应当审查金叵罗村委会是否提交了申请采伐林木的所有权证书、使用权证书，或者其他有关申请采伐林木权属的证明材料。现密云区园林绿化局在举证期限内提供并当庭出示的证据中缺乏上述权属证明材料，故应认定密云县园林绿化局向申请人金叵罗村委会作出被诉采伐许可证的主要证据不足。密云区园林绿化局提出的密云县园林绿化局为了紧急避险而采取预先审批程序作出被诉采伐许可证之主张，不符合《中华人民共和国森林法实施条例》第三十条第二款中有关因防洪抢险之紧急情况需要采伐林木的规定，一审法院不予采纳。鉴于涉案杨树已被采伐，被诉采伐许可证不具有可撤销内容，故对于被诉采伐许可证，一审法院应予确认违法。据此，依据《中华人民共和国行政诉讼法》第七十四条第二款第（一）项之规定，判决确认密云县园林绿化局于2013年7月4日作出的被诉采伐许可证违法。

一审判决后，密云区园林绿化局不服，向本院提起上诉称：一、一审法院没有查清事实，适用法律错误。1. 一审法院认为上诉人没有提供涉案林木相关权属证明的材料。但因涉案林木系散生树，本来就没有办理林权证，上诉人提交的证据采伐（移植）

林木申请表内容已经明确写明了林木权属为个人,乡(镇)林业站和金叵罗村委会以及被上诉人都确认林木权属为个人,权属证明清晰。2. 一审法院适用法律错误。一审法院认为,上诉人为紧急避险而采取预先审批程序不符合《中华人民共和国森林法实施条例》第三十条第二款的规定,上诉人作出被诉采伐许可证是严格按照程序办理的采伐手续,并不是依据上述规定办理。3. 本案诉讼已经超过起诉期限。金叵罗村委会在办理完被诉采伐许可证后,在采伐之前严格按照程序在村委会公告栏公示该许可证,并向被上诉人告知了采伐林木的原因和已经办理被诉采伐许可证的事实。被上诉人提起本案之诉已超过法定起诉期限。二、被诉林木采伐许可证合法。1. 程序合法。上诉人依据《中华人民共和国森林法实施条例》、《北京市森林资源保护管理条例》及北京市森林、林木采伐(移植)管理程序,经过金叵罗村委会申请,现场调查采伐(移植)区林木现状,乡镇林业站签署意见,区(县)林政部门现场勘查签署意见,区县园林绿化局签署意见,最终发放被诉林木采伐许可证。2. 事实清楚,合情、合理、合法。金叵罗村委会为了保障金叵罗村村民汛期生命财产安全,保障泄洪道畅通,有权利申请林木采伐许可证。乡镇林业站认为排水沟边影响排洪,需砍伐树木135棵,树权人为金叵罗村,四至清楚,林木权属为个人,林种为一般用材林,土地类型为非规划林木,符合采伐条件。上诉人审查各种要件符合批准采伐许可证的要求后,依法发放被诉采伐许可证。综上,请求二审法院依法撤销一审判决,发回一审法院重新审理,判令本案一、二审诉讼费由被上诉人承担。

被上诉人梁某、王某2、王某1答辩称:一审法院认定事实清楚、适用法律正确,请求二审法院驳回上诉,维持一审判决。一审第三人金叵罗村委会发表参诉意见称:同意上诉人的上诉意见。

密云区园林绿化局在一审举证期限内提交以下证据:1. 申请,用以证明金叵罗村委会向溪翁庄镇林业站提出采伐林木申请;2. 图片2张,用以证明涉案杨树所处的位置及堵塞河道的情况;3. 采伐(移植)区林木现状调查表、检尺表,用以证明林木影响泄洪的实际状况;4. 采伐(移植)林木申请表,用以证明金叵罗村委会申请采伐涉案杨树;5. 被诉采伐许可证,用以证明密云县园林绿化局审核后作出被诉采伐许可证;6. 日期为2013年7月9日的《溪翁庄镇人民政府关于消除安全隐患的通知》,用以证明镇政府要求金叵罗村7日内自行移除在排洪道内违法栽植的各类树木,消除安全隐患;7. 日期为2013年7月5日的金叵罗村村民代表会纪要、日期为2013年7月12日的村支委会会议记录、日期为2013年7月20日的村民代表大会讨论议题,用以证明经金叵罗村村民代表讨论决定,对在集体土地上栽种的杨树限期砍伐,并确定了补偿标准。

被上诉人梁某、王某2、王某1在一审举证期限内提交以下证据：1. 户籍证明信2份，用以证明被上诉人家庭关系情况；2. 日期为2015年8月28日的证明，用以证明王某3于2004年承包了20.4亩土地；3.（2015）密民初字第6762号民事判决书，用以证明涉案树木归被上诉人所有，其是本案的利害关系人；4. 被诉采伐许可证，用以证明被诉行政行为存在。

经庭审质证，一审法院对以上证据作如下确认：梁某等三人提供并当庭出示的证据可以证明"王某2、王某1系梁某及其夫王某3（已去世）之子女。2004年，王某3承包了金叵罗村南台西下坎偏坡地的土地20.4亩（承包期一年），并在地边的泄洪渠道栽种树木"。密云区园林绿化局提供并当庭出示的证据可以证明"2013年7月1日，金叵罗村委会向密云县溪翁庄镇林业工作站提出申请，密云县溪翁庄镇林业工作站当日填写了采伐（移植）林木申请表；密云县园林绿化局对金叵罗村委会提出的申请进行了审核并出具了意见"。

上述证据均已随案移送本院。经庭审质证及审查核实，本院确认一审法院认证意见正确。

一审法院依据上述合法有效的证据材料认定的案件事实正确，本院予以确认。

本院认为，《中华人民共和国森林法》第三十二条第四款规定，农村集体经济组织采伐林木，由县级林业主管部门依照有关规定审核发放采伐许可证。据此，上诉人密云区园林绿化局作为其辖区林业主管部门依法具有依申请审核发放采伐许可证的法定职责。

根据《中华人民共和国森林法实施条例》第三十条第一款的规定，申请林木采伐许可证，应当提交申请采伐林木的所有权证书或者使用权证书，还应当提交包括采伐林木的目的、地点、林种、林况、面积、蓄积量、方式和更新措施等内容的文件。本案中，一审第三人金叵罗村委会申请被诉采伐许可证时，并未提交申请采伐林木的所有权证书或者使用权证书。对此，密云区园林绿化局主张，涉案林木系散生树本来就没有任何权利证书，且采伐林木申请表内容已经明确写明了林木权属为个人，林业站和金叵罗村委会以及被上诉人梁某等三人都确认林木权属为个人，权属证明清晰。对此，本院认为，《中华人民共和国行政许可法》第三十六条规定，行政机关对行政许可申请进行审查时，发现行政许可事项直接关系他人重大利益的，应当告知该利害关系人。申请人、利害关系人有权进行陈述和申辩。行政机关应当听取申请人、利害关系人的意见。本案中，金叵罗村委会既然认可涉案林木系个人所有，却并未向密云县园林绿化局提交事先征求梁某等三人意见的相关材料。密云县园林绿化局在审查环节中，也未能依照上述法律规定，告知梁某等三人该行政许可事项，未听取其三人陈述和申辩意见，即核发被诉采伐许可证。该行政许可行为应属事实认定不清、程序违法。

此外，鉴于涉案林木已被采伐，林木采伐许可行为系一事一申请，故被诉采伐许可证不具有可撤销内容，一审法院判决确认违法，符合法律规定，并无不当，本院应予维持。上诉人密云区园林绿化局主张梁某等三人的起诉超过法定起诉期限的上诉意见，缺乏事实和法律依据，本院不予支持。

综上，依照《中华人民共和国行政诉讼法》第八十九条第一款第（一）项之规定，判决如下：

驳回上诉，维持一审判决。

二审案件受理费50元，由上诉人北京市密云区园林绿化局负担（已交纳）。

本判决为终审判决。

审　判　长　　贾志刚
审　判　员　　杨　旸
代理审判员　　王曼斐
二〇一七年一月十八日
书　记　员　　郝　丹
书　记　员　　王小雪

（主审法官、撰写人：杨旸）

第八章　工伤认定类案审判指引

工伤即工作中直接或者间接受到伤害,发生事故,包括工作中发生的意外事故和职业病造成的伤残死亡。工伤认定行政案件围绕认定或者不予认定工伤行为的合法性进行审查,以监督社会保险行政部门依法行政,维护职工和用人单位的合法权益。

第一节　起诉条件的审查

【审查事项】

当事人提起的工伤相关诉讼是否属于行政诉讼的受案范围?

【法律适用】

《劳动法》第100条,《社会保险法》第63条,《行政诉讼法》第25条第1款。

【常见问题解答】

1. 对伤残等级的鉴定结论提起诉讼,是否属于行政诉讼的受案范围?

劳动能力鉴定结论是工伤职工享受工伤保险待遇的依据。劳动能力鉴定是劳动能力鉴定委员会组织专家,依据劳动能力鉴定标准,对工伤职工劳动功能障碍程度和生活自理障碍程度进行鉴定。劳动能力鉴定委员会并非国家行政机关,一般由政府组建,具体由省、自治区、直辖市和设区的市级社会保险行政部门、人事行政部门、卫生行政部门、工会组织、经办机构代表和用人单位代表等组成。其作出的劳动功能障碍程度和生活自理障碍程度的等级鉴定是医学专家根据工伤职工的伤情作出的技术性结论,属于技术性和事业性的工作,具有行政色彩,但不是行政行为,因此该行为不具有可诉性,不属于行政诉讼受案范围。

2. 职工缴纳养老、医疗、失业保险的诉求是否属于行政诉讼的受案范围?

《劳动法》第100条规定:"用人单位无故不缴纳社会保险费的,由劳动行政部门责令其限期缴纳;逾期不缴的,可以加收滞纳金。"《社会保险法》第63条第1款也规定:"用人单位未按时足额缴纳社会保险费的,由社会保险费征收机构责令其限期缴纳或者补足。"由此可知,社会保险费征缴属于社会保险部门的行政职责,由此引起的纠纷不属于人民法院民事案件受理的范围。如果职工认为用人单位应当为其缴纳养老、医疗、失业保险而未缴纳,可向社会保险部门反映;如果其认为社会保险机构不作为,可依法提起行政诉讼或者通过行政监督程序解决,而不应当通过民事诉讼程序主张。

第二节　职权依据的审查

【审查事项】

工伤认定应当向谁申请?工伤认定类案件中,管辖如何划分?劳动能力鉴定应当向谁申请?职业病的诊断和鉴定应当由哪个机构承担职责?

【法律适用】

《工伤保险条例》第5条、第21条至第26条、第46条,《工伤认定办法》第4条。

【常见问题解答】

1. 工伤认定应当向哪个机构申请?

工伤认定是社会保险行政部门根据职工及用人单位的申请,按照《工伤保险条例》规定的条件,凭借专业知识进行分析、判断,在法定期间内作出是否赔付工伤保险待遇的行政确认行为。

《工伤保险条例》第5条第2款、第3款规定:“县级以上地方各级人民政府社会保险行政部门负责本行政区域的工伤保险工作。”“社会保险行政部门按照国务院有关规定设立的社会保险经办机构(以下称经办机构)具体承办工伤保险事务。”经办机构主要履行下列职责:(1)根据省、自治区、直辖市人民政府规定,征收工伤保险费;(2)核查用人单位的工资总额和职工人数,办理工伤保险登记,并负责保存用人单位缴费和职工享受工伤保险待遇情况的记录;(3)进行工伤保险的调查、统计;(4)按照规定管理工伤保险基金的支出;(5)按照规定核定工伤保险待遇;(6)为工伤职工或者其近亲属免费提供咨询服务。

2. 如何理解社会保险行政部门的工伤认定管辖权?

目前,工伤认定采取属地管辖的原则,由用人单位的注册地或者登记地的社会保险行政部门行使工伤认定管辖权。实践中,经常发生用人单位的注册地、登记地和实际经营地不一致,或者与参保地不一致,与分支机构不在同一地区而分支机构没有参保等多种情况,造成管辖权争议。从便于当事人申请的角度,对于注册地和实际经营地的区县社会保险行政部门,当事人具有选择权。原则上用人单位应当在注册地参加工伤保险,即用人单位的注册地和经营地是一致的,这样便于单位缴纳保险费,也便于社会保险行政部门进行监督管理。

3. 工伤认定中,劳动保障行政部门能否确认劳动关系?

最高人民法院行政审判庭《关于劳动行政部门在工伤认定程序中是否具有劳动关系确认权请示的答复》(〔2009〕行他字第12号)规定:“劳动行政部门在工伤认定程序中,具有认定受到伤害的职工与企业之间是否存在劳动关系的职权。”社保部门在受理工伤认定申请后，劳动者与用人单位就是否存在劳动关系或者事实劳动关系存在争议的，社保部门如果认为事实清楚，无须申请劳动仲裁的，可以依职权确认劳动关系；如果认为事实不清，案情复杂需要申请劳动仲裁的，应告知申请人对是否存在劳动关系（包括事实劳动关系）申请仲裁。按照人力资源社会保障部《关于执行〈工伤保险条例〉若干问题的意见》（人社部发〔2013〕34 号）第 5 条规定："社会保险行政部门受理工伤认定申请后，发现劳动关系存在争议且无法确认的，应告知当事人可以向劳动人事争议仲裁委员会申请仲裁。在此期间，作出工伤认定决定的时限中止，并书面通知申请工伤认定的当事人。劳动关系依法确认后，当事人应将有关法律文书送交受理工伤认定申请的社会保险行政部门，该部门自收到生效法律文书之日起恢复工伤认定程序。"如果当事人放弃申请或者认定程序结束前仍未申请，社保部门可依职权认定。而法院在审理过程中应当对社会保险行政部门作出的劳动关系认定进行审查并确认。

4. 职业病的诊断和鉴定由哪个机构承担职责？

职业病是指《工伤保险条例》覆盖范围内的用人单位职工在职业活动中因为接触粉尘、放射性物质或其他有毒有害因素而引发的疾病。职业病必须属于《职业病分类和目录》（国卫疾控发〔2013〕48 号）中的疾病，且必须经法定的卫生部门确诊。《工伤保险条例》第 19 条规定，职业病的诊断和诊断争议的鉴定，依照《职业病防治法》的有关规定执行。

《职业病诊断与鉴定管理办法》第 13 条规定："职业病诊断机构依法独立行使诊断权，并对其作出的职业病诊断结论负责。"第 19 条规定："劳动者可以在用人单位所在地、本人户籍所在地或者经常居住地的职业病诊断机构进行职业病诊断。"第 20 条前段规定："职业病诊断应当按照《职业病防治法》、本办法的有关规定及《职业病分类和目录》、国家职业病诊断标准，依据劳动者的职业史、职业病危害接触史和工作场所职业病危害因素情况、临床表现以及辅助检查结果等，进行综合分析。"第 34 条第 1 款规定："当事人对职业病诊断机构作出的职业病诊断有异议的，可以在接到职业病诊断证明书之日起三十日内，向作出诊断的职业病诊断机构所在地设区的市级卫生健康主管部门申请鉴定。"对依法取得职业病诊断证明书或者职业病诊断鉴定书的，社会保险行政部门不再进行调查核实。

5. 劳动能力如何鉴定？ 向哪个机构申请？

职工发生工伤，经治疗伤情相对稳定后存在残疾、影响劳动能力的，应当进行劳动能力鉴定。劳动能力鉴定由用人单位、工伤职工或者其近亲属向设区的市级劳动能力鉴定委员会提出申请，并提供工伤认定决定和职工工伤医疗的有关资料。申请鉴定的单位或者个人对设区的市级劳动能力鉴定委员会作出的鉴定结论不服的，可在收到该鉴定结论之日起 15 日内向省、自治区、直辖市劳动能力鉴定委员会提出再次鉴定申请，其作出的劳动能力鉴定结论为最终结论。

第三节　事实认定的审查

【审查事项】

如何认定工作时间、工作场所和工作原因？如何准确适用“突发疾病死亡或者在 48 小时内经抢救无效死亡”？如何认定视同工伤和排除工伤？如何理解“上下班途中”？如何理解“因公外出期间”？

【法律适用】

《工伤保险条例》第 14 条至第 16 条，最高人民法院《关于审理工伤保险行政案件若干问题的规定》第 1 条、第 4 条至第 6 条，人力资源社会保障部《关于执行〈工伤保险条例〉若干问题的意见（二）》（人社部发〔2016〕29 号）第 4 条至第 6 条，《社会保险法》第 37 条。

【常见问题解答】

1. 如何认定工作时间？

“三工”（工作时间、工作场所、工作原因）因素是构成工伤认定的基本要件，也是审判实务中比较难把握的问题。现行法律法规对工作时间的概念并没有明确的规定，一般认为是用人单位规定的或者劳动合同约定的职工工作时间。

(1)法律规定的时间。《劳动法》以及其他法律和行政法规专门就劳动者的工作时间作出了规定。《劳动法》第36条规定:“国家实行劳动者每日工作时间不超过八小时、平均每周工作时间不超过四十四小时的工时制度。”(2)单位规定的工作时间。如单位规定周一至周五的9时至18时为工作时间。单位规定的工作时间必须符合国家法律规定的工时制度。(3)确实因工作需要加班加点的时间、其他因工作需要的必要工间休息时间。《劳动法》对此作了明确规定,并对加班加点采取了严格的限制措施,延长工作时间要支付高于正常工作时间工资的劳动报酬等。(4)不定时的工作时间。由于工作性质和职责的限制,不宜实行定时工作制度的职工经过批准,可以采用不定时工作制,这种工作制可以在一定周期内综合计算工作时间,其本质是看一定周期内平均工作时间是否符合法定要求。(5)职工为开展正常工作所必需的与工作相关的预备性或收尾性工作时间。此外,还应该包括单位领导或工作负责人临时指派的工作时间,职工为满足吃喝、上厕所等正常生理需要的必要时间等。一般认为,只要职工是在工作过程中受伤的,都应理解为在工作时间内,除非用人单位有特殊的工作规程要求而职工明知却违反。

2.如何确定工作场所?

法规和司法解释对该概念有所涉及,但是并未界定其内涵和外延。一般认为,工作场所即劳动者履行单位工作任务要求的场所。主要包括:(1)与职工工作有关的,用人单位能够对其日常生产经营活动进行有效管理的区域以及自然延伸的合理区域。如从事工作中间停顿、预备性和收尾性工作涉及的场所,用人单位为改善工作环境,满足工作过程中生理生活需求而必须设置的相关场所。(2)职工为完成特定工作所涉及的单位内、外区域及自然延伸区域,如仓库、备料间。(3)因工外出期间因工作需要所涉及的区域。(4)职工往来多个与工作相关的工作场所之间的必经区域,如常见的上下班必经路线是工作场所的合理延伸。

附：

典型案例

孙某兴诉天津园区劳动局工伤认定纠纷案

(2005)津高行终字第 34 号

【裁判要旨】对“工作场所”应作全面、正确的理解。工作场所是指职工从事职业活动场所，在多个工作场所的情形下，还包括职工往来于多个工作场所之间的必经区域。本案位于商业中心八楼的中力公司办公室是孙某兴的工作场所，而其完成任务需驾驶的汽车，是孙某兴另一处工作场所。汽车停放在商业中心一楼门外，孙某兴要完成开车任务必须从商业中心八楼到一楼门外停车处，故两个地点之间的必经区域也应当认定为孙某兴的工作场所。

3. 如何确定工作原因？

工作原因是工伤认定的核心和刚性要件，也是最难确定的一个因素，是指职工所受事故伤害系因从事本职工作、用人单位临时指派工作或因从事工作的相关行为所导致。《工伤保险条例》第 14 条列举了工作原因的法定形式，但实践中远远不止这些。从维护受伤劳动者利益的角度出发，可从以下几个方面理解：(1)职工受到的事故伤害是否与工作具有因果关系。这里的因果关系包括直接和间接两种。直接因果关系是指职工事故伤害与本职工作之间的因果关系是必然的、决定性的，非此即非彼的关系，完全排除其他原因受伤的可能性。间接因果关系是指职工受伤是基于多种因素导致的，而工作原因属于职工受到事故伤害的多种因素中的一种，且不属于直接的决定性作用的因素。(2)是否基于用人单位的利益，是否与工作之间存在本质的关系，即受伤不是工作原因导致但是却存在用人单位的责任。(3)患职业病的情形。(4)对在工作时间和工作场所及其他视为工作时间和工作场所内受伤事实比较清楚，但受伤经过和原因无法查清的工伤认定,法院应当从有利于保护遭受事故伤害职工的利益出发作出确认。

附:

典型案例

刘某荣诉新疆维吾尔自治区乌鲁木齐市米东区人力资源和社会保障局再审案

(2011)行提字第15号

【裁判要旨】《企业职工工伤保险试行办法》[①]第8条第1项规定,从事本单位日常生产、工作或者本单位负责人临时制定的工作的,在紧急情况下,虽未经本单位负责人指定但从事直接关系本单位重大利益的工作负伤、致残、死亡的,应当认定为工伤。本案刘某荣基于煤矿正常生产的需要与其他炮工一起在工人宿舍内将瞬发电雷管改制成延期电雷管,因雷管爆炸受伤,尽管不能排除具有避免因工作失误遭受处罚的因素,但行为显然与本单位工作需要和利益具有直接关系。且该行为属于严重违反国家有关安全规定和民爆器材产品质量技术性能规定的行为,不属于犯罪或违法的情形。

4. 职工在工作中不够谨慎存在过失的,是否影响工伤认定?

《工伤保险条例》第16条规定了不得认定工伤的3种情形,即故意犯罪的、醉酒或吸毒的、自残或者自杀的。职工从事工作中存在过失不属于不认定工伤的法定情形,不影响职工受伤与从事本职工作之间的因果关系的成立。工伤事故中,受伤职工很可能具有疏忽大意、精力不集中等过失。如果将职工主观上的过失作为工伤认定的排除条件,既不符合《工伤保险条例》保障劳动者合法权益的本意,也有悖于日常生活经验。即使劳动者在工作中确实有失谨慎,违背操作手册等规范,造成事故发生,也不影响工伤认定。

① 该办法已于2016年被人力资源社会保障部《关于第三批宣布失效和废止文件的通知》废止。

5.职工为了单位的利益，在家加班工作期间，是否属于“工作时间和工作岗位”？

“工作时间和工作岗位”通常是指单位规定的上班时间和上班地点。一般认为，职工为了单位的利益，在家加班工作期间，也应当属于“工作时间和工作岗位”。主要理由如下：

（1）根据《工伤保险条例》第1条的规定，制定和实施该条例的目的在于对“因工作遭受事故伤害或者患职业病的职工获得医疗救治和经济补偿”。因此，理解“工作时间和工作岗位”应当看职工是否为了单位的利益从事本职工作。既然在单位规定的工作时间和地点突发疾病死亡视为工伤，那么为了单位的利益，将工作带回家占用个人时间继续工作，其权利更应当受到保护，只有这样理解，才符合倾斜保护职工权利的工伤认定立法目的。

（2）《工伤保险条例》第14条第1项、第2项、第3项认定工伤时的法定条件是“工作时间和工作场所”，而第15条视同工伤时使用的是“工作时间和工作岗位”，相对于“工作场所”而言，“工作岗位”强调更多的不是工作的处所和位置，而是岗位职责、工作任务。职工在家加班工作，就是为了完成岗位职责，当然属于第15条规定的“工作时间和工作岗位”。应当注意的是，第15条将“工作场所”替换为“工作岗位”，本身就是法律规范对工作地点范围的进一步拓展，将“工作岗位”理解为包括在家加班工作，是对法律条文正常理解，不是扩大解释。

6.如何理解“突发疾病死亡”？

《工伤保险条例》第15条第1款第1项规定，在工作时间和工作岗位，突发疾病死亡或者在48小时内经抢救无效死亡的视同工伤。这里的“突发疾病”从文义上有两种理解：其一，为狭义理解，即发病前劳动者本人不知自己患有疾病，貌似健康，发病前未进行任何针对性治疗，疾病突然发生。按照狭义理解，职工既有疾病在工作中加重的，除非医疗鉴定明确认定疾病加重是工作原因引起，否则不视为工伤。其二，为广义理解，是指除狭义理解外，还包括劳动者患有先天性疾病、间歇性疾病、慢性疾病、癌症或者其他已彰显症状且职工本人也已知晓的疾病，甚至已经经过相关治疗但仍突然发作的疾病。实践中倾向于采纳第二种广义理解，原因在于，从立法目的看，工伤保险是对劳动者在工作或其他职业活动中因意外事故和职业病造成的伤害给予补偿的社会保障制度，认定工伤的前提是“因工”。而现实情况是，虽然《劳动法》实施多年，但随意延长劳动时间，加重劳动强度的“血汗工厂”仍实际存在，劳动者因过度劳累而“过劳死”的恶性事件也时有发生。《工伤保险条例》第15条第1款的出发点就是督促用人单位保护劳动者的安全和健康，防止因过度劳累而诱发身体的潜在疾病的急速恶化。鉴于劳动强度是一个非常复杂的技术性问题，难以定量分析，另外，劳动者的死亡还与精神紧张程度、安全卫生状况等多种因素有关，故《工伤保险条例》第15条第1款适当向弱势的劳动者倾斜，不再把“工作原因”作为认定工伤的前提。因此，实践中应对“突发疾病”解释成职工突然发生的任何种类的疾病，无论有没有诱因，未知或已知，只要是病情紧急，导致当时死亡或者48小时内经抢救无效死亡的，都应予以认定。

7.“过劳死”是否属于工伤？

“过劳死”一般指长期从事繁重的脑力劳动，劳动者的正常工作规律和生活规律遭到破坏，因不堪精神压力和身体要求长期处于亚健康状态的情况突然猝死的现象。

在现行法律法规中，“过劳死”并没有完整列入工伤范围，一般而言，不能直接被认定为工伤，也无法纳入职业病的保护范畴。只能是在一定的条件下以视同工伤的方式纳入工伤保险范围。其认定的标准要求“业务遂行性”，即发生事故当时劳动者非为处理个人事务，伤害发生于劳动者执行职务、提供劳务的过程中，在客观上处在用人单位抽象支配或具体指示的状态。

8.如何确定“48小时”的起算时间？

关于“48小时”的起算，原劳动和社会保障部《关于实施〈工伤保险条例〉若干问题的意见》（劳社部函〔2004〕256号）第3条规定，以医疗机构的初次诊断时间作为突发疾病的起算时间。这并不是以在单位的发病时间作为起算时间的。如果存在多个诊疗机构的，如职工突发疾病被送至第一家医疗机构诊断后又转院治疗的，以到达第一家医疗机构初次诊断时间作为起算点。由于急救车只具有紧急转运病人的功能，通常不承担诊断功能，因此，伤病职工被送上急救车的时间，一般不作为48小时的起算时间。

9. 如何理解“上下班途中”？

《工伤保险条例》第14条第6项规定，在上下班途中，受到非本人主要责任的交通事故或者城市轨道交通、客运轮渡、火车事故伤害的，应当认定为工伤。《工伤保险条例》没有对“上下班途中”作出具体的解释，实践中理解分歧较大。从《关于实施〈工伤保险条例〉若干问题的意见》（劳社部函〔2004〕256号）来看，“上下班途中”既包括职工正常上班的上下班途中，也包括职工加班加点的上下班途中。但是，该规定只是解决了时间问题，并没有提到路线和目的的要求。

对此，我们认为，(1)从时间来看，正常工作的上下班时间和加班加点的上下班时间均属于上下班时间。需要考虑职工自居住地到单位或者工作地点之间的实际路程、交通状况和所乘交通工具，如果遇到交通堵塞、天气恶劣等情况可适当延长。(2)从路线来看，《工伤保险条例》取消了必经路线的限制，规定的是上下班的合理路线。所谓合理路线并不是最近、最合理的路线，而是没有显失合理性，路途方向正确即可，不能理解为最近的路径，也不能理解为职工平常较多选择的路径，更不能以用人单位提供的路径作为职工上下班必须选择的唯一路径。根据社会生活的实际情况，职工不一定只有一处住处，因工作性质不同，其工作场所也不一定仅有一处。即使住处和工作场所仅有一处，职工往返于两地之间也不一定只有一条路径可供选择，还可能包括职工回父母家、子女家等路线。在涉及是否绕行的问题上，可以考虑绕行的必要性和距离长短。(3)从目的来看，应该是以上下班为目的。一些极为特殊的情况，如职工提前早退的，对早退途中发生的伤亡事故是否可以认定为工伤？从法律关系来看，单位内部对本单位规章制度落实情况的监督检查与社会保险行政部门依照职权审查认定职工是否属于在上下班规定时间内发生交通事故的执法行为无关。职工发生伤亡事故时，是否存在违反单位相关规章制度的情形，并不是工伤认定应当考虑的因素。因此，一般认为，早退行为不影响工伤认定。

10. 职工因公外出期间发生了本人主要责任的交通事故，能否认定工伤？

《工伤保险条例》第14条第6项规定，职工在上下班途中，受到非本人主要责任的交通事故或者城市轨道交通、客运轮渡、火车事故伤害的，应当认定为工伤。这里容易产生认识误区，似乎只有发生“非本人主要责任的交通事故”才能认定为工伤。发生交通事故只是事故伤害的一种，在《工伤保险条例》第 14 条的其他几项规定中，也有可能发生因交通事故认定为工伤的情况。即便都是交通事故，情况不同，适用法律依据不同，证据标准不同，认定结果也不同。比如，司机驾驶车辆执行本单位正常工作时发生交通事故导致本人伤亡的，应视为“三工”，即工作时间、工作场所和工作原因，在这种情况下不受交通事故是否为非本人主要责任的限制，只要司机在事故中不存在《社会保险法》第 37 条和《工伤保险条例》第 16 条规定的法定排除情形，就应当认定为工伤。

11. 职工在上下班途中因无证驾驶机动车导致伤亡的，是否认定工伤？

职工在上下班途中因无证驾驶机动车、驾驶无牌机动车或者饮酒后驾驶机动车发生事故导致伤亡的，不应认定为工伤。[①]

12. 受害人能否享受工伤保险待遇与交通事故损害赔偿双重待遇？

《工伤保险条例》没有涉及因交通事故引起的工伤保险待遇核准问题。用人单位既要作为民事损害赔偿责任的主体，又要作为工伤保险责任主体，仅限于职业病和劳动安全的特殊领域。因工伤事故遭受人身损害的，劳动者及其近亲属只能申请工伤保险待遇，不能向法院起诉要求用人单位承担民事赔偿责任。

但是，对于因用人单位以外的第三人侵权造成劳动者人身损害的，赔偿请求人请求第三人承担民事赔偿责任，法院应予支持。应赋予劳动者可以同时请求工伤保险待遇和交通事故损害赔偿的权利，因为工伤保险待遇是受害人基于劳动者的身份依法享有的权利，在没有法律规定的情况下，不能减少或者拒绝给予法律规定的工伤保险待遇。

具体来说，机动车事故赔偿已给付医疗费、护理费、残疾用具费、误工工资、丧葬费等费用的，工伤保险经办机构不再支付相应待遇；机动车事故赔偿已给付死亡补偿费或者残疾生活补助费的，不再发给工伤保险的一次性工亡补助金或者一次性伤残补助金。但交通事故赔偿低于工伤保险的一次性工亡补助金或者一次性伤残补助金的，应由工伤保险经办机构补足差额部分；机动车事故肇事者逃逸或者其他原因，受伤害职工不能获得机动车事故赔偿的，经有权机关证明，工伤保险经办机构应按照《工伤保险

① 参见最高人民法院裁判文书，(2010)行他字第 182 号。

条例》等相关规定给予工伤保险待遇。

13. 职工在工作过程中因与他人发生口角被打伤的，能否认定工伤？

判断职工在工作过程中被打伤的人身损害事故能否认定为工伤，需要审查以下要件：(1)职工必须受有人身损害事实和具体的伤害后果，如果只是身体遭受一般的、不甚痛苦的碰撞、打击，就不构成工伤事故的损害后果。(2)职工的人身损害必须在其履行工作职责的过程中发生，但不要求必须因其执行职务行为所致。如基于工作需要或者就餐、如厕等正常生理需要受到不可预见的意外伤害，也可以认定为工伤。(3)事故必须是职工受到人身损害的原因。在具体分析时，要考虑职工受伤是否由个人原因导致，个人原因自然不属于工作原因，如果职工在工作过程中与他人发生口角互殴致伤，符合工作时间和工作场所概念，但不符合工作原因要件，受伤与其从事的本职工作或者应履行的工作职责没有直接关联，就不应当认定为工伤。

14. 如何理解适用“因履行工作职责受到暴力等意外伤害”的条款？

在适用《工伤保险条例》第 14 条第 3 项规定的“因履行工作职责受到暴力等意外伤害的”时，应当考虑该伤害属于职工在工作中因他人不服从其履行工作职责的管理行为而受到暴力侵害造成伤害，且该暴力伤害与履行工作职责具有因果关系。核心标准是伤害是否属于履行工作职责所引发。职工由于情感、恩怨等与履行工作无关原因遭受暴力侵害的，可考虑不属于因履行工作职责受到的伤害。此外，履行工作职责受到暴力伤害可能具有滞后性，当场没有暴力，但是一段时间后出现，甚至由第三人加害，这种情况即使不在工作时间、工作场所，伤害确实是因为履行工作职责引起，也能够认定为工作原因，这样更加符合维护职工合法权益的立法目的。

15. 如何处理第三人侵权损害赔偿与工伤保险待遇的请求权竞合问题？

2022 年修正的最高人民法院《关于审理人身损害赔偿案件适用法律若干问题的解释》第 3 条规定，对依法应当参加工伤保险统筹的用人单位的劳动者，如果是因用人单位造成的工伤事故，劳动者或者其近亲属向人民法院起诉请求用人单位承担民事赔偿责任，人民法院不予支持，告知其按照工伤保险条例的规定办理，向政府工伤保险经办机构或者用人单位申请工伤保险待遇。但是，最高人民法院《关于审理人身损害赔偿案件适用法律若干问题的解释》第 3 条第 2 款规定:“因用人单位以外的第三人侵权造成劳动者人身损害,赔偿权利人请求第三人承担民事赔偿责任的,人民法院应予支持。”因为工伤保险的本质并非单纯的损失填补制度,更应该着眼于劳动者及其家属生存权的保障,因此,工伤补偿得主张抵充损害赔偿者,应以二者之损害是否具有同一性质危险度为前提,有关受害劳动者精神损害、人身损害之外的财产损害等部分不能予以抵充。法律应当允许工伤受害者在获得工伤保险补偿以后,获得民事赔偿与工伤保险赔偿之间的差额。

为了最大限度保护职工合法权益,建议受害职工先行通过工伤补偿的方式得到救济,享受工伤待遇,然后对工伤待遇与人身损害赔偿客观存在的差距部分另行向加害第三人索赔,如要求精神损害赔偿金或者其他差额的部分,单位在支付工伤待遇以后可行使代位权,向第三人索赔。

16. 劳动者违章操作受到事故伤害的,能否认定工伤?

原劳动部 1996 年制定的《企业职工工伤保险试行办法》(劳部发〔1996〕266 号,已失效)把蓄意违章作为排除工伤认定的一种情形,而之后实施的《工伤保险条例》在排除工伤认定的情形中则没有规定蓄意违章。实践中蓄意违章与一般违章的界限很难把握,认定起来比较困难。按照工伤认定的国际通则是实行无过失补偿责任原则,即不以行为人主观过失确定其责任,而依法律规定确定责任。因此,对于劳动者因违章受到事故伤害进行工伤认定时,虽然不符合或者违反单位规章制度规定操作,不论其主观上是否存在过失,根据无过失补偿责任原则(受害人不再承担“谁主张,谁举证”的举证责任,只负责对自身所受人身伤害承担举证责任,用人单位除非能够证明受雇者的人身伤害属于法定免责事由或者受雇人的自害行动,否则要承担赔偿责任),一般情况下可以认定为工伤。

之所以这样规定,主要考虑以下原因:工伤事故总是意外发生的,劳动者也不希望自己在工作中受伤;无过失补偿原则能够消除劳动者的后顾之忧,调动其工作积极性;能够鼓励企业采取措施保护劳动者人身安全,预防工伤事故的发生。

17. 职工醉酒受到事故伤害的,如何认定工伤?

由于职工醉酒神志不清,很容易使行为失去控制,从而引发各种事故,故《工伤保险条例》将职工因醉酒受到事故伤害的排除出工伤。但是实践中关于如何界定醉酒，如何认定醉酒行为与发生伤亡事故之间的因果关系，一直以来都缺乏统一的标准和尺度。由于个体差异，每个人酒量也不尽相同，不能把饮酒后发生的事故统统排除出工伤。在具体的审查中需要分析饮酒是否为造成事故的直接原因，还应从酒的品种、饮酒量、酒后的行为表现等方面结合具体的案情予以考虑。

根据人力资源社会保障部《关于执行〈工伤保险条例〉若干问题的意见》（人社部发〔2013〕34 号）第 4 条的规定，醉酒或者吸毒的认定，应当以有关机关出具的法律文书或者人民法院的生效裁判为依据，无法获得上述证据的，可以结合相关证据认定。首先，关于职工醉酒导致伤亡的事实，应当由用人单位提供有效的证据予以证明，主要包括：证明该职工当时处于醉酒的状态，如单位同事的证人证言、受伤职工自己的陈述、社会保险行政部门所作的调查笔录、公安机关交通管理部门和医疗机构出具的检测结论和诊断证明等。其次，需要证据证明职工醉酒与受到事故伤害之间的因果关系，如果不存在因果关系，即使职工当时处于醉酒状态，也依然应当认定为工伤。

18. 职工在用人单位组织的活动中受伤是否属于工伤?

工作原因是工伤认定的核心要素。职工在用人单位组织的活动中受伤是否属于工伤，应当根据个案具体情况判断该活动是否属于工作的内容或工作的延续。比如，职工受单位指派在外出培训学习期间，在学习单位安排的酒店等休息场所受到伤害的，应当认定为工伤。[①] 在由用人单位组织的旅游活动中受到事故伤害的，如旅游活动完全由职工自愿选择，用人单位未对职工是否参与施加影响，这种由单位承担部分经费、职工自愿报名参加的旅游活动，具有福利性质，而非业务培训或体育竞赛等与工作相关的活动，则不属于“工作原因”所致。如将用人单位为职工提供的福利项目视为工作原因，既不符合工伤保险的立法目的，也不利于提高用人单位为职工提供福利的积极性。

---

① 最高人民法院行政审判庭《关于职工外出学习休息期间受到他人伤害应否认定为工伤问题的答复》（〔2007〕行他字第 9 号）。

附：

中国行政审判案例

郎某娜诉北京市朝阳区劳动和社会保障局社会保障行政确认案（第34号案例）

【裁判要旨】职工在参加单位组织的团队建设活动中受伤,如果该活动系由单位组织安排,且单位鼓励或要求职工积极参加,就应该属于工伤认定的范畴。判断职工所参加活动是否属于工作原因,不仅从该活动内容形式予以考虑,更应该从该活动的目的、性质、是否为单位组织安排、费用承担等多方面因素进行考量。比如,团建活动是公司倡导并组织的,活动费用也由公司支付,属于企业的一项正常工作安排,并非劳动者违反公司安排自行参加的其他活动,在活动中受伤符合《工伤保险条例》规定的因工外出期间由于工作原因受伤的情形。

19. 职工见义勇为受伤的，能否视同工伤?

根据《工伤保险条例》第15条第1款的规定,凡是用人单位职工从事抢险、救灾、救人等见义勇为行为的,应当认定为工伤,可以享受工伤待遇。但在具体的工伤认定过程中需注意以下三个问题:(1)职工有维护国家利益、公共利益的行为。条例列举了抢险救灾,实践中凡是与抢险救灾性质类似的行为都应当认定为维护国家利益、公共利益的行为。(2)应有相关部门出具的证明职工见义勇为行为的证明,实践中有的地方由民政部门出具。(3)符合工伤保险待遇条件。职工与用人单位之间存在劳动关系,且在规定的时限内提出视同工伤申请。凡是符合享受工伤保险待遇条件的,依据《工伤保险条例》落实相应待遇,不符合享受工伤保险待遇条件的,应当按照《伤残抚恤管理办法》及有关规定由民政部门评定伤残等级并落实相应待遇。

20. 工伤认定结论作出以后发现新受伤部位的，是否需要二次工伤认定?

在工伤认定中受伤部位的确认是社保部门进行工伤认定的关键环节,同时也是判断工伤与非工伤的一个重要标准。实践中,由于个体职工或单位提出工伤认定申请距离受伤时间较短,且受到诊疗机构医疗水平的限制,很难对受伤部位进行准确认定。对于需要补充或者变更受伤部位或者因工伤导致了其他疾病和伤残情况的,对于是否需要二次工伤认定并没有在《工伤保险条例》中明确。

一些地方政府规章中对此有规定,如2011年北京市政府施行的《北京市实施〈工伤保险条例〉若干规定》第16条规定:区、县社会保险行政部门应当根据申请人提供的诊断证明书等医学文件或者调查取得的证据,在工伤认定决定中载明伤害部位。工伤职工认为工伤或者职业病直接导致其他疾病并提供工伤医疗机构出具的工伤或者职业病直接导致疾病的诊断证明书的,区、县社会保险行政部门应当在工伤认定决定中予以明确。(1)对于新发现或者遗漏受伤部位的处理,可以向作出工伤认定决定的社会保险行政部门提出补充受伤部位的申请,行政部门只需要对增补的受伤部位作出决定即可。(2)对因工伤或职业病导致其他疾病的,应当就已经作出的工伤认定决定书进行变更。这里的其他疾病不同于受伤部位,从性质上不同于原来认定的工伤或职业病,因此处理不同。在具体变更过程中,如果区、县社会保险行政部门未作出工伤认定决定书的,应在工伤认定决定书中对因工伤或者职业病直接导致其他疾病的情形进行明确。已经作出工伤认定决定书的,有必要先撤销原工伤认定决定,重新作出工伤认定决定,并书面通知用人单位、职工或者近亲属。

21. 怎样确认劳动者与用人单位之间存在劳动关系?

一般来说,劳动者与用人单位签订了书面的劳动、聘用合同,就可以根据劳动、聘用合同确认劳动者与用人单位之间存在劳动关系。对于用人单位未与劳动者签订书面劳动合同的,社保部门可以根据原劳动和社会保障部《关于确立劳动关系有关事项的通知》(劳社部发〔2005〕12号)来认定事实劳动关系。该通知规定:“一、用人单位招用劳动者未订立书面劳动合同,但同时具备下列情形的,劳动关系成立。(一)用人单位和劳动者符合法律、法规规定的主体资格;(二)用人单位依法制定的各项劳动规章制度适用于劳动者,劳动者受用人单位的劳动管理,从事用人单位安排的有报酬的劳动;(三)劳动者提供的劳动是用人单位业务的组成部分。”

具体来说,有两个衡量标准:(1)用人单位的主体资格标准。根据《工伤保险条例》的规定,认定工伤的对象必须是中华人民共和国境内的各类企业的职工和个体工商户的雇工。这就排除了用人单位为家庭、自然人的情形。如果伤残、死亡的劳动者不是我国境内的各类企业的职工和个体工商户的雇工,则该雇工与家庭、自然人之间不存在劳动关系,形成的是一种合同关系。(2)用人单位与劳动者之间必须具备相应的法律事实标准。但是,事实劳动关系的证明比较困难,部分职工受无用工主体资格的单位或个人指派进行工作,只能提供证明效力较低的关联材料,用人单位用劳务、承包、代理等关系否认事实劳动关系。

实践中,只要用人单位与劳动者之间具备以下法律事实之一,即可认定双方具有《工伤保险条例》规定的劳动关系:第一,劳动者在用人单位的管理下从事劳动,或者劳动者实际接受用人单位的管理、指挥与监督,对于被交付的工作,劳动者没有自由选择答应或不答应的权利。第二,用人单位已经或者与劳动者约定以货币形式向劳动者支付劳动报酬,而劳动者的劳动是为用人单位创造经济利益或其他物质利益的。第三,劳动者付出的劳动是用人单位业务的组成部分。第四,劳动者提供的劳动不能由他人代替。第五,用人单位为劳动者提供了劳动对象、生产资料或相应的劳动条件。第六,用人单位向劳动者发放“工作证”“服务证”等身份证件或填写“登记表”“报名表”,允许劳动者以用人单位员工名义工作或者不持反对意见的。第七,劳动合同期满的,用人单位未及时与劳动者办理或签订劳动合同手续,劳动者仍继续工作的。第八,试用期满后,用人单位既不解聘,又不与劳动者签订正式劳动合同的。第九,在挂靠经营、承包经营中,如果挂靠方、承包方以所挂靠、发包单位的名义对外经营的,挂靠方、承包方所聘用的劳动者与所挂靠、发包的单位之间形成劳动关系。第十,在涉及建筑、船舶制造等有相应资质要求的特定行业时,由于层层转包关系,我们认为,如果建筑等行业中的转包是依法进行的,承包方是依法具备相应资质的企业,与承包方有劳动关系的劳动者在工作中发生伤亡事故的,则应认定为实际用人单位(承包方)与劳动者形成劳动关系。如果是违法转包,承包方无资质,则承包方所雇用的劳动者与发包方在形式上虽无直接的劳动关系,但由于发包、承包中的违法违规操作,劳动者实质是为发包方工作,则应认定发包方与劳动者形成劳动关系。

第四节　程序问题的审查

【审查事项】

工伤认定的申请主体有哪些？哪些是适格的原告？如何认定工伤单位主体？工伤认定的申请期限是多久？期限是否可以中止、中断、延长？申请工伤认定，应当提交哪些材料？举证责任如何分配及承担？工伤认定结论作出以后，有关单位和个人如何获得权利救济？

【法律适用】

《工伤保险条例》第 2 条、第 17 条、第 18 条、第 19 条、第 43 条，《社会保险法》第 82 条、第 83 条，《工伤认定办法》第 4 条、第 5 条、第 6 条、第 17 条、第 23 条、第 55 条，最高人民法院《关于审理工伤保险行政案件若干问题的规定》第 3 条、第 7 条、第 9 条，人力资源和社会保障部《关于执行〈工伤保险条例〉若干问题的意见》（人社部发〔2013〕34 号）第 7 条、第 8 条，《关于执行〈工伤保险条例〉若干问题的意见（二）》第 2 条、第 7 条、第 8 条。

【常见问题解答】

1. 如何认定工伤认定的申请主体？

工伤认定的主体要件要求参加工伤认定申请的一方必须是从事职业劳动的劳动者，并且劳动者与用人单位之间存在劳动关系或者事实上的劳动关系。没有劳动法律关系做基础的劳动者在劳动者人身受到损害时，不能通过确认工伤救济，只能通过其他途径获取救济。具体的申请人可以是工伤职工或者其近亲属、工会组织以及用人单位。

2. 超过退休年龄的劳动者被单位返聘之后发生事故，可否认定工伤？

《劳动法》第15条第1款规定："禁止用人单位招用未满十六周岁的未成年人。"《劳动法》规定了劳动者年龄的下限，童工在工作中遭受事故伤害就不属于工伤认定的范围。但是，《劳动法》未明确规定劳动者年龄的上限。是否存在劳动关系，关键在于劳动者是否事实上已经成为用人单位的成员并为其提供有偿劳动。离退休人员与用人单位签订的返聘合同本质上就是用人单位与劳动者之间订立的劳动合同，不能因其名称而排除出劳动法之外。

人力资源社会保障部《关于执行〈工伤保险条例〉若干问题的意见（二）》第2条规定，达到或超过法定退休年龄，但未办理退休手续或者未依法享受城镇职工基本养老保险待遇，继续在原用人单位工作期间受到事故伤害或患职业病的，用人单位依法承担工伤保险责任。用人单位招用已经达到、超过法定退休年龄或已经领取城镇职工基本养老保险待遇的人员，在用工期间因工作原因受到事故伤害或患职业病的，如招用单位已按项目参保等方式为其缴纳工伤保险费的，应适用《工伤保险条例》。

因此，应该认定离退休人员与现工作单位之间构成劳动关系，在工作期间受伤应当根据相关法律法规依法认定为工伤。退休返聘人员在工作时间、工作地点因工作原因发生事故可以认定为工伤。

附：

中国行政审判案例

胡某芝诉内蒙古自治区包头市劳动和社会保障局工伤认定案
（第69号案例）

【裁判要旨】退休返聘人员在工作时间、工作地点因工作原因发生事故可以认定为工伤。本案以申请人发生事故时年满69周岁，已经超过退休年龄，不具有法律意义上的劳动者主体资格，不能作为劳动关系当事人的法律依据不足，作出不予受理工伤认定不正确。

3. 试用期的劳动者因工受伤能否认定工伤?

试用期是指用人单位和新录用劳动者为相互了解和选择而约定的一定期限的考察期,试用期内,任何一方可以提出解除劳动合同。由于试用期内劳动者的工资待遇和福利与正式录用之后相差比较大,为了避免用人单位试图通过滥用试用期来减少企业用工成本,保护劳动者利益,法律规定试用期期限的约定最长不得超过6个月。可见,试用期内,劳动者与用人单位通过订立劳动合同确立劳动关系或者虽然没有订立劳动合同,但是形成了事实劳动关系。劳动者在试用期内受到工伤事故伤害的,应当按照《工伤保险条例》进行工伤认定。不能以试用期为理由剥夺劳动者的申请工伤认定权利。

4. 临时雇佣人员在施工中造成伤害能否认定工伤?

所谓雇佣关系是指受雇人与雇佣人约定,由受雇人为雇佣人提供劳务,雇佣人支付报酬而发生的社会关系。典型的如家庭雇佣保姆、法人内部机构招聘临时工等。它不同于劳动关系或者事实劳动关系之处在于国家干预力度不同、福利待遇不用、用工形式不同、用工主体不同。对劳动者工伤事故的认定,应当以劳动者与企业、个体经济组织之间存在劳动关系或者事实劳动关系为前提。因此,依法应当参加工伤保险统筹的用人单位的劳动者,因工伤事故遭受人身损害,劳动者或者其近亲属向人民法院起诉请求用人单位承担民事赔偿责任的,告知其按《工伤保险条例》的规定处理。对于无偿提供劳务的帮工人,在从事帮工活动中致人损害的,可以参考最高人民法院《关于审理人身损害赔偿案件适用法律若干问题的解释》第3条、第4条、第5条的规定,主张民事的人身损害赔偿。

5. 劳动者提供虚假身份信息签订劳动合同的,是否影响工伤认定?

《劳动合同法》第3条规定:“订立劳动合同,应当遵循合法、公平、平等自愿、协商一致、诚实信用的原则。”劳动者在用人单位签订劳动合同时提供虚假身份信息的,会导致劳动合同无效。但是,劳动合同无效并不影响劳动者与用人单位之间存在的事实劳动关系。因为事实劳动关系是一种状态,是客观情况的反映,而不是一种法律行为,只有法律行为才存在效力问题。用人单位与劳动者之间是否存在实际用工的事实是双方是否存在劳动关系的唯一标准。因此，在劳动者提供了劳动、用人单位实际用工的情况下，由于用人单位和劳动者已经相互履行了权利义务、发生了生产资料和劳动者相结合的过程，因此，虽然双方签订的劳动合同可以被认定为无效，但是依然可以判断二者之间存在事实劳动关系，劳动合同无效不影响工伤认定，不能否认劳动者按法律所享受的工伤待遇。况且，工伤属于一种特殊的侵权行为，适用无过错责任原则。既然是无过错原则，就不考虑侵权行为人的主观状态，更不考虑受害人的主观过错，劳动者提供虚假身份信息与其受到事故伤害之间并不存在因果关系，不影响工伤认定。

6. 职工退休后被诊断为职业病的，能否申请工伤认定？

根据《工伤保险条例》第1条的规定，工伤应当是因工作遭受事故伤害或者患有职业病的情况。职业病是指劳动者在生产过程中由于职业性的毒害而引起的疾病。职业病的明显特征是在较长时间内逐渐形成，属于缓发性伤残，多数表现为较长时间的体内器官生理功能的损伤，具有不可逆转性。职业病必须是《工伤保险条例》覆盖范围内的用人单位职工在职业活动中引起的属于《职业病分类和目录》(国卫疾控发〔2013〕48号)的疾病，且必须经法定的卫生部门确诊。但是，对于职工退休后被诊断出职业病的，是否可以认定工伤，在《工伤保险条例》和《职业病防治法》中并没有规定。

实践中，职工退休后被诊断为职业病的，应当有权申请工伤认定。原因在于：(1)工伤认定是职工享受工伤待遇的前提条件。只有经历工伤认定程序才能帮助查清楚职工患职业病的事实，从法律程序上确认用人单位与职工的劳动关系。(2)退休职工和在职职工同属职工，不能因为职工退休就否认其职工身份。《工伤保险条例》的制定是为了保障因工作遭受事故伤害或者患职业病的职工获得医疗救治和经济补偿，促进工伤预防和职业康复。工伤保险应优先保护受害职工的合法权益，保障患职业病的职工得到及时的医疗救治，达到基本的生活水平。鉴于职业病长期潜伏性的特点，退休前从事过可能导致职业病危害的工作，退休后未继续从事可能导致职业病危害工作的退休人员，被首次诊断为职业病的，应当保护其申请工伤认定的权利，在工伤认定时限内提出工伤认定申请，社会保险行政部门应当受理。

7. 事业单位和社会团体的工作人员是否可以认定工伤？

2004年施行的《工伤保险条例》规定，事业单位参见工伤保险办法由劳动保障部等部门参照条例另行规定。2005 年,原劳动部等四部门联合发出了《关于事业单位、民间非营利组织工作人员工伤有关问题的通知》(劳社部发〔2005〕36 号,已失效)。由于事业单位工作人员的工伤管理职能不统一,发生工伤后,有的由社会保险行政部门进行工伤认定和劳动能力鉴定,人事部门待遇审批,财政部门支付;有的由人事部门进行工伤认定,民政部门评定伤残等级,人事部门待遇审批,用人单位支付。多头管理的后果是谁都不愿意管,谁都难管。针对上述问题,2010 年修订的《工伤保险条例》第 2 条明确规定,这些单位的工作人员应当纳入工伤保险的适用范围,其因工发生事故伤害的可以认定为工伤。社会团体的劳动者,与事业单位基本相似。在我国依照或者参照公务员制度进行人事管理的社会团体包括两类:一是参加中国人民政治协商会议的 8 个人民团体;二是由国务院机构编制管理机关核定,并经国务院批准的团体。这两类团体及其工作人员实行国家机关及其工作人员一样的工伤保险制度,其他社会团体按照条例的规定纳入工伤保险的适用范围。

8. 如何确认双重、多重劳动关系中的工伤单位主体?

实践中,劳动者在同一时间内与两个或两个以上用人单位同时发生劳动关系,劳动者发生事故伤害时,如何确认工伤保险的责任主体是一个比较复杂的问题。

法律是承认双重或者多重劳动关系的,如兼职、停薪留职、下岗职工、内退职工再就业等。当然双重的劳动关系也要有所规制,如工时制度和兼职人员的限制等。至于保险责任的承担主体,原则上职工在实际用人单位受伤的,实际的用人单位为工伤单位主体。原劳动和社会保障部《关于实施〈工伤保险条例〉若干问题的意见》(劳社部函〔2004〕256 号)第 1 条规定:"职工在两个或两个以上用人单位同时就业的,各用人单位应当分别为职工缴纳工伤保险费。职工发生工伤,由职工受到伤害时其工作的单位依法承担工伤保险责任。"根据该规定,下岗、待岗职工又到其他单位工作的,该单位也应当为职工缴纳工伤保险费,职工在该单位工作时发生工伤的,该单位应依法承担工伤保险责任。

9. 如何认定劳务派遣关系中的工伤单位主体?

劳务派遣是一种很常见的用工形式,主要包括建筑领域的进城务工人员,企业招聘临时性、辅助性或者替代性的岗位职位人员,企业下岗再就业人员等,这一用工形式更加符合社会化分工的需要，也大大降低了用工企业的成本和风险。

劳务派遣单位与被派遣劳动者之间签订劳动合同，形成劳动关系。劳务派遣单位与用工单位之间订立劳务派遣协议。在这三方主体之中，劳务派遣单位才是工伤认定决定中的用人单位，成为工伤保险的责任主体。为了防止用工单位规避劳动保障法律法规，促使用工单位只有在真正符合社会化分工的需要时才采用劳务派遣的形式，并且与规范的劳务派遣单位合作，《劳动合同法》规定，在被派遣劳动者合法权益受到侵害时，用工单位和劳务派遣单位承担连带的赔偿责任。

10. 已被吊销营业执照的单位能否成为工伤单位主体？

实践中，如果用人单位无营业执照或者未经依法登记、备案或者依法被吊销营业执照或者撤销登记、备案的情况下继续用工，劳动者与用人单位之间因为劳动关系的用工主体资格不合法，没有建立合法的劳动关系。此时，劳动者在工作时间、工作地点因工作原因发生事故伤害的，就不能进行工伤认定。因此，被吊销营业执照的单位不能成为工伤单位主体。

至于劳动者的权利救济，《工伤保险条例》第66条规定："无营业执照或者未经依法登记、备案的单位以及被依法吊销营业执照或者撤销登记、备案的单位的职工受到事故伤害或者患职业病的，由该单位向伤残职工或者死亡职工的近亲属给予一次性赔偿，赔偿标准不得低于本条例规定的工伤保险待遇；用人单位不得使用童工，用人单位使用童工造成童工伤残、死亡的，由该单位向童工或者童工的近亲属给予一次性赔偿，赔偿标准不得低于本条例规定的工伤保险待遇。具体办法由国务院社会保险行政部门规定。"如果就赔偿数额发生争议的，按照劳动争议的有关规定处理。

11. 群众性自治组织能否成为工伤单位主体？

《工伤保险条例》第2条列举了参加工伤保险的单位主体：中华人民共和国境内的企业、事业单位、社会团体、民办非企业单位、基金会、律师事务所、会计师事务所等组织和有雇工的个体工商户。从规定来看，群众性自治组织及其人员不属于《工伤保险条例》调整的范围。此外，2005年原劳动和社会保障部等联合下发的《关于事业单位、民间非营利组织工作人员工伤有关问题的通知》（已失效）中规定事业单位和民间非营利组织工作人员的工伤问题按照工伤保险条例的有关规定执行。但是，民间非营利组织并不包括群众性自治组织及其人员。因此,在目前没有相应法律、法规、规章作出明确规定的情况下,对于群众性自治组织职工的工伤问题只能通过民事诉讼等其他途径予以解决。

12. 如何确认承包经营关系中的工伤单位主体?

承包经营是在坚持企业所有制不变的基础上,按照所有权、经营权相分离的原则,以承包经营合同的形式,确定所有者与企业之间的责权关系,促使企业自主经营、自负盈亏。在企业内部承包经营时,企业与其职工签订承包经营合同,此时没有改变企业和职工的劳动关系,由原企业承担工伤保险责任。企业实行外部承包经营情况下,此时职工劳动关系可能不在原来的企业,职工的工伤保险责任由劳动关系所在的单位承担。因此,企业实行承包经营,工伤保险责任的承担判断标准是职工劳动关系所在单位。

人力资源社会保障部《关于执行〈工伤保险条例〉若干问题的意见》第 7 条规定:"具备用工主体资格的承包单位违反法律、法规规定,将承包业务转包、分包给不具备用工主体资格的组织或者自然人,该组织或者自然人招用的劳动者从事承包业务时因工伤亡的,由该具备用工主体资格的承包单位承担用人单位依法应承担的工伤保险责任。"原劳动和社会保障部《关于确立劳动关系的通知》(劳社部发〔2005〕12 号)第 4 条规定:"建筑施工、矿山企业等用人单位将工程(业务)或经营权发包给不具备用工主体资格的组织或自然人,对该组织或自然人招用的劳动者,由具备用工主体资格的发包方承担用工主体责任。"之所以这样规定,是因为建筑施工、矿山企业等用人单位必须有相应的资质,否则不能进入建筑矿山行业。对违反法律、行政法规强制性规定的发包或承包单位的违法行为进行制裁,目的是保护此类行业中劳动者的合法权益。在此类行业中,如果劳动者在工作时间、工作地点、因工作原因受到伤害,即便是和发包单位或承包单位无劳动关系,也可以适用人力资源社会保障部《关于执行〈工伤保险条例〉若干问题的意见》第 7 条之规定。

附：

最高人民法院指导性案例

刘某丽诉广东省英德市人民政府行政复议案（指导案例 191 号）

【裁判要旨】建筑施工企业违反法律、法规规定将自己承包的工程交由自然人实际施工，该自然人因工伤亡，社会保险行政部门参照最高人民法院《关于审理工伤保险行政案件若干问题的规定》第 3 条第 1 款有关规定认定建筑施工企业为承担工伤保险责任单位的，人民法院应予支持。

【案例简介】2016 年 3 月 31 日，朱某雄与茂名市茂南建安集团有限公司（以下简称建安公司）就朱某雄商住楼工程签订施工合同，发包人为朱某雄，承包人为建安公司。补充协议约定由建安公司设立工人工资支付专用账户，户名为陆某峰。随后，朱某雄商住楼工程以建安公司为施工单位办理了工程报建手续。案涉工程由梁某某组织工人施工，陆某峰亦在现场参与管理。施工现场大门、施工标志牌等多处设施的醒目位置，均标注该工程的承建单位为建安公司。另查明，建安公司为案涉工程投保了施工人员团体人身意外伤害保险，保险单载明被保险人 30 人，未附人员名单。2017 年 6 月 9 日，梁某某与陆某峰接到英德市住建部门的检查通知，二人与工地其他人员在出租屋内等待检查。该出租屋系梁某某承租，用于工地开会布置工作和发放工资。当日 15 时许，梁某某被发现躺在出租屋内，死亡原因为猝死。

梁某某妻子刘某丽向广东省英德市人力资源和社会保障局（以下简称英德市人社局）申请工伤认定。英德市人社局作出《关于梁某某视同工亡认定决定书》（以下简称《视同工亡认定书》），认定梁某某是在工作时间和工作岗位，突发疾病在 48 小时之内经抢救无效死亡，符合《工伤保险条例》第 15 条第 1 款第 1 项规定的情形，视同因工死亡。建安公司不服，向广东省英德市人民政府（以下简称英德市政府）申请行政复议。英德市政府作出《行政复议决定书》，以英德市人社局作出的《视同工亡认定书》认定事实不清，证据不足，适用依据错误，程序违法为由，予以撤销。刘某丽不服，提起诉讼，请求撤销《行政复议决定书》，恢复《视同工亡认定书》的效力。

(2021)最高法行再1号生效裁判认为,(1)建安公司应作为承担工伤保险责任的单位。作为具备用工主体资格的承包单位,既然享有承包单位的权利,也应当履行承包单位的义务。(2)建安公司应承担梁某某的工伤保险责任。将因工伤亡的“包工头”纳入工伤保险范围,赋予其享受工伤保险待遇的权利,由具备用工主体资格的承包单位承担用人单位依法应承担的工伤保险责任,符合工伤保险制度的建立初衷,也符合《工伤保险条例》及相关规范性文件的立法目的。首先,建设工程领域具备用工主体资格的承包单位承担其违法转包、分包项目上因工伤亡职工的工伤保险责任,并不以存在法律上劳动关系或事实上劳动关系为前提条件。其次,将“包工头”纳入工伤保险范围,符合建筑工程领域工伤保险发展方向。再次,将“包工头”纳入工伤保险对象范围,符合“应保尽保”的工伤保险制度立法目的。最后,“包工头”违法承揽工程的法律责任,与其参加社会保险的权利之间并不冲突。(2021)最高法行再1号行政判决:撤销广东省高级人民法院(2019)粤行终390号行政判决;撤销广东省清远市中级人民法院(2018)粤18行初42号行政判决;撤销英德市政府作出的英府复决〔2018〕2号《行政复议决定书》;恢复英德市人社局作出的英人社工认〔2017〕194号《视同工亡认定书》的效力。

13.如何确认车辆挂靠等经营关系中承担工伤赔偿责任的单位主体?

根据《道路运输条例》的规定,申请从事货运经营和客运经营,均需具备法定的条件,如有与其经营业务相适应并检测合格的车辆,有符合条件的驾驶人员,有健全的安全生产管理制度等。一般个人在购买车辆之后很难满足这些许可条件,取得运输许可证。为此,车辆实际所有人常常将车辆挂靠到具有运输经营权资质的其他单位,双方形成挂靠经营关系。

在挂靠经营关系中,挂靠车辆的车主聘用的人在经营过程中因工发生事故损害的,挂靠车辆的车主不能作为工伤保险责任主体,应当由挂靠单位作为工伤保险责任主体。最高人民法院《关于审理工伤保险行政案件若干问题的规定》第3条第1款第5项规定:“个人挂靠其他单位对外经营,其聘用的人员因工伤亡的,被挂靠单位为承担工伤保险责任的单位。”该司法解释从保护劳动者的合法权益出发,从挂靠经营关系推定出拟制的劳动关系,在认定工伤时无须另行确认劳动关系。[①] 理由如下:(1)挂靠单

① 参见最高人民法院裁判文书,(2006)行他字第17号。

位是依法取得运输经营权资质的经营单位，是合法经营主体，是挂靠车辆形式上的所有人，车辆运营权的享有人，对挂靠车辆的安全运营负有监督、管理的义务。(2)挂靠单位允许车主以其名义运营并收取一定管理费用，他们之间的关系类似于企业承包经营关系，应当视为挂靠单位授权车主雇用司机并对其进行管理。(3)挂靠单位与挂靠车辆的车主之间签订挂靠经营协议，并且在有些协议中已经明确免除了挂靠单位对挂靠车辆在挂靠期间发生事故或其他原因造成的一切损失所应当承担的责任，包括工伤保险责任。车队与车主签订的协议不能有效对抗第三人。

14. 工伤认定的申请期限是多久？

《工伤保险条例》第17条规定，用人单位应当自职工事故伤害发生之日或者被诊断、鉴定为职业病之日起30日内，提出工伤认定申请。用人单位未按规定提出申请的，工伤职工或者其近亲属、工会组织在事故伤害发生之日或者被诊断、鉴定为职业病之日起1年内可直接向用人单位所在地统筹地区社会保险行政部门提出工伤认定申请。

15. 工伤认定的申请期限是否可以中止、中断？

《工伤保险条例》规定的1年申请期限是时效的概念，可以适用中止、中断。

申请时限是工伤认定“开启之门”。严格来说，《工伤保险条例》只是规定了申请时限的延长，并没有规定申请时限的中止、中断制度。国务院法制办公室在2005年2月1日《对〈关于对《工伤保险条例》第十七条、第六十四条关于工伤认定申请时限问题的请示〉的复函》(国法秘函〔2005〕39号)中指出，工伤认定申请时限应该扣除因不可抗力耽误的时间，说明1年的申请时效并非不变的期间，而是一种可变期间。该复函明确了不可抗力可以构成1年申请时效中止的法定事由，但是没有明确表明是否还有其他类似中止、中断的情形。从保护受伤职工利益的立法原则和关怀弱势群体的立法精神来看，结合该复函精神，应当认定《工伤保险条例》第17条第2款规定的1年申请时效可以中止、中断。

比如，《北京市实施〈工伤保险条例〉若干规定》第9条规定，只要存在影响工伤认定的劳动关系争议，应当在申请工伤认定之前依法解决。解决劳动争议的时间，不计算在工伤认定的申请时限内。其中的中止事由应该符合以下条件：(1)申请期限中止的原因是客观不能,如不可抗力的事由或其他特殊情况;(2)因法定事由耽误申请时限的,从中止时限的原因消除之日起,申请时限期间继续计算;(3)中止期限的事由应当由社会保险行政部门认定。至于申请时限的中断需考虑以下几种情况:(1)提起或者参与民事诉讼或仲裁的;(2)作为义务人的第三方同意侵权赔偿的;(3)信访不应该成为中断的事由。

16. 存在正当事由的，工伤认定的申请期限是否可以延长?

职工超过1年的申请时限提出工伤认定申请,劳动部门应当对逾期是否存在正当事由进行审查。如果有证据证明存在不能归责于职工本人的事由,其申请应予受理。如职工寻求民事诉讼的救济,确认与用人单位存在劳动关系的,导致其维护自身合法权益的时间被拖长,其申请认定工伤的期限应当合理延长。另外,最高人民法院《关于审理工伤保险行政案件若干问题的规定》第7条第1款规定:“由于不属于职工或者其近亲属自身原因超过工伤认定申请期限的,被耽误的时间不计算在工伤认定申请期限内。”

据此,有下列情形之一耽误申请时间的,应当认定为不属于职工或者其近亲属自身原因:(1)不可抗力;(2)人身自由受到限制;(3)属于用人单位原因;(4)社会保险行政部门登记制度不完善;(5)当事人对是否存在劳动关系申请仲裁、提起民事诉讼,该仲裁、诉讼的时间不计入期间。

17. 提出工伤认定申请应当提交哪些材料?

提出工伤认定申请应当提交下列材料:(1)工伤认定申请表;工伤认定申请表应当包括事故发生的时间、地点、原因以及职工伤害程度等基本情况。(2)与用人单位存在劳动关系(包括事实劳动关系)的证明材料。(3)医疗诊断证明或者职业病诊断证明书(或者职业病诊断鉴定书)。劳动保障部门要求工伤认定申请人补正申请材料的时间不计算在工伤认定申请的期间内。

18. 申请人撤回工伤申请后，再次提出申请，劳动保障行政部门不予受理的，如何救济?

工伤认定申请人撤回申请后,在法定申请时限内再次提出工伤认定申请,劳动保障部门如果不予受理，申请人以要求履行法定职责为由向法院提起诉讼的，法院可以判决劳动保障部门予以受理。

19. 工伤认定结论的作出期限是多久？

社会保险行政部门应当自受理之日起 60 日内作出工伤认定决定，并书面通知职工或者其近亲属和用人单位。对于事实清楚、权利义务明确的申请应当于 15 日内作出。

20. 超过规定期限作出的工伤认定结论是否认定为违反法定程序？

对于超出规定的期限作出的工伤认定结论，是否以违反法定程序一律撤销，存在两种不同的观点：一种观点认为，超过规定期限作出的工伤认定结论，属于违反法定程序的情形，应当判决予以撤销，并判决劳动保障行政部门重新作出工伤认定结论。另一种观点认为，超过规定期限作出的工伤认定结论，法院经审查没有其他认定事实和适用法律方面的问题，没有其他应予撤销的情形，当事人仅以超过规定期限诉请撤销的，法院可以不予撤销，判决驳回当事人的诉讼请求。

实践中，一般采纳第二种观点，原因在于：(1)从立法者在立法时确定工伤认定程序办理期限的目的看，立法者是为了提高工作效率，防止劳动保障行政部门无故拖延办理，损害劳动者和用人单位合法权利。(2)行政行为的作出超过规章规定的期限，确实因不可抗力或者其他障碍，如因确认劳动关系，可以作出期限中止的事由，也符合公平正义的一般理念。(3)对于超期限作出的工伤认定结论，如果一律以违反法定程序而撤销，让行政部门重作，会使劳动者以及用人单位合法权益得不到及时的保护，不符合行政效率原则，造成行政资源的浪费。因此，只能算程序上的瑕疵，不应判决撤销。

21. 在工伤认定案件中，如何确定举证责任的分配？

按照《行政诉讼证据规定》的规定，职工需要提供符合起诉条件的证据，如劳动行政部门作出工伤行政认定或者不予受理工伤认定的决定、劳动关系证明、医疗诊断证明、受到事故伤害的事实等。职工或者其近亲属认为是工伤，用人单位不认为是工伤的，由用人单位承担举证责任。用人单位承担排除一切因工受伤可能性的反证责任。举证责任分配总的原则是实行举证责任倒置，用人单位没有履行相应举证责任的应承担举证不能的法律后果。

22. 工伤认定程序中为何要实行举证责任倒置？

之所以这样规定，是基于以下考虑：(1)劳动者在生产活动中处于被管理的地位，大量的证据材料掌握在用人单位的手上，用人单位在证据持有、举证能力方面明显高于劳动者，责任倒置更有利于查明案件事实。(2)在工伤认定中，由于事故发生日与申请日间隔时间比较长，一旦错过时机很多证据就难以收集、固定，此时让劳动者承担举证责任明显不公平。(3)用人单位有义务为职工提供安全生产的环境，举证责任倒置有利于推动用人单位重视职工安全保护，提高安全防护水平，预防工伤事故的发生。(4)举证责任倒置并非意味着其他人无须举证，职工要承担初步的证明责任，对工伤事故发生的时间、地点、原因和受伤过程、受伤程度进行客观的陈述，并提供劳动关系证明、医疗诊断证明和职业病诊断证明等材料。社会保险行政部门应提供证据证明被诉的行政行为合法以及所依据的法律、法规和规范性文件。

23. 社会保险行政部门在工伤认定中如何运用优势证据证明标准查明案件事实？

社会保险行政部门在查明案件事实的过程中，必然要对用人单位、劳动者以及调查取证的各种证据进行逐一认证，而认定证据的证明力大小、强弱必须按照一定的可供参照标准和规则进行。《行政诉讼证据规定》第 63 条确立了优势证据规则，该规则可以运用在工伤认定案件中。社保部门对证明同一事实的相互矛盾的数个证据之间的证明力大小进行比较选择，按照制作人、形成过程等标准确定不同证据之间的证明力优劣，这里的“优势”是指对事实的证明要达到 50% 以上的程度。具体是指：(1)国家机关以及其他职能部门依职权制作的公文文书优于其他书证；(2)鉴定结论、现场笔录、勘验笔录、档案材料以及经过公证或者登记的书证优于其他书证、视听资料和证人证言；(3)原件、原物优于复制件、复制品；(4)法定鉴定部门的鉴定结论优于其他鉴定部门的鉴定结论；(5)法庭主持勘验所制作的勘验笔录优于其他部门主持勘验所制作的勘验笔录；(6)原始证据优于传来证据；(7)其他证人证言优于与当事人有亲属关系或者其他密切关系的证人提供的对该当事人有利的证言；(8)出庭作证的证人证言优于未出庭作证的证人证言；(9)数个种类不同、内容一致的证据优于一个孤立的证据。

24. 社会保险行政部门作出工伤认定决定后申请人提交新证据的，是否要启动纠错程序？

社会保险行政部门作出工伤认定决定后，该决定具有确定力、公定力、拘束力和执行力，非经法定的程序和理由不得随意改变和撤销。但是，这并不意味着社会保险行政部门作出的工伤行政决定，一旦发现违法或者不当，只能通过行政复议或者行政诉讼进行监督和救济，而不能通过行政纠错行为进行纠正。工伤认定的决定，一旦出现违法或者不当，既可以由社会保险行政部门依职权主动纠正错误，也可以依据申请人或者利害关系人的申请启动纠错程序。

25. 用人单位无正当理由在行政程序中拒不提供证据而在行政诉讼程序中提供的，法院应否采纳？

根据《行政诉讼证据规定》第59条的规定："被告在行政程序中依照法定程序要求原告提供证据，原告依法应当提供而拒不提供，在诉讼程序中提供的证据，人民法院一般不予采纳。"依照该司法解释的规定，用人单位无特殊理由不在行政机关指定的期限内向行政机关提交证据，违背了司法解释规定，法院应不予采纳。

26. 有关单位或个人在工伤认定程序中，如何获得权利救济？

《工伤保险条例》第55条针对社会保险行政部门的具体行政行为，规定了复议和诉讼两种救济途径："有下列情形之一的，有关单位或者个人可以依法申请行政复议，也可以依法向人民法院提起行政诉讼：(一)申请工伤认定的职工或者其近亲属、该职工所在单位对工伤认定申请不予受理的决定不服的；(二)申请工伤认定的职工或者其近亲属、该职工所在单位对工伤认定结论不服的；(三)用人单位对经办机构确定的单位缴费费率不服的；(四)签订服务协议的医疗机构、辅助器具配置机构认为经办机构未履行有关协议或者规定的；(五)工伤职工或者其近亲属对经办机构核定的工伤保险待遇有异议的。"

27. 工伤认定决定未经行政复议程序能否直接提起行政诉讼?

职工或者其近亲属、用人单位对工伤认定不服的,行政复议不是提起行政诉讼必经的前置程序。2003 年的《工伤保险条例》第 53 条规定了复议程序是当事人不服工伤认定结论向法院提起行政诉讼的前置程序,主要考虑工伤保险经办和管理是行政性、技术性很强的工作,有利于加强上下级行政机关之间的监督管理,在行政程序中解决问题。但是这样无疑限制了当事人的程序选择权,也不利于争议的及时解决和受伤职工及时获得社会保险待遇。因此,2010 年修订的《工伤保险条例》不以行政复议为必经程序。

第五节　法律适用的审查

【审查事项】

工伤私了和解协议能否替代工伤认定?职工申请劳动能力复查鉴定,对再次鉴定的结论不服的,如何处理?

【法律适用】

《工伤保险条例》第 26 条,《社会保险法》第 63 条。

【常见问题解答】

1. 工伤私了和解协议能否替代工伤认定?

无论是民事赔偿还是工伤保险赔偿都是解决工伤职工待遇问题的重要方式,实践中,工伤私了和解协议本质上是一种民事协议,对于及时解决工伤职工医疗救治,避免用人单位与劳动者对簿公堂有重要意义,应当在一定程度上承认工伤私了和解协议的法律效力。但是,该协议在签订过程中,容易受到处于强势地位的用人单位的不当影响,导致劳动者签订协议明显低于工伤保险待遇或者剥夺限制劳动者权利。

如果工伤私了和解协议有以下情形的,应当宣告涉及该情形的条款无效:(1)以欺诈、胁迫的手段或者乘人之危,使对方在违背真实意思的情况下订立或者变更劳动合同的;(2)用人单位免除自己的法定责任或者剥夺、限制劳动者权利的,如工伤保险属于《宪法》和《劳动法》赋予劳动者及其亲属的一项基本权利,该权利不能被剥夺,协议约定的职工放弃申请工伤认定的内容没有法律效力;(3)违反法律、行政法规的强制性规定的;(4)显失公平的。

因此,作为两种不同的解决工伤赔偿问题的途径,不存在相互代替的情况,实践中应当尊重各方选择申请工伤认定的权利,工伤认定之前双方可以自愿协商进行部分赔偿,待工伤认定之后予以相应折抵。

2. 职工申请劳动能力复查鉴定，对再次鉴定的结论不服的，如何处理?

《工伤保险条例》第28条规定:"自劳动能力鉴定结论作出之日起1年后,工伤职工或者其近亲属、所在单位或者经办机构认为伤残情况发生变化的,可以申请劳动能力复查鉴定。"因此,职工在满足1年的时限规定的情况下,可以申请劳动能力的再次鉴定。为了不影响初次鉴定结论的权威性和稳定性,规定了1年的时限,但是,对于再次鉴定的结论不服的,根据《人力资源社会保障行政复议办法》第8条的规定,职工既不能申请行政复议,也不能提起行政诉讼。

附:

本院典型案例

李某诉北京市密云区人力资源和社会保障局案

【裁判要旨】职工申请工伤认定超过1年申请时限的,应对逾期申请是否有正当理由进行审查。如为申请确认劳动关系、因公司登记住所地与实际经营地不一致导致职工申请错误而行政机关未及时告知等,均属于不能归责于职工本人的正当事由。从保护工伤职工利益、关怀弱势群体的立法原则以及民生司法和人文关怀的司法理念出发,职工由于积极主动寻求利益保护而被耽误的期间,不应计算在申请期间内,职工本人不存在主观过错，对其申请应予受理。

【裁判文书】

北京市第三中级人民法院

行政判决书

(2018)京03行再1号

上诉人(一审被告)北京市密云区人力资源和社会保障局，住所地北京市密云区经济开发区康宝路15号。

法定代表人晁怀国，局长。

被上诉人(一审原告)李某，女，现住北京市丰台区。

被上诉人(一审第三人)某公司。

一审被告北京市人力资源和社会保障局，住所地北京市西城区永定门西街5号。

法定代表人徐熙，局长。

李某不服北京市密云区人力资源和社会保障局(以下简称密云人力社保局)于2011年9月2日作出的京密人社工不受字[2011]第0152123号工伤认定申请不予受理通知书(以下简称被诉通知)，于2012年1月11日向北京市密云区人民法院(以下简称原审法院)提起行政诉讼一案。原审法院于2012年4月24日作出(2012)密行初字第5号行政判决。李某不服，向北京市第二中级人民法院(以下简称二中院)提起上诉，二中院于2012年10月11日作出(2012)二中行终字第664号行政判决，已经发生法律效力。李某不服，向北京市高级人民法院申请再审，北京市高级人民法院于2013年12月18日作出(2013)高行监字第816号驳回再审申请通知书，不予再审。后，李某向检察机关申诉，北京市人民检察院第二分院于2015年3月17日作出京二分检行监〔2015〕第11820000074号检察建议，建议对本案进行再审。二中院决定再审，并于2016年9月22日作出(2016)京02行再4号行政裁定，撤销二中院(2012)二中行终字第664号行政判决及原审法院(2012)密行初字第5号行政判决，将案件发回原审法院重审。原审法院立案后，经告知，李某不同意追加北京市人力资源和社会保障局(以下简称市人力社保局)为共同被告，原审法院依法追加市人力社保局为本案被告参加诉讼。原审法院经过再审，于2017年9月15日作出(2017)京0118行初12号行政判决。上诉人密云人力社保局不服，向本院提起上诉。本院受理后依法组成合议庭，对本案进行了审理,现已审理终结。

2011 年 9 月 2 日,密云人力社保局向李某作出被诉通知,认定李某发生交通事故受伤日期为 2006 年 7 月 15 日,其于 2010 年 9 月 8 日申请工伤认定超过了工伤认定申请时限多年。根据《北京市实施〈工伤保险条例〉办法》(以下简称《北京工伤办法》)第二十一条第一款第(一)项之规定,决定不予受理。李某不服,申请行政复议。市人力社保局经过复议,作出京人社复决字〔2011〕第 56 号行政复议决定(以下简称第 56 号复议决定),维持被诉通知。

原审法院在一审中查明:某公司营业执照登记的住所地为北京市密云区新中街 42 号。2006 年 7 月 10 日,李某到某公司工作。同日,某公司与某旅行社签订了国内旅游合同,旅游地为坝上草原,时间为 2006 年 7 月 15 日至 7 月 16 日。李某等 16 人参加了此次旅游活动。2006 年 7 月 15 日 17 时 30 分许,李某等人乘坐由董某驾驶的吉普车驶离地面,翻入路下,造成李某受伤。2010 年 9 月 8 日,李某向密云人力社保局申请工伤认定。同年 9 月 26 日,密云人力社保局作出第 0012444 号工伤认定申请不予受理通知(以下简称第 12444 号通知)。李某不服,申请行政复议。市人力社保局于 2010 年 12 月 31 日作出京人社复决字〔2010〕第 69 号行政复议决定,维持第 12444 号通知。2011 年 1 月 17 日,李某向原审法院起诉,请求撤销该通知。同年 4 月 14 日,原审法院作出(2011)密行初字第 7 号行政判决,撤销第 12444 号通知。2011 年 5 月 6 日,密云人力社保局重新送达了第 12444 号通知。经市人力社保局行政复议,撤销了密云人力社保局重新送达的第 12444 号通知。同年 9 月 2 日,密云人力社保局作出被诉通知。李某不服,申请行政复议。2011 年 12 月 23 日,市人力社保局作出第 56 号复议决定,维持被诉通知。

2012 年 1 月 11 日,李某向原审法院起诉,要求密云人力社保局受理其工伤认定申请,并认定所受伤害为工伤。本案在原审审理过程中,经法院释明,李某不同意变更诉讼请求。

密云人力社保局辩称,李某申请工伤认定已经超过 1 年的法定期限,不予受理。

市人力社保局辩称:密云人力社保局根据本案的事实依据相关规定,作出的不予受理工伤认定申请的决定并无不妥。我局对李某复议密云人力社保局的行政复议案件,事实清楚,程序合法,请求法院依法驳回其诉讼请求。

在再审期间,李某提供了 2013 年 12 月 2 日北京市大兴区人力资源和社会保障局(以下简称大兴人力社保局)出具的证明,内容为:经我局核查,李某同志曾于 2007 年 6 月 26 日来我局申请工伤认定。因被申请单位注册地在北京市密云县,2010 年 8 月 31

日我局告知其去密云县,没有受理。李某以此证据证明在法定期限内提出过工伤认定申请。为查明相关事实,原审法院依职权于2017年7月5日进行了调查取证,原大兴人力社保局副局长曹某证实,2007年6月底,李某申请认定工伤,就被告知去有管辖权的密云人力社保局申请认定。同时,该局接待人员杨雅男于2017年7月11日向法院出具书面证明,亦证实上述内容。

原审法院在再审中查明:李某发生交通事故的时间为2006年7月15日,2007年6月26日去大兴人力社保局申请工伤认定,大兴人力社保局未在15日内作出是否受理决定,未能将有权管辖的密云人力社保局书面告知申请人李某。2009年9月15日,李某向北京市大兴区劳动争议仲裁委员会申请仲裁,要求解决某公司与其存在劳动关系等三项诉求,同年11月19日北京市大兴区劳动争议仲裁委员会裁决支持李某与某公司存在劳动关系等诉求。双方均不服仲裁裁决,经过诉讼,北京市大兴区人民法院于2010年3月9日作出(2010)大民初字第1124号一审判决。某公司上诉,北京市第一中级人民法院于2010年6月12日作出(2010)一中民终字第9029号二审判决,确认李某与某公司存在劳动关系。2010年8月31日,大兴人力社保局告知李某去密云人力社保局申请工伤认定。同年9月8日,李某向密云人力社保局提出工伤认定申请。2011年9月2日,密云人力社保局作出被诉通知。

原审法院再审认为,某公司营业执照的登记地为北京市密云区,实际经营地为北京市大兴区,李某在某公司的工作地点为北京市大兴区×镇×大厦1层,亦属北京市大兴区管辖范围。李某于2006年7月15日受伤,2007年6月22日向用人单位所在地大兴人力社保局申请工伤认定,符合《工伤保险条例》第十七条第二款的规定,即在事故伤害发生之日起一年内提出了工伤认定申请。现有证据能够证明李某在工伤认定期限内就已向大兴人力社保局提出过工伤认定申请,而缺乏证据证明李某向大兴人力社保局提出工伤认定时就被告知去密云人力社保局申请工伤认定。相反,2013年12月2日大兴人力社保局出具的证明,恰恰证实李某向大兴人力社保局提出申请工伤认定事实的存在,大兴人力社保局理应按照《北京工伤办法》第十五条、第二十条的规定,在十五日内进行审查,符合条件的应当受理,对于不属本部门管辖的,大兴人力社保局亦应将有权管辖的密云人力社保局书面告知李某。大兴人力社保局未按照上述规定履行书面告知义务,加之李某为确定其与某公司存在劳动关系,用近两年的时间进行仲裁诉讼,致使密云人力社保局受理李某工伤认定申请时,已超出了1年的时限,并按照《北京工伤办法》第二十一条第一款第一项的规定:“自事故发生之日起或者被诊断、鉴定为职业病之日起超过1年提出申请”,作出了工伤认定申请不予受理通知,造成李某提出工伤认定申请超出法定时限的事实。考虑到用人单位的实际经营地与注册地不一致的情况,法院认定为实属存在着不能归责于李某的原因,而导致其维护合法权益的时间被延误,故密云人力社保局作出的被诉通知显系不当,应予撤销。市人力社保局虽在复议的过程中程序合法,但维持被诉通知的复议决定欠妥,应予一并纠正。对于李某起诉要求密云人力社保局认定工伤一节,不属于本案审理范围,本案不予涉及。综上,原审法院依照《中华人民共和国行政诉讼法》第七十条第一项和第六项、第二十六条第二款、第七十九条,最高人民法院《关于适用〈中华人民共和国行政诉讼法〉若干问题的解释》第七条、第十条第一款,最高人民法院《关于执行〈中华人民共和国行政诉讼法〉若干问题的解释》第四十九条第三款之规定,判决:撤销被诉通知;撤销第56号复议决定。

上诉人密云人力社保局上诉请求:撤销(2017)京0118行初12号行政判决,改判驳回李某的全部诉讼请求,诉讼费由李某承担。其理由如下:一、大兴人力社保局开具的书面证明存在重大瑕疵,原审法院未予充分考量。该证明不是新证据,且通过非正常途径取得,不真实且不具备法定形式与内容要求。大兴人力社保局副局长曹某于2015年9月11日出具的《关于为"李某受伤一案"出具证明的情况说明》中可以说明曹某是迫于压力出具的,证明内容不真实、不客观,曹某曾向李某多次开具证明,还被修改过,可信度极差。二、李某持大兴人力社保局向其开具的证明反诉大兴人力社保局行政行为违法并要求赔偿这一事实,原审法院未予充分考量。大兴人力社保局将"不作为"的责任转嫁到密云人力社保局,且李某母女未在法定期限内向密云人力社保局申请工伤认定,李某应对自己的"等待"行为负责。三、曹某于2015年9月11日出具的《关于为"李某受伤一案"出具证明的情况说明》印证了大兴人力社保局向李某出具的证明根本不实。四、根据北京市大兴区人民政府信访办公室出具的证明,李某承认2009年才向大兴人力社保局申请工伤认定,并非大兴人力社保局出具证明中提到的2007年6月26日,该证明效力更高。五、李某于2007年6月26日到大兴人力社保局申请工伤认定的事实是否真实,原审法院未予明确说明,法院未查明李某或其近亲属是否填写过申请表、何时填写、有无提交相关材料与证明、何时提交、谁接待、有无相关登记信息等。

被上诉人李某辩称:不同意密云人力社保局的上诉请求,原审法院认定事实清楚,适用法律正确,请求维持一审判决。其理由如下:一、在申诉审查阶段,北京市高级人民法院未看到大兴人力社保局出具的证明。二、密云人力社保局无证据证明该证明系非正常途径取得。三、曹某个人的证言效力低于盖有密云人力社保局公章的证明的效力,不能排除其作伪证的嫌疑。四、北京市大兴区人民政府信访办公室出具的证明属于传来证据,不予认可。

一审被告市人力社保局述称,同意密云人力社保局的上诉意见。

一审第三人某公司未到庭,亦未提交答辩意见。

在原审法定期限内,密云人力社保局提交的证据包括:1. 全程办理代理登记表,载明:申办职工为李某,办理事项为工伤认定,受理时间为 2010 年 9 月 8 日;2. 申请人为李某的工伤认定申请表;3. 姓名为李某的工伤认定申请信息表;4. 中国人民解放军总医院为李某出具的证明书;5. 个人申请工伤认定需提供的企业信息材料;6. 第 200600275 号交通事故认定书;7. 京兴劳仲字(2009)第 3672 号裁决书;8.(2010)大民初字第 1124 号民事判决书;9.(2010)一中民终字第 9029 号民事判决书等证据。李某提交了以下证据:1. 第 12444 号通知书;2. 京人社复决字〔2010〕第 69 号行政复议决定;3.(2008)二中民终字第 00395 号民事判决书;4.(2010)一中民终字第 9029 号民事判决书;5. 交通事故认定书;6. 医院证明;7. 参保职工四险缴费表;8.(2011)密行初字第 7 号行政判决书。原审第三人某公司未提交证据。

在再审期间,李某提交了大兴人力社保局出具的证明,用以证明其于 2007 年 6 月 26 日到大兴人力社保局申请工伤认定,后于 2010 年 8 月 31 日才被告知去单位注册地密云人力社保局申请。密云人力社保局对此提出异议,并提供了以下证据:1. 署名为曹某的说明,内容如下:第一,李某 2007 年 6 月底申请工伤认定时,告知需先到劳动仲裁部门确认劳动关系。第二,李某与某公司之间的劳动关系经确定后,因某公司的注册地在密云,2010 年 8 月 31 日,告知李某申请工伤认定应向密云人力社保局提出。第三,2013 年 6~7 月李某母女要求曹某出具其申请工伤认定证明。第四,2013 年 12 月李某母女要求曹某修改证明。2. 北京市大兴区人民政府信访办公室出具的证明复印件。该件的内容为:李某自认 2009 年经诉讼确认劳动关系后,去密云人力社保局认定工伤……密云人力社保局提供的上述两份证据,用以证明李某申请工伤认定时已超出工伤认定的时限。

上述证据经过原审法院庭审质证,能够证明本案的事实。本院经审查,对原审法院的认证结论予以确认。本院二审期间,当事人没有提交新证据。同时,根据以上有效证据,本院对原审法院查明的事实予以确认。

本院认为:根据《工伤保险条例》第十七条第二款的规定,职工发生事故伤害,用人单位未按规定提出工伤认定申请的,工伤职工或者其近亲属在事故伤害发生之日或者被诊断、鉴定为职业病之日起一年内,可以直接向用人单位所在地统筹地区社会保险行政部门提出工伤认定申请。《北京工伤办法》第十五条规定,申请工伤认定应当向用人单位营业执照登记的住所地区、县劳动保障行政部门提出。

首先,关于密云人力社保局对本案是否具有法定职责的问题。根据《北京工伤办法》第三条第二款的规定,区、县劳动保障行政部门负责本辖区内的工伤保险工作。密云人力社保局作为劳动保障行政部门,依法享有对辖区内的用人单位内发生的工伤进行认定的法定职权。本案一审第三人某公司作为用人单位,其企业注册地在密云区,应当属于密云人力社保局管辖范围。密云人力社保局认为某公司的实际经营地在大兴区,大兴人力社保局将其"不作为"的责任转嫁到密云人力社保局的主张没有法律依据,也不应作为密云人力社保局推脱依法履行法定职责的理由。

其次,关于李某的申请是否超出法定申请期限的问题。根据《北京工伤办法》第二十一条第一款第(一)项的规定,申请工伤认定应当在事故发生之日起或者被诊断、鉴定为职业病之日起的一年内提出。本案中,根据有效证据,能够认定李某在某公司组织活动中受伤的日期为2006年7月15日,其首次向企业经营地大兴人力社保局申请工伤认定的日期是2007年6月26日。因李某与某公司没有书面劳动合同,大兴人力社保局告知其先确定劳动关系。李某经过劳动仲裁和诉讼,最终于2010年6月12日拿到法院判决,确认了李某与某公司存在劳动关系。后,在李某继续要求大兴人力社保局认定工伤时,大兴人力社保局以某公司的企业注册地在密云区为由,于2010年8月31日告知李某向密云人力社保局申请,李某于2010年9月8日向密云人力社保局申请工伤认定。综合上述案件事实,虽然,李某向密云人力社保局申请工伤认定的时间距发生交通事故受伤之日确实超过了一年的法定期限,但是,李某逾期申请具有正当事由,且其本人并不存在主观过错。本案中,由于李某没有某公司的书面劳动合同,导致其申请工伤认定时缺少必要材料。对于此类在申请工伤认定中缺乏劳动关系证明的,根据《北京工伤办法》第十八条的规定,申请人提出工伤认定申请时,应当提交职工受伤害或者被诊断患职业病时与用人单位之间的劳动合同或者其他建立劳动关系的证明。职工与用人单位之间因劳动关系发生争议的,当事人应当向劳动争议仲裁委员会申请仲裁,由劳动争议仲裁委员会依法确定劳动关系。依法定程序处理劳动争议的时间不计算在工伤认定的时限内。李某需要在确定与用人单位之间存在劳动关系的前提下才能向劳动保障行政部门申请工伤认定。因此,李某为了解决劳动争议的时间不应计算在工伤认定申请时限内。故,李某从第一次向大兴人力社保局提出申请,到李某根据大兴人力社保局的告知向密云人力社保局提出申请的时间,没有超过法定的一年申请期限,密云人力社保局应当予以受理。故,被诉通知缺乏事实和法律依据,应予撤销。而市人力社保局在行政复议中，未对李某提出的大兴人力社保局与密云人力社保局相互推诿的事实进行核实，将行政机关是否存在相互推诿的举证责任分配给明显不具备举证优势的行政相对人，显属不当。因此，市人力社保局维持被诉通知的复议决定缺乏事实依据，一并应予撤销。

最后，关于上诉人提出的大兴人力社保局将“不作为”的责任转嫁到密云人力社保局的问题，本院认为，信赖保护原则是行政法治的基本原则，作为国家行政机关应当依法保护行政相对人因正当的信赖而期望得到的合法或者合理的利益。本案中，李某基于对大兴人力社保局的信赖，按照大兴人力社保局告知的程序，经过仲裁、诉讼以及最终向密云人力社保局申请工伤认定，均是在积极主动地寻求利益保护。密云人力社保局在接到李某的申请后，理应依法受理，并积极作为，不应当以大兴人力社保局的不作为作为自己不作为的借口。因此，原审法院判决撤销被诉通知的结果正确，本院应予维持。

综上，密云人力社保局的上诉请求缺乏事实和法律依据，本院不予支持。一审判决认定事实清楚，适用法律正确，程序合法，依法应予维持。依照《中华人民共和国行政诉讼法》第八十九条第一款第一项规定，判决如下：

驳回上诉，维持原判。

一审案件受理费五十元，由北京市密云区人力资源和社会保障局负担（于本判决生效后7日内交纳）。

二审案件受理费五十元，由北京市密云区人力资源和社会保障局负担（已交纳）。

本判决为终审判决。

审 判 长　饶亚东
审 判 员　张　明
审 判 员　赵　晖
二〇一八年五月十四日
书 记 员　宋　垚
书 记 员　高明正

（主审法官：饶亚东；撰写人：饶亚东、宋垚）

附：

本院典型案例

北京市通州区台湖某厂诉北京市通州区人力资源和社会保障局案

【裁判要旨】《工伤保险条例》第15条第1项规定，职工在工作时间和工作岗位，突发疾病死亡或者在48小时之内经抢救无效死亡的，视同工伤。从字面理解该法条，需要同时满足三个要件才能认定视同工伤：(1)工作时间；(2)工作岗位；(3)突发疾病死亡或者48小时之内经抢救无效死亡。

职工确系在工作时间和工作岗位突发疾病，因对病情的严重性未进行正确判断，选择回家休息并预备请家人陪同就医，合乎正常人的生活情理。在没有其他证据证明死亡结果的发生可能存在其他原因的情况下，径行拒绝进行工伤认定，否定了其发病后作出的合乎情理的行为，事实上限缩了《工伤保险条例》规定的适用条件，不利于劳动者在工作岗位上突发疾病后当即进行的自我调整与自救，有悖于《工伤保险条例》中保障劳动者的权益的立法目的。

【裁判文书】

北京市第三中级人民法院

行政判决书

(2018)京03行终572号

上诉人(一审被告)北京市通州区人力资源和社会保障局，住所地北京市通州区运河西大街113号。

法定代表人杨连元，局长。

被上诉人(一审原告)北京市通州区台湖××××厂，住所地北京市通州区台湖镇台湖村。

法定代表人陈某1(已故)，厂长。

被上诉人(一审第三人)陈某2,女,汉族。

被上诉人(一审第三人)陈某3,男,汉族。

被上诉人(一审第三人)陈某4,男,汉族。

被上诉人(一审第三人)杨某,女,汉族。

上诉人北京市通州区人力资源和社会保障局(以下简称通州人社局)因不予认定工伤决定一案,不服北京市通州区人民法院(2018)京0112行初87号行政判决,向本院提起上诉。本院受理后,依法组成合议庭,于2018年8月13日公开开庭审理了本案。上诉人通州人社局的委托代理人、被上诉人俞某同时作为被上诉人陈某2的法定代理人及被上诉人北京市通州区台湖××××厂(以下简称××××厂)、陈某3、陈某4、杨某的委托代理人到庭参加诉讼。本案现已审理终结。

2018年1月19日,通州人社局对××××厂作出京通人社工伤认(2230F0352020)号不予认定工伤决定书(以下简称被诉决定),该决定认定:陈某1系××××厂原经理,于2017年11月7日7时30分到工厂上班后,突然说胸闷不舒服,然后从工厂返回家里,8时30分左右到家里,拿杯子喝了几口水,咳嗽了一声,马上呼吸不畅、憋气,9时许拨打"120",等"120"到了陈某1已停止心跳,抢救无效死亡,因此陈某1受到的伤害,不符合《工伤保险条例》第十四条、第十五条认定工伤或者视同工伤的情形,故决定不予认定或视同工伤。

××××厂不服被诉决定,诉至一审法院,请求撤销被诉决定,并判令通州人社局重新作出决定。一审法院经审理查明:陈某1系××××厂的原法定代表人,双方于2017年2月1日订立书面劳动合同。陈某1在2017年11月7日7时30分到工厂上班后,突然胸闷不舒服,并同公司员工沈某理说了此事,然后从工厂返回家里,准备叫他爱人陪他一起去医院。8时30分左右到家里,拿杯子喝了几口水,咳嗽了一声,马上呼吸不畅、憋气,9时许陈某1的爱人俞某叫物业和朋友拨打"120",等"120"到了说已停止心跳,抢救无效死亡,死因为心源性猝死。2017年12月1日,××××厂向通州人社局提出申请,以陈某1在上班期间突发疾病并经抢救无效死亡为由,申请认定工伤。通州人社局于2017年12月8日作出京通人社工受字〔2017〕第302466号《工伤认定申请受理决定书》(以下简称《受理决定书》),并于2018年1月22日送达给××××厂和俞某。2017年12月26日,通州人社局对××××厂职工沈某理及陈某1的妻子俞某调查核实相关情况。经二人证实,陈某1每天早上7时30分到厂里上班,2017年11月7日早上7时40分左右陈某1因胸闷难受离开单位并于上午9时之前到家,约20分钟后拨打"120"急救电话,经抢救无效,停止心跳。根据调查情况,通州人社局认为,陈某

1受到的伤害，不符合《工伤保险条例》第十四条、第十五条认定工伤或者视同工伤的情形，故于2018年1月19日作出被诉决定，并于同年1月22日分别向××××厂及俞某予以送达。

一审法院经审理认为：《工伤保险条例》第五条第二款规定，县级以上地方各级人民政府社会保险行政部门负责本行政区域内的工伤保险工作。鉴于本案××××厂的住所地是北京市通州区，故通州人社局具有受理并认定涉案工伤认定申请的法定职责。另外，通州人社局2017年12月8日作出受理决定书，却于2018年1月22日将受理决定书与被诉决定同时送至××××厂及第三人俞某，程序上存在一定瑕疵，一审法院予以指出。在此基础上，本案所涉争议焦点在于通州人社局作出的被诉决定是否符合《工伤保险条例》第十五条第一款第(一)项之规定。

《工伤保险条例》第十五条第一款第(一)项规定：职工在工作时间和工作岗位，突发疾病死亡或者在48小时之内经抢救无效死亡的，视同工伤。根据该规定，职工死亡若能认定为视同工伤应当同时满足如下两要件：其一，职工突发疾病的时间和地点为在工作时间及工作岗位上；其二，发生职工突发疾病死亡或者在48小时内经抢救无效死亡的结果。

具体到本案，由一审法院查明的事实可知，陈某1在7时30分到工厂上班，7时40分左右因胸闷难受离开单位并于上午9时之前到家，约20分钟后停止心跳。据此，陈某1虽在家中死亡，但其是在工作时间和工作岗位突发疾病的，返家后病情加重最终导致死亡，符合前述要件一。同时，陈某1从其发病到死亡时间约2小时，发生了在48小时内经抢救无效死亡的结果，符合前述要件二。基于此，陈某1之死符合《工伤保险条例》第十五条第一款第(一)项规定的视同工伤的情形。××××厂的该项主张于法有据，一审法院予以支持。

本案中，通州人社局辩称陈某1系在工作岗位感觉身体不适返回家中且在家中发生心源性猝死，不符合《北京市工伤认定办法》(以下简称《工伤认定办法》)第十一条规定的“职工突发疾病应从工作岗位上直接送往医院抢救并在48小时内死亡的情形”，不能认定视同工伤。对此，一审法院认为，第一，《工伤保险条例》系为了保障因工作遭受事故伤害或者患职业病的职工获得医疗救治和经济补偿，促进工伤预防和职业康复，分散用人单位的工伤风险而制定，其中给予工伤或视同工伤职工以救治和补偿，是工伤保险制度最初也是最核心的立法宗旨。第二，工伤认定主管机关在处理视同工伤认定案件中，应当基于《工伤保险条例》的立法本意，全面、准确地适用《工伤保险条例》第十五条第一款第(一)项及《工伤认定办法》，结合所涉案件的具体情况，依法进行工伤认定,切实维护职工的合法权益。第三,《工伤保险条例》第十五条第一款第(一)项并未限定职工突发疾病死亡的地点必须在工作岗位或者医院内,亦未要求职工发病后必须由单位直接送往医院抢救且在48小时内死亡才属于视同工伤的情形,在此情况下,通州人社局却机械地理解并适用《工伤认定办法》中的规定,限缩了上位法规定的视同工伤的情形,显属不当。基于此,陈某1之死应认定为视同工伤情形,对通州人社局的该项抗辩主张,一审法院不予支持。

综上,通州人社局作出的被诉决定事实认定错误,适用法律、法规有误,一审法院不予支持。××××厂的诉讼请求具有事实和法律依据,一审法院予以支持。故依照《中华人民共和国行政诉讼法》第七十条第(一)项、第(二)项之规定,判决如下:一、撤销通州人社局作出的被诉决定;二、责令通州人社局于一审判决生效后六十日内重新作出行政行为。

上诉人不服一审判决,向本院提起上诉,其主要事实和理由为:第一,关于《工伤保险条例》的立法宗旨,确系为了保障因工作遭受事故伤害或患职业病的职工获得医疗救治和经济补偿,促进工伤预防和职业康复,分散用人单位的工伤风险。但是需要明确的是,工伤保险的重点是保“伤”而不是报“病”。因此,因病死亡视同工伤属于工伤认定中的以一种特殊而非一般的情形,对于特殊情形应当从严掌握,对其限制性条件“工作时间”和“工作岗位”不应作过于宽泛解读。本案中,陈某1在家发生心源性猝死,不符合在特殊情形下认定工伤中“工作岗位”的限制条件。第二,关于本案中适用视同工伤情形的法律规定,上诉人并非机械理解、限缩适用。《工伤保险条例》规定其中,“在工作时间和工作岗位”是“突发疾病死亡或者在48小时内经抢救无效死亡”情形下认定视同工伤的限定条件,且两个条件需同时满足,缺一不可。第三,依法行政是行政法的基本原则,行政机关应当严格依照依法行政这一基本原则行使职权。上诉人作出不予认定工伤决定书,正是行政机关尊重依法执政基本原则的体现。一审法院对于法律规定的扩大解释,对于本案被上诉人权益诉求的实现并没有法律依据的支持,不能产生良好的法律效果。另,最高人民法院(2017)最高法行申3687号案件亦明确“请假回家后再到医院救治或突发疾病死亡的不能视同工伤”的观点。综上,请求依法撤销一审判决,改判驳回被上诉人的诉讼请求。

被上诉人同意并请求维持一审判决。

通州人社局于法定期限内向一审法院提交了如下证据和法律依据,其中证据包括:1. 工伤认定申请表,用以证明××××厂向通州人社局提出工伤认定申请;2. 受理决定书及送达回证,用以证明告知××××厂及陈某1家属受理其申请并送达;3. 被诉决定及送达回证,用以证明告知××××厂及陈某1家属不予认定工伤的结论并送达;4.企业法人营业执照副本复印件,用以证明××××厂企业信息;5.陈某1身份证复印件,用以证明陈某1身份信息;6.劳动合同书复印件;7.证明;以上证据用以证明陈某1与××××厂存在劳动关系;8.居民死亡医学证明书复印件(NO.4026324),用以证明陈某1死亡时间、地点、原因;9.结婚证复印件,用以证明俞某为陈某1配偶;10.俞某身份证复印件,用以证明俞某身份信息;11.授权委托书,用以证明用人单位及俞某均委托沈某理为代理人;12.沈某理身份证复印件,用以证明代理人身份信息;13.工伤认定申请提交材料确认单,用以证明××××厂申请工伤认定提供材料;14.通州人社局对××××厂代理人沈某理的调查笔录,用以证明陈某1事发当天情况;15.通州人社局对陈某1配偶俞某的调查笔录,用以证明陈某1的死亡时间、地点。

其中法律依据包括:1.《工伤保险条例》第十五条、第十八条、第十九条、第二十条,用以证明通州人社局职权依据、申请工伤认定须提交的材料;2.《北京市实施〈工伤保险条例〉若干规定》第三条、第八条、第十一条、第十三条,用以证明通州人社局职权依据、工伤认定申请时限;3.《工伤认定办法》第十一条,用以证明通州人社局职权依据。

××××厂在法定期限内提交了通州人社局工伤认定申请提交材料确认单,用以证明提交的各种申请、证明材料、证据、笔录等。

俞某、陈某2在法定期限内向一审法院提交了如下证据:1.被诉决定;2.通州人社局工伤认定申请提交材料确认单,用以证明工伤认定申请表提交的各种申请材料、证明材料、笔录、证据;3.居民死亡医学证明(推断)书,用以证明死亡证明。

陈某3、陈某4、杨某未向一审法院提交证据材料。

一审法院对上述证据认证如下:××××厂提交的证据符合证据的法定要求,一审法院予以采纳;通州人社局提交的证据3与俞某、陈某2提交的证据1均系本案被诉行政行为,不能作为证据使用;通州人社局提交的其他证据符合证据的法定要求,一审法院予以采纳;俞某、陈某2提交的其他证据符合证据的法定要求,一审法院予以采纳。

经审查,本院同意一审法院对证据的认证意见,对一审判决查明的事实亦予确认。

本院认为,除一审法院指出的受理决定书送达程序存有一定瑕疵外,各方对于通州人社局具有针对工伤认定申请作出处理决定的职权及作出被诉行政行为的程序并无异议,本院亦予以认可,在此不予赘述。结合各方的主张,本案焦点问题为陈某1死亡情况是否符合《工伤保险条例》第十五条第一款第(一)项视同工伤的规定情形。

工伤保险制度旨在保障因工作遭受事故伤害或者患职业病的职工获得医疗救治

和经济补偿,但为最大限度保障劳动者的权益,《工伤保险条例》第十五条规定了视同工伤的情形,同时对视同工伤的条件作了较为严格的规定,该条第一款第(一)项规定,职工在工作时间和工作岗位,突发疾病死亡或者在48小时之内经抢救无效死亡的,视同工伤。本案中,陈某1在7时30分到工厂上班,7时40分左右因胸闷难受离开单位并于上午9时之前到家,9时许停止心跳,抢救无效死亡,符合《工伤保险条例》第十五条第一款第(一)项规定的视同工伤的情形。

通州人社局主张陈某1系在工作岗位感觉身体不适返回家中且在家中发生心源性猝死,不符合《工伤认定办法》第十一条规定的"从工作岗位上直接送往医院抢救并在48小时内死亡的情形",不能认定视同工伤。对此,本院认为,工伤认定主管机关在处理工伤认定案件中,应在充分理解《工伤保险条例》第十五条视同工伤条款的立法本意的基础上,结合案件的具体情况来具体分析,而不应增设或者限缩违反上位法规定的适用条件,不应在上位法没有规定的情况下适用限制和减损职工权利的附加条件。根据《工伤保险条例》第十五条第一款第(一)项的规定,职工突发疾病的时间和地点为在工作时间和工作岗位上,是"视同工伤"的前置条件。在此前置条件下,满足突发疾病死亡或者在48小时内经抢救无效死亡的结果,即属于视同工伤的情形。该规定并没有限定突发疾病死亡的地点必须在工作岗位或者医院内,也没有要求职工发病后必须由单位直接送往医院抢救且在48小时内死亡才属于视同工伤的情形。

本案中,陈某1于2017年11月7日早上7点30到单位上班,7时40分左右因胸闷难受离开单位,并于上午9时之前到家,9时许拨打"120"急救电话,抢救无效,停止心跳。依据居民死亡医学证明(推断)书显示,陈某1死亡原因系心源性猝死。参考医学上关于心脏骤停、心源性猝死等症状描述,可以认定陈某1胸闷难受的发病与其心源性猝死之间在过程上存在连续性,逻辑上具有因果关系,陈某1虽在家中死亡,但其确系在工作时间和工作岗位突发疾病,因对病情的严重性未进行正确判断,选择回家休息并预备请家人陪同就医,合乎正常人的生活情理。虽没有直接从工作岗位到医院救治,但是从其发病到死亡时间尚不足2小时,符合在48小时内经抢救无效死亡的结果,符合《工伤保险条例》视同工伤条款的规定。且在没有其他证据证明死亡结果的发生可能存在其他原因的情况下,如果仅以陈某1存在发病后感到身体不适的情况下返回家中的行为为由,径行拒绝进行工伤认定,否定了其发病后作出的合乎情理的行为,事实上限缩了《工伤保险条例》规定的适用条件,不利于劳动者在工作岗位上突发疾病后当即进行的自我调整与自救,有悖于《工伤保险条例》中保障劳动者的权益的立法目的。因此,本院对通州人社局前述主张不予支持。

综上,一审法院判决撤销被诉决定并责令通州人社局重新作出行政行为正确,本院应予维持。通州人社局的上诉请求和理由不成立,依照《中华人民共和国行政诉讼法》第八十九条第一款第(一)项的规定,判决如下:

驳回上诉,维持一审判决。

二审案件受理费50元,由上诉人北京市通州区人力资源和社会保障局负担(已交纳)。

本判决为终审判决。

审　判　长　　王文涛
审　判　员　　贾志刚
审　判　员　　王　伟
二〇一八年八月二十八日
法官助理　　王琪璟
法官助理　　宋　凯
书　记　员　　高　原

(主审法官:王文涛;撰写人:王文涛、宋凯)

附:

本院典型案例

北京某教育科技有限公司诉北京市朝阳区人力资源和社会保障局案

【裁判要旨】本案涉及职工在正式入职前去体检的途中所受事故伤害,是否属于《工伤保险条例》第14条第5项规定的“因工外出期间,由于工作原因受到伤害或者发生事故下落不明的”,应当认定为工伤的判断。工伤补偿本质上是给予劳动者因工作原因所受伤害的补偿。“工作原因”是认定工伤的充分条件,而且是核心要件。判断是否为工作原因应主要考虑职工受伤与工作之间是否具有因果关系,“因公外出期间”认定工伤不要求职工在事故中的负非主要责任。

【裁判文书】

北京市第三中级人民法院

行政判决书

(2022)京03行终556号

上诉人(一审原告)北京××××教育科技有限公司,住所地北京市朝阳区。

法定代表人马某,经理。

被上诉人(一审被告)北京市朝阳区人力资源和社会保障局,住所地北京市朝阳区八里庄南里21号。

法定代表人毕重伟,局长。

被上诉人(一审第三人)吕某,女,汉族。

上诉人北京××××教育科技有限公司(以下简称××公司)因诉被上诉人北京市朝阳区人力资源和社会保障局(以下简称朝阳人社局)工伤保险资格认定一案,不服北京市朝阳区人民法院(2021)京0105行初567号行政判决,向本院提起上诉。本院受理后,依法组成合议庭审理了本案。本案现已审理终结。

朝阳人社局依吕某之母董某的申请于2021年4月1日作出京朝人社工伤认(1050T0420434)号认定工伤决定书(以下简称被诉认定工伤决定),主要内容为:吕某是××公司员工,工作岗位是网络销售,2020年5月31日,因单位入职需体检,吕某从家前往朝阳区大望路××体检的途中,在朝阳区常营南路东十里堡路常营南路西口至朝阳北路草房地铁站口段朝阳北路十里堡地铁站路口北30米处发生交通事故受伤,后被"120"救护车送到北京朝阳中西医结合急诊抢救中心就诊,经诊断为:左胫骨腓骨干骨折。2020年11月16日受理工伤认定申请后,调查核实情况如下:2020年5月31日,吕某因工外出期间受伤。吕某受到的事故伤害,符合《工伤保险条例》第十四条第(五)项之规定,属于工伤认定范围,现予以认定为工伤。

××公司不服,诉至一审法院,请求撤销被诉认定工伤决定。

一审法院经审理查明,2020年11月16日,吕某之母董某向朝阳人社局填报工伤认定申请表,申请为吕某2020年5月31日因单位入职需体检,从家中去体检中心的途中发生车祸受伤认定工伤,同时提交××公司企业信用信息截图、北京朝阳中西医结合急诊抢救中心诊断证明书、北京协和医院证明书及相关病案材料、劳动合同书、微信聊天截屏2页、居住证明、道路交通事故认定书等。其中,××公司企业信用信息截图显示××公司住所地位于北京市朝阳区;北京朝阳中西医结合急诊抢救中心诊断证明书落款日期为2020年5月31日,诊断结论为左侧胫腓骨骨折;劳动合同书的签订日期为2020年5月26日,约定合同有效期为2020年5月26日至2023年5月25日;道路交通事故认定书显示事故时间为2020年5月31日10时15分,事故地点为北京市朝阳区常营南路东十里堡路常营南路西口至朝阳北路草房地铁站口段朝阳北路十里堡地铁站路口北,吕某负事故主要责任。

2020年11月16日,朝阳人社局作出工伤认定申请受理决定书,决定予以受理该工伤认定申请。2020年11月27日,朝阳人社局向××公司发出工伤认定举证通知书并向××公司送达,告知××公司如认为吕某不属于工伤,请提交其不属于工伤的证据材料并到该局接受调查,逾期该局将根据个人提交的材料及该局取得的证据作出工伤认定决定。

2020年11月30日,朝阳人社局对吕某进行询问并制作调查笔录。吕某陈述××公司与其签订了劳动合同,2020年5月31日因单位入职需要体检,其从家出发去位于朝阳区十里堡的××时代体检,上午10点左右,其乘坐地铁到达十里堡站,由东向西过马路的时候,被一辆由北向南的小轿车撞倒,造成其左腿骨折,事后交警认定其负主要责任,其家住在朝阳区十八里店横街子村,体检在朝阳区石佛营路八里庄北里305号楼,体检是公司统一安排的,这一批入职的有十几个人,公司领导张某是在5月29日通知,给了一个××时代的公众号让在上面预约,告知务必要在6月2日前上交体检报告,体检费用公司没有明确说由谁支付,只说让交体检报告就成,其他的不用管,吕某本人没有缴纳过费用。

2020年11月30日,朝阳人社局作出工伤认定中止通知书并向××公司、吕某送达,以因等待司法机关的处理结果,决定中止工伤认定。2021年3月22日,董某向朝阳人社局提交恢复工伤认定申请书及北京市公安局公安交通管理局朝阳交通支队双桥大队事故组出具的证明,该证明将事故地点明确为北京市朝阳区×××路×××地铁站路口北30米北向南方向。该日,朝阳人社局对董某进行询问并制作调查笔录,董某陈述吕某2020年5月26日入职××公司,当天就参加了公司为期4天的入职培训,5月29日晚上公司部门经理张某通过微信通知新入职的几名员工利用休息时间自行预约去位于朝阳区十里堡的"××时代"体检,然后6月2日周二上班连同其他入职材料一并上交公司,本次体检费用因为吕某没有去成,所以没有交钱,但是听说后来公司也没给其他人报销。

2021年3月25日，朝阳人社局对××公司人事主管陈某进行询问并制作调查笔录，陈某陈述××公司与吕某签订了劳动合同，2020年5月31日吕某休息，没有上班，此次体检不是由××公司组织，××公司没有组织过入职体检，也没有要求过入职体检具体去哪家体检机构，吕某是利用休息时间自行选择体检机构进行入职体检途中发生交通事故受伤，体检的相关费用也是她自理的，而且其本人在事故中负主要责任，因此××公司不认可其属于工伤。××公司同时向朝阳人社局提交了相关材料，其中日期为2020年5月29日的员工入职通知书显示办理入职需要交三个月内体检报告一份；微信聊天截屏显示名称为“新秀”的群聊有“一寸照片，学历证明，体检报告，离职证明，广发银行卡，记得准备”及“××时代，这家的体检性价比还行”等聊天内容。

2021年3月29日，朝阳人社局对××公司销售管理张某进行询问并制作调查笔录，张某陈述其系吕某的直接领导，2020年5月31日13时左右，其接到吕某姐姐的电话说吕某出车祸了，左腿骨折，吕某当时还没有正式办理入职手续，××公司是在2020年5月26日对拟定的新入职员工进行为期4天的培训，准备在6月2日对合格的员工正式办理入职手续，办理入职时需要提交一寸照片、学历证明、体检报告等，××公司对体检机构没有具体要求，××公司也不报销，对于“新秀”群的微信聊天记录其表示这是团队的工作群，其作为团队领导，只是对新入职员工本着关怀的原则，建议其去一个性价比较高的体检中心，仅是其本人意见，不能代表公司。

2021年4月1日，朝阳人社局作出被诉认定工伤决定，认定吕某受到的事故伤害为工伤，后向各方送达。

一审庭审中，××公司及吕某均陈述，劳动合同书的签订日期并非2020年5月26日，而是在2020年11月吕某申请工伤的过程中双方补签。2020年5月26～30日吕某的薪资××公司已正常发放。

一审法院经审理认为，《工伤保险条例》第五条第二款规定，县级以上地方各级人民政府社会保险行政部门负责本行政区域内的工伤保险工作。本案中，××公司住所地位于北京市朝阳区，朝阳人社局作为本行政区域内的社会保险行政部门，对涉案工伤认定申请具有审查并作出认定的法定职责。

综合各方当事人诉讼意见，一审法院认为，本案争议的焦点问题有两个：一是××公司与吕某之间是否构成劳动关系；二是吕某所受伤害情形是否符合《工伤保险条例》第十四条第（五）项规定。对此，一审法院认为：关于第一个问题，《关于确立劳动关系有关事项的通知》（劳社部发〔2005〕12号）第二条规定：用人单位未与劳动者签订劳动合同，认定双方存在劳动关系时可参照下列凭证：（一）工资支付凭证或记录（职工工资发放花名册)、缴纳各项社会保险费的记录;(二)用人单位向劳动者发放的“工作证”“服务证”等能够证明身份的证件;(三)劳动者填写的用人单位招工招聘“登记表”“报名表”等招用记录;(四)考勤记录;(五)其他劳动者的证言等。本案中,根据在案证据及当事人陈述,2020年5月31日发生事故当日双方并未完成劳动合同的签订工作,但双方已达成签订劳动合同的意向,××公司向吕某发放了《员工入职通知书》、制作了吕某的考勤记录,吕某已完成入职培训并实际工作且××公司向其支付了工资,朝阳人社局依据上述规范性文件参照上述凭证认定双方存在劳动关系是正确的,一审法院予以支持。关于第二个问题,《工伤保险条例》第十四条第(五)项规定,职工有下列情形之一的,应当认定为工伤:因工外出期间,由于工作原因受到伤害或者发生事故下落不明的。本案中,在案证据足以证实吕某系去体检途中发生交通事故受伤,一审法院予以确认。对于该事件是否具有“工作”因素,一审法院认为:最高人民法院《关于审理工伤保险行政案件若干问题的规定》(法释〔2014〕9号)第五条第一款规定,社会保险行政部门认定下列情形为“因工外出期间”的,人民法院应予支持:(一)职工受用人单位指派或者因工作需要在工作场所以外从事与工作职责有关的活动期间;(二)职工受用人单位指派外出学习或者开会期间;(三)职工因工作需要的其他外出活动期间。结合上述规定,本案中,此次体检虽不是××公司统一组织,但确系其要求的办理入职的必需手续,吕某为办理入职、在体检途中发生车祸受伤,属于上述规定中的“因工作需要的外出活动期间”受到事故伤害,符合《工伤保险条例》第十四条第(五)项的规定,应予认定工伤。综上,朝阳人社局所作被诉认定工伤决定结论正确,一审法院予以支持。

朝阳人社局接收吕某工伤认定申请后,履行了受案、收集材料、询问调查、告知、送达等步骤,并在法定时限内作出了工伤认定决定,朝阳人社局履行执法程序并无不当,一审法院不持异议。

综上,××公司要求撤销朝阳人社局作出的被诉认定工伤决定的诉讼理由不能成立,一审法院不予支持。依照《中华人民共和国行政诉讼法》第六十九条之规定,判决驳回××公司的诉讼请求。

××公司不服一审判决,向本院提起上诉。事实和理由主要为:一审判决适用法律错误,认定吕某体检属于“因公外出期间”不符合法律规定。首先,最高人民法院《关于审理工伤保险行政案件若干问题的规定》第五条第一款所明确的因工作需要的外出活动包括受单位指派或者因工作需要在工作场所以外从事与工作职责有关的活动期间、因工作需要受用人单位指派外出学习或者开会期间及因工作需要的其他外出活动期间。该条规定强调的两个重要条件是受单位指派或与工作职责有关。而本案中吕某体检并不是上诉人指派、组织的,也与吕某的工作职责无关。一审判决以“此次体检虽不是××公司统一组织,但确系其要求的办理入职的必要手续,吕某为办理入职、在体检途中发生车祸受伤,属于‘因工作需要的外出活动期间’”明显扩大了司法解释的原意,将与入职有关的体检扩大了工作职责范畴,属于适用法律错误。其次,吕某入职体检与《工伤保险条例》第十四条第六项规定,即“在上下班途中,受到非本人主要责任的交通事故或者城市轨道交通、客运轮渡、火车事故伤害的,属于工伤”的情形相似,体检与入职存在一定关联性,上下班途中与工作存在一定关联性。但该规定要求“受到非本人主要责任的交通事故”,显然要求在交通事故中不存在主要过错。一审认定吕某在体检途中受到其本人主要责任的交通事故为工伤不符合《工伤保险条例》第十四条第六项规定的精神。综上,请求撤销一审判决,依法改判支持上诉人一审诉讼请求。

朝阳人社局、吕某同意一审判决,请求予以维持。

在指定期限内,××公司向一审法院提交如下证明被诉行政行为违法的证据:

1. 被诉认定工伤决定,证明朝阳人社局认定吕某工伤的情况;2. 员工入职通知书、应聘登记表,证明登记表第5项要求吕某提供“三个月内体检报告”一份,吕某应聘时未毕业;3. 微信截屏3张,证明吕某2020年11月初请求××公司人力部门出具劳动合同。

在法定期限内,朝阳人社局向一审法院提交了作出被诉认定工伤决定的如下证据和规范性文件依据:

(一)作出被诉认定工伤决定认定事实及执法程序的证据:证据一,吕某申请工伤认定时提交的材料,包括:1. 工伤认定申请材料清单暨一次性告知单、工伤认定申请表,证明吕某之母向朝阳人社局提出工伤认定申请;2. ××公司企业信用信息公示系统查询页面截屏,证明××公司位于朝阳人社局辖区,朝阳人社局对吕某之母提出的工伤认定申请具有法定受理职权;3. 诊断证明书及相关诊疗记录,证明吕某受伤事实;4. 劳动合同书,证明吕某和××公司存在劳动关系;5. 微信截图、小区出入登记证,证明吕某实际居住地;6. 道路交通事故认定书,证明吕某发生交通事故的事实;7. 授权委托书、亲属关系证明、送达地址确认书,证明董某作为吕某的母亲及受托人,有权代为提出申请。

证据二,工伤认定申请受理决定书、送达回证,证明朝阳人社局依法受理吕某的工伤认定申请。

证据三,工伤认定举证通知书、送达回证、邮寄凭证,证明朝阳人社局依法要求××

公司就吕某受伤有关情况到朝阳人社局接受调查和举证。

证据四,调查笔录(吕某),证明朝阳人社局就吕某受伤有关情况向其本人进行调查。

证据五,工伤认定中止通知书、送达回证,证明朝阳人社局依法中止本案认定程序。

证据六,恢复工伤认定申请书、证明、调查笔录(董某),证明董某以双桥大队事故组出具的证明向朝阳人社局提出恢复工伤认定程序。

证据七,调查笔录(陈某)、授权委托手续、员工入职通知书、吕某考勤表、微信聊天截图、短信截图、路线图、调查笔录(张某)、授权委托手续,证明入职体检确系××公司入职所需材料之一。

证据八,被诉认定工伤决定、送达回证、邮寄凭证,证明朝阳人社局依法作出工伤认定决定并在法定期限内送达。

(二)依据的规范性文件为:1.《工伤保险条例》(国务院令第586号)第五条、第十四条、第十七条、第十九条第二款、第二十条;2.《工伤认定办法》(人力资源和社会保障部令第8号)第八条、第十七条、第十八条、第二十二条;3.《关于劳动行政部门在工伤认定程序中是否具有劳动关系确认权请示的答复》(最高人民法院〔2009〕行他字第12号),朝阳人社局以上述规范性文件说明其具有作出被诉认定工伤决定的法定职权,其认定工伤的执法程序合法,作出的认定工伤的决定适用实体法律正确。

在指定期限内吕某向一审法院提交如下证据材料:

1.劳动合同书;2.吕某书写的事故经过;3.居住证明及打车截图;4.体检预约短信截图;5.钉钉考勤截图;6.微信聊天截图,以上证据综合证明吕某与××公司具有劳动关系,系按照××公司要求去体检。

经一审庭审质证,一审法院对当事人提交的上述证据作如下确认:1.关于××公司提交的证据,证据1系被诉行政行为书面载体,不属于证据范畴,一审法院不予认证;证据2、3能够证明吕某入职××公司及劳动合同签订情况,一审法院予以采纳;2.朝阳人社局提交的证据具备真实性及与本案待证事实的关联性,且取得手段合法,符合证据的法定要件,能够证明朝阳人社局作出认定工伤决定所认定事实及履行程序的情况,一审法院依法予以采纳;3.吕某提交的证据能够证明案件相关事实,一审法院亦予以采纳。

一审法院已将当事人提交的证据随案移送本院。经审查,本院认为一审法院的认证意见正确,予以确认。

经审查,本院对一审法院经审理查明的事实予以确认。

本院认为,根据《工伤保险条例》第五条第二款之规定,朝阳人社局作为××公司所在地的社会保险行政部门,具有受理用人单位、工伤职工或其近亲属、工会组织提出的工伤认定申请并依法作出工伤认定结论的法定职责。

根据一审查明事实和当事人诉辩意见,本案的核心争议焦点在于,吕某在正式入职前去体检的途中所受事故伤害,是否属于《工伤保险条例》第十四条第(五)项规定的"因工外出期间,由于工作原因受到伤害或者发生事故下落不明的,应当认定为工伤"的情形。认定工伤的前提是存在劳动关系,本案中,一审法院结合在案证据及当事人陈述认定××公司与吕某之间存在劳动关系,二审审理中上诉人××公司亦表示认可,本院对此不持异议。

关于吕某所受事故伤害是否发生于"因公外出期间"。最高人民法院《关于审理工伤保险行政案件若干问题的规定》第五条第一款第(三)项规定,社会保险行政部门认定下列情形为"因工外出期间"的,人民法院应予支持:职工因工作需要的其他外出活动期间。本案二审审理中,上诉人××公司认可"没有体检报告不能办理入职手续",可见体检是办理入职的必要条件,如未及时体检吕某无法进入工作岗位并履行工作职责。据此本院认为,本案中吕某外出体检途中属于上述规定中因"工作需要"外出活动期间。

关于吕某所受事故伤害是否"由于工作原因"。《中华人民共和国社会保险法》第三十六条第一款之规定,职工因工作原因受到事故伤害或者患职业病,且经工伤认定的,享受工伤保险待遇;其中,经劳动能力鉴定丧失劳动能力的,享受伤残待遇。工伤补偿从本质上是给予劳动者因工作原因所受伤害的补偿,"工作原因"是认定工伤的充分条件,而且是核心要件。判断是否为工作原因应主要考虑职工受伤与工作之间是否具有因果关系。本案中,现有证据材料可以证明,事故时间为2020年5月31日10时15分;吕某系5月29日晚接到通知,被要求6月2日必须提交体检报告,其直系领导张某同时提供了体检地点与时间,而××公司没有表示过会在工作时间组织体检,可见,吕某只能选择休息日即5月31日或6月1日去体检,其5月31日在体检途中发生的事故伤害与工作需要办理入职手续具有相当程度的因果关系,属于"由于工作原因"受到事故伤害的情形。

因此,吕某为办理入职所必须的体检,在体检途中发生车祸受伤,属于《工伤保险条例》第十四条第(五)项规定的"因工作需要的外出活动期间"受到事故伤害。朝阳人社局在法定期限内受理了工伤认定申请,履行了受案、询问告知、送达等程序,并根据调查核实的情况在法定期限内作出被诉认定工伤决定，认定事实清楚，适用法律正确，程序并无不当。

综上，一审法院判决驳回××公司的诉讼请求正确，本院依法应予维持。××公司的上诉理由缺乏事实及法律依据，对其上诉请求本院不予支持。依照《中华人民共和国行政诉讼法》第八十九条第一款第（一）项之规定，判决如下：

驳回上诉，维持一审判决。

二审案件受理费50元，由上诉人北京××××教育科技有限公司负担（已交纳）。

本判决为终审判决。

审 判 长　董　巍
审 判 员　陈金涛
审 判 员　王　菲
二〇二二年六月六日
法官助理　任丹阳
法官助理　曹明洋
法官助理　徐逍阳
书 记 员　高　原

（主审法官：陈金涛；撰写人：陈金涛、任丹阳）

第九章　行政申诉类案审判指引

审判监督程序是继一审、二审程序之后，为纠正错案、撤销或者改正原生效裁判而设置的法定补救审判程序，是二审终审程序外当事人获得裁判错误救济的补充性程序，包括再审审查和再审审理两个阶段。启动再审的主体包括依法享有再审申请权的当事人、具有审判监督权的法院以及具有法律监督权的检察院。当事人申请再审经历了从申诉的宪法权利到申请再审的诉讼权利的蜕变，《行政诉讼法解释》将“申诉权”修订为“申请再审权”，开启了再审诉权化的进程，2014 年修正的《行政诉讼法》对此正式予以确认。在当事人主义的诉讼模式影响下，当事人申请再审的法定诉权不断强化，成为启动再审的主渠道。

第一节　申请再审条件的审查

【审查事项】

申请再审条件即再审之诉要具备哪些诉讼要件？如何认定当事人是否适格？被申请再审的生效裁判文书是否属于法院允许申请再审的法律文书？原裁判是否属于已经生效的裁判？提出的再审事由是否为法律规定的再审事由？针对再审事由是否提出了相应的证据材料？再审申请是否在法定期限提出？再审申请是否属于受诉法院管辖？再审申请是否符合“一次申请再审”的限制？

【法律适用】

《行政诉讼法》第 90 条,第 91 条,第 92 条;《行政诉讼法解释》第 3 条第 2 款、第 3 款,第 110 条,第 114 条,第 115 条第 3 款,第 117 条;最高人民法院《关于行政申请再审案件立案程序的规定》第 1 条,第 2 条,第 11 条,第 12 条;最高人民法院《关于完善四级法院审级职能定位改革试点的实施办法》第 11 条。

【常见问题解答】

1. 哪些当事人有权申请再审?

有权申请再审的主体包括原生效裁判列明的遭受败诉的当事人及其权利义务承继人,以及因不能归责于本人的事由未参加诉讼但有证据证明发生法律效力的判决、裁定、调解书损害其合法权益的第三人。原生效裁判列明的当事人包括原告、被告和第三人。审查再审申请期间,被申请人及原审其他当事人申请再审的,法院也应当将其列为再审申请人,一并审查。有权申请再审的主体应具备再审诉的利益,即有必要或者有可能通过本案再审使当事人的诉求进行实质性解决的必要性和实效性。[①] 因此,只有原生效裁判中承受不利后果的败诉当事人有权申请再审,部分败诉的当事人就败诉的部分也具有申请再审的利益。胜诉当事人因其诉求已经得到满足,申请再审没有实际意义,一般不得申请再审。我国《行政诉讼法》尚未规定第三人撤销之诉和案外人申请再审制度,尚不能当然适用。

2. 当事人应当向哪一级法院申请再审?

当事人申请再审案件确立了"申请再审上提一级"制度,专属为上一级法院管辖。当事人对已经发生法律效力的判决、裁定,认为确有错误的,可以向上一级法院申请再审。再审申请人向原审法院申请再审或者越级申请再审的,原审法院或者有关上级法院不予受理,并应当告知其向作出原生效裁判的法院的上一级法院提出。

根据 2021 年 10 月 1 日起施行的最高人民法院《关于完善四级法院审级职能定位

① 参见最高人民法院行政裁定书,(2017)最高法行申 3090 号、(2018)最高法行申 4927 号。

改革试点的实施办法》第 11 条的规定，当事人对高级人民法院作出的原生效行政判决、裁定及调解书不服，认为有错误的，应当向原审高级人民法院申请再审；对原生效判决、裁定认定的基本事实、主要证据和诉讼程序无异议，但认为适用法律有错误的以及原生效裁判经高级人民法院审判委员会讨论决定的两种情形，可以向最高人民法院申请再审。需要注意的是，2023 年 9 月，最高人民法院印发《关于四级法院审级职能定位改革试点结束后相关工作要求的通知》，自 2023 年 9 月 28 日起，不再执行最高人民法院《关于完善四级法院审级职能定位改革试点的实施办法》，恢复执行《行政诉讼法》第 90 条的规定。

3. 当事人申请再审是否有期限限制？

申请再审期间为原裁判文书发生法律效力之日起至再审申请人向上一级法院申请再审之日止。当事人应当在判决、裁定或者调解书发生法律效力后 6 个月内提出，有下列情形之一的，自知道或者应当知道之日起 6 个月内提出：(1) 有新的证据，足以推翻原判决、裁定的；(2) 原判决、裁定认定事实的主要证据是伪造的；(3) 据以作出原判决、裁定的法律文书被撤销或者变更的；(4) 审判人员审理该案件时有贪污受贿、徇私舞弊、枉法裁判行为的。《行政诉讼法》未限定最长申请再审期限，因此，无论裁判生效后多长时间，只要出现上述四种情形，当事人均可自知道或者应当知道之日起 6 个月内申请再审。申请再审期间是除斥期间、不变期间，不适用中止、中断或者延长的规定。

需要注意的是，申请再审期间的适用应当注意新旧《行政诉讼法》的衔接。当事人对 2015 年 5 月 1 日以前的生效裁判申请再审的，适用旧《行政诉讼法》规定的 2 年期间。2 年期间在 2015 年 10 月 31 日尚未届满的，截至 2015 年 10 月 31 日；在 2015 年 5 月 1 日至 2015 年 10 月 30 日届满的，按届满时日期计算。具有上述四种情形的，当事人自知道或者应当知道之日起 6 个月内申请再审。当事人在 2015 年 5 月 1 日后申请再审的，适用新《行政诉讼法》规定的 6 个月。当事人对 2013 年 5 月 1 日以前的生效裁判申请再审的，视为申诉信访，不作为再审申请立案。①

① 赵大光、李广宇、耿宝建：《行政诉讼法新旧法衔接的几个问题》，载《人民法院报》2015 年 5 月 13 日，第 5 版。

4. 当事人对生效判决、裁定或者调解书都可以申请再审吗?

允许当事人申请再审的客体包括已经发生法律效力的判决、裁定或者调解书。对此,应当具备两个条件:(1)已经发生法律效力。对于仍在上诉期间或者已被再审裁判撤销的判决、裁定或者调解书,因其未发生法律效力,当事人不得申请再审。(2)对当事人的权利或者义务产生实际影响,且无其他救济途径。允许当事人对不予受理、驳回起诉裁定申请再审,而管辖权异议裁定不得申请再审,这主要是考虑对当事人实际权益的影响程度及有无相应的救济措施。按自动撤回上诉处理的裁定是否允许申请再审仍存在争议。

5. 当事人申请再审的事由包括哪些?

当事人对生效判决、裁定申请再审的法定事由包括:(1)不予立案或者驳回起诉确有错误的;(2)有新的证据,足以推翻原判决、裁定的;(3)原判决、裁定认定事实的主要证据不足、未经质证或者系伪造的;(4)原判决、裁定适用法律、法规确有错误的;(5)违反法律规定的诉讼程序,可能影响公正审判的;(6)原判决、裁定遗漏诉讼请求的;(7)据以作出原判决、裁定的法律文书被撤销或者变更的;(8)审判人员在审理该案件时有贪污受贿、徇私舞弊、枉法裁判行为的。当事人对生效调解书申请再审的事由包括调解违反自愿原则或者调解书内容违法。

当事人应在再审申请书中明确申请再审的法定事由和相应的法律依据,即再审申请人认为原生效裁判应予再审是符合具体哪一项事由,同时再审申请人应提供相应的证据材料并详细阐明事实与理由。值得注意的是,再审事由的提出只是当事人主观上的一种“发现”,事由是否成立需法院立案受理后,通过实质审查予以确认,事由成立的,依法应当再审。

6. 当事人申请再审被驳回后,还能再次申请再审吗?

与民事诉讼中一审、二审、申请再审和检察监督的“三加一”诉讼终结机制一致,行政诉讼也明确了“一次申请再审,一次抗诉”的路线图。当事人申请再审被裁定驳回后再次申请再审的,法院不予立案,当事人可以继续向人民检察院申请抗诉或者检察建议;被申请人或者原审其他当事人又申请再审的,法院应予受理。

法院准许申请人撤回再审申请或者按撤回再审申请处理后，当事人亦不得再次申请再审，但具有以下四种情形的，可以再次申请再审：(1)有新的证据，足以推翻原判决、裁定的；(2)原判决、裁定认定事实的主要证据不足、未经质证或者系伪造的；(3)据以作出原判决、裁定的法律文书被撤销或者变更的；(4)审判人员在审理该案件时有贪污受贿、徇私舞弊、枉法裁判行为的。如果当事人再次申请再审没有新的理由、新的证据或者超过法定申请期限，但法院经审查认为原生效裁判确有错误、依法应当予以纠正的，可以依职权裁定再审。

对于再审发回重审后作出的生效裁判、按一审程序再审提出上诉后作出的生效裁判是否允许申请再审，存有争议。有的观点认为，属于再审裁判，不应允许申请再审。有的观点认为，案件情况可能发生重大变化，如增加诉讼请求、提交新证据、追加当事人等，应允许申请再审。①

第二节　申请再审具体材料

【审查事项】

当事人申请再审，应当提交哪些材料？

【法律适用】

《行政诉讼法解释》第111条，最高人民法院《关于行政申请再审案件立案程序的规定》第4条、第5条、第6条、第7条、第9条，最高人民法院《关于完善四级法院审级职能定位改革试点的实施办法》第12条，《诉讼费用交纳办法》第7条、第9条、第19条、第23条、第32条。

---

① 江必新主编：《最高人民法院审判监督业务指导》，中国法制出版社2015年版，第334页。

【常见问题解答】

1. 再审申请书应包括哪些内容?

再审申请书应当记明下列事项:(1)再审申请人与被申请人和原审其他当事人的基本信息,写明再审诉讼地位和原审诉讼地位。当事人是自然人的,应当写明姓名(曾用名)、性别、出生年月日、民族、职业、住址、身份证号和联系方式。当事人是法人或者其他组织的,应当写明法人或者其他组织的名称、住所地,以及法定代表人或者主要负责人的姓名、职务和联系方式。(2)原审人民法院的名称,原审判决、裁定或者调解书案号。案件历经一审、二审、申请再审、再审审理、检察院抗诉、发回重审的,建议梳理并写明全部案件的法院和案号。(3)具体的再审请求。再审请求应明确、具体、规范,如请求撤销原审裁判,依法改判为某诉讼请求或者发回重审。(4)申请再审的法定情形及具体事实、理由。再审申请人应明确申请再审的法定事由和相应的法律依据,即再审申请人认为生效的判决、裁定或者行政赔偿调解书具体符合《行政诉讼法》第91条的哪一项或者哪几项规定,依法应予再审。同时,再审申请人应列明相应的证据材料,并围绕案件争议焦点阐明事实经过、事实理由以及法律依据。(5)受理再审申请的人民法院名称。(6)再审申请人的签名、捺印或者盖章。再审申请人是自然人的,应签名确认;再审申请人是法人或者其他组织的,应加盖公章,同时法定代表人签字确认。(7)递交再审申请书的日期。

当事人仅以适用法律存在错误事由向最高人民法院申请再审的,除依法必须载明的事项外,应当在再审申请书中声明对原判决、裁定认定的基本事实、认定事实的主要证据、适用的诉讼程序没有异议,同时载明案件所涉法律适用问题的争议焦点、原生效裁判适用法律存在错误的论证理由和依据。再审申请人提交的再审申请书不符合前述要求的,最高人民法院应当给予指导和释明,一次性全面告知其在10日内予以补正。再审申请人无正当理由逾期未予补正的,按撤回申请处理。

2. 申请再审收费吗?

目前,当事人申请再审无须交纳案件受理费。如果法院认为当事人再审申请事由成立而裁定再审的,两种情况下需交纳案件受理费,即再审审理案件仅在当事人因提交新的证据足以推翻原裁判及对未上诉的一审生效裁判申请再审且均予裁定再审的情形下收费。申请再审受理费由申请人负担,双方当事人都申请再审的,由败诉方负担。

第三节 再审申请审查程序

【审查事项】

再审申请的审查程序包括哪些?

【法律适用】

《行政诉讼法解释》第112条至第114条。

【常见问题解答】

1. 法院受理立案后多久作出审查结果?

法院对当事人再审申请的审查期限从立案次日起计算,期间为6个月,有特殊情况需要延长的,由本院院长批准。

2. 法院对再审申请是书面审查吗?

再审审查的方式包括审核申请再审材料后径行裁定、审阅原审卷宗、询问当事人和组织当事人听证。法院可根据案件具体情况确定审查方式为书面审查、询问或者听证。询问一方或者双方当事人,通知方式可以是书面或者口头通知,应做好记录。法院经审查申请再审人提交的再审申请书、对方当事人提交的书面意见、原审裁判文书和证据等材料,足以确定申请再审事由不能成立的,可以径行裁定驳回再审申请。有新的证据可能推翻原判决、裁定的,法院应当询问当事人,组织当事人就新的证据的真实性、关联性、合法性发表质证意见,并制作质证笔录。合议庭决定听证的案件,围绕申请再审事由是否成立进行。被申请人及原审其他当事人不参加询问、听证或者未经许可中途退出的,视为放弃在询问、听证过程中陈述意见的权利。

3. 申诉审查案件需要合议庭审查吗?

再审案件应当另行组成合议庭进行审理,合议庭的成员应是 3 人以上的单数,原一审、二审合议庭成员不能参加再审审查程序。

第四节　实质审查要件

【审查事项】

如何认定原生效裁判是否“确有错误”?

【法律适用】

《行政诉讼法》第 91 条、第 92 条,《行政诉讼法解释》第 116 条。

【常见问题解答】

1. 如何理解申请再审案件的审查范围?

行政诉讼既非单纯的主观诉讼,亦非单纯的客观诉讼,既要保护行政相对人的合法权益,又要监督行政机关依法行政,对于涉及国家利益、社会公共利益以及他人合法权益的事项,应予纠正。因此,行政申请再审案件的审查范围除了当事人提出的再审事由是否成立,还包括被诉行政行为是否合法或者有明显不当,这可能会超出当事人的再审申请范围。① 行政诉讼中二审法院对上诉案件的审理范围包括原审法院的裁判是否正确和被诉行政行为的合法性,体现了行政诉讼区别于民事诉讼的特殊性质。

① 江必新、梁凤云:《行政诉讼法理论与实务》(第 2 版)(下卷),北京大学出版社 2011 年版,第 962 页。

2. 法院审查当事人的再审事由是否成立的标准?

审判监督程序包括再审审查及再审审理两个阶段。再审审查解决的是当事人的再审申请是否成立,是再审审理的前置程序;再审审理解决的是原生效裁判是否改变,是再审审查的延伸和归宿。由于再审审查和再审审理两个阶段审查重点的不同,再审审查的标准亦区别于再审审理的标准。再审审查的标准是能否启动再审的标准,即原生效裁判是否"确有错误";而再审审理的标准是裁判是否改判的标准,即当事人的诉讼请求应否支持。因再审的启动会冲击生效裁判的既判力,牺牲行政行为的法律效力和社会关系的稳定,因此其启动标准较之一审、二审程序也更为严格。再审事由是启动再审的"钥匙",再审事由成立的,应当启动再审。

3. "不予立案或者驳回起诉确有错误的" 事由的审查标准是什么?

该事由的单独列明体现了法院解决行政诉讼"立案难"的决心,但该事由与"适用法律、法规确有错误"有一定交叉,在司法实践中,属于受案范围但原审法院未予实体审理的,法院在适用事由的选择上存在分歧。在该事由的适用上,原审法院不予受理或者驳回起诉的理由错误,但结论正确,原告的起诉确实不符合法定条件的,不宜启动再审,可在驳回再审申请裁定书中对错误理由进行变更或者予以指正。①

4. "有新的证据,足以推翻原判决、裁定的" 事由的审查标准如何把握?

"新的证据"包括在诉讼过程中应当获准调取或准予延期提供而未获准许的证据;法院依法调取并获得法律上认定的证据材料;原告或者第三人提供的在举证期限届满后发现的证据。因行政机关行政行为的作出应遵循"先取证,后裁决"规则,②故行政机关不得以"新证据"事由申请再审。《民诉法解释》第 397 条规定:"审查再审申请期间,再审申请人申请人民法院委托鉴定、勘验的,人民法院不予准许。"但是,如果当事人在原审中依法申请鉴定或者勘验,原审法院应当准许而未予准许,且未经鉴

---

① 江必新主编:《中华人民共和国行政诉讼法及司法解释条文理解与适用》,人民法院出版社 2015 年版,第 596 页。

② 梁凤云:《新行政诉讼法讲义》,人民法院出版社 2015 年版,第 394 页。

定或者勘验可能影响案件基本事实认定的，说明原判决、裁定认定的基本事实缺乏证据证明。“新证据”启动再审必须达到“足以推翻原判决、裁定”的程度，采用高度盖然性的判断标准。新证据足以推翻原判决、裁定的，都应启动再审，只是根据当事人逾期提供证据的理由是否成立，决定是否给予训诫、罚款、诉讼费用制裁和损害赔偿请求权。

5. “原判决、裁定认定事实的主要证据不足、未经质证或者系伪造的”事由的审查标准如何把握？

“主要证据”是指对认定案件基本事实必不可少、具有足够证明力的证据。没有该主要证据，案件基本事实就不能认定，或者有和该主要证据证明内容相反的证据，案件事实就会相反，裁判结果也会不同。① 根据《民诉法解释》第387条的规定，“未经质证”不包括当事人在原审中对主要证据拒绝发表质证意见或者质证中未发表质证意见的情形。当事人认为证据系伪造的，若除去该证据，根据其他证据也能得到同样的结果，该证据不是主要证据，不得申请再审。②

6. “原判决、裁定适用法律、法规确有错误的”事由的审查标准如何把握？

参照《民事诉讼法》的相关规定，该事由包括但不限于：适用的法律与案件性质明显不符的；适用已经失效或者尚未施行的法律的；违反法律溯及力规定的；违反《立法法》确立的法律适用规则的；明显违背立法原意的；对具体法律规范的理解和适用有误的；③未引用具体法律条款的。法律适用存在争议、法律适用存在瑕疵不影响结果正确的，应慎重启动再审，衡量再审价值，做好释明工作。在该事由的适用上，《民事诉讼法》增加了“导致判决、裁定结果错误”的要件，以严把再审关，行政诉讼在该事由的把握上宜参照“导致判决、裁定结果错误”的成立标准。

---

① 最高人民法院民事诉讼法修改研究小组编著：《中华人民共和国民事诉讼法修改条文理解与适用》，人民法院出版社2012年版，第443页。

② 王名扬：《法国行政法》，中国政法大学出版社1988年版，第658页。

③ 江必新主编：《中华人民共和国行政诉讼法及司法解释条文理解与适用》，人民法院出版社2015年版，第593、594页。

7. “违反法律规定的诉讼程序，可能影响公正审判的”事由的审查标准是什么？

该事由包括但不限于：(1)违反法律，管辖错误的。《民事诉讼法》取消了管辖错误的事由，但行政诉讼宜保留管辖错误事由。行政诉讼中的管辖制度特别是级别管辖制度，旨在排除地方保护主义的干扰，保障独立、公正审判，具有重大意义。(2)审判组织的组成不合法或者依法应当回避的审判人员没有回避的。(3)无诉讼行为能力人未经法定代理人代为诉讼或者应当参加诉讼的当事人，因不能归责于本人或者其诉讼代理人的事由，未参加诉讼的。(4)违反法律规定，剥夺当事人辩论权利的。(5)未经合法传唤，缺席判决的。(6)对审理案件需要的主要证据，当事人因客观原因不能自行收集，书面申请人民法院调查收集，人民法院未调查收集的。①

8. 如何理解“原判决、裁定遗漏诉讼请求的”事由的审查标准？

诉讼请求包括一审原告的诉讼请求和上诉人的上诉请求，基于“再审补充性原则”，当事人未在上诉中主张一审裁判遗漏诉讼请求的，二审裁判生效后不得以该事由申请再审。与民事诉讼不同，行政诉讼未将“超出诉讼请求”作为再审事由，因行政诉讼具有公法性质，需要对当事人的诉讼请求和被诉行政行为的合法性进行全面审查，在履行合法性审查职责时，可能会超出当事人的诉讼请求，如在情况判决中要求被告采取补救措施。②

9. “据以作出原判决、裁定的法律文书被撤销或者变更的”事由的审查标准如何把握？

被撤销或者变更的法律文书系原生效裁判认定基本事实和案件性质之根据的，适用该事由。③ 民事诉讼法中的法律文书包括发生法律效力的判决、裁定、调解书、仲裁裁决书和具有强制执行效力的公证债权文书，不包括行政裁决书。行政诉讼中的“法律文书”是否包括行政裁决书，尚未明确规定。

---

① 梁凤云：《新行政诉讼法讲义》，人民法院出版社 2015 年版，第 951～957 页。

② 江必新主编：《中华人民共和国行政诉讼法及司法解释条文理解与适用》，人民法院出版社 2015 年版，第 595 页。

③ 江必新主编：《中华人民共和国行政诉讼法及司法解释条文理解与适用》，人民法院出版社 2015 年版，第 596 页。

10. 如何把握“审判人员在审理该案件时有贪污受贿、徇私舞弊、枉法裁判行为的”事由的审查标准?

参照《民诉法解释》第392条关于贪污受贿、徇私舞弊、枉法裁判行为的认定标准,即已经由生效刑事法律文书或者纪律处分决定所确认,且该行为必须发生在审理过程中。在事实认定、法律适用方面,原生效裁判存在无害错误,不影响裁判结果,可以用裁定或者其他方法补正的,①以及原审法院行使自由裁量权非显著不当的,②不宜启动再审。

11. 如何把握调解书再审事由的审查标准?

调解书再审事由的审查标准包括:一是调解违反自愿原则。违反自愿原则是指调解存在欺诈、胁迫等违背真实意思表示的情形,或者显失公平、存在重大误解。二是调解书内容违法。调解书内容违法是指存在违反法律、法规强制性规定,损害国家利益、公共利益和他人合法权益,以及行政机关超越职权或者放弃职权的情形。

12. 被诉行政行为的审查标准如何把握?

人民法院对被诉行政行为的审查以合法性审查为主,兼顾合理性审查。合法性审查内容包括被诉行政行为的主体是否具备资格,是否具有法定职权,是否存在超越职权、滥用职权的情形;事实认定是否准确、主要证据是否确实充分;适用法律法规是否正确;是否符合正当程序;是否存在不履行法定职责的情形;是否违反信赖保护原则、行政公开原则等。合理性审查包括被诉行政行为是否违反比例原则,是否存在明显不当。③ 被诉行政行为违法或者明显不当的,可以以主要证据不足、适用法律错误事由启动再审。④

---

① 2003年北京市高级人民法院《关于办理申诉、申请再审案件的规定(试行)》第26条。

② 根据最高人民法院《关于在审判执行工作中切实规范自由裁量权行使保障法律统一适用的指导意见》的规定,只有原审人民法院行使自由裁量权显著不当的,才能按照审判监督程序予以撤销或变更。对于涉及下级法院行使自由裁量权的情形,上级法院应予以尊重,除非构成明显不公,一般不宜启动再审。

③ 江必新主编:《中华人民共和国行政诉讼法及司法解释条文理解与适用》,人民法院出版社2015年版,第562页。

④ 参见新疆维吾尔自治区高级人民法院裁判文书(2015)新行监字第66号。

第五节　再审审查结果

【审查事项】

法院裁定再审(包括提审、指令再审或者指定再审)的适用情形包括哪些？驳回再审申请的适用情形包括哪些？准予撤回再审申请的适用情形包括哪些？按撤回再审申请处理的适用情形包括哪些？终结审查的情形如何把握？

【法律适用】

《行政诉讼法解释》第88条,第115条第2款、第3款,第116条第1款、第2款,第118条;最高人民法院《关于办理行政申请再审案件若干问题的规定》第2条,第3条。

【常见问题解答】

1. 当事人的再审申请符合哪些情形，法院应裁定驳回再审申请？

当事人不具有申请再审的主体资格、申请再审的客体不属于允许申请再审的法律文书范围、提出的再审申请超过法定申请再审期限、超出法定再审事由范围、再审申请不属于受诉法院管辖范围、缺乏再审诉的利益等不符合申请再审条件的,法院不予受理;不符合申请再审条件但已经立案的,法院裁定驳回申请人的再审申请。经再审审查,显无事由、再审事由不成立,并且被诉行政行为合法无明显不当的,裁定驳回申请人的再审申请。需要注意的是,不符合申请再审条件中“一次申请再审限制”情形的,法院应当裁定终结审查,而非裁定驳回申请人的再审申请。

2. 当事人的再审申请符合哪些情形，法院应裁定再审？

当事人的再审事由成立的,裁定再审;显无事由、再审事由不成立的,但被诉行政行为违法或者有明显不当的,裁定再审。当事人双方申请再审,一方主张的再审事由成立,另一方主张的再审事由不成立的,裁定书仅写明一方的再审申请符合《行政诉讼法》第 91 条某项规定的情形,另一方再审申请不成立的,不再予以评述。

3. 裁定再审的方式有哪些?

关于裁定再审的方式,原则上由受理再审申请的法院提审,严格限制指令再审,较少适用指定再审。

为避免再审反复,有效纠错,原生效裁判具有下列情形的,不宜指令原审法院再审,只能由受诉法院提审:(1)经原审法院再审审理后作出的;(2)经原审法院审判委员会讨论作出的;(3)原审审判人员在审理该案件时有贪污受贿、徇私舞弊、枉法裁判行为的;(4)原审法院对该案无再审管辖权的;(5)需要统一法律适用或者裁量权行使标准的。

原生效裁判具有下列情形的,可以指令再审:(1)认定事实的主要证据未经质证的;(2)主要证据因当事人客观原因不能自行收集,书面申请法院调查收集而未调查收集的;(3)违反法律规定,剥夺当事人辩论权利的;(4)发生法律效力的判决、裁定、调解书是一审法院作出的,当事人一方人数众多的;(5)经原审法院审判委员会讨论决定的其他情形。

上级法院可以根据案件的影响程度及案件参与人等情况,考虑便利当事人诉讼及便利法院审理等因素,决定是否指定与原审法院同级的其他法院再审。

当事人向最高人民法院申请再审的,最高人民法院应当依法审查,区分情况予以处理。下列行政申请再审案件中,原判决、裁定适用法律、法规确有错误的,最高人民法院应当裁定再审:(1)在全国具有普遍法律适用指导意义的案件;(2)在全国范围内或者省、自治区、直辖市有重大影响的案件;(3)跨省、自治区、直辖市的案件;(4)重大涉外或者涉及香港特别行政区、澳门特别行政区、台湾地区的案件;(5)涉及重大国家利益、社会公共利益的案件;(6)经高级人民法院审判委员会讨论决定的案件;(7)最高人民法院认为应当再审的其他案件。有下列情形之一的,最高人民法院可以决定由作出生效判决、裁定的高级人民法院审查:(1)案件基本事实不清、诉讼程序违法、遗漏诉讼请求的;(2)再审申请人或者第三人人数众多的;(3)由高级人民法院审查更适宜实质性化解行政争议的;(4)最高人民法院认为可以由高级人民法院审查的其他情形。

4. 法院裁定再审后，原生效判决还继续执行吗?

法院裁定再审的案件，中止执行是原则，但支付抚恤金、最低生活保障费或者社会保险待遇的案件，可以不中止执行。

5. 再审审查期间，申请人可以撤回再审申请吗?

审查再审申请期间，再审申请人撤回再审申请的，是否准许，由法院裁定。再审申请人经传票传唤，无正当理由拒不接受询问的，按撤回再审申请处理。

6. 符合哪些情形，法院会终结再审审查?

参照《民事诉讼法》的相关规定，具有下列情形的，法院裁定终结审查：(1)再审申请人死亡，没有近亲属或者近亲属放弃诉讼权利的。(2)作为再审申请人的法人或者其他组织终止后，其权利义务的承受人放弃诉讼权利的。(3)除特殊情况外，因3种情形中止诉讼满90日仍无人继续诉讼的，包括再审申请人死亡，须等待其近亲属表明是否参加诉讼的；再审申请人丧失诉讼行为能力，尚未确定法定代理人的；作为一方当事人的行政机关、法人或者其他组织终止，尚未确定权利义务承受人的。(4)当事人达成和解协议且已履行完毕的，但当事人在和解协议中声明不放弃申请再审权利的除外。(5)他人未经授权以当事人名义申请再审的。(6)原审或者上一级人民法院已经裁定再审的。(7)再审申请被驳回后再次提出申请的。(8)对再审判决、裁定提出申请的。(9)在人民检察院对当事人的申请作出不予提出再审检察建议或者抗诉决定后又提出申请的。

7. 再审审查过程中，当事人可以达成和解吗?

行政案件一般不适用调解，行政赔偿、补偿以及行政机关行使法律、法规规定的自由裁量权的案件可以调解。调解应当遵循自愿、合法原则，不得损害国家利益、社会公共利益和他人合法权益。在再审审查程序中，当事人达成和解协议的，人民法院对申请再审案件裁定再审，并在再审审理中制作调解书，送达当事人。当事人自行履行完毕，无须制作调解书的，也可裁定终结审查或者裁定准予当事人撤回再审申请。

附：

本院典型案例

胡某1诉北京市公安局通州分局张家湾派出所案

【裁判要旨】胡某1在与王某2等人在纠纷中身体受损伤，属轻微伤，派出所在接到报案后进行了调查，但是在被诉行政行为中并没有明确胡某1所受伤害的原因，即适用《中华人民共和国治安管理处罚法》第95条第2项的规定对相关人作出不予处罚的决定，属于基本事实不清。

【裁判文书】

北京市第三中级人民法院

行政裁定书

（2017）京03行再1号

抗诉机关：北京市人民检察院。

申诉人（一审原告、二审上诉人）：胡某1，男，住北京市通州区。

法定代理人：胡某2（胡某1之兄），住北京市通州区。

被申诉人（一审被告、二审被上诉人）：北京市公安局通州分局张家湾派出所，住所地北京市通州区张家湾镇广源西街2号。

二审被上诉人（一审第三人）：张某1，男，住北京市通州区。

二审被上诉人（一审第三人）：王某1，女，住北京市通州区。

二审被上诉人（一审第三人）：李某，男，住北京市通州区。

二审被上诉人（一审第三人）：张某2，女，住北京市通州区。

申诉人胡某1因与被申诉人北京市公安局通州分局张家湾派出所（以下简称张家湾派出所）治安管理不予行政处罚一案，不服本院（2014）三中行终字第1491号行政判决（以下简称1491号判决），向检察机关申诉。北京市人民检察院作出京检行监

〔2015〕11000000147号行政抗诉书，向北京市高级人民法院提出抗诉。北京市高级人民法院作出(2016)京行抗5号行政裁定，指令本院再审本案。本院依法另行组成合议庭，于2017年3月10日公开开庭对本案进行再审。北京市人民检察院指派北京市人民检察院第三分院检察员、助理检察员出庭。申诉人胡某1之法定代理人胡某2及其诉讼代理人，被申诉人张家湾派出所之诉讼代理人，二审被上诉人张某1、王某1之共同委托诉讼代理人，二审被上诉人兼张某2、李某之共同委托诉讼代理人到庭参加诉讼。

北京市人民检察院抗诉认为：本案中现有证据已经能够证明胡某1在与王某2、李某、张某1、王某1、张某2的纠纷中受到伤害的事实。张家湾派出所认为违法事实不能成立作出不予处罚的决定，属于认定事实不清，适用法律错误。法院二审判决认为张家湾派出所的决定并无不当，驳回胡某1诉讼请求属于认定事实的主要证据不足，适用法律错误。一、本案中现有证据已经能够证明胡某1在与王某2、李某、张某1、王某1、张某2的纠纷中被对方行为致伤，且经鉴定为轻微伤的事实；二、张家湾派出所认为违法事实不能成立作出不予处罚的决定，属于认定事实不清，适用法律错误；三、二审法院判决认为一审法院驳回胡某1的诉讼请求并无不当，属于认定事实的主要证据不足，适用法律确有错误。综上所述，1491号判决认定事实的主要证据不足，适用法律确有错误，根据《中华人民共和国行政诉讼法》第九十一条第(三)(四)项、第九十三条第一款的规定，特提出抗诉，请依法再审。

申诉人胡某1称：认可检察机关的抗诉意见，请求撤销(2014)通行初字第115号和(2014)三中行终字第1491号行政判决，依法再审，重新审理本案。理由：第一，一、二审法院对事实认定有误。根据李某的询问笔录、胡某1的陈述、张某2的证言、胡某1的诊断证明、照片以及人体损伤程度鉴定意见等均证实本案违法事实的存在，胡某1在与王某2、李某、王某1、张某1、张某2发生冲突时受到伤害，因果关系成立，损害结果客观，依据充分。第二，一、二审法院违反法律规定的诉讼程序，证人杨某春、王某俊与王某2、李某、王某1、张某1、张某2存在亲属关系，我方曾申请法院调取近亲属档案，王某1也曾在一审庭审中承认与证人存在亲属关系。因此，一审法院认为我方没有在法定期间提交有效证据缺乏依据。第三，一、二审法院适用法律明显不当，《中华人民共和国行政诉讼法》第三十三条和《最高人民法院关于行政诉讼证据若干问题的规定》第三条对行政机关在行政诉讼中自行向证人取证进行了限制，张家湾派出所在行政诉讼中自行向证人取证，对证人林某华询问，违反上述规定。并且，张家湾派出所组织证人进行辨认的程序违反了《公安机关办理行政案件程序规定》第86条、第90条和《公安机关执法细则》第二编第一章和第三十八章的规定，属于重大的程序违法而非简单的程序瑕疵。第四,张家湾派出所作出不予行政处罚决定书不是依据法律与事实作出的正当职权行为,而是滥用职权行为。

被申诉人张家湾派出所辩称:不认可检察机关的抗诉意见,请求法院驳回申诉人的再审请求,维持原一、二审判决。理由:第一,根据现场证人和双方人员陈述,因供证双方对案件事实陈述存在差异,无法认定李某、王某2、王某1、张某1、张某2对胡某1存在故意殴打伤害的事实,但可以认定胡某1受伤是在这过程中造成的,有口供笔录可以证实。第二,关于证人证言的亲属关系,因系在场证人,我们必须询问审核,我们认为证人陈述与当事人陈述基本一致,故予以采信。第三,关于辨认程序:1. 我方在组织辨认前向林某华详细询问了体貌特征,再进行辨认,在制作辨认笔录过程中,林某华未辨认出当时双方人员;2. 关于签名和按指印,辨认笔录中民警和当事人、见证人都有签字,对辨认笔录予以认可,而在"本页无正文"签名和按指印,是因法律文书均需由网上执法办案平台制作,对证人林某华的辨认过程是在林某华家中所做,其家中不具备网上开具文书的条件,故民警在向林某华讲清辨认过程及经过后,让其予以签字确认,后民警回派出所将整个过程以辨认笔录的形式予以记录;3. 关于辨认照片与本人存在较大差别,辨认是对面部进行辨认,因面部没有太大差别,故选取该辨认照片。第四,关于适用法律问题,我方未认定李某、王某2、王某1、张某1、张某2有殴打胡某1的主观故意,故不适用《中华人民共和国治安管理处罚法》第四十三条的规定。

二审被上诉人张某2、王某2、李某、张某1、王某1述称,对抗诉书内容不发表意见,请法院处理,希望尽快结束本案。

经审查,2012年8月5日14时许,胡某1与王某2、李某、王某1、张某1、张某2在北京市通州区张家湾镇张湾镇村发生纠纷,经报案后张家湾派出所受理此案。张家湾派出所受案后,分别对上述人员及在场证人进行了询问,并依照法定程序进行了伤情鉴定及精神病鉴定。经鉴定,胡某1、王某1两人身体所受损伤均属轻微伤,且胡某1被评定为限制刑事责任能力。其中,胡某1的伤情包括"头、颈、腹部、双下肢外伤:头外伤后神经反应,颈部、腹部、双下肢多处软组织损伤,右侧第8肋骨占位"。

本院再审认为:由于本案属于检察机关提出抗诉进行再审的案件,根据北京市高级人民法院的裁定以及最高人民法院《关于执行〈中华人民共和国行政诉讼法〉若干问题的解释》第七十六条的规定,本院适用第二审程序,对本案进行审理。同时,本院将围绕检察机关抗诉书指出的原判认定事实和适用法律的问题进行审理。

根据《中华人民共和国治安管理处罚法》的相关规定,侵犯人身权利,尚不够刑事处罚的,由公安机关依法给予治安管理处罚。该法第九十五条第(二)项规定,治安案件调查结束后,公安机关应当根据不同情况,对于"依法不予处罚的,或者违法事实不能成立的,作出不予处罚决定"的处理。

根据张家湾派出所提供的证据能够确认胡某1身体和精神均有残疾的事实,这在当地村民中是公知的。2012年8月5日14时许,胡某1与王某2、李某、王某1、张某1、张某2在张家湾镇张湾镇村发生纠纷,造成胡某1、张某2受伤。经鉴定,胡某1身体所受损伤属轻微伤。张家湾派出所在接到报案后,进行了调查,但是在被诉行政行为中并没有明确胡某1所受伤害的原因,属于基本事实不清。上述事实的认定将直接影响到能否适用《中华人民共和国治安管理处罚法》第九十五条第(二)项的规定对相关人作出不予处罚的决定。

综上,原审判决认定基本事实不清、证据不足,依法应当重新审理。依照《中华人民共和国行政诉讼法》第八十九条第一款第(三)项的规定,裁定如下:

一、撤销本院(2014)三中行终字第1491号行政判决及北京市通州区人民法院(2014)通行初字第115号行政判决;

二、本案发回北京市通州区人民法院重审。

审 判 长　饶亚东
审 判 员　张　明
代理审判员　孙　栋
二〇一七年七月三十一日
书 记 员　宋　垚

(主审法官:饶亚东;撰写人:饶亚东、宋垚)

附:

本院典型案例

王某诉北京市规划和国土资源管理委员会房屋行政登记案

【裁判要旨】本案系典型的房屋虚假登记案件,关涉房屋真实权利人和抵押权人的利益平衡与保护。房屋真实权利人起诉要求撤销房屋登记,抵押权人主张取得房屋抵押权而阻止撤销房屋登记。房屋抵押权的善意取得构成撤销前置房屋转移登记的阻却因素，但本案尚未确认抵押权是否为第三人善意取得，并且被诉登记行为的撤销不涉及抵押登记的合法性，第三人作为抵押权人可以主张抵押权的善意取得，进而实现债权，不必然需要通过申请再审寻求救济。

【裁判文书】

北京市第三中级人民法院

行政裁定书

(2016)京03行申7号

再审申请人(原审第三人)：王某，女，住北京市海淀区。

被申请人(原审被告)：北京市规划和国土资源管理委员会，住所地北京市东城区和平里北街2号。

法定代表人：魏某林，主任。

被申请人(原审原告)：师某，女，住北京市朝阳区。

被申请人(原审原告)：李某1，男，住北京市朝阳区。

被申请人(原审第三人)：李某2，男，汉族。

原审原告师某、李某1因不服房屋行政登记诉原审被告北京市规划和国土资源管理委员会(原北京市国土资源局)一案，经北京市朝阳区人民法院作出(2015)朝行初字第00593号行政判决，已经生效。再审申请人王某不服，向本院申请再审。本院依法组成合议庭进行了审查，现已审查终结。

再审申请人王某申请再审称：请求撤销北京市朝阳区人民法院(2015)朝行初字第00593号行政判决，提审本案或指令原审法院再审。事实与理由：1.原审法院违反法律规定，审理程序存在严重错误，行政争议和民事争议应当单独立案，分别裁判。2.(2015)朝行初字第00593号行政判决的作出导致我方无法实现担保物权。

被申请人北京市规划和国土资源管理委员会辩称：同意一审行政判决，不同意申请人的再审申请，原审法院认定事实清楚，程序合法，适用法律正确，申请人的再审申请不具有事实和法律基础，请求驳回申请人的再审申请。

被申请人师某、李某1辩称：同意一审行政判决，不同意申请人的再审申请，本案不存在民事争议，房屋登记不具有合法的事实基础，申请人的再审申请不符合《中华人民共和国行政诉讼法》第九十一条规定的情形，请求驳回申请人的再审申请。

被申请人李某2未向本院提交陈述意见。

在本院审查期间，被申请人北京市规划和国土资源管理委员会提交了北京市国土资源局名称现变更为北京市规划和国土资源管理委员会的证明。

经审查，本院认为，根据《房屋登记办法》第十一条、第三十三条的规定，申请房屋转移登记，应当提供符合相关法律规定的申请材料。申请人应当对申请登记材料的真实性、合法性、有效性负责，不得隐瞒真实情况或者提供虚假材料申请房屋登记。本案中，根据师某、李某1提交的司法鉴定意见及公证处出具的证明，被诉的房屋所有权转移登记行为中的存量房屋买卖合同中“师某”的签字非其本人所签，委托书的公证书系伪造，委托书中“师某”和“李某1”的签字亦非其本人所签，被诉的房屋所有权转移登记行为不具备合法性，应当予以撤销。故，原审法院判决撤销被诉行政行为的结果正确。虽然王某作为涉案房屋的抵押权人，与本案有利害关系，但是原审法院在判决中已经明示判决撤销该转移登记行为后并不影响涉案房屋的抵押登记。因此，王某提出的原审法院审理程序违法，对行政争议和民事争议应单独立案分别裁判，以及该行政判决将导致其无法实现担保物权的再审主张均缺乏法律依据，其以此为由申请再审不符合《中华人民共和国行政诉讼法》第九十一条规定的情形，本院不予支持。

综上，依照《中华人民共和国行政诉讼法》第九十一条、第一百零一条，最高人民法院《关于执行〈中华人民共和国行政诉讼法〉若干问题的解释》第七十四条和《中华人民共和国民事诉讼法》第二百零四条第一款的规定，本院裁定如下：

驳回王某的再审申请。

审 判 长　饶亚东
审 判 员　张　明
审 判 员　李迎新
二〇一六年十一月八日
书 记 员　宋　垚

（主审法官：饶亚东；撰写人：饶亚东、宋垚）

第十章　行政赔偿类案审判指引

第一节　起诉条件的审查

【审查事项】

原告提起的行政诉讼是否属于行政赔偿的受案范围？是否符合法定起诉期限？原告是否具备主体资格？被告是否适格？

【法律适用】

《行政诉讼法》第45条至第48条，《行政诉讼法解释》第64条至第66条，《国家赔偿法》第2章，《行政赔偿解释》第1条至第10条、第14条至第17条。

【常见问题解答】

1.当事人对哪些行为提起诉讼属于行政赔偿案件受案范围？

《行政赔偿解释》第3条规定："赔偿请求人不服赔偿义务机关下列行为的，可以依法提起行政赔偿诉讼：(一)确定赔偿方式、项目、数额的行政赔偿决定；(二)不予赔偿决定；(三)逾期不作出赔偿决定；(四)其他有关行政赔偿的行为。"

行政赔偿诉讼包括两种类型：第一，公民、法人或者其他组织认为行政机关实施的行政行为违法，损害其合法权益的，就该违法行政行为造成的损失向人民法院提起的行政赔偿诉讼，要求确认行政机关实施的行政行为违法并判令行政机关予以赔偿。第二,公民、法人或者其他组织向行政机关提出行政赔偿申请,行政机关作出不予赔偿决定或者逾期未作出赔偿决定,公民、法人或者其他组织对该不予赔偿决定或者行政机关逾期未作出赔偿决定提起的行政诉讼;或行政机关作出了行政赔偿决定,公民、法人或者其他组织认为该赔偿决定仍然无法弥补其所受损失,从而向人民法院提起行政诉讼要求判决撤销该行政赔偿决定等。①

2. 对行政赔偿案件受案范围的排除性规定如何理解?

《行政赔偿解释》第5条规定:"公民、法人或者其他组织认为国防、外交等国家行为或者行政机关制定发布行政法规、规章或者具有普遍约束力的决定、命令侵犯其合法权益造成损害,向人民法院提起行政赔偿诉讼的,不属于人民法院行政赔偿诉讼的受案范围。"本条是关于行政赔偿案件受案范围的排除性规定,在行政审判实践中,对国家行为和制定规则行为不宜作扩大解释,以免损害相对人合法权益的有效救济。

附:

典型案例

徐某等三人诉南通市通州区交通运输局交通行政管理及行政赔偿案

(2020)苏06行终139号

【裁判要旨】行政诉讼法意义上的行政行为,通常是指行政主体根据法律所赋予的职权,作出的能够对公民、法人或者其他组织的权利义务产生影响的行为。原则上,行政行为都属于行政诉讼的受案范围,除非法律明确规定应当排除的情形。交通信号灯是道路交通安全管理的基础设施,在道路上设置交通信号灯,既是行政机关为保障道路交通安全与秩序所提供的一种公共服务,也是道路交通管理的手段之一,是行政机关行使道路交通管理职权的行为。交通信号灯一旦设立,与所在道路一并投入使用,在特定的时间、空间内就可以对道路通行者的通行行为产生法律效果,影响到道路通

① 最高人民法院行政审判庭编著:《最高人民法院关于审理行政赔偿案件若干问题的规定理解与适用》,人民法院出版社2022年版,第53页。

行者的权利义务,符合可诉行政行为的特征。因此,设置道路交通信号灯的行为属于人民法院行政诉讼的受案范围……依法行政的原则是最大程度保障相对人的诉权,随着行政管理时间和行政诉讼理论的发展,可诉的行政行为范围不断扩大。允许当事人在因不当设置交通信号灯而遭受或可能遭受侵犯的情形下,启动行政诉讼程序,获得有效的救济,不仅符合行政诉讼制度设计的初衷,也有利促使行政机关在作出此类行为时严格遵守法律规定和技术规范。①

3. 行政赔偿案件中，原告的赔偿诉讼请求是否应当明确?

《行政诉讼法》第 49 条第 3 项规定,提起行政诉讼,应当有具体的诉讼请求和事实根据。《行政诉讼法解释》第 68 条第 2 款、第 3 款规定,当事人单独或一并提起行政赔偿、补偿诉讼的,应当有具体的损失内容和赔偿数额。当事人向法院起诉时,笼统请求予以行政赔偿时,人民法院应当要求当事人明确诉讼请求,当事人拒绝明确的,属于诉讼请求不明确,赔偿请求缺乏相应的事实根据。

附:

典型案例

黄某诉郭某豪行政赔偿案

(2019)最高法行赔申 315 号

【裁判要旨】原告单独提起行政赔偿诉讼,并未明确具体的损失内容和赔偿数额,属于诉讼请求不明确的情形,一审法院应当向当事人释明,要求其列明具体损失内容、提出具体的赔偿数额。至于将来人民法院支持的数额,确需通过司法评估程序确定的,由人民法院自主决定,而不是由当事人在起诉时主张在诉讼中通过司法评估程序确定其赔偿请求的数额。一审未予释明不妥,予以指正。②

① 参见江苏省南通市中级人民法院裁判文书(2020)苏 06 行终 139 号。
② 参见最高人民法院裁判文书(2019)最高法行赔申 315 号。

4. 行政赔偿案件中，当事人的合法权益未受到行政机关侵害的，如何审查？

根据《国家赔偿法》第2条第1款的规定："国家机关和国家机关工作人员行使职权，有本法规定的侵犯公民、法人和其他组织合法权益的情形，造成损害的，受害人有依照本法取得国家赔偿的权利。"当事人的合法权益受到行政机关的违法行为侵害是提起行政赔偿的前提条件，若被诉行政行为违法但尚未对原告合法权益造成损害，或者原告的请求没有事实根据或法律根据，人民法院应当判决驳回原告的赔偿请求。

附：

典型案例

李某诉广西壮族自治区北海市银海区人民政府赔偿案

（2018）最高法行赔申186号

【裁判要旨】《国家赔偿法》第2条规定，国家机关和国家机关工作人员行使职权，有本法规定的侵犯公民、法人和其他组织合法权益的情形，造成损害的，受害人有依照本法取得国家赔偿的权利。原《行政赔偿解释》第33条规定，被诉行政行为违法但尚未对原告合法权益造成损害的，或者原告的请求没有事实根据或法律根据的，人民法院应当判决驳回原告的赔偿请求。行政赔偿是在公民、法人和其他组织的合法权益遭受违法行政行为侵害的情形下，行政机关对受害人合法权益损失进行的赔偿；行政行为违法，但未给当事人合法权益造成损害的，不予行政赔偿。①

5. 行政赔偿案件中，对赔偿诉讼请求如何审查？

行政赔偿请求是启动行政案件审理程序的起点，与案件情况紧密相连。人民法院审理行政赔偿案件时须结合案件事实对公民、法人或者其他组织提出的行政赔偿请求

① 参见最高人民法院裁判文书（2018）最高法行赔申186号、（2019）最高法行赔申315号。

进行全面审查。大多数情况下,行政赔偿诉讼都是在行政机关作出的行政行为被确认违法的前提下进行的,审查的重点就在于,公民、法人或者其他组织提出的行政赔偿请求是否合法合理。公民、法人或者其他组织所提的行政赔偿请求一般包括赔偿方式、具体项目以及金额等内容,人民法院也主要是针对行政赔偿方式等具体内容进行审理。[①]

6. 单独提起行政赔偿诉讼的,是否需要以赔偿义务机关先行处理为起诉条件?

最高人民法院行政法官专业会议纪要[②]指出,此种情况,表明赔偿请求人选择由人民法院解决其赔偿问题,如果要求赔偿请求人再向行政机关提出赔偿请求方可提起赔偿诉讼,实际上剥夺了当事人在赔偿程序上的选择权。因此,对于已通过行政诉讼程序确认强拆行为违法,后续提起的行政赔偿案件,可以视为被拆迁人提起行政诉讼时一并提起了赔偿诉讼,无须赔偿义务机关先行处理。除去一并提起和视为一并提起赔偿诉讼的情形,其他情形一般均可认为是单独提起赔偿诉讼。对于被拆迁人单独提起赔偿诉讼的,不仅需要其先行向赔偿义务机关提出申请,还需要有证据证明强拆行为已经被确认违法。

7. 一并提起行政赔偿诉讼中,行政诉讼的适格被告和行政赔偿诉讼的适格被告不一致如何处理?

若在立案受理阶段发现行政诉讼的适格被告和行政赔偿诉讼的适格被告不一致,则一般应予释明,告知公民、法人或者其他组织先行提起行政诉讼,在行政行为的违法性得到确认之后再行提起行政赔偿诉讼。

若行政诉讼的适格被告和行政赔偿诉讼的适格被告不一致,在立案受理阶段已经作为一并提起的行政赔偿诉讼予以立案受理,则在审判庭审理阶段需区分情形分别处理:(1)若对行政诉讼案件的处理是裁定驳回起诉,则对一并提起的行政赔偿诉讼亦裁定驳回起诉。(2)若对行政诉讼案件的处理是进入实体审理,且可能对行政行为的违

---

① 最高人民法院行政审判庭编著:《最高人民法院关于审理行政赔偿案件若干问题的规定理解与适用》,人民法院出版社 2022 年版,第 61 页。

② 最高人民法院行政审判庭编著:《最高人民法院关于审理行政赔偿案件若干问题的规定理解与适用》,人民法院出版社 2022 年版,第 213 页。

法性作出确认，例如，判决撤销被诉行政行为、确认被诉行政行为违法，则不宜对一并提起的行政赔偿诉讼裁定驳回起诉。可结合《行政诉讼法》第29条第1款的规定，告知行政赔偿义务机关，由其作为第三人申请参加行政诉讼，或者由人民法院通知其参加行政诉讼。这种诉讼程序上的处理可使行政赔偿义务机关在行政诉讼中对行政侵权事实予以了解，为行政赔偿争议的实质解决奠定基础。(3)若对行政诉讼案件的处理是进入实体审理，但可能对原告的诉讼请求予以判决驳回，则行政赔偿义务机关不必作为第三人参加诉讼。在行政诉讼中对原告的诉讼请求判决驳回的，对一并提起的行政赔偿诉讼亦应裁定驳回起诉。①

8. 经行政复议案件，赔偿请求人单独提起行政赔偿诉讼时，如何确定适格被告？

赔偿请求人单独提起行政赔偿之诉的情形一般包括：(1)赔偿请求人向赔偿义务机关提出赔偿请求，赔偿义务机关作出赔偿决定，但赔偿请求人对于赔偿的项目、数额、方式等有异议，向人民法院提起赔偿之诉。(2)经复议后再行提起赔偿之诉的，分为两种情形：第一种情形，申请人向复议机关申请复议，请求撤销某个行政行为的同时提出赔偿请求。复议机关作出撤销、变更或确认被申请的行政行为违法的复议决定时，同时决定由被申请人赔偿损失，或者复议机关决定不予赔偿。复议申请人不服，可以向人民法院提起行政赔偿诉讼。第二种情形，复议申请人申请复议时，仅请求撤销某个行政行为，但没有提出赔偿请求。根据《行政复议法》第72条第2款的规定："申请人在申请行政复议时没有提出行政赔偿请求的，行政复议机关在依法决定撤销或者部分撤销、变更罚款，撤销或者部分撤销违法集资、没收财物、征收征用、摊派费用以及对财产的查封、扣押、冻结等行政行为时，应当同时责令被申请人返还财产，解除对财产的查封、扣押、冻结措施，或者赔偿相应的价款。"若复议机关依职权决定被申请人赔偿申请人的损失，申请人不服该赔偿部分的内容，可以向人民法院提起行政赔偿诉讼。在单独提起赔偿诉讼的情况下，适格被告应当是最初造成侵权行为的行政机关。因为，从行政赔偿诉讼的构成要件看，被诉行政行为的违法性已经法定程序得到确认，赔偿请求人与被诉行政机关之间的争议在于，是否存在损害后果及损害后果与违法行为之间的因果关系。换言之，双方之间的争议焦点是应否赔偿以及如何赔偿的问题。在

---

① 最高人民法院行政审判庭编著：《最高人民法院关于审理行政赔偿案件若干问题的规定理解与适用》，人民法院出版社2022年版，第94页。

单独提起行政赔偿诉讼情况下，最初造成损害的行政机关为被告，复议机关仅在加重损害时成为共同被告。①

9. 经行政复议案件，赔偿请求人一并提起行政赔偿诉讼时，如何确定适格被告？

一并提起行政赔偿诉讼是指原告请求撤销或确认行政行为违法时一并提出赔偿请求。此种情况下，由于行政行为的违法性未经法定程序确认或自认，原告认为行政行为违法并给其造成了损害，便向人民法院提起行政诉讼附带赔偿诉讼。此时的诉讼实为两个诉，即行为之诉与赔偿之诉并存。在一并提出赔偿请求的情形下，复议决定维持原行政行为（含视为维持的情形）的，应依照《行政诉讼法》及《行政诉讼法解释》的相关规定，将复议机关列为共同被告。若原告仅起诉其中一个机关且不同意追加另一个机关为被告的，人民法院应当依职权追加另一个机关为共同被告。换言之，在一并提出赔偿请求的情况下，应当依照上述规定列明被告，复议决定维持原行政行为的，复议机关应当作为共同被告。②

10. 两个以上行政机关共同实施侵权行为造成损害的情形是否可一并提起行政赔偿诉讼？

对两个以上行政机关共同作出的行政行为不服提起诉讼，被告为共同作出行政行为的两个以上的行政机关，形成的诉讼为必要共同诉讼。《行政诉讼法》第 26 条第 4 款规定："两个以上行政机关作出同一行政行为的，共同作出行政行为的行政机关是共同被告。"《行政诉讼法解释》第 26 条第 2 款规定："应当追加被告而原告不同意追加的，人民法院应当通知其以第三人的身份参加诉讼，但行政复议机关作共同被告的除外。"《国家赔偿法》第 7 条第 2 款规定："两个以上行政机关共同行使行政职权时侵犯公民、法人和其他组织的权益造成损害的，共同行使行政职权的行政机关为共同赔偿义务机关。"《行政赔偿解释》第 8 条规定："两个以上行政机关共同实施侵权行政行为造成损害的，共同侵权行政机关为共同被告。赔偿请求人坚持对其中一个或者几个侵

---

① 最高人民法院行政审判庭编著：《最高人民法院关于审理行政赔偿案件若干问题的规定理解与适用》，人民法院出版社 2022 年版，第 151 页。

② 最高人民法院行政审判庭编著：《最高人民法院关于审理行政赔偿案件若干问题的规定理解与适用》，人民法院出版社 2022 年版，第 152 页。

权机关提起行政赔偿诉讼,以被起诉的机关为被告,未被起诉的机关追加为第三人。”依照上述规定,在行政诉讼中,即使对于必要共同诉讼,人民法院也尊重原告对被告的选择权,即可以选择其中的一个或者几个行政机关为被告,其他的行政机关列为第三人。若将共同作出行政行为的行政机关均列为行政诉讼的被告,同时将这些行政机关均列为行政赔偿诉讼的被告,或者是将共同作出行政行为的一个或者几个行政机关列为行政诉讼的被告,同时将这一个或者几个行政机关列为行政赔偿诉讼的被告,则完全符合上述第 8 条规定,可一并提起行政赔偿诉讼。但是,若将共同作出行政行为的行政机关均列为行政诉讼的被告,但只将共同作出行政行为的一个或者几个行政机关列为行政赔偿诉讼的被告,或者将共同作出行政行为的一个或者几个行政机关列为行政诉讼的被告,却将其他的一个或者几个行政机关列为行政赔偿诉讼的被告,则将导致行政诉讼和行政赔偿诉讼的适格被告不一致。此时,可结合《行政诉讼法》第 29 条第 1 款和《民事诉讼法》第 59 条第 2 款的规定,告知未被列为被告的其他行政机关,由其作为第三人申请参加诉讼,或由人民法院通知其参加诉讼,不影响对行政赔偿诉讼的一并提起。①

11. 经上级机关批准的行政行为引发行政赔偿诉讼的,是否成立共同被告?

关于批准机关与被批准机关的诉讼地位问题,《行政诉讼法解释》作出了明确规定。该司法解释第 19 条规定:“当事人不服经上级行政机关批准的行政行为,向人民法院提起诉讼的,以在对外发生法律效力的文书上署名的机关为被告。”该司法解释明确了在涉及上下级行政机关关系的适格被告问题上,以在对外发生法律效力的文书上署名的机关为被告的判断标准。据此,经上级行政机关批准的行政行为引发行政赔偿诉讼时,可根据该条规定确定适格被告。如果下级行政机关经请示上级行政机关,得到上级行政机关批准后作出某行政行为,该行政行为是以下级行政机关的名义作出的,则不能认定该行政行为系上级行政机关和下级行政机关共同实施,赔偿请求人如认为该经批准的行政行为侵犯其合法权益提起行政赔偿诉讼,只能以在对外发生法律效力的文书上署名的机关,即下级行政机关作为被告。如果下级行政机关请示上级行政机关后,双方共同署名作出某行政行为,由此引发行政赔偿诉讼时,则上下级行政机

① 最高人民法院行政审判庭编著:《最高人民法院关于审理行政赔偿案件若干问题的规定理解与适用》,人民法院出版社 2022 年版,第 97 页。

关为共同赔偿义务机关，是共同被告。①

12. 单独提起行政赔偿诉讼的，起诉期限如何审查?

赔偿请求人向赔偿义务机关提出赔偿的期限，单独提出赔偿请求的，必须经过赔偿义务机关的先行处理，这是提起行政赔偿诉讼的前提条件。根据《国家赔偿法》的规定，当事人提出赔偿请求的时效为2年，从侵害行为被确认为违法之日起计算。《国家赔偿法》第14条第2款规定："赔偿请求人对赔偿的方式、项目、数额有异议的，或者赔偿义务机关作出不予赔偿决定的，赔偿请求人可以自赔偿义务机关作出赔偿或者不予赔偿决定之日起三个月内，向人民法院提起诉讼。"《国家赔偿法》第14条第1款规定："赔偿义务机关在规定期限未作出是否赔偿的决定，赔偿请求人可以自期限届满之日起三个月内，向人民法院提起诉讼。"《行政赔偿解释》第15条规定："公民、法人或者其他组织应当自知道或者应当知道行政行为侵犯其合法权益之日起两年内，向赔偿义务机关申请行政赔偿。赔偿义务机关在收到赔偿申请之日起两个月内未作出赔偿决定的，公民、法人或者其他组织可以依照行政诉讼法有关规定提起行政赔偿诉讼。"

单独提起的行政赔偿诉讼实质上仍属于行政诉讼，所谓"依照行政诉讼法的规定"，即指赔偿请求人提起的行政赔偿诉讼必须符合《行政诉讼法》所规定的起诉条件，其中必然包括对起诉期限规定的适用。《行政诉讼法》第47条第1款规定："公民、法人或者其他组织申请行政机关履行保护其人身权、财产权等合法权益的法定职责，行政机关在接到申请之日起两个月内不履行的，公民、法人或者其他组织可以向人民法院提起诉讼。法律、法规对行政机关履行职责的期限另有规定的，从其规定。"《行政诉讼法解释》第66条规定："公民、法人或者其他组织依照行政诉讼法第四十七条第一款的规定，对行政机关不履行法定职责提起诉讼的，应当在行政机关履行法定职责期限届满之日起六个月内提出。"据此，当事人针对行政机关不履行法定职责提起的行政诉讼，起诉期限为履责期限届满之日起6个月。②

---

① 最高人民法院行政审判庭编著:《最高人民法院关于审理行政赔偿案件若干问题的规定理解与适用》，人民法院出版社2022年版，第131页。

② 最高人民法院行政审判庭编著:《最高人民法院关于审理行政赔偿案件若干问题的规定理解与适用》，人民法院出版社2022年版，第245页。

13. 一并提出行政赔偿诉讼的，起诉期限如何审查？

《国家赔偿法》第39条第1款规定，赔偿请求人在提起行政诉讼时一并提出赔偿请求的，适用《行政复议法》《行政诉讼法》有关时效的规定。《行政赔偿解释》第16条规定："公民、法人或者其他组织提起行政诉讼时一并请求行政赔偿的，适用行政诉讼法有关起诉期限的规定。"

公民、法人或者其他组织提起行政诉讼时一并提出行政赔偿请求的，行政行为诉讼系主诉，人民法院应当主动审查主诉是否超过法定起诉期限，鉴于一并提起的行政赔偿之诉的起诉期限与行政行为诉讼的起诉期限应当一致，对行为之诉超过起诉期限，不符合法定起诉条件，一并提起的赔偿之诉亦超过起诉期限，不符合法定起诉条件，应当一并裁定不予立案，已经立案的，应一并裁定驳回起诉。

附：

典型案例

某房地产开发有限公司分公司诉某市人民政府限价销售行政行为违法及赔偿案

（2020）最高法行申12613号

【裁判要旨】本案的争议焦点为某公司提起本案诉讼是否超过法定起诉期限，本案属于提起行政诉讼的同时一并提出行政赔偿请求的情形、根据原《行政赔偿解释》第23条第1款"公民、法人或者其他组织在提起行政诉讼的同时一并提出行政赔偿请求的，其起诉期限按照行政诉讼起诉期限的规定执行"之规定，赔偿诉讼起诉期限应当相应地与确认某市政府对德卡城市花园小区建设项目实行限价销售行为违法诉讼的起诉期限一致。《行政诉讼法》规定起诉期限之立法目的，是促使行政诉讼当事人尽快行使诉权，借以通过司法审查获得救济，维护自身合法权益；同时，有助于行政机关及时发现和纠正问题，提高行政效率，实现公共利益，保障社会公共秩序和法律关系的稳定性，使公平正义及时获得实现。对于行政机关作出行政行为时未告知公民、法人或者其他组织诉权或者起诉期限的情形，当时有效的原《若干解释》第41条第1款规定，行政机关作出具体行政行为时，未告知公民、法人或者其他组织诉权或者起诉期限的，起诉期限从公民、法人或者其他组织知道或者应当知道诉权或者起诉期限之日起计算，但从知道或者应当知道具体行政行为内容之日起最长不得超过2年。本案中，某公司要求确认某市政府对德卡城市花园小区建设项目实行限价销售行为违法，其自2010年向某市政府反映限价问题，某市政府于2015年8月10日出具答复意见，而某公司于2019年1月10日才向一审法院提起本案诉讼，明显超过法定起诉期限，一并提起的本案行政赔偿诉讼亦已超过起诉期限。

14. 一并提起行政赔偿诉讼超过起诉期限，是丧失诉权还是丧失获得行政赔偿的实体权利？

公民、法人或者其他组织一并提起行政赔偿诉讼超过起诉期限的，其所丧失的仅是进入实体审理的程序权利，而非实体上的权利。意即赔偿请求人的实体权利依然存在，法律只是拟制其失去了请求人民法院判令赔偿义务机关予以赔偿的权利。根据《国家赔偿法》第9条第2款之规定，赔偿请求人要求赔偿可以选择三条不同路径，一并提起行政赔偿诉讼仅是路径之一。一并提起行政赔偿诉讼超过起诉期限，并不代表申请行政复议时一并提出赔偿请求一定超过申请复议期限。此外，对于赔偿请求人而言，一并提起行政赔偿诉讼超过起诉期限的，其虽不能再通过诉讼途径请求确认行政行为无效、违法或撤销、废止行政行为，却可以请求行政机关重开行政程序。对于赔偿义务人而言，行政行为一旦作出，即具有确定力及执行力，行政机关虽然受行政行为的约束，但对于违法或者不当的行政行为以及由于事实和法律变迁而不宜存续的行政行为，行政机关亦具有自我纠错的职权和职责，在特定条件下可以自行纠错，在法律救济程序之外自行撤销或者废止行政行为，进而予以赔偿。基于上述分析，鉴于赔偿请求人的实体权利并未丧失，在一并提起行政赔偿诉讼超过起诉期限被裁定不予立案或者驳回起诉之后，其仍可向赔偿义务机关要求赔偿，赔偿义务机关主动履行赔偿义务的，其有权领受。如果赔偿义务机关以时效期限已经届满为由要求赔偿请求人返还赔偿金，人民法院应不予支持。①

① 最高人民法院行政审判庭编著：《最高人民法院关于审理行政赔偿案件若干问题的规定理解与适用》，人民法院出版社2022年版，第267、268页。

第二节 举证责任的审查

【审查事项】

如何审查行政赔偿案件相关的举证责任?

【法律适用】

《行政诉讼法》第38条,《行政诉讼法解释》第47条,《国家赔偿法》第15条,《行政赔偿解释》第11条、第12条。

【常见问题解答】

1. 行政赔偿案件中,原告承担哪些举证责任?

《国家赔偿法》第15条第1款规定:"人民法院审理行政赔偿案件,赔偿请求人和赔偿义务机关对自己提出的主张,应当提供证据。"《行政诉讼法》第38条第2款规定:"在行政赔偿、补偿的案件中,原告应当对行政行为造成的损害提供证据。因被告的原因导致原告无法举证的,由被告承担举证责任。"

在原告提起的赔偿诉讼中,原告不但是提出主张、要求赔偿义务机关依法赔偿的主体,也是最了解自身损失、最清楚人身和财产损害情况的一方。因此,行政赔偿案件中,原告一般情况下应当对行政行为造成的损害提供证据,如果被告的行为导致本应承担证明责任的原告处于危险境地,或者被告实施了毁灭证据等证明妨碍行为,且该行为导致原告举证不能,则出于对证明妨碍行为施加惩罚的目的,证明责任应当发生转移的效果,由实施证明妨碍行为的行政机关就原告的损害情况承担证明责任。

2. 原告是否应当对行政行为与损害事实之间存在因果关系承担举证责任?

行政赔偿诉讼不同于一般的行政诉讼,人民法院审查的是原告也即赔偿请求人的诉讼请求能否成立,而不是被诉行政行为,若原告提供不出证据或者提供的证据不能证明自身所受损害与行政行为存在因果关系,则其提出的赔偿请求因缺乏事实根据可能无法得到支持。立法之所以作出上述规定,一是按照《国家赔偿法》第15条第1款关于"人民法院审理行政赔偿案件,赔偿请求人和赔偿义务机关对自己提出的主张,应当提供证据"的规定,原告就其所主张的因果关系之存在负有举证责任本是题中应有之义,无须再行强调;二是出于时代背景和政策考量,突出强调赔偿义务机关的举证责任,以充分发挥行政赔偿制度的效果,切实维护受害人的合法权益,促使国家机关工作人员依法行使职权;三是给司法实务留有一定余地,因为现实中,除了《国家赔偿法》第15条第2款所规定的受害人在被赔偿义务机关采取行政拘留或者限制人身自由的强制措施期间死亡或丧失行为能力与赔偿义务机关的违法行为之间的因果关系外,还有些情形,赔偿请求人也是没有能力证明因果关系的,如受害人的伤害程度虽然没有达到丧失行为能力或死亡,但因人身自由被限制,也没有能力证明因果关系。立法不可能覆盖所有情形,实践中,法官要结合具体情况来酌定。例如,根据《行政赔偿解释》第12条的规定,在行政赔偿诉讼中,原告主张限制人身自由期间受到身体伤害,被告否认负有行政赔偿责任的,对于原告损害与行政行为之间是否存在因果关系由被告提供相应的证据证明。换一种情形,原告主张行政机关工作人员在实施拆除行为的过程中对其身体进行了伤害,行政机关主张拆除时原告并不在场,也未对原告人身自由进行限制,此时原告则须对拆除行为与其人身损害之间存在因果关系作出合理说明。①

3. 在赔偿案件中,被告已就原告损失提供相应证据但未能充分证明的,如何审查?

在行政赔偿案件中,应坚持"谁主张,谁举证"的举证规则,即原告应当对行为造成损害的事实提供证据。例外的是,因被告的原因导致原告无法举证的,由被告承担举证责任。这主要是考虑到被告要为自身过错和违法情形付出代价,不宜将举证责任完全施加于原告。具体而言,行为是否造成损害及损害大小的举证责任,原则上由原告承担,被诉行政机关则有权提供不予赔偿或者减少赔偿数额方面的证据,在各方均无法举证或举证不充分、相关损失难以鉴定的情况下,人民法院仍应结合当事人的主张和在案证据,遵循法官职业道德,运用逻辑推理和生活经验、生活常识等,酌情确定损

① 最高人民法院行政审判庭编著:《最高人民法院关于审理行政赔偿案件若干问题的规定理解与适用》,人民法院出版社2022年版,第187页。

失赔偿数额。

附：

典型案例

沙某等四人诉安徽省某区人民政府房屋拆迁行政赔偿案

(2016)最高法行申 791 号①

【裁判要旨】房屋已被依法征收的,相关房屋毁损、装潢和租金损失等,已经通过征收补偿程序解决的,一般不属于行政赔偿的范围;但对因组织强制拆除房屋导致屋内物品损失的,属于行政赔偿的范围。根据《行政诉讼法》第 38 条第 2 款的规定,在行政赔偿、补偿的案件中,因被告原因导致原告对物品受损情况无法举证证明的,应当由被告就损失是否存在、具体损失程度等承担举证责任。在被告也未能充分举证的情况下,可以参照合理的市场价,按照"就高不就低"的原则,对原告合理的室内物品赔偿请求予以支持。

4. 因被告原因导致原告无法举证的，是否完全免除原告的举证责任?

被告在行政程序中实施了妨碍证明的行为,在相应的赔偿诉讼中,并不意味均应由其就损失大小承担证明责任,在行政机关实施证明妨碍行为的情况下,要具体分析该妨碍行为的过错程度,以及对证明行为的影响力,从而决定是降低证明标准还是转换证明责任。对因被告原因导致原告无法举证的,并不能完全免除原告初步证明存在损失及损失范围的举证义务,原告对损失举证不符合常理的,可以结合审理查明的事实依法酌定赔偿金额。

---

① 最高人民法院第三巡回法庭编著:《最高人民法院典型行政案件裁判观点与文书指导》,中国法制出版社 2019 年版,第 494 页。

附：

典型案例

王某诉江苏省某区人民政府行政强制及行政赔偿案

（2017）最高法行申26号①

【裁判要旨】根据原《行政诉讼法》第101条、原《民事诉讼法解释》第90条第1款规定，当事人对自己提出的诉讼请求所依据的事实，应当提供证据加以证明。在行政赔偿案件中，原则上应当由原告就损害事实承担举证证明责任，因被告原因导致原告无法举证的，不当然免除原告初步证明其存在损失及损失范围的举证义务。

根据《行政诉讼证据规定》第56条、第63条的规定，法庭应当根据案件具体情况，从证据形成原因、发现证据时的客观环境、提供证据的人或者证人与当事人是否有利害关系等方面审查证据的真实性；对证明同一事实的数个证据，原始证据优于传来证据。同时，根据原《行政诉讼法》第101条、原《民事诉讼法解释》第108条第1款的规定，对负有举证证明责任的当事人提供的证据，人民法院经审查并结合相关事实，确信待证事实的存在具有高度可能性的，应当认定该事实存在。在已有原始证据直接证明被征收人或者利害关系人相关财产损失、能够形成内心确信的情况下，人民法院应当据此确认赔偿义务机关的赔偿范围。

5. 行政赔偿诉讼中，原、被告举证时限如何审查？

在行政诉讼中，当事人履行举证责任不仅要遵循举证责任分配规则，还应受到举证责任履行规则的限制，如应当在法定时间内完成举证责任，否则将承担举证不能的法律后果。根据被告作出行政行为时必须有事实和法律依据的原则，《行政诉讼法》在举证时限上专门规定“被告应当在收到起诉状副本之日起十五日内向人民法院提交作

① 最高人民法院第三巡回法庭编著：《最高人民法院典型行政案件裁判观点与文书指导》，中国法制出版社2019年版，第519页。

出行政行为的证据和所依据的规范性文件”，对于原告的举证时限则没有作出规定。从当事人诉讼地位平等原则考虑，《行政诉讼证据规定》第7条对原告的举证时限作了明确规定，《行政诉讼法解释》对此予以吸收，在第35条第1款规定：“原告或者第三人应当在开庭审理前或者人民法院指定的交换证据清单之日提供证据。因正当事由申请延期提供证据的，经人民法院准许，可以在法庭调查中提供。逾期提供证据的，人民法院应当责令其说明理由；拒不说明理由或者理由不成立的，视为放弃举证权利。”在行政赔偿诉讼中，考虑到原、被告的举证责任分配，为充分保障原告的合法权益，对原告的举证期限仍可适用《行政诉讼法解释》的规定，即在开庭审理前或者人民法院指定的交换证据清单之日提供证据，对被告关于“赔偿数额”的证据材料，则可以不受《行政诉讼法》关于被告举证时限规定的限制，但仍应在一审法庭庭审结束前提供。①

第三节　赔偿标准的审查

【审查事项】

直接损失应当如何审查认定？违法强制拆除中赔偿标准应当如何把握？精神抚慰金、交通费、误工费、律师费等损失赔偿应当如何考量？

【法律适用】

《国家赔偿法》第36条第8项，《行政赔偿解释》第27条、第29条。

【常见问题解答】

1. 什么是直接损失？

直接损失是指因不法侵害而致财产遭受的直接减少或灭失，主要是指既得利益的

① 最高人民法院行政审判庭编著：《最高人民法院关于审理行政赔偿案件若干问题的规定理解与适用》，人民法院出版社2022年版，第189页。

损失或者利益的损失。赔偿直接损失，指赔偿已经发生的、确定的损失，而不是对权利人应得到的或者能够得到的利益赔偿。①

2. 对利息的损失，如何审查？

法院在审理行政赔偿案件中，对于选择存款利息或是贷款利息作为标准，主要考虑以下因素：(1)根据法定原则，即法律和司法解释明确了何种情况下为存款利息、何种情况下为贷款利息，按照法律规定执行。(2)根据约定的情况，当涉案财产系需要返还的现金，而现金系银行定期存款时，则根据存款约定的利息进行计算。(3)结合实际情况酌定，对于财产损失的利息，法院在审查过程中需要结合案件的实际情况以及涉案财产资金来源等因素，综合考量利息标准。②

3. 对机动车停运期间的营运损失，如何审查？

当行政机关对从事经营性活动的机动车实施行政强制或者行政处罚，后被确认为违法行政行为并涉及赔偿问题时，必然会涉及营运损失赔偿问题。对机动车停运期间的营运损失仅限于营运车辆，法院需要审查其是否具有合法营运资质，在合法营运的前提下，确认合理的停运期间，来计算具体赔偿数额。对该项损失如何计算，在实践中有两种方法：一是委托价格评估公司对营运损失进行鉴定。二是参照道路运输业在岗职工平均工资计算。③

4. 行政机关因违法强拆产生的行政赔偿责任，其赔偿标准如何确定？

如果在依法给予被拆迁人补偿之前，房屋被行政机关违法强拆，原本需要给予被拆迁人补偿的房屋及相关财产的价值转化为违法强拆行为造成的财产损失。此时，为确保被拆迁人得到公平合理的赔偿，最大限度地发挥国家赔偿制度在维护和救济被拆迁人合法权益方面的功能与作用，被拆迁人因违法强拆造成的房屋等财产损失获得的

---

① 江必新、梁凤云、梁清：《国家赔偿法理论与实务》，中国科学出版社 2020 年版，第 870 页。

② 最高人民法院行政审判庭编著：《最高人民法院关于审理行政赔偿案件若干问题的规定理解与适用》，人民法院出版社 2022 年版，第 495～496 页。

③ 最高人民法院行政审判庭编著：《最高人民法院关于审理行政赔偿案件若干问题的规定理解与适用》，人民法院出版社 2022 年版，第 497 页。

行政赔偿,不应低于行政机关合法征收拆除房屋给予被拆迁人的行政补偿。由于赔偿与补偿指向的客体基本相同,故此,赔偿范围的确定,可以参照补偿范围执行。比如,在国有土地房屋征收过程中,应当根据《国有土地上房屋征收与补偿条例》第 17 条之规定,按照补偿范围确定赔偿范围。可见,对于《国家赔偿法》第 36 条中关于损失赔偿范围之"直接损失"的理解,不仅包括被拆迁人因违法强拆行为遭受的房屋及室内动产等直接财产损失,还应包括其可能享有的全部拆迁安置补偿权益,如产权调换安置房、装修装饰费、临时安置费、停产停业损失、搬家费、奖励费等,不仅包括既得财产利益的损失,还应包括虽非既得但又必然可得的财产利益损失。总之,赔偿范围至少为被拆迁人按照拆迁安置补偿程序本可获得的全部补偿,如此才符合《国家赔偿法》的立法精神。①

5. 被拆除房屋损失赔偿,如何审查?

《国有土地上房屋征收与补偿条例》第 19 条中规定,对被征收房屋价值的补偿,不得低于房屋征收决定公告之日被征收房屋类似房地产的市场价格。对于被拆除房屋的损失赔偿,应以该房屋的价值为底线,目的在于保障被征收房屋价值的补偿不低于同期类似房地产的价格,被征收人用获得的补偿款在市场上能够购买到与被征收房屋区位、结构、面积等相接近的房屋,被征收人的合法财产权益不因房屋征收而受到减损。在违法强制拆除房屋的情形下,被征收人获得的行政赔偿数额不应低于赔偿时被征收房屋的市场价格,否则,因违法强拆房屋行为,行政机关付出的行政赔偿数额还要低于其合法征收支付的补偿数额,其实质效果是鼓励行政机关违法强制拆除。

6. 对无产权房屋是否应当赔偿,如何审查?

在房屋征迁过程中,对无产权房屋是否赔偿或者如何赔偿,应当本着实事求是原则,综合考虑违法建设情节、房屋形成的历史背景、当地相关补偿政策、行政机关过错程度等因素加以确定。

---

① 最高人民法院第一巡回法庭编著:《最高人民法院第一巡回法庭行政主审法官会议纪要》(第 1 卷),中国法制出版社 2020 年版,第 221 页。

附：

典型案例

蒋某诉河南省某县人民政府强制拆除房屋及行政赔偿案

(2016)最高法行申43号①

【裁判要旨】(1)违反法定程序对未取得建筑规划许可的房屋进行拆除的,应确认拆除行为违法,原告提出恢复房屋原状等赔偿请求的,不予支持。但强拆造成屋内合法财产损失的,应予以赔偿。(2)在征地拆迁补偿过程中,对于无产权房屋有时不宜简单地以违法建设为由一律不赔。应当本着实事求是原则,综合考虑违法建设情节、房屋形成的历史背景、当地相关补偿政策、行政机关过错程度等因素加以确定,如无产权房屋占地面积是否符合当地住宅用地面积限额、无产权房屋用地后是否退回原宅基地、原宅基地上的房屋是否已经得到拆迁补偿安置、行政机关组织强制拆除是否给当事人留出必要的自行搬迁时间等因素,酌情考虑是否赔偿或者合理确定赔偿范围、标准。

7. 对室内物品损失赔偿，如何审查?

因行政机关违反正当程序,不依法公证或者制作物品清单,致使被拆迁人难以履行举证责任,行政机关也无法举证证明实际损失金额的,人民法院可在被拆迁人就损失赔偿数额提供证据初步证明的情况下,根据其提供的现场照片、物品损失清单,结合日常生活经验,考虑物品折旧等因素,对被拆迁人的赔偿数额进行酌定处理。根据《行政赔偿解释》第11条第2款的规定:“人民法院对于原告主张的生产和生活所必需物品的合理损失,应当予以支持;对于原告提出的超出生产和生活所必需的其他贵重物品、现金损失,可以结合案件相关证据予以认定。”关于非日常生活用品的大额财物损

① 最高人民法院第三巡回法庭编著:《最高人民法院典型行政案件裁判观点与文书指导》,中国法制出版社2019年版,第612页。

失、机械设备损失等，被拆迁人应当提供有说服力的证据，以证明这些财物在拆除现场客观存在以及各自的具体价值，否则人民法院缺乏酌定的基础依据。

8. 对装修装饰费、搬迁费、过渡费损失的赔偿，如何审查？

在房屋已经灭失的情况下，装修装饰费可参照房屋勘估表、评估调查表以及其他类似房屋的装修费用予以确定。过渡费是对被拆迁人于产权调换房屋或者安置房屋交付前的特定过渡期限内，因另寻住房搬迁所产生的损失或者增加费用的补偿。即便被拆迁人不存在产权调换房屋或者安置房屋的问题，但行政机关违法强拆房屋，必然导致被拆迁人在接受赔偿之前，临时另寻住房，并承担相关搬迁及临时安置费用。对于装修装饰费、搬迁费、过渡费的赔偿，征收补偿方案通常都会对补偿标准予以明确，赔偿可以参照执行。但如果补偿方案规定的标准低于当地统一标准，应当按照“就高不就低”的原则，对被拆迁人依法依规确定赔偿数额。

9. 对租金损失的赔偿，如何审查？

房屋租金损失属于“期待利益”，一般不予赔偿。但也有例外，对于因征收导致租房合同被解除而产生的租金损失，是被拆迁人通过依法签订租房合同及合同实际履行完全可以取得的确定的、客观的利益。由于征迁导致房屋长期处于待拆除的状态而无法正常使用，此种情形不同于房屋空置的情况下主张房屋出租后获得收益的“期待利益”的情形。人民法院可根据法律规定和案件实际情况，确定租金损失的赔偿数额，在此要注意区分相关停产停业损失中是否已包含该租金损失。

10. 对精神抚慰金、交通费、误工费、律师费等损失的赔偿，如何审查？

因违法行政行为应当支付相应精神损害抚慰金的前提是致人精神损害并造成严重后果。在目前的国家赔偿制度中，精神损害赔偿限于行政机关及其工作人员实施了《国家赔偿法》第 3 条、第 17 条列举的行为，而违法强拆行为通常不属于该列举范围。对于交通费、误工费、律师费等损失，因不属于强拆行为造成的直接损失，被拆除人一般难以获得相应赔偿。

附:

本院典型案例

某油品厂诉北京市某镇人民政府行政赔偿案

(2021)京03行赔终66号

【裁判要旨】本案系一起因强制拆除行为引发的行政赔偿案件。涉案建筑虽未取得规划许可手续,但原告方系基于对属地政府招商引资的信赖投资建设,且涉案建筑所在地块涉及拆迁腾退,行政机关曾与原告方就补偿问题进行协商。因此,基于信赖利益保护及公平原则,本案认为不宜将涉案建筑定性为违法建设。在赔偿标准上,因涉案建筑已被拆除,原告方对遭受的损失陷入一定程度的证明困境,本案确立了此类情形下的裁判规则,即因赔偿与补偿指向的客体基本相同,赔偿范围的确定参照补偿范围执行。

【裁判文书】

北京市第三中级人民法院

行政赔偿判决书

(2021)京03行赔终66号

上诉人(一审原告):某油厂。

被上诉人(一审被告):北京市某镇人民政府。

上诉人某油厂因诉被上诉人北京市某镇人民政府(以下简称某镇政府)行政赔偿一案,不服北京市某区人民法院(2020)京0112行赔初30号行政赔偿判决,向本院提起上诉。本院受理后依法组成合议庭,于2021年5月14日公开开庭审理了本案,本案现已审理终结。

某油厂诉至一审法院,请求依法判令某镇政府向某油厂支付赔偿金146980380元,具体为建筑物重建及装饰装修费用71427390元(23809.13平方米×每平方米3000

元)、250 千瓦及 315 千瓦工业用变压器 1200000 元、120 平方米电缆 30600 元、70 平方毫米电缆 16000 元、24M 跨 5 吨天车 180000 元、5 吨运货电梯 80000 元、保险柜 1500 元、大衣柜 3000 元、办公桌 2000 元、水晶吊灯 26000 元、单人床 4000 元、椅子 1800 元、空调 136800 元、太阳能热水器 16000 元、水井(深 100m 以上)130000 元、地下水管(800 米)27000 元、冷却水池(40 平方米)40000 元、鱼池(直径 4.5 米、深 3 米)40000 元、硬化路面 24000 元、果树 7600 元、绿化树 9300 元、储油罐(40 立方米容积)240000 元、储油罐(180 立方米容积)360000 元、机井(深 100 米)240000 元、围墙 1310000 元、经营损失赔偿 71427390 元(23809.13 平方米×每平方米 3000 元)。

一审法院经审理查明,2000 年,原北京市某区徐辛庄镇人民政府响应国家号召,批复某村建立村工业大院。在此背景下,某油厂股东李某(乙方)与某村经济合作社(甲方)于 2001 年 3 月 1 日签订租赁土地合同,约定甲方将某工业大院内原轴承厂路北、壁富路西侧部分土地租赁给乙方使用,自行投资兴建厂房等设施。租赁土地面积为东西长 89 米、南北宽 173 米,合计 15397 平方米,共 23 亩。租赁期限 50 年,自 2001 年 3 月 1 日起至 2051 年 2 月 28 日止。后某油厂在上述承租土地上建设了涉案建筑,并从事相关生产经营活动。

2018 年,北京市某区某镇集体产业用地试点项目集体土地非住宅地上物腾退工作启动,某镇政府负责腾退工作,制定《北京市某区某镇集体产业用地试点项目集体土地非住宅地上物腾退补偿方案》(以下简称《腾退补偿方案》),某油厂涉案建筑位于腾退范围内。2018 年 6 月 27 日,某镇政府按照腾退工作安排,进行入户调查,形成测绘成果表,其后作出评估结果单(初步)。经测绘,涉案建筑占地总面积 15392.63 平方米,房屋总面积 20915.70 平方米,棚房总面积 2653.10 平方米。经评估,涉案被拆除地上建筑、构筑物等综合补偿价(含附着物)为 15317919 元。某镇政府未与某油厂就涉案建筑补偿问题签订协议。

2020 年 8 月 21 日至 2020 年 8 月 26 日,某镇政府对涉案建筑进行了强制拆除,对拆除过程进行了录像,并制作了拆除(清除)物品清单。该清单上显示拆除之时涉案建筑内有电脑桌、衣柜、单人床、办公桌、保险柜等物品。该强制拆除行为由一审法院作出的(2020)京 0112 行初 578 号行政判决书确认违法。

经一审法院现场勘查,涉案土地现已荒芜,堆放有土方,某油厂主张的变压器、天车、运货电梯、保险柜等未在现场看到,现场尚存部分树木、围墙、水泥路面等。

一审法院认为,根据《中华人民共和国国家赔偿法》(以下简称《国家赔偿法》)第二条及第七条的规定,国家机关和国家机关工作人员行使职权,有本法规定的侵犯公民、法人和其他组织合法权益的情形,造成损害的,受害人有依照本法取得国家赔偿的权利。行政机关及其工作人员行使行政职权侵犯公民、法人和其他组织的合法权益造成损害的,该行政机关为赔偿义务机关。《国家赔偿法》第三十六条第(八)项规定,对财产权造成其他损害的,按照直接损失给予赔偿。最高人民法院《关于审理行政赔偿案件若干问题的规定》第三十二条规定,原告在行政赔偿诉讼中对自己的主张承担举证责任。被告有权提供不予赔偿或者减少赔偿数额方面的证据。

本案中,某镇政府拆除涉案建筑的行为已被法院生效判决确认违法,某油厂提起本案行政赔偿诉讼符合法律规定,某镇政府应当就其违法行为给某油厂造成的合法的直接损失予以赔偿。本赔偿案件需先对某油厂涉案建筑是否属于违法建设进行认定。根据庭审查明事实,涉案建筑虽然未取得规划许可手续,但其修建具有政府招商引资的特殊背景,某油厂系基于对属地政府招商引资行为合法性及连续性的信赖,方投资建设的涉案建筑。且涉案建筑所在土地存在相关占地项目,某镇政府在启动涉案违法建设查处程序前,曾对涉案建筑进行了测绘清登,并曾与某油厂就补偿问题进行协商。在此情形下,基于维护政府公信力、保护当事人信赖利益及维持相关项目补偿平等性等因素考量,不宜将涉案建筑定性为违法建设直接拆除,现某镇政府通过拆除违法建设的方式拆除了涉案建筑,相应拆除行为已经被一审法院认定违法,故其应当承担因违法拆除行为给某油厂造成的损失。

关于赔偿项目和费用,因涉案建筑拆除涉及政府相关占地项目,为保障权利人获得合法合理的赔偿,保障权利人所获赔偿不低于因占地获取的相关补偿,同时又不因赔偿过高造成与其他签约搬迁人存在补偿显失公平的问题,一审法院参照《腾退补偿方案》对各项补偿费用进行认定,同时对于方案未涉及但是造成权利人实际损失的赔偿项目金额,一审法院根据权利人的实际损失予以认定。此外,为确保权利人获得及时、公平、公正的救济,在行政机关违法强制拆除权利人涉案地上物,难以对涉案房屋及其附属设施与其他损失进行鉴定的情况下,人民法院可以根据原告提出的行政赔偿诉讼请求,结合案件具体情况,全面、充分考虑权利人的各项损失,确定损失数额,直接判决行政机关对涉案建筑及其附属设施与其他损失一并予以行政赔偿。

关于某油厂主张的涉案建筑及装饰装修损失,参照《腾退补偿方案》中相关拆除配合费的规定,实际包含了地上物和装修的补偿,相关费用某镇政府已经进行了测绘登记并核算估价结果,对此一审法院不持异议,相关金额为15317919元;对于某油厂主张的变压器损失,根据《腾退补偿方案》存在对变压器的相关补偿,故对于某油厂主张的变压器损失一审法院予以支持，具体金额一审法院参照《腾退补偿方案》核算为1020000元；关于某油厂主张的经营损失，因《腾退补偿方案》并未包含相关损失，且亦不属于某镇政府拆除行为导致的直接损失，故一审法院不予支持；关于某油厂主张的室内物品、附属设施及其他损失，根据在案证据及某油厂经营情况来看，确实存在相关室内物品、附属设施及树木等损失，某镇政府未对相关物品进行清登、确认和交接，现某油厂主张相关损失并无不当，对于其中的水晶吊灯的损失因归于上述装饰装修损失，一审法院不再重复核算，对于其中的储油罐损失，结合涉案建筑拆除前某油厂有搬离物品行为及某镇政府提交的拆除前视频、照片，一审法院对某油厂主张的储油罐损失不予支持，但考虑到储油罐迁移存在设备迁移损失，一审法院对储油罐迁移费予以支持，其他合理合法损失一审法院予以支持，具体金额一审法院在综合考虑现有音像资料、折旧情况等因素的基础上予以酌定，共计金额702000元。

一审法院注意到，某油厂涉案建筑在拆除时具有政府占地项目，双方对地上物补偿等进行了协商，现某镇政府因为双方没有达成补偿方案即予拆除，一方面不符合信赖利益保护的要求，另一方面漠视公民的财产权，为最大限度维护某油厂的合法权益，填补其因厂房被拆除可能获得的补偿利益，并敦促行政机关今后在行政执法中做到依法行政、为民行政，一审法院另行酌定某镇政府赔偿某油厂的其他财产损失共计50000元。

综上，依据《中华人民共和国国家赔偿法》第二条、第三十六条第（八）项，最高人民法院《关于审理行政赔偿案件若干问题的规定》第三十三条之规定，判决：一、某镇政府于一审判决生效之日起七日内给付某油厂各项赔偿共计17089919元；二、驳回某油厂的其他赔偿请求。

某油厂不服一审判决，上诉至本院，其事实和理由为：一、针对某油厂主张的涉案建筑及装饰装修损失部分，一审法院参照被上诉人某镇政府自行制作的《腾退补偿方案》相关拆除配合费的规定，并采信被上诉人提交的测绘成果表、评估结果单（初步）作为赔偿数额的依据是缺乏事实、法律依据的。1.某油厂建设的厂房不属于违法建设，某镇政府拆除某油厂建筑的行为已被法院生效判决确认违法，某油厂用地范围内的建筑修建有政府招商引资的特殊背景。2.某镇政府自行制作的《腾退补偿方案》仅包括拆除配合费，并不包括地上物和装修的补偿，这是一审法院的错误解读，且即便存在政府的占地项目，但是以某镇政府单方制定的《腾退补偿方案》作为被违法拆除的地上物及装饰装修的补偿显然未保障某油厂所受到的损失得到合理的赔偿。3.一审法院认定某镇政府已进行了测绘登记并核算估价结果，并将某镇政府提交的测绘成果表、评估结果单(初步)作为认定被拆除建筑物的面积、建设年代、结构等事实是错误的。上述两份证据既没有第三方测绘、评估机构的盖章及签字,也没有向某油厂进行告知,更没有某镇政府的腾退方案中所载的涉及房屋的面积、建设年代需要五方工作小组成员共同签署的认定单予以确认,一审法院以某镇政府提交的评估结果单(初步)载明的15317919元作为标准作出赔偿显失公平公正。关于某油厂房屋的面积、建设年代:从某油厂一审提交的具有测绘资质的机构出具并盖章的测量成果图中可以认定某油厂全院建筑面积为23809.13平方米,且全部房屋建设完成于2012年10月之前,这一点某油厂已经提交谷歌卫星地图予以佐证,某油厂不存在某镇政府测绘成果表中认定的建成于2013年之后的C类房屋。某镇政府提交测绘成果表中同一建筑一层认定为A或B类,而二层及以上认定为C类,不符合事实,在被上诉人提交的北京市房屋条件调查表中注明多层建筑的墙身是“整”,某油厂不存在加层行为,同一时间建设完成的同一建筑物的不同层认定为不同时间建设是不符合事实的,且某镇政府未提供其认定某油厂房屋建设时间的其他证据,根据被上诉人提交的腾退政策,2013年之前建设及之后建设的房屋补偿标准相差数额巨大,对于断代这一事项被上诉人应当提供证据证明。关于某油厂院内棚房面积:上诉人提交的测量成果图显示棚房的面积为130.70平方米,而被上诉人提交的测绘成果表中棚房的面积为2653.1平方米,被上诉人认定棚房面积为2522.4平方米缺乏证据且与事实不符,同时认定该部分的建筑面积的建设年代也是错误的,某油厂院内全部建筑物建设完成于2012年10月前,不存在C类建筑。按照腾退方案计算拆除配合费:事实上,某镇政府提供的测绘表中只有6号房屋建设于2012年,其余建筑均建设于2008年之前。按照被上诉人的拆除配合费标准,某油厂院内23809.13平方米的建筑按照房屋实际建设年代、结构及面积计算拆除配合费为31468841.6元。一审法院以某镇政府单方提供的评估报告(初步)载明的15317919元作为损失计算依据并未保障某油厂依据腾退政策足额获得赔偿。二、关于某油厂主张的经营损失的赔偿,一审法院以某镇政府制定的《腾退补偿方案》并未包含相关损失,且亦不属于某镇政府拆除行为导致的直接损失为由不予支持缺乏法律依据。按照某油厂投资建厂的招商引资背景,某油厂建设地上物的目的系经营,且某油厂系高新技术企业,生产的油品供应单位包括承担军工科研任务的中核集团公司下属的核工业理化工程研究院自2001年建成后一直生产经营,某镇政府的腾退项目及拆除行为直接导致某油厂无法正常生产经营,而并不存在导致某油厂无法经营的其他因素,一审法院以腾退补偿方案未包含损失为由对某油厂的经营损失不予支持是错误的。三、对于某油厂主张的室内物品、附属设施及其他损失,一审法院酌定损失数额702000元显失公平公正。1.关于储油罐损失：虽然某油厂在某镇政府对建筑物拆除前有搬离物品行为，但是该厂区地上物面积23000多平米、占地23亩，且包括生活区、办公区、生产区，某油厂在拆除前仅有几个小时的时间，也只能将一些私人物品搬离，而案涉储油罐大的15吨、小的3吨，不是轻易能够搬运的，本案系对某镇政府违法拆除行政赔偿之诉，一审法院仅以某油厂有搬离行为为由对该部分损失不予支持缺乏事实、法律依据。2.对于室内物品附属设施及其他损失一审法院并未明确裁判依据，上诉人认为，对于标准不能仅凭法官主观臆断。四、某油厂被拆除的企业用房大部分为生产厂房，大部分为钢结构，某镇政府强制拆除后将拆除后的建筑材料均进行了处分，并未返还某油厂，该部分钢材及建筑材料按照废料1元1公斤，价值也有60万元，一审法院对于某镇政府无视政府招商引资的承诺，对于依法纳税、合法经营的企业一拆了之、对法律漠视甚至涉嫌犯罪的行为另行酌定5万元赔偿并不能使违法行政机关得到应有的惩罚。综上，上诉人为维护自己的合法权利依法提起上诉，望贵院依法审查，对错误判决予以纠正。综上，请求撤销一审判决，改判支持上诉人一审赔偿请求。

某油厂在举证期限内向一审法院提交了下列证据：

1.《关于发展经济的优惠政策》。

2.《关于村工业大院建设的批复》。

3.租赁土地合同。

4.《区政府关于授权某镇政府为入驻企业提供住所使用证明的批复》。

5.原某村经济合作社证明。

6.核工业理化工程研究院证明。

7.高新技术企业证书。

8.营业执照。

以上证据证明某油厂是在某镇政府响应北京市及某区两级政府发展村级经济、加速工业大院建设、推动地方经济的政策下，按照当时的政策取得土地使用权并建设房屋进行经营，某油厂不存在违法行为。

9.《关于研究集体产业用地腾退工作等有关问题的会议纪要》。

10.《关于〈北京市某区某镇集体产业用地试点项目集体土地非住宅地上物腾退补偿方案〉的复函》。

11.限期拆除决定书。

12.催告书。

13.强制拆除决定书。

以上证据证明某镇政府组织实施腾退工作，将某油厂纳入腾退范围，在未与某油厂达成腾退补偿协议的情况下，某镇政府实施了违法拆除行为。

14. 某油厂厂区平面图。

15. 照片39张。

16. 某油厂赔偿明细。

以上证据证明某镇政府所实施的违法拆除行为给某油厂造成的具体损失，应当予以赔偿。

17.《关于某油厂建厂批复》。

18.《普通测量成果报告书》。

以上证据证明某油厂及建设房屋面积，涉案建设房屋为某油厂所有。

19. 起重机采购合同。

20. 库房租赁合同书。

21. 高压供用电合同(315千伏安)。

22. 高压供用电合同(250千伏安)及电费结清通知单。

以上证据证明强拆造成某油厂天车两台、货运电梯一部、变压器损失及损失的金额。

某镇政府在法定期限内向一审法院提交以下证据：

1. 测绘成果表，证明涉案建筑总建筑面积为23568.8平方米；

2. 拆除前及拆除中现场照片及视频，证明某镇政府对涉案建筑进行拆除，对涉案建筑内物品进行搬运清理、拍照、录像及邀请人大代表进行现场见证，实施强制拆除前，涉案建筑已腾空、租住人员已搬离；

3. 照片及视频，证明拆除前储油罐已不存在，两台变压器截至目前仍留置于拆除现场；

4. 拆除(清除)物品清单及人大代表证，证明某镇政府对拆除现场内所遗留物品进行了清点登记，某镇人大代表卢某、马某对拆除过程及物品清点登记进行了现场见证；

5. 评估结果单(初步)，证明某油厂因2018年涉及腾退项目，某镇政府曾针对涉案建筑进行评估，涉案建筑初步评估结果为15317919元；

6. 北京市房屋估价勘查表、附属物登记表及北京市房屋条件调查表，证明涉案房屋情况；

7.《关于研究集体产业企业用地腾退工作等有关问题的会议纪要》，证明迁移补偿相关问题。

一审法院对上述证据认证如下:关于某油厂提交的赔偿明细,系其自行制作的,不宜作为证据使用;关于某油厂提交的其他证据及某镇政府提交的证据均客观真实,一审法院对其真实性予以认可,至于应否赔偿、赔偿数额等证明目的系本案重点审查范围,以一审法院裁判结果为准。

上述证据均已随案移送本院,经审查,本院同意一审法院的认证意见并予以确认。

二审阶段,某油厂提交:1. 核工业理化工程研究院出具的函,证明某油厂自建厂以来一直进行生产经营,某镇政府实施强制拆除导致其损失巨大。2. 照片 7 张,证明涉案房屋均是一体建设完成,均建成于 2012 年之前,不存在 C 类及 D 类建筑。经审查上述证据不符合最高人民法院《关于行政诉讼证据若干问题的规定》第五十二条的规定,不属于二审程序中当事人可以依法提供的新证据,故不予接纳。

本院对一审法院经审理查明的事实予以确认。

本院认为,《国家赔偿法》第二条第一款规定:"国家机关和国家机关工作人员行使职权,有本法规定的侵犯公民、法人和其他组织合法权益的情形,造成损害的,受害人有依照本法取得国家赔偿的权利。"第四条规定了侵犯财产权的具体情形,第三十六条对于侵犯公民、法人和其他组织的财产权造成损害的如何处理分别作出明确规定,其中第(三)(四)(八)项规定,应当返还的财产损坏的,能够恢复原状的恢复原状,不能恢复原状的,按照损害程度给付相应的赔偿金;应当返还的财产灭失的,给付相应的赔偿金;对财产权造成其他损害的,按照直接损失给予赔偿。最高人民法院《关于审理行政赔偿案件若干问题的规定》第三十二条规定,原告在行政赔偿诉讼中对自己的主张承担举证责任,被告有权提供不予赔偿或者减少赔偿数额方面的证据。

本案中,某镇政府实施的强制拆除行为已被法院生效判决确认违法,某油厂提起本案行政赔偿诉讼符合法律规定,某镇政府应当就其违法行为给某油厂造成的合法的直接损失予以赔偿。

涉案建筑虽然未取得规划许可手续,但其修建具有政府招商引资的特殊背景,某油厂系基于对属地政府招商引资行为合法性及连续性的信赖投资建设的涉案建筑。且涉案建筑所在地块涉及集体土地非住宅地上物腾退工作,某镇政府在启动涉案违法建设查处程序前,曾对涉案建筑进行了测绘清登,并与某油厂就补偿问题进行协商。基于信赖利益保护及公平原则考量,一审法院认为不宜将涉案建筑定性为违法建设,本院对此亦予以认可。现某镇政府通过拆除违法建设的方式拆除了涉案建筑,应当承担因违法拆除行为给某油厂造成的损失。由于赔偿与补偿指向的客体基本相同,因此赔偿范围的确定参照补偿范围执行具有合法及合理性。

在具体的赔偿项目上，一审法院根据本案实际，保障某油厂所获赔偿不低于因腾退获取的相关补偿，同时又不因赔偿过高造成与其他签约搬迁人存在补偿显失公平的基本原则，本院对此亦予以认可。本案中某油厂的赔偿主张包含以下几个方面：

（一）关于某油厂主张的涉案建筑及装饰装修损失。一审法院参照腾退补偿方案中相关拆除配合费的规定，包含了地上物和装修补偿，并根据某镇政府已经进行的测绘登记核算估价结果15317919元确定赔偿数额。

二审阶段，某油厂主要质疑测绘成果表关于涉案建筑面积测绘及断代问题。对此本院认为，建筑断代及补偿标准系基于上级工作部署、区域具体情况、建筑物成本等因素综合确定，普遍适用于整个涉案搬迁项目，具有一定的公平性和合理性，法院对此予以尊重。在房屋具体面积及断代确定上系由第三方测绘机构依据涉案房屋设计的地形图、影像图、矢量数据等测绘基础数据进行分析从而形成的测绘结果。虽某油厂提交了反驳证据，但在证明力上尚未达到优势证据证明标准。且涉案院落厂房均已被拆除，不可能实施重新评估。在此情况下，一审法院采信测绘成果表的相关测绘数据并进而以此确定赔偿数额并无不当。

（二）对于某油厂主张的变压器损失。因《腾退补偿方案》存在对变压器的相关补偿，故一审法院对于某油厂主张的变压器损失予以支持，具体金额参照《腾退补偿方案》核算为1020000元，本院对此不持异议。

（三）关于某油厂主张的室内物品、附属设施及其他损失，一审法院结合在案证据、某油厂经营情况及相关物品折旧情况酌定赔偿金额702000元，对水晶吊灯的损失归属于装饰装修损失未予重复核算，对储油罐迁移费予以支持并无不当，本院对此不持异议。

（四）关于某油厂主张的经营损失。因《腾退补偿方案》并未包含相关损失，且亦不属于《国家赔偿法》第三十六条第（八）项规定的“直接损失”的范畴，一审对此未予支持，本院予以认可。

此外，一审法院为最大限度维护某油厂的合法权益，填补其因厂房被拆除可能获得的补偿利益，并敦促行政机关今后行政执法中做到依法行政，另行酌定某镇政府赔偿某油厂的其他财产损失共计50000元，本院对此予以认可。

综上，一审法院判决某镇政府赔偿某油厂各项利益损失共计17089919元，并驳回某油厂其他赔偿请求，并无不当，本院予以维持。某油厂的上诉理由不成立，对其上诉请求本院不予支持。依照《中华人民共和国行政诉讼法》第八十九条第一款第（一）项的规定，判决如下：

驳回上诉，维持一审判决。

本判决为终审判决。

审 判 长　蔡英伟
审 判 员　陈　静
审 判 员　杨　旸
二〇二一年六月九日
法官助理　李露希
法官助理　林淡萍

（主审法官：杨旸；撰写人：杨旸、李露希）